聂方红◎著

涉政公共事件：
地方政府行为新挑战

SHEZHENGGONGGONGSHIJIAN
DIFANGZHENGFUXINGWEIXINTIAOZHAN

人民出版社

CONTENTS

目　录

引言　显微镜下的从政环境

三十多年的改革开放,带来了一个崛起强大全新的中国,也营造了一个全新的发展、生活、从政环境。对从政者、官员来说,面对社会转型时期,在多元多样多变的思想、双轨运行的体制、不断觉醒的利益主体等多重客观因素的影响下,执政、从政多了一些矛盾、难题,多了一些风险,稍有不慎,可能酿成公共事件。本书研究的就是转型时期因为执政、从政者自身言行不当而导致的公共事件。

一、经济转轨、社会转型给执政环境带来了全新的变化

分析涉政公共事件,离不开执政环境。而分析执政环境,又离不开政治、经济、文化、社会等多方面的背景。对当今社会不断出现的官民冲突、权力与利益矛盾,很多学者把它聚焦为中国现代化过程的伴生物,有的甚至认为是"国际经验"或"国际惯例"。在他们看来,当我们的人均 GDP 达到 1000 至 3000 美元时,中国社会就迈入了社会矛盾的凸显期,因而,它基本是不可避免的。从本书后面的分析可以发现,这个理论除了给政界人士在回避矛盾、挡住批评、化解责任作为借口之外,毫无价值。"因为,人均收入跟社会的贫富差距以及社会公共安全体系出现的问题之间,并不存在必然的联系。""事实上,这种所谓的'国际经验'是不能成立的。"①

社会背景的变化不是涉政公共事件产生的直接缘由,但的的确确为其滋生提供了土壤。从上个世纪 80 年代开始,随着经济体制的深刻变革、利

---

① 于建嵘:《抗争性政治:中国政治社会学基本问题》,人民出版社 2010 年版,第 36 页。

益格局的深刻调整、思想观念的深刻变化、技术水平的深刻提升、社会结构的深刻变动，中国社会进入了全新的转型期。社会转型牵涉政治、经济、思想观念、文化、社会生活方方面面。国内外学者在这方面的研究也比较多，经济学研究者主要从经济体制变革入手分析社会转型；社会学研究者主要从社会形态和社会结构方面来分析社会转型；政治学研究者则从政治治理模式、利益表达、政治文化和思想意识形态等方面研究转型。① 我们这里要研究的是，社会转型给我们从政、执政环境带来了哪些变化？笔者认为，在转型、转轨时期，不管体制、机制怎么变，利益关系怎么调，社会结构怎么动，权利关系怎么理，思想文化观念怎么新，伴随计划经济向市场经济转变、农业社会向工业社会、信息社会转变、传统乡村社会向现代城镇社会转变、封闭社会向开放社会转变、人治社会向法治社会转变，社会经济、社会生活各方面呈现出四大特征：

第一，不规范与多变性问题常态化。这个时期旧的体制、旧的秩序已经打破，但尚未全部退出舞台，新的体制、新的秩序正在建立，但尚不完善和健全，有些甚至可能还不适应。这个时期属于“双轨运行”阶段，“双轨运行”的最大问题是容易“各取所需，为我所用”。特别是在两种体制都没有覆盖的“真空地带”和两种体制都在发生作用的“混合地带”，各方面的“不规范”问题非常突出。加上新的体制与新的秩序正处在培育形成完善时期，体制、政策、法规以及利益调节程序、方式、方法多变的问题也十分常见。这个特点是转型时期最大的、也是最基本的特点。正是因为不规范与多变性，给社会生活各方面都可能带来博弈、争取的机会与空间，成为转型期各种问题与矛盾滋生的土壤。

第二，利益追逐与利益冲突的显性化。随着社会主义市场经济体制的确立，利益关系发生了深刻的变化。集中地体现为人们逐利的积极性越来越高。由于“双轨”运行，使得人们在参与经济交易的活动中掌握的资源不尽相同，加上其他机会上的差异，导致利益差别不断显现，不同利益群体和贫富差距开始形成甚至扩大。加上政策与法规的多变，人们更关注的是当前短期利益和个人及小团体利益。在利益关系分化的情况下，利益关系的

---

① 于建嵘：《抗争性政治：中国政治社会学基本问题》，人民出版社 2010 年版，第 30～31 页。

调整逐步从强制调控更多转向协商、谈判，追求的是双赢和多赢。然而，在公有产权约束机制没有建立，各种法律、法规不健全情况下，人们追逐利益的热情最终可能导致“公地悲剧”。① 甚至为了追逐金钱，泯灭良心，坑蒙拐骗，假冒伪劣，黄赌毒黑，践踏法律与道德伦理，利益追逐异化和冲突不可避免。

第三，思想文化、观念表现的多样化、多元化。市场经济是开放经济。随着经济体制的放开、开放，全球的思想文化观念在不断交流、交融、交锋，各种思想文化的交流、碰撞、融合，使市场经济的自主、竞争、效率、平等、宽容和民主法治意识更深入人心，人们思想活动的独立性、选择性、差异性、多变性更加明显，多样化和多元化的趋势正在加快。据有的学者调查，当代西方思潮已从开始时的片言只语到现在逐步以完整的理论形态影响中国各社会群体，其影响面由开始的知识分子群体、青年学生群体，扩展到公务员群体、企业家群体，甚至影响到农民群体。

如各群体中认为功利主义对人们的思想影响最大的达到了41%以上，公务员群体中有23%的人认为可以把民主社会主义思想作为党的指导思想。在弱势群体中，信仰宗教的人数占到了受调查人数的66%。认为公有制并非社会主义本质的人达到71%，认同“公有制效率最高”的人只有12%。企业家群体、新兴群体认为“私有制效率最高”的人分别达到60%和69%。以人为本、公平正义在所有群体中的认同率都在50%以上。认为中国的人民代表大会制度与西方议会制度各有利弊的人数达到35%。认为社会主义核心价值观与资本主义价值观可以相互借鉴的人占到了45%。新兴社会群体思想的独立性、创造性突出，开放性、功利性较强，特别注重效率与政治地位。弱势群体中主张公平优先效率的人达到73%，他们对社会的负面评价较多，59%的受调人员认为当前的收入差距是不公平、不合理，

---

① 美国学者G.哈丁1968年在《科学》杂志上发表的一篇题为《公地悲剧》一文提出的概念。原场景是指一群牧民一同在一块公共草场放牧，一个牧民想多养一只羊增加个人收益。虽然明知草场上羊的数量已经太多了，再增加羊的数目，将使草场的质量下降，但牧民如果每个人都从自己的私利出发，肯定会多养羊获取收益，因为草场退化的代价由大家负担。结果导致出现“公地悲剧”——草场持续退化，甚至无法养羊，最终可能导致所有牧民破产。后来学者把没有规范使用权责利关系的共有产权、资源被过度使用而导致的不可持续发展问题称为“公地悲剧”，参看G. Hardin，“The Tragedy of Commons”，*Science*，1968，Vol(162)：pp. 1243～1248；安宇宏：《公地悲剧》，《宏观经济管理》2009年第12期，第67页。

不能接受的。知识分子对于民主政治、文化多样性、自主选择生活方式的需求超过其他群体。各类群体关注民生和生态环保的意识不断增强,生态保护、根治腐败和防止两极分化成为大家最关注的事情。①

第四,权力行使与利益获取的合法性讨论现实化。合法性实质上就是正当性。那么什么是"正当"呢? 字面的理解,就是"正确"加"应当"。这里"正确"即符合客观规律,是科学性判断,"应当"是基于主体需求,属价值性判断。而判断事物"正当"与否的首要条件就是看事物的发展是否具有"必然性"(即科学性),同时看它能否满足人们的需求,能否符合人们总体的道义预期。"所以总的来说,'正当'与否,取决于两种尺度,即'真理标准'和'道义标准'"②;更直白地说,"合法性就是心理认同,有了民众的心理认同,权力才能转化为权威,政党才会有凝聚力和号召力,政府的统治和治理才能顺利进行,国家的政治生活才能和谐运作"③。显然,"不论是哪种形式的统治,统治者命令能否被服从的命运取决于是否建立并培养了被统治者对统治的普遍信仰。只有被人们认为是具有某种正当性理由的命令,才会获得被统治者的追随,从而具有合法性。"④2004 年 9 月 19 日中国共产党十六届四中全会通过的《中共中央关于加强党的执政能力建设的决定》明确告诉世人,"党的执政地位不是与生俱来的,也不是一劳永逸的"。

上述四个方面的特征,加上现代信息网络技术的兴起,给从政、执政者带来了前所未有的挑战。

首先,"双轨"运行的体制导致公正难。转型时期,计划经济、市场经济两种体制都在发挥作用,传统观念、现代思维都在影响民众。大家都站在有利于自身、方便自己的角度来思考问题,提出诉求。这就把作为管理方的政府推到矛盾的中心,得益的认为是应该的,不说你好;没达到要求的,认为你偏袒,处事不公,不承认你的协调管理。特别是作为地方官员,你用市场经济方法治理,他用计划经济眼光评判,你用计划体制方法施政,他

---

① 王庆五、张桂珍、陈曙红:《当前我国思想领域多元多样多变的规律和对策研究》,《唯实》2009 年第 10 期,第 15～17 页。

② 张健:《合法性内涵及政府合法性问题》,《理论现代化》2008 年第 1 期,第 12 页。

③ 徐宇琼:《现代政府的合法性危机》,《行政论坛》2005 年第 6 期,第 12 页。

④ 张志成:《合法性危机与中国共产党的执政能力——评哈贝马斯的"现代国家的合法性问题"等》,法律教育网,2005. 1. 4,www. chinalawedu. com/news/16910/171/2005/1。

用市场经济规则来度量。你站在有理的一方，他说你不同情弱者；你同情弱者，他说你不讲道理，导致不少地方政府做也不是，不做也不是，左右都不是。

其次，利益主体的觉醒导致协调难。人们所奋斗的一切都与自身利益相关。转型时期，在"双轨"运行下，资源和利益的重新调整分配成为常态，利益矛盾和冲突就成为这个时期的突出问题。而市场经济让压抑多年的国人致富热情高涨，"一切向钱看"事实上成为许多人内心的行为准则与信条。在这种情况下，协调利益矛盾和冲突的难度就明显加大，人们过于现实，过于追求短期当前利益，不相信远期合约，不相信政府和他人的未来承诺，认为"迟得不如早得，早得不如现得"，加上掌握的资源差异、利益差别也逐步明显，贫富差距、地区差距、行业差距等利益分化状况出现了一个强化的过程。与此相伴随的是，劳资矛盾、官民矛盾、贫富矛盾、阶层矛盾、城乡矛盾就有激化的可能。政府在这些矛盾的夹缝中走钢丝平衡协调，稍有不慎就会招来非议。

再次，合法性的质疑导致施政难。转型期是改革创新期，要求执政者必须敢闯、敢试、敢冒。许多结合发展实际、结合地方实际、结合工作实际的政策、举措，很可能既不符合计划经济体制下的行政理念，也不符合完善或者说发达市场经济体制下的行政要求，完全是适应现时工作和发展要求的措施。这样，其合法性、正当性就会受到广泛的质疑。这就是近些年来，一些地方政府出台的政策、举措成为网络热议的焦点。当然，由于计划经济集权管治的思维惯性，有些行政举措与市场经济发展方向、与依法行政、与以人为本、科学发展、和谐社会建设背道而驰，人们质疑其行政合法性、正当性是进步的表现。但如果在实用主义的思潮影响下，把是否对我有利或者是否对我们有利当做行政合法性（正当性）的判别标准，整个行政施治就会出现大的问题。人们从体制下的绝对服从转到现在的合法服从，即"强力并不构成权力，而人们只是对合法的权力才有服从的义务"①，给地方政府的管治增添了更高、更新的要求。

最后，多元多样多变的思维导致共识难。思想是行动的先导。任何一项矛盾的协调、决策的作出、政策的出台、改革的施行，都必须有赖于共识的

---

① 卢梭：《社会契约论》，何兆武译，商务印书馆1980年版，第13页。

形成。由于利益的分化、思想的多元、文化的多样、观念的多变，人们在判别一种观点、决策、政策、工作以及其他事物时，会因为自己所处的地位、阶层与利益的相关性，与自身价值观的认同性等等方面的原因，而产生分歧，再好的政策也有人批评，再坏的恶政也有人支持。许多地方官员在这个问题上一直没有弄清，为什么自己每作一个决策，出台一项政策举措都会招致社会广泛的议论，有些还为此耿耿于怀。殊不知，正是这些议论，反映了转型期的时代特征，在这个时代，凝聚共识需要智慧，需要沟通，需要求同存异。在这个时代，不能追求百分之百满意、同意、支持，只能根据工作目的、目标，追求相对大多数支持，形成共识就可以了。

二、涉政公共事件频发成为转型时期的一大特征

转型时期利益格局的迅速分化，合法化问题的不断质疑，多元文化思想的反复浸蚀，加上现代互联网技术的运用，"人们对于公权力和官员往往会给予更多的关注和提出更迫切的要求"①，使各级政府及其工作人员的言行被置于显微镜、放大镜下审视，稍有偏差，权利意识不断觉醒甚至形成利益阶层的人们便开始进行申诉、抗争。当这些申诉、抗争没有得到及时处理、平息，反而变成很多人的行动，或者引起社会大众广泛关注的时候，涉政公共事件就开始形成了。事实上，与政务活动相关的涉政公共事件频繁发生也是转型时期的一大特征。

其一，事件的数量越来越多，参与的规模越来越大。与计划经济集中体制下的社会超稳定结构相比，转型时期以涉政公共事件为代表的各类突发事件、群体性事件频发。从 1993 年到 2006 年，群体性事件从 8709 起上升到了 90000 起，2007 年、2008 年、2009 年都超过了 90000 起。② 一些知名媒体和社区、论坛几乎天天都有新的涉政事件舆情曝光，一旦引起网民"围观"、跟帖、热议，就迅速转化为涉政公共事件。许多涉政公共事件，不仅事

---

① 喻国明：《中国社会舆情报告（2010）》，人民日报出版社 2010 年版，第 28 页。

② 于建嵘：《守住社会稳定的底线——在北京律师协会的演讲》，中国选举与治理网，www.chinaelections.org/News2nfo.asp?NewsID=169507。

发现场云集各路媒体，而且网络参与关注者众，常常是“一呼百万应”（点击率上百万人次）。重庆出现出租车罢运事件之后，全国各地陆续就有许多城市的士司机学习效法。一个地方的军转干部、退伍军人为离退休等待遇上访，就通过战友、战友的战友，组织全省甚至几个省的一起上访。群体事件的规模也在不断扩大，参与群体事件的人数年均增长 12%，由 1994 年的 73 万多人，增加到了 2003 年的 307 万多人，其中百人以上的群体性事件由 1400 起增加到 7000 多起。①

其二，诱发的原因越来越多，涉及的问题越来越复杂。由于我们的公权力机关及官员不适应转型时期不断变化的执政环境，特别不适应阳光行政和互联网的冲击，除了执法不公、司法不公、权钱交易、不作为、乱作为等问题容易诱发公共事件之外，就业、就医、就学、住房等民生问题处置不当，环境保护、安全生产、食品安全、投入产出等发展问题协调不好，企业改制、各类改革的政策方案措施考虑不周，官员个人在工作生活中的言行失当以及合法不合理、合理不合法、合法合理不合情的各类事情都可能成为诱发公共事件的因素。后面的分析会表明，一句话、一个发言、一个不经意的动作、一张照片、一张招待费发票、一张行程单、一次活动、一首打油诗、一个很小的纠纷、一次偶然的意外事故、一个文件、一个通知、一封答复信、一个预测……都可能成为涉政公共事件的诱发因素。这些诱发因素一旦把事件“点燃”，就可能随着网络、媒体的炒作，将简单问题复杂化、经济问题政治化、历史问题现实化、个案问题普遍化，将许多新老矛盾交织在一起，个人问题与社会问题联系在一起，处理起来就会非常复杂。

其三，对抗的程度越来越激烈，平息化解的难度越来越大。这些年涉政公共事件的对抗性明显增强。例如，2009 年 6 月发生在湖北的石首事件，约 7 万民众走上街头，与数千名军警展开对峙，最终酿成新中国成立以来最严重的群体性事件。还有暴力拆迁问题，2010 年，自从四川的唐福珍自焚后，接连发生了江苏东海县拆迁父子自焚，宿迁拆迁户杀人，河北邢台铲车碾压拆迁户，庄河市千名村民为征地补偿到市政府集体下跪，江西宜黄

① 汝信、陆学艺、李培林：《2005 年中国社会形势分析与预测》，社会科学文献出版社 2004 年版，第 297 页。

强拆自焚等等。① 因为冲突各方存在着互不信任和利益的尖锐对立，加上网络媒体舆情基本一边倒地同情受害者，靠地方政府当事人很难化解矛盾，大多通过上级部门及其领导出面才将事态慢慢平息，而且平息的代价都非常高昂，大多结果是“两败俱伤”。

其四，传播的速度越来越快，影响的范围越来越广。现代手机与互联网的结合，使信息的传播速度更快更贴近现场，更富有直观感觉。手机的摄像、摄影、录音和上网功能，使任何看到突发公共事件的当事人都可以成为信息的发布者，省去了编辑、加工、审签等中间环节，信息传播的速度可谓转瞬即到。例如，2009 年 2 月 9 日晚中央电视台新址北配楼在 20 时 20 分左右突发大火，21 时 04 分，天涯社区的博客空间就上传了第一张关于央视新楼大火的文字信息与图片。22 时左右在知名视频共享网站 youtube 上就有现场火灾的视频。主要网站报道央视火灾新闻信息的时间分别是：人民网 21：04、优酷 21：15、网易 21：44、新华网 22：05、新浪网 22：06、搜狐网 22：07、腾讯 22：07、央视网 22：23……②可见，基本上都在事发一个半小时以内，最快的半个小时。笔者所在的株洲市 2009 年 5 月 17 日下午 16 时 24 分发生了一起待拆高架桥垮塌事件，当时我正在外地，我得到信息是 16 时 40 分左右，而我一个出差在香港的朋友则在 16 时 50 分左右来电核实此消息。微博更是可以做到“同步直播”，江西宜黄拆迁截访攻防通过微博直播，影响了事件的结果。互联网与手机把全球各个角落都联系在一起，过去能瞒住的大事，现在可能小事都无法掩饰了，发生在山西偏僻山村的“黑砖窑”揭露出来后“世界闻名”。所以现在任何一桩“小事”酿成公共事件以后，就可能转化成影响全国甚至世界的大事。

其五，持续的时间越来越长，问责的压力越来越大。原来有些官民冲突和矛盾，有的经过协调可以马上化解，有的经过上级领导出面基本可以平息。现在由于网络的参与，事件规模持续时间、涉及范围均在不同程度上大幅提高。例如，2007 年陕西周正龙华南虎照片事件，从 2007 年 10 月 12 日，陕西省林业厅召开“陕西镇坪发现华南虎”新闻发布会开始，围绕“华南虎

① 参见《2009 年中国互联网舆情分析报告》、《2010 年中国互联网舆情分析报告》、人民网“舆情频道”，http://yq.people.com.cn/htmlArt/Art843.htm。

② 喻国明主编：《中国社会舆情年度报告（2010）》，人民日报出版社 2010 年版，第 129～130 页。

照”的真伪,“挺虎派”与“打虎派”展开了一系列的论战,不仅传统媒体报纸、电视台参与,而且网络论坛社区为之闹翻了天。把中国科学院的专家、国家林业局甚至世界权威的科学杂志《科学》都拖了进来。到2008年11月17日安康市中级人民法院对该案进行的最终裁定为止,闹得沸沸扬扬的“华南虎照片事件”持续一年有余,最终以周正龙被判刑,包括陕西省林业厅厅长在内的13名领导干部受到处分的结果落幕。

三、研究的意义、方法、范围

研究突发事件、公共事件、突发公共事件、群体性事件、公共危机等方面的书籍和文章近几年开始增多,但选择涉政公共事件进行专题研究,学术界还比较少见,通过百度与中国知网数据出版平台搜索,除了笔者刚刚开始研究的几篇论文之外,还没有发现其他系统研究。按照2007年8月30日十届全国人大第二十九次会议通过的《中华人民共和国突发事件应对法》,应急处置工作的重点主要是应对自然灾害、事故灾难、公共卫生事件和社会安全事件,并没有把突发涉政公共事件纳入重点范畴而单独列出。那么,单独研究涉政公共事件有什么意义呢?

首先,任何一宗突发公共事件,要么属于自然原因,要么属于人为原因,而就是在自然原因引发的公共事件的处置过程中也可能因为处置不当、不力、不及时等人为原因而放大其损失。而在人为原因类公共事件中,只有用涉政公共事件进行概括才比较贴切,归类清晰,便于在一个语境范围内对话。由于自然原因不可避免,人为原因是可以减少甚至消除的,这样,集中研究对今后的工作就非常有意义,因为“危机往往是由于人为的因素而导致的,而当危机发生后,它对一个组织的影响是可以通过某些方法来降低和消除的”①,我们就是要通过研究找到这些方法。

其次,涉政公共事件在所有的突发公共事件中属于影响最大、危害最重,也是最容易预防避免的公共事件。一般而言,自然灾害无可抗拒,意外事故也不可能百分之百避免,重大疾病疫情本身也无法杜绝。在遇到这类

---

① 鲍勇剑、陈百助:《危机管理——当最坏的情况发生时》,复旦大学出版社2003年版,第7～8页。

突发公共事件时,人们会自觉服从公权力的指挥、调遣,极力维持社会秩序和帮助受害者,哪怕损失再大,也无法、也不会去"怨天"算账找茬。但涉政公共事件不同,它是因为公权力及其代理者,不作为、乱作为,甚至滥用权力和以权谋私等等造成的民众抗争事件,它首先反映的就是公权力的信任危机,接着就带来执政合法性问题即执政危机,这对任何一个执政党、执政者都是天大的事情。而且,许多学者研究发现,在目前中国社会发生的涉政公共事件当中,农民维权约占35%,工人维权占30%,市民维权占15%,社会纠纷10%,社会骚乱和有组织犯罪分别是5%。在农民维权中,土地问题约占65%,①在网络舆情热点事件当中,政府部门行为不当是网络热点事件最为集中的领域,占到总体的1/5,个别政府官员违法乱纪行为造成的热点事件也占到总体的近1/5,还有1/10以上的事件是政府部门出台的政策决策法规引起的热议,而且重特大典型案件中涉政的比例更高。②

第三,选择地方政府的涉政公共事件进行研究,主要是因为地方政府是处置涉政公共事件的第一线,也是问题最集中的地方。据上海交通大学舆情研究实验室、舆情网联合发布的《2010中国危机管理年度报告》提供的数据,2010年平均每五天就有一起影响较大的危机舆情事件发生,其中74%的危机事件发生在地市和县。③ 另外,通过对以网民为首发主体的信息进行研究发现,在2009年全年网络舆情热点事件的首发论坛中,市级及以下论坛是网民作为首发主体的网络舆情热点事件的主要原发地,占到总体的37.5%。其次才是天涯、猫扑等主流论坛。再次是地方新闻媒体论坛,占到总体的15.7%。④ 显然,网络舆情热点事件的源头有53.2%来自地方的媒体和网络论坛。如果我们的地方政府能够及时迅速有效地关注重视到这些信息,及时化解处理,我们的涉政公共事件也就在数量上会少得多,影响也会好得多。

第四,专题研究涉政公共事件,有助于提高地方政府的应急管理能力。

---

① 于建嵘、斯科特:《底层政治与社会稳定》,《南方周末》2008年1月24日。

② 喻国明主编:《中国社会舆情年度报告(2010)》,人民日报出版社2010年版,第17～18页。

③ 参见舆情网,http://yuqing.situ.edu.cn/。

④ 喻国明主编:《中国社会舆情年度报告(2010)》,人民日报出版社2010年版,第23页。

一些小事酿大、个别事故演变成公共事件的例子，根本原因就在于地方政府在应急管理决策和工作中存在明显的不足。一些地方政府和官员，面对突然发生的涉政问题，反应迟钝、应对失当、迷信强力、依赖上级、延续计划体制传统的行政思维惯性、轻防重救、不敢担当、不能形成合力，工作打乱仗，实在不行就拖、躲、扛，让“小事”变“大事”，由“单灾”变“多难”。根据人民网舆情监测室从2009年7月开始推出的“地方应对网络舆情能力排行榜”中每个季度10个典型公共事件的应对能力评价统计可以发现，在2009年到2010年上半年地方政府应对网络的舆情能力方面，政府应对总体较为得体的只有9件，占总数50件的1/5不到，政府应对有待明显加强的有17件，存在明显问题的15件，政府应对严重失当，存在重大缺陷的也有9件。① 由上可见，地方政府在应对公共事件特别是涉政公共事件方面的总体能力是不高的，4/5以上的案例显示各方面的应对能力都亟待进一步加强。

第五，加强对涉政公共事件的研究，对提高科学发展水平、提高执政能力、做好群众工作、构建社会主义和谐社会都有积极的意义。研究涉政公共事件，是为了减少甚至尽可能消除官民冲突型的公共事件，达到政通人和的目的。而提高处置涉政公共事件的能力，关键是提高做好群众工作的能力，协调利益关系和矛盾的能力。通过提升应对涉政公共事件的能力来提高科学执政、民主执政、依法执政的水平。涉政公共事件少了，说明干群关系融洽了、社会和谐了、科学发展落实了，长期执政才会有基础。

为了做好涉政公共事件的研究，本人这些年每天都坚持收集主流媒体比如《人民日报》、中央电视台、《中国青年报》、新华网、人民网、凤凰网上披露的案例，也注意搜集《南方周末》、《新京报》、天涯社区论坛、凯迪社区论坛等一些热点媒体、论坛的热议案例。丰富的案例为本书的研究奠定了坚实的基础，作为社科基金项目，案例实证研究分析归纳总结，就成为了本研究的主要方法，通过相同或相类似案例的对比分析，逐步总结出一些涉政公共事件的产生、发展、平息规律，进而升华到理论，为今后遇到类似事件提供处置参考依据。同时，也参考了大量危机管理理论、突发事件与公共事件等

① 具体排行榜参见人民网“舆情频道”的“舆情排行榜”栏目，http://yq.people.com.cn/PubopinionRanking.htm。

应急管理研究方面的成果。本书研究的思路与框架是,先明确涉政公共事件的概念、特点和类型,再分析涉政公共事件的成因和生成机制、发展规律,然而按照处置过程"现场控制—信息舆情管理—善后救济—预防"的顺序分别进行论述,提出需要把握的一些重点,最后分析地方政府在处置涉政公共事件中存在的问题和需要提升的地方。当这些分析结束以后,就提出减少和消除涉政公共事件根本举措,为全书进行升华。

为了研究的方便,本书的研究范围在地域上限定为地方政府。关于地方政府的内涵,美国一般是指"州"以下的县、自治市、市、镇、镇区、政府当局、学区、特区、州内特区、政府议会、区域的或州际的政府实体、机构或地方政府部门、部落组织、本土村落或机构以及通过一个州或州在政治上为其作出援助申请的农村公社,非自治城镇和村落、或其他公共实体。① 本书研究的地方政府包括地方党委、人大、政府、政协以及司法机关和承担行政管理职能的所有国家机构以及事业法人单位。具体是指与微观经济主体、社会单位、百姓直接相联系的市、县(市、区)、乡(镇)三级政府,主要包含四个层次,一是地方党委、政府及其工作部门;二是地方人大、政协及其工作部门;三是地方的法院、检察院及其他政法机构;四是承担行政管理职能的事业性和企业性单位。② 本书研究所指的地方政府就是上述的四个方面的统称。

本书研究的对象是与政务活动相关的事件,它既包括组织、机构、单位的活动,也包括作为公权力行使者个人的活动;它既可以是工作时间内,也可以是工作时间外;既包括他们的行为,也包括他们的言语、作风;既包括直接诱发的事件,也包含间接诱发的事件。总之,只要是地方政府及其工作人员所引发的公共事件都属于研究的范围。

---

① 参见《美国联邦灾难救济和突发事件救助法》第 2 条,转引自万鹏飞主编:《美国、加拿大和英国突发事件应急管理法选编》,北京大学出版社 2006 年版,第 2 页。

② 聂方红:《主导与博弈——转型时期地方政府经济行为分析》,国防科技大学出版社 2007 年版,第 8 页。

第一章　涉政公共事件概述

目前中国社会处于深刻的转型期和利益大调整时期，社会公众利益诉求多元化、政府行为目标多重化而管理调控模式不规范，加上市场经济带来的贫富分化和利益差别，使得社会公众容易将改革、发展、转型所产生的社会“阵痛”，迁怒于政府及其工作人员，一旦处置不当，就会演变成社会冲突，诱发公共事件，造成对组织、对单位、对个人、对社会的重大危害。因此，加强对涉政公共事件的研究，破解转型时期官民矛盾冲突的难题，是理论界和实践工作者共同面对的任务。

一、涉政公共事件的含义

把涉政公共事件独立出来进行研究，首先必须明确它的含义。从字面来看，“涉”就是“涉及”，“与……有关”；“政”的内容比较广泛，包括政治、政党、政府、政策、政见、政绩、政务、政令等等，考虑到“政治”范畴过于宽泛，这里用“政务”来概括要更明确一些。那么，这个“政”就归纳到五个方面：一是政务机构，二是政务活动，三是政务人员，四是政务行为，五是政务效果。“公共”就是指与大量公众的利益或价值相关的、属于社会大众共同所有或者共同关心的而不是单个人的。“事件”就是指造成的影响比较大的事情。这样，综合起来，我们把涉政公共事件定义为，直接或间接由政务机构、政务活动、政务人员引起，导致大量的社会民众关注、参与甚至抗争、冲突，造成较大社会影响的负面事情。

显然，涉政公共事件的诱发主体包括了一切公权力机构、一切公权力活动、一切公权力行使者，在我国也就是包括所有党的机构、党派机构、人大机关、政府机关、政协机关、司法审判检察等政法机关、军事机关、其他履行公共管理职能的事业单位甚至企业。由于我国转型时期大多数社会中介机构和协会、学会等社会民间组织还与公权力保持不同程度的联系,它们也属于涉政公共事件主体范畴。涉政公共事件的表现形式主要是集体上访、集会、围堵党政机关及其工作人员、阻塞交通、静坐请愿、集体行为(如散步)抗议、网络“围观”、媒体舆论、连续热议以及打砸抢等群体性冲突事件。涉政公共事件的后果是负面影响大,它包括破坏公平、公正、公开的行政伦理,损害当事人甚至社会公众的权益,造成恶性事故或者骚乱,招致社会舆情强烈不满或批评、质疑,形成社会舆情热点,最终影响党和政府的执政形象、执政权威、执政地位等等。

涉政公共事件与突发事件、公共事件和突发公共事件是既相联系又有区别的概念。国内关于突发事件和突发公共事件的研究很多,学者们对突发事件与突发公共事件的界定也多样。① 一般来说,突发事件包括突然爆发、难以预料、由必然原因导致、产生严重后果、需要紧急处理五个基本要素。②《中华人民共和国突发事件应对法》中对“突发事件”的定义是,指突然发生、造成或者可能造成严重社会危害,需要采取应急处置措施予以应对的自然灾害、事故灾难、公共事件和社会安全事件。③ 这里,基本上是把突发事件与突发公共事件当做相同含义在使用,实际上两者还是有差别的,有些突发事件不一定转化为突发公共事件,前者的内涵明显宽泛一些。公共事件国内学者单独研究的不多,主要是全国干部培训教材编审指导委员会组织编写的全国干部学习培训教材《公共危机管理》④中提到过“公共危机的界定”,书中的“公共危机”内涵与“突发公共事件”的唯一区别就是前者包含了“经济危机”,后者没有。公共事件的内涵与“公共危机”相近,但危害的程度没有“公共危机”大。因此,虽然它们都是指负面事件,有很大一部分相交叉的领域,但涉政公共事件的内涵与范围比突发事件、公共事件、突发公共事件都窄,它强调的重点是与政务机构、政务活动、政务人员相关,事件主

---

① 参见秦启文等:《突发事件的预防与应对》,新华出版社 2008 年版,第 2～4 页。

② 参见秦启文等:《突发事件的预防与应对》,新华出版社 2008 年版,第 4 页。

③ 转引自江川编著:《突发事件应急管理案例与启示》附录二,人民出版社 2010 年版,第 211～212 页。

④ 全国干部培训教材编审指导委员会组织编写:《公共危机管理》,人民出版社党建读物出版社 2006 年版。

要由他们引起，也不一定就全是突然发生的，有些涉政公共事件起初并不是什么大事、有的可能甚至只是一个小事故，只要当事者处置及时、得当，就可以当做一般事故善后了事。但一旦政府处置不当，造成大量社会公众卷入或参与议论、关注甚至对抗就慢慢转化为涉政公共事件。突发公共事件中的许多事情只要政府应对不出现大的瑕疵，就不会转化为涉政公共事件。

涉政公共事件与群体性事件、群体性突发事件、群发性事件也有差别。国内关于群体性事件的研究较多，而有关“群发性事件”的研究不多，以“群发性事件”作为研究对象的学者认为“群发性事件”在新中国成立后的语词形态经历了“群众闹事”、“治安事件”、“突发事件”、“群体性治安事件”四个阶段，其对“群发性事件”的概念界定也基本与其他学者有关“群体性事件”的定义相仿。① 而“群体性事件”常常与“突发群体性事件”或“群体性突发事件”、“群体性治安事件”等混用。② 有关它的定义界定比较多。③ 中共中央办公厅2004年制定的《关于积极预防和妥善处置群体性事件的工作意见》称，群体性事件是“由人民内部矛盾引发，群众认为自身权益受到侵害，通过非法聚众、围堵等方式，向有关机关或单位表达意愿、提出要求等事件及其酝酿形成过程中的串联、聚集等活动”④。2000年公安部颁发的《公安机关处置群体性治安事件规定》把“群体性治安事件”定义为“聚众共同实施的违反国家法律、法规、规章，扰乱社会秩序，危害公共安全，侵犯公民人身安全和公私财产安全的行为”⑤。中国行政管理学会课题组将“群体性突发事件”定义为“由人民内部矛盾和纠纷所引起的部分公众参与的对社会秩序和社会基本价值产生严重威胁的事件”。“具体来说，是因人民内部矛盾而引发，或因人民内部矛盾处理不当而积累激发，由部分公众参与、有一定组织和目的，采取围堵党政机关、静坐请愿、阻塞交通、集会、聚众闹事、

① 参见王学辉等：《群发性事件防范机制研究》，科学出版社2010年版，第22～23、28页。

② 于建嵘：《抗争性政治：中国政治社会学基本问题》，人民出版社2010年版，第43页。

③ 参见管强主编：《中国突发事件报告》，中国时代经济出版社2009年版，第184～187页。

④ 转引自何显明：《群体性事件的发生机理及其应急处理——基于典型案例的分析研究》，学林出版社2010年版，第2页。

⑤ 转引自于建嵘：《抗争性政治：中国政治社会学基本问题》，人民出版社2010年版，第43页。

群体上访等行为,并对政府管理和社会秩序造成影响甚至使社会在一定范围内陷入一定强度对峙状态的突然发生的群体性事件。"①简单地说,"群体性事件是指有一定人数参加的、通过没有法定依据的行为对社会秩序产生一定影响的事件"②。从上面的分析可以看出,"群体性事件"、"群发性事件"、"群体性突发事件"大多与政府及其机构部门相关,针对的对象也主要是政府机关及其工作人员,因此,大多数群体性事件都可能是涉政公共事件。但相反,涉政公共事件则不一定都是群体性事件,它还包括社会舆情热点等其他事件,它不一定有"群体性事件"的激烈甚至对抗性,也可以全在合法的渠道下通过理性抗争、讨论实现诉求。

考虑到所有的突发公共事件、群体性事件都会牵涉到政府来协调处置的情况,无论"天灾"还是"人祸",在这些重大事件面前,政府都脱不了干系,就是重大自然灾害、重大疾病疫情,政府组织救援处置失当,同样也会招致社会公众的质疑甚至抗议,使"天灾"与"人祸"产生叠加效应,放大损失,因此,从广义的角度看,所有公共事件都可能"涉政"。但为了研究的方便,我们所研究的对象是"狭义"的范畴,严格限定在事件的主要源头与"政务"相关。

关于涉政公共事件的性质,应该说是属于社会公众借助于偶然性的话题,进行利益表达、申诉、博弈,甚至抗争的过程,总体上属于人民内部矛盾,大多是可以通过协调解决的问题,有些更是给个说法就可以平息的事态。站在社会大众的角度,涉政公共事件多数系广大百姓为了维护自身的权益而与官方或者官方的代表发生矛盾冲突,也就是说,维权事件是涉政公共事件的主要类型,公民维权性涉政公共事件大多又是为了争取一个公平、公正、合理的政治、经济、法律待遇和人格尊严。对于转型时期公民的这种维权行为,有的学者认为有四个方面的特征。"其一,主要是利益之争,不是权力之争,经济性大于政治性。其二,规则意识大于权利意识。由于政府的'违约',没有完全做到依法行政,才带来了这么多的问题。其三,反应性大于进取性,具有明显的被动性。大都是处于社会弱势地位的工人、农民或者市民的合法利益受损而引发的。其四是目标的合法性

① 中国行政管理学会课题组:《中国群体性突发事件成因与对策》,国家行政学院出版社 2009 年版,第 2 页。

② 于建嵘:《抗争性政治:中国政治社会学基本问题》,人民出版社 2010 年版,第 44 页。

和行为的非法性共存。”①而且，“群众采取行动，抗议政府腐败、不作为、乱作为等都是为了解决自己的具体利益问题，或者是希望通过‘闹事’得到政府的重视，争夺政府解决问题的有限资源和能力。它没有明确的政治诉求，目的不是为了推翻政府并且取而代之。”②这种人民内部矛盾的性质还表现在从政府方面看，也基本属于工作冲突、技术失误、工作能力水平和素养不够，它可以通过上级甚至同级的公权力干预协商就可以平息事态，大多属非对抗性的、暂时性的、局部性的相对独立的个案。

二、涉政公共事件的特点

在分析涉政公共事件的特征之前，我们先看看学界对危机事件、群体性突发事件、突发事件、公共危机事件、突发公共事件等特征的分析。董传仪认为危机有八个普遍特征：即威胁性、破坏性、突发性和急迫性、不确定性、无序性、隐蔽性、公开性、扩散性。③ 中国行政管理学会课题组认为转型时期群体性突发事件除了具有一般群体性事件的群体性、突发性、破坏性等特征之外，还呈现六个特点，即利益的主导性、诱因上的多样性、参与主体的多元性、行为上的偏激性、影响的冲击性、处置的艰巨性。④ 訾强、秦启文、张振学、贺文发等认为，突发事件具有十五个方面的特征，即发生的突然性、事件的复杂性、危害的严重性、事件的关联性、处置的紧急性、影响的滞后性、难以预料性、可控性、持续性、机遇性、隐蔽性、群体性、负面性和关注度、规模信息量、形象杀伤力等等。⑤ 全国干部学习培训教材认为公共危机事件

① 于建嵘：《政府如何应对群体性事件》，于建嵘、钟新、李元超等著：《变话：引导舆论新方式》，世界图书出版公司北京分公司 2010 年版，第 107～108 页。

② 于建嵘，《政府如何应对群体性事件》，于建嵘、钟新、李元超等著《变话：引导舆论新方式》，世界图书出版公司北京分公司 2010 年版，第 109 页。

③ 董传仪：《危机管理学》，中国传媒大学出版社 2007 年版，第 8～9 页。

④ 中国行政管理学会课题组：《中国群体性突发事件成因及对策》，国家行政学院出版社 2009 年版，第 11～15 页。

⑤ 参见訾强主编：《中国突发事件报告》，中国时代经济出版社，2009 年版，第 3～5 页；秦启文等：《突发事件的预防与应对》，新华出版社 2008 年版，第 18～29 页；张振学：《领导者应对和处理突发事件的 9 种能力》，中国致公出版社 2009 年版，第 2～4 页；贺文发、李烨辉：《突发事件与信息公开——危机传播中的政府、媒体与公众》，中国传媒大学出版社 2010 年版，第 24～25 页。

一般具有以下四个特征:突发性和紧急性、高度不确定性、影响的社会性、决策的非程序化。① 张连波、任晓东认为突发公共事件具有突发性、危害性、非常规性和舆论的关注性四个特点。② 吴群红等在分析突发公共卫生事件时,认为有九个方面的特点,即:突发性和不确定性、群体性和公共卫生属性、紧急性、危害性、复杂性、持续性、处理的综合性和系统性、决策的时效性、全球性等。③ 这些分析,对我们归纳描绘涉政公共事件的特点很有参考价值。由于涉政公共事件与公共事件、突发公共事件、群体性事件均有交叉的范围,在特点方面也可能带有其中的一些痕迹,但总体上说,有它自身的鲜明特征:

(一)产生的偶然性

原本可能出现也可能不出现,可以这样发展也可以那样发展的政务活动,因为某种事先没有想到的偶然因素,演变为公共事件。比如:

一句话:2009 年 6 月 18 日,中央人民广播电台报道,河南郑州市中原区须水镇西岗村原本被划拨为建设经济适用住房的土地上,竟然被开发商建起了 12 幢连体别墅和两幢楼中楼,引起了社会的广泛关注。当记者去郑州市规划局采访时,该局副局长逯军竟然质问记者:"你是准备替党说话,还是准备替老百姓说话?"此话一经电台播出,舆论哗然,网民竞相转载,一日之内,谷歌、百度搜索量就达 115 万多项,此言被众多网友推荐为"2009 年流行语"。此事受到国内媒体广泛关注后,经郑州市委、市政府出面才慢慢平息下来,成为 2009 年 6 月影响比较大的公共事件。④ 与此相类似的还可以找到诸如 2009 年 3 月北京大学教授孙东东在接受《中国新闻周刊》(第 412 期)的专访中宣称:"对那些老上访专业户,我负责任地说,不说 100% 吧,至少有 99% 以上精神有问题——都是偏执型精神障碍";2008 年

---

① 全国干部培训教材编审指导委员会组织编写:《公共危机管理》,人民出版社、党建读物出版社 2006 年版,第 4～5 页。

② 张连波、任晓东:《地方政府的应急管理》,大连理工大学出版社 2009 年版,第 23 页。

③ 吴群红、郝艳华、赵忠厚主编:《与危机共舞——突发公共卫生事件管理方略》,科学出版社 2010 年版,第 140～141 页。

④ 参见喻国明主编:《中国社会舆情年度报告(2010)》,人民日报出版社 2010 年版,第 45 页。

12 月 18 日西安电子科技大学宣传部长强建国在回复“西电卡门事件”时，说“我要占领天涯(论坛)”;2008 年初南方冰灾时，广州市一位政协副主席与铁道部的口水官司等等。

一个发言:2010 年 3 月 11 日，来自工会青年界的湖南省双牌县政协委员、县委办副主任胡佐军在双牌县政协七届三次会议大会上，就招商引资做了《凸显双牌比较优势，打开工业招商新局》的发言。当场听取政协委员发言的县委书记郑柏顺认为“发言角度没有把握好”，“好像县委的工作变成了他一个人的意思”，“没有遵守相关纪律和政治要求”，并要求大会秘书处把发言材料收回，12 日中午县委书记亲自主持有关会议研究对胡佐军的处理措施，除了责成他向县委写出深刻检查之外，还安排他带队下农村工作，再也没有让他继续参加正在召开的政协会议。此消息一出，不仅引起全国网民一片声讨，而且新华网、人民网等许多网站媒体均给予连续报道，形成所谓的“发言门”事件。网友随后还挖出该县当年只印有县委书记头像的台历摊派给乡镇部门的“台历门”。此事虽经双牌县的上级永州市委及时处置逐渐平息，但也如《人民日报》2010 年 4 月 28 日的时评所言，这样的事可能不是偶然发生，反映出一些官员对党的基本政治制度研究落实不够、民主依然只是作秀、基层民主推进比较艰难等等。与此相类似的还有 2008 年末最红的“网络名人”南京市江宁区房产局局长周久耕有关“开发商降价亏本卖房子要受处罚”的言论，遭人肉搜索出“天价烟”、“天价表”，最终经查实腐败被“双开”。

一个不经意的动作:2008 年 2 月份，广东省卫生厅副厅长廖新波在自己的博客里放了一张下乡的照片，其间有部下为其打伞的镜头，被网民挖掘，带来了 19 万的访问量，网友纷纷质疑领导干部让下属打伞这种不正常现象，尔后全国各级官员都以此为戒，工作出行不敢叫下属打伞。类似的事还有 2008 年 11 月浙江温州和江西新余干部出国回上海时把在美国考察的行程安排表和费用票据清单丢在地铁的座位上，被一个 IT 行业的技术人员无意拣到后拍成照片发到“天涯社区”论坛上，很快在全国范围内引发了“规范监督官员出国考察的大讨论”。最终以这些人不同程度受到处分才平息热议。

一张照片:2008 年 4 月 10 日广西师范大学在其网站上刊登了一张学校欢迎教育部本科教学评估组的照片，细心的读者发现，6 位正、副校长簇拥着评估组的一位女秘书，这位评估组的女秘书仅仅是借调到教育部的一位普通科员，由此引发了社会公众对高校行政化以及评估问题的质疑。与此相类似的还有 2007 年底的陕西周正龙华南虎照片事件等等。

一个政府决策：2009 年 5 月 21 日，黑龙江黑河市《黑河时报》刊登了黑河市公安局等四个部门的联合公告，要求自 2009 年 5 月 23 日起，黑河市区及周边农村禁止家养宠物犬只，严禁市民带宠物进入公共场所，否则"一律捕杀"。据报道，出台这项打狗、禁狗措施的起因是该市人大常委会主任与市纪委书记在江边散步时被狗咬和惊吓，此事件迅速被媒体与网络戏称为"一官被咬，全城禁狗"、"冒犯领导，诛连九族"。后在社会舆论的压力下被迫取消此项决定。与此相类似的决策还有 2007 年 11 月广东东莞市党政联席会议决定从 2009 年 1 月 1 日起在全市禁止养猪；山东潍坊市寒亭区 2009 年 3 月下文要求干部为开发商卖房子；河北成安县委 2007(18)号文件禁止农民烧秸秆；2009 年 2 月，河北石家庄市政府规定，出租车早 7 点至晚 8 点禁止在市委门前通行等等。

一件政府文书：2009 年 4 月，重庆市奉节县民政局一件信访处理意见因为语言带有侮辱性，被法院判为侵权。起因在于该县金凤乡新庙村七组村民卢从阳以其曾在部队因公受伤为由，多次上访要求为其评定为伤残待遇，1992 年 7 月 6 日，该县民政局写出《关于老上访户卢从阳的调查及处理意见》上报并抄送相关单位和本人，《意见》在表述卢从阳的情况时，多处使用了"耍赖"、"卢是一个有嘴无脸的人"、"所到之处鸡犬不宁"，甚至说他像"泡了 8 年的酸菜一样酸过了味"。随后卢从阳以此上诉，最终重庆市第二中级人民法院判侵权成立，该县民政局赔偿受害人精神损失费 2 万元。与此相类似引起社会公众热议的还有 2008 年 6 月国家安全生产督查组在对贵阳市息烽县和修文县进行安全生产检查时，听到了内容基本相同的汇报；2009 年 3 月河南省开封和漯河两个市领导发表在《中国消防在线》网站上的署名文章内容雷同，被舆论戏称"开封指导漯河的工作"；2008 年 9 月 9 日，四川巴中市政府办关于中秋节放假安排的通知，结尾竟写成"确保人民群众度过一个祥和平安的端午节"；等等。

一条信息或网络帖子：2009 年 3 月，河南灵宝市 24 岁的青年王帅，因为在网上发了一个帖子，批评家乡政府违法占地的问题，被河南公安部门派人到上海捉拿"归案"。在上海和灵宝两地的看守所一共关押了 8 天，《中国青年报》2009 年 4 月 8 日公开披露此事，众多媒体网民纷纷质疑河南警方跨省追捕的合法性。《人民日报》、中央电视台等主流媒体也给予报道，后经河南省副省长兼公安厅长出面道歉，纠正并给予国家赔偿才平息事态。与此相类似的有 2006 年重庆的彭水诗案，2006 年山西的稷山文案等等。

一场司法审判：2007 年 11 月打工仔许霆在广州市的 ATM 机上取款发现取 1000 元只在卡上扣 1 元，他因此多次取款 17 万多元，一审被判无期，引起社会和司法界的大讨论，2008 年 4 月二审改判五年。

此外，诸如一张发票、一份领导成员表、一次失窃案、一场不寻常的招待、一个人大代表建议、政协委员提案、一次不当的欢迎活动、一场招聘考试等等都可能在不知不觉中转化为涉政公共事件。

（二）引发的人为性

与自然灾害、事故灾难和公共卫生事件不同，涉政公共事件都是人为造成的。1. 人为犯错。涉政公共事件中出现的“牛人”“牛语”就是这方面的典型，如 2008 年初派人到北京抓记者的辽宁西丰县“最牛县委书记”事件、2007 年底陕西绥德县“最牛县长”案等。一些领导干部和公务员在政务活动与日常生活中言行另类，不仅与法不容、与纪不符，还与常理相悖，出现一个又一个笑料、笑语，给政务机关的形象造成损害。2. 人为掩盖真相。典型的如 2009 年 2 月发生在云南晋宁县看守所的“躲猫猫”事件。3. 人为制造矛盾。如 2009 年 9 月上海市闵行区交通执法大队的“钓鱼”执法事件。为了打击涉嫌非法运营的“黑车”，竟然使用装病（“胃痛”）的办法来挑战助人为乐的社会道德底线，让我们这个已经缺乏诚信的社会环境更加“雪上加霜”，最终发展成社会公众广为抨击的公共事件。4. 人为挖掘问题。在过去信息技术不发达的时候，一些政务行为失当和公职人员失误、失范不会演化成公共事件，但随着信息网络技术的发展，任何一个公民都可以通过手机拍照、家里上网上传资料等手段，将自己受委屈的事，别人受不公正对待的事，国家公职人员不当的事，发送到媒体、到网上论坛、微博，有的还可以通过人肉搜索进行深层挖掘，一旦引起共鸣热议就迅速转化为涉政公共事件。因此，所有涉政公共事件都有人为的痕迹，也都是可以通过工作化解消除的。

(三)与政务活动的相关性

这是涉政公共事件最显著的特点。所有涉政公共事件不是事前由政务活动(包括公务人员)引起,就是事中因政务活动放大,或是事情的结果因政务处理不当引起非议和不服、不满。有学者在对2009年舆情热点事件的定量分析中发现,"无论是热点事件的由头,还是热点事件的关涉主体;无论是网民评论与跟帖中的高频词,还是网络流行语及热点人物,都显示着公权力及公权力行使者的某些不当的使用与人民群众日益觉醒的公民意识和维权行为的冲突"。"今天人民群众的公民意识的成长速度要远高于基层官员的民主意识和执政水平,以及公权力机构在机制体制构建方面民主化进程的速度。这种不平衡是造成今天官民冲突最为重要的缘由。"①仔细分析这些年日益增多的涉政公共事件,可以发现,一是一些地方和干部在政务活动中的理念有问题,把服务对象当管制对象,把主人当仆人,因此,说过头话、做过头事,酿成社会公众和舆论关注的热点。二是政务活动中的权力适应性出现问题,越权、滥权、侵权以及不作为、不及时作为酿出事端。三是政务活动中的权力使用程序出现问题,涉及群众利益的事情决策不透明、信息不公开,工作方法简单、粗暴,过于强调强力的作用,而不是协商沟通,如这些年拆迁方面屡屡出现事端就主要是因为这样的原因。四是政务活动中的公正性出现了问题。政府及其工作人员原本是社会矛盾纠纷的仲裁人,利益关系的调节者,在转型时期为了追求政绩,有的就按照对行政有利的原则来协调仲裁,结果变成两头不讨好,容易滋生矛盾。五是政务活动的结果在价值上出现偏差。有些事情在政策上、法律上甚至程序上可能都没问题,但处理的结果可能得不到社会公众的理解和接受,许多司法案件广受质疑就是这个原因。

(四)影响的公共性

所谓公共性,也是社会性,就是指引起社会公众广泛关注、关心、参与并与社会公众的利益、价值相关的特性。首先,涉政公共事件引发主体的国家行为、政府行为、公共机构的行为和国家公职人员的言行都具有公共性,都

---

① 喻国明主编:《中国社会舆情年度报告(2010)》,人民日报出版社2010年版,第28页。

直接、间接与公共利益相关，其行为是否合规、合法都是社会公众关注的。其次，涉政公共事件一般是通过媒体曝光炒作，进入社会公众的公共视野后才真正形成“公共事件”；没有曝光、公开的事件，不能称为实际意义上的公共事件。因此，有些本来属于国家工作人员个人隐私范围内的东西，比如日记、学历、履历、年龄、家庭背景等等，也包括一些公权力机构、单位内部规章、招待、接待和人员调整安排等事务，只要不被媒体曝光，哪怕有错被上级处分，也不会构成涉政公共事件。但一旦被媒体炒作曝光公共化之后，个人、单位的隐私就迅速转化为与公共利益或价值相关的事件，其影响就带来明显的公共性，成为涉政公共事件。比如2010年2月底，一部被认为是曾任广西来宾市烟草专卖局局长韩峰的“香艳日记”在网上引起极大轰动，迅速成为各路媒体、论坛炒作的焦点，“香艳日记”的主角也因此被查处并开除党籍公职，这是个人“隐私”转化为涉政公共事件的典型。事实上，因为政府部门信息公开和宣传关系，许多在当事人看来不是问题的事情成了涉政公共事件，文件、发票、文书、新闻照片等等大多属于此类。因此，引起公共媒体炒作是涉政公共事件公共性的重要标志。其三，引起社会公众的广泛关注、参与是涉政公共事件公共性的典型特征。涉政公共事件要么牵涉公共利益，要么牵涉社会公共价值，一旦在这方面出现偏差，就会引起社会广泛的质疑，舆情、民情就会一边倒地批评、指责公权力机关和国家公务人员，声援支持受公权力侵害的一方。其四，涉政公共事件的公共性还体现在需要运用公共资源、通过公共权力介入才能平息消弭事态。总之，涉政公共事件事关公共利益、公共价值，影响不是一个人、一小块地方、一个部门，而是超越地域、超越时间、超越身份，引起相当数量的社会公众卷入，需要各部门共同协作按照公共利益和公共价值才能协调处置的事件。

（五）危害的不确定性

与自然灾害、事故灾害不同，涉政公共事件危害的不确定性更为突出。涉政公共事件均系人为引起，起初当事者可能并没有认识到问题之所在，引起媒体和社会公众关注的时候，还可能存在侥幸心理，想极力掩饰隐瞒事态真相，有的还希望把矛盾压下来，控制在自己的权力范围之内。这样，问题就来了！第一，由于机关的权威意识和人们的面子观念，当事者一般不愿意立马认错，也不会主动披露或者全部披露真相信息，这就使得事件发展的方向、演变的速度、波及的范围不可控、不确定。有的群众基础好,引导能力强,处置得当的,可能会大事化小、小事化无。有的群众基础不好,应急能力弱的,可能还会错上加错,小事酿大,大事酿爆。第二,处理方案、方法不同,结果效果可能不一样。有的注重行政手段,有的注重沟通协调,这样的结果效果是完全不同的;还有为主处事的领导判断力、决策力、决断力的强弱也影响事态的进程;各部门、各单位、各位领导成员之间能否形成工作合力,也影响处置效果。第三,涉政公共事件反映的是官民矛盾,危害更多的是官民关系、是政府的权威和公信力。大多数涉政公共事件矛盾的焦点都对准了地方政府及其部门,舆论的矛头所向也是政府及其工作人员,哪怕有理也被忽略。因此,处理不当,隔阂就越来越大。这种危害当时可能不会表现出来,它有一个过程,如果不能及时正确修复,或许平息的事件又会为下一轮新的事件累积矛盾。一句话,涉政公共事件由于事关官民关系、事关公权力威信、事关国家机关的公信力,其变化、发展趋势以及事件的影响广度、深度难以准确预测。

(六)处置的紧迫性

涉政公共事件因为事关执政者的形象,事关政府公信力,一旦发生,就必须马上处置。1. 时间压力大,不能拖。涉政公共事件一旦发生,特别是引起了大量社会公众卷入的事件,必须尽早尽快予以处置,争取主动、减少损失、控制事态。一旦耽误关键的时机,让事件演变到难以收拾的局面时,各方付出的代价就会非常大,损失危害也就会非常重,平息事态需要花费的成本也会非常高。在涉政公共事件的处置上,时间的把握是关键,必须第一时间尽快处置。2. 现场的压力大。当遇到现场行政执法(如城管、强拆)等酿成的涉政公共事件时,双方情绪激昂,不及时处置就可能场面失控,进而使事件不断升级,甚至最终酿成打砸抢烧等恶性冲突。3. 群众压力大。有些导致群众聚集的涉政公共事件,不及时处置,可能进一步演变为堵门、堵桥、堵路、游行示威,当数以千计、万计的群众走向街头、冲击政府机关,那怕就在政府机关门口静坐或在市区某个场所集体散步,当事者与领导的压力是可想而知的。4. 舆论压力大。涉政公共事件一般都是舆情热点,不仅网民关注,各类媒体甚至主流媒体也非常关注,大报、小报,本地、外地,网络、电视记者云集到出事地点,全国到处都充斥着这一负面报道,对事发当地的形象、工作都会带来很大的影响。5. 上级压力大。一旦出现涉政公共事件，上级的关注必然到来，首先是电话询问情况，然后可能是各方面的批示，如果事件进一步恶化，上面工作组随即下来，尔后可能是上级主要领导亲临一线，辖区内因为自身或者下属工作的失误而牵扯上级领导特别是主要领导的精力、压力，当事人的压力也会很大。6. 决策压力大。涉政公共事件一般牵涉官民之间的利益矛盾和价值冲突，谁对谁错信息不一定完整真实易断，民众诉求不一定会合理或者全部不合理，即使合理也不见得就符合政策，决策时还要担心连锁效应和攀比反应，时间不等人，不允许慢慢来。因此，所有处置决策都是风险决策，风险决策又怕经不起时间、实践和历史的检验，必须在速办与办好的夹缝中求相对平衡。

（七）媒体的聚焦性

涉政公共事件本身属负面新闻，这也是最能引起人们关注和吸引大众眼球的东西。在媒体运作日益商业化的今天，这样的社会热点和敏感事件自然而然会成为媒体最大的新闻源，成为聚焦炒作的对象。首先是信息量大。比如 2009 年 5 月湖北巴东县“邓玉娇”案，在 2009 年内传统大众媒体中，中央级媒体报道 352 篇、地方党报 353 篇、都市报 1348 篇，广播电视 388 篇，其他专业媒体及期刊 479 篇；新闻网站报道有 12708 篇、评论有 64412 篇、专题有 40 个、在线调查 18 次、嘉宾访谈 17 人次；网民发帖 111409 个，浏览 8604995 人次，回复 859036 条，博文有 124558 篇。① 其次是关注度高。如湖北石首事件等许多涉政公共事件引起了中央主流媒体的关注，中央电视台的《新闻 1+1》、《新闻调查》，人民日报，《瞭望》周刊等都有这类事件的专题分析。再次，形象杀伤力强。处置不好，严重影响地方党委、政府和干部的形象。正如国务院新闻办前主任赵启正同志所说的“它可以轻而易举地把我们政府的形象毁到极点，把我们平时做的大量正面宣传一笔勾销。”②

---

① 数据来源喻国明主编：《中国社会舆情年度报告（2010）》，人民日报出版社 2010 年版，第 10～11 页。

② 转引自贺文发、李焯辉：《突发事件与信息公开——危机传播中的政府媒体与公众》，中国传媒大学出版社 2010 年版，第 25 页。

(八)协调的棘手性

涉政公共事件有时看起来起因简单,但实际上牵涉到方方面面,情况复杂,协调处理非常棘手。首先,问题的焦点难抓住。很多时候,诱发因素不一定是诉求重点,就事论事常常耽误了最佳处理时机。很多涉政公共事件由“小事”酿大,事件本身仅仅只是由头、借口,真正的诉求可能是其他方面的权利没有保障。这样,大多数参与者反而不一定是直接当事人或者利益相关者,而是借机发泄不满、借机让领导难堪、借机挑战政府的权威。比如2008年6月贵州翁安事件、2009年6月湖北石首事件,原本属简单的治安或刑事案件,结果演变成社会群体性事件,关键就是地方政府长期积累的矛盾。学者于建嵘把这类事件叫做“社会泄愤事件”,他认为,社会泄愤事件有以下特征:“第一,无明确的集体利益诉求,绝大多数参与者与初发事件没有直接的实际利益关系,他们参与其事主要是表达对社会不公的不满,以发泄为主。第二,这些事件的诉求对象是基层政府,拿老百姓的话说是针对‘公家’。第三,无组织动员,自发参与。”①面对这类无组织动员、无利益诉求、无权威信息、无规则底线的群体性涉政公共事件,平息工作难度大。其次,沟通协调的对象无法找。无论是现实的官民冲突事件,还是重大网络舆情事件,由于没有明确有权威的组织者,很难找到有效的沟通磋商对象,即使是选出来的代表或者“意见领袖”,②也因为他们自身不能完全、完整反映他人的诉求而无法成功协调化解矛盾冲突。涉政公共事件面对的不是一个人,而是一群人,并且是没有组织约束和共同价值观念的“乌合之众”,有效的沟通比较难。再次,承办的主体不会多。涉政公共事件都是公权力机关及其工作人员人为造成的,一旦有事,一般不会有积极主动担当者,这就是许多小事、简单的事拖大、拖复杂的重要原因。处理这样的事件,做好了是应该但很难,做不好就会出问题甚至使事件恶化但很容易。这样,下级出事,不报告不要求上级不会主动干预处理;同级出事,更不会有人出来主动担当怕两头不讨好;上级出事,更不能自作聪明,自作主张,而且权限范围可

---

① 于建嵘、钟新、李元起等:《变话——引导舆论新方式》,世界图书出版公司北京分公司2010年版,第109～110页。

② 主要是指在网络传播中,经常为他人提供信息资源、发表评论和意见,能对其他人的观点、判断产生影响的网络活跃人士。

能根本协调不了。这就是很多涉政公共事件最后只能靠上级甚至上级的上级出面才能平息的根本原因。最后,处置的资源手段效果限制多。许多涉政公共事件常常事出有因,一时难以辨白对错,特别在没有主观故意的情况下,让当事双方都满意的处理手段和结果非常难得。哪怕是主要错在官员一方,因为官员与机关、官员与执行工作常常联系在一起,处分官员的资源手段就那么几条,弄不好不是重了就是轻了,怎么处理都可能成为舆论关注甚至批评的对象。

三、涉政公共事件的类型

涉政公共事件纷繁复杂、数量众多,只有对它们进行科学的分类才能更加有助于理清矛盾关系,采取有针对性的对策,提高处置应对水平。而分类就必然牵涉到不同的分类标准、分类方法,标准、方法不同,类型结果就不一样。《国家突发公共事件总体应急预案》根据突发公共事件的发生过程性质和机理,分为自然灾害、事故灾难、公共卫生事件、社会安全事件四类。① 国内外学者从不同角度,对突发事件的分类作了许多探讨,主要包括按事发的原因分、按事发的性质分、按事发的领域分、按事件的规模和程度分、按事件影响的范围分、按发生和终结的速度分、按突发事件中主体在应急中的态度分等等。② 这些大的分类方法对我们分析涉政公共事件很有参考借鉴价值,但为了简炼起见,我们对涉政公共事件的分类更多从政务活动发生发展规律来入手。

(一)从政务活动过程来分类

涉政公共事件可能出现在政务活动全过程中,我们根据政务活动的不同环节,把涉政公共事件分为5种类型。

1.决策、政策失误型。此类公共事件主要是因为地方政府决策不当,出台的政策、决定、政令明显违反法律、上级要求、地方条件、市场经济规律而

---

① 于建嵘、钟新、李元起等:《变话——引导舆论新方式》,世界图书出版公司北京分公司2010年版,第189页附录《国家突发公共事件总体应急预案》。

② 訾强主编:《中国突发事件报告》,中国时代经济出版社2009年版,第6~8页。

引起辖区内外公众的不满而形成的。比如2009年3月30日《经济参考报》报道的山东潍坊市寒亭区政府通过红头文件要求干部替开发商卖房事件。因为开发商的商品房滞销,山东潍坊市寒亭区政府2009年1月14日下发了《关于促进房地产业加快发展的意见》,明确要求全区副科级及以上现职干部,每人至少销售一套住房,完不成任务的,按比例从所在单位已认定的全年招商引资额中扣减。随后不久,寒亭区房产局制定出台了《关于机关干部购买(引荐)商品住房的考核认定办法》,要求全区副科级及以上干部每人购买或引荐购买一套商品住房,时间为2009年1月14日至6月30日。考核办法还规定,购买或引荐购买75平方米/套(含)以上商品住房的,认定为一套,不足75平方米的,按0.5套认定。对于这项任务,寒亭区负责人在有关大会上强调,要强化责任,狠抓落实,每月评比通报,完不成的要扣工资。① 此文件出台后,当地许多干部感到苦不堪言,怨声一片,被《经济参考报》披露之后,更是舆论哗然。显然,地方政府给开发商做"售楼小姐",既越职越权,又越位错位,还违反了公平竞争的市场经济规则,损害了广大干部住房消费的自主选择权利,演化成决策政策失误型涉政公共事件是必然的。最终因为社会舆论的批评压力,该区被迫废止这份文件,取消了这项决策。其实,此类涉政公共事件还非常多,也经常见。上网随便可查到政府下文销烟、销酒,指定推销某种特殊商品(产品),硬性规定发展某种产业、产品等等。

2. 执行执法失当型。此类公共事件,是指地方政府在落实政策、决策,执行法律、法规过程中,没有严格按照上级要求和法律规定行事而酿成的。拆迁、城管、创卫等活动引发的公共事件大多属于此类。比如2009年3月17日央视《新闻1+1》播出的《创卫还是创伪?》中所披露的河南焦作市创卫事件。此事源起于2009年3月11日全国卫生城市审核检查小组对河南省焦作市创建工作的检查验收。13日9点21分,网友"mayi0109"在焦作当地一网站论坛发照片《开饭店和卖报是可耻的——焦作创卫感言》爆料称,焦作在申报全国卫生城市的过程出现了怪现象。"创卫本来是件好事,咋就演变成了百业萧条了呢?""饭吃不了,澡洗不了,店开不了,原来这就是

---

① 参见《潍坊寒亭区下文要干部替开发商卖房》,《南国早报》2009年3月31日第16版。

大家日思夜盼的全国卫生城市啊!”几分钟后,此贴子被当地网管删除,该网友非常气愤,随后再次在天涯论坛发贴,并配发了照片,揭露焦作市为了创建国家卫生城市,弄虚作假,在检查验收期间,不仅关闭了市区内所有中小饭店、报刊亭、理发店,而且某些路段的饭店还在一夜之间换了门脸。①显然,创建国家卫生城市,原本对老百姓是好事,但河南焦作市在具体工作中把它变成面子工程、政绩工程甚至扰民工程,其结果当然成为社会公众关注的热点、大众评论批评的焦点。其实,相关现象不仅仅见于焦作,央视《新闻1+1》中披露的还包括,为了创卫,河南郑州的居民一度买不到菜;陕西渭南的老百姓曾经买不到早点和小吃;河南洛阳要求卖西瓜必须放在车上;云南富民县更是用油漆漆出了“绿山”;陕西陇县砌起了“遮羞墙”……全国大多数创建活动都有类似的问题。

3. 仲裁调解失公型。这是指因为司法裁定或者行政协调不公正而造成的涉政公共事件。公正、公平是所有政务活动的生命。如果司法机关、行政部门在社会矛盾纠纷的仲裁协调中不能严格按照法律、法规和同样标准尺度来评判,司法机关、行政部门成为有权有势的人和组织、单位的附庸,那其本身就失去了仲裁协调的合法性。如2007年底、2008年初被社会和司法界广为关注的广州许霆ATM机取款案。2006年4月21日21时许,被告人许霆到广州市天河区黄埔大道丙平云路163号广州市商业银行的自动取款机取款,许霆持自己不具备透支功能、余额为176.97元的银行卡准备取款100元,21时56分,许霆查询过银行卡余额后,在操作取款时无意中输入取款1000元的指令,自动柜员机出钞1000元,许霆随即又查询了账户余额,发现仍有170余元。当其意识到银行自动柜员机出现异常,能够超出余额取款且不能如实扣账的情况后,在不同时段,先后171次共计取款175000元(其中167笔每次1000元,4笔每次2000元)。许霆取款后于2006年4月24日携款逃匿,广州市商业银行发现许霆账户交易异常的情况后,经各方联系许霆及其亲属退款未果,于当月30日向公安机关报案。2007年5月22日,许霆在宝鸡火车站被公安机关扣留。2007年11月29日被广州市

① 参见《网友曝河南焦作为“创卫”强行关饭店报亭(图)》,搜狐网,2009年3月17日,http://news.sohu.com/20090317/n262850561.shtml。

中级人民法院以盗窃罪判处无期徒刑。① 一审判决后，许霆不服提出上诉，二审又维持了原判。此案经媒体报道后，在网络、媒体及各方面引起了广泛的热议，超过9成的网友认为法院量刑过重，没有考虑银行自身的过错，很多人联系银行垄断收费而不承担风险责任，特别是银行职员卷款比许霆多，抓回归案判刑却比他轻等事实，认为法律失去了公平正义。法学界更是在法律形式正义与实质正义、普遍正义与个案正义、程序正义与实体正义、法律逻辑正义与社会朴素正义之间的冲突上进行了广泛的争论。② 该案在社会舆情和媒体的广泛议论下，于2008年3月31日由广州市中级人民法院改判为有期徒刑五年，事件逐步平息。

4. 信息、事实失真型。它是指由于信息垄断和政务不透明而造成的政务活动信息虚假、信息与事实不符、信息缺失、信息遗漏、信息滞后等引起的公共事件。比如2007年底的陕西周正龙华南虎照片事件。华南虎照片事件从一个简单的造假行为演变成公共事件，数个国家机关成为舆论攻击的对象，根本原因就是信息、事实失真，而且在社会各界质疑浪潮不断的情况下还固执己见，严重损害了政府形象。与此相类似的还有四川成都市2009年6月5日发生的公交车燃烧案，原本完全是一起故意纵火案，但因为公安机关在介绍案情时一系列不合常理的推测和语焉不详的介绍，使社会公众对此案的真实性产生了多重怀疑而演变成公共事件。因为据现场勘验确认，车辆起火中心区域只有嫌疑犯张云良的尸体，在其尸体旁提取到一枚打火机防风罩，尸体倒地的姿势和朝向表明，着火后张没有主动逃生意愿。并据调查，当年62岁的张云良长期不务正业。③ 稍有常识的人都知道，经过大火燃烧和消防高压水枪扑火，轻轻的打火机防风罩不可能原地不动，人的本能也促使人在被大火焚烧时出现挣扎，从而很难做到"尸体倒地的姿势和朝向"可以判断当事人"没有主动逃生的意愿"，"长期不务正业"更与案件毫无必然联系。

---

① 马远琼：《许霆案重审：为何由无期改判五年》，《检察日报》2008年4月1日第004版。

② 王晓艳、王静：《正义之冲突与平衡——透过许霆案对司法公正的理性思考》，《法学杂志》2010年第S1期，第4～6页。

③ 参见《"6·5"成都公交特大放火案告破》，新华网，2009年7月2日，http://news.xinhuanet.com/politics/2009-07102/content-11642492_1.htm。

5. 结果效果价值失偏型。这是指政务活动虽然合法、合规、合政策，但其结果、效果不符合社会公共价值，从而引发社会普遍批评的事件。比如2010年1月30日东莞火车站的“爬窗门”事件。因为网上一张车站工作人员帮助乘客爬窗上车的照片，而导致东莞铁路东站站长、书记双双被免职。2010年1月25日下午深圳西发往信阳的1204次列车，在东莞东站停留时间仅为4分钟，而当天在该站乘坐此趟列车的旅客超过1500人。看到一些旅客挤不上车，蹲在站台上哭的样子，该站有些工作人员心里感到特别难受和同情，为了让旅客能坐上车，站台工作人员在不得已的情况下帮助旅客爬车窗上车，此镜头恰巧被《东莞日报》的记者拍到并放到网上流传。1月30日，广铁集团在2010年春运第一天，免去了东莞东站站长刘小平、书记廖栩珍的职务，此举成为当年春节最热门的公共事件。当天就有上万名网友替他们喊冤，并准备筑“高楼”留下他们。随后两天，全国各大门户网站，均将东莞东站站长、书记被免职的消息摆到首页位置，并组织网民投票调查“站长书记被免冤不冤”，发现近9成网民认为“冤”。① 此事演变成为公共事件的原因在于，站台工作人员帮乘客爬窗上车在程序上虽然不对，但从人性的角度，从乘客的角度，从现实的角度，站台工作人员的做法完全出于好心，可以原谅，对站长书记免职显然过重。社会大众价值与铁路部门行政价值发生冲突形成公共事件就很自然了。

（二）从政务活动的主体来分类

政务活动的主体要么是机构、法人及事业单位，要么是国家公职人员个人。因此，依照政务活动主体，可以将涉政公共事件分为两类：

1. 组织、机构、单位类涉政公共事件。这类事件的生成主体是单位、组织或政务机构，群众、舆论诉求的对象也是单位。比如2010年7月22日新华社发文批评陕西省国土厅拒不执行法院判决一事。事件源于2010年7月17日陕西榆林市横山县波罗镇山东煤矿和波罗镇樊河村发生了群体性械斗，共造成87人受伤。而导致群体性械斗的根源是矿权纠纷，导火索是一起久拖不决的“民告官”案。这起看似并不复杂的矿权纠纷案，经榆林市中级人民法院判决，省高级人民法院裁定，始终没有得到执行，致使价值数

---

① 《志愿者为“刘站长”送上生日蛋糕》，《武汉晚报》2010年2月2日第35版。

亿元的集体财产归于个人名下。令人匪夷所思的是,面对生效的判决,陕西省国土资源厅召开“判决”性质的协调会,以会议决定否定生效的法院判决,最终导致矛盾激化,事态升级。① 针对陕西省国土厅矿权纠纷案否定陕西两级法院判决一事,最高人民法院新闻发言人孙军工明确表示,对于法院的生效判决,行政部门不能够干扰生效判决的正常履行。② 此事转变为公共事件,关键在于“一个省级行政执法部门,以权威人士的认定否决人民法院的生效判决”,而根据法律,“就是审判长、法院院长也无权否定生效的判决书,如果有问题,要用追加裁定书的方式修改。如果是实质性错误,须通过重审来纠正。”③也就是说,不管谁对谁错,如果像陕西省国土厅这样藐视法律裁决,行政机关不尊重法律,老百姓就是再正确、再有理,也难相信会有公平公正的空间。

2. 与政务人员个人相关类的公共事件。这类事件的生成主体是国家公职人员。他们的言行背离国家法律、法规和公众价值而引起社会大众质疑不满形成的公共事件。如河北高邑县委书记用飞机堵路事件。2010 年 2 月,河北高邑县县委大院路口处长期摆放的一架退役歼 6 飞机照片,成为网络热图。名为《高邑县领导打造史上最牛丁字路》的网帖称,被堵死的丁字路口是该县县委书记崔欣元迷信风水的结果,飞机寓意升官发财,“史上最牛丁字路”规划则来自一名深得崔欣元信任的“风水大师”指点。④ 此事在网上披露后,引起了广泛的热议,官员不信马列信“风水”迷信,把国家重金用在改善所谓对自己有利的风水上,而不管人们群众的出行是否方便。最终结果是“风水”还是不灵,此事公布后一个多月的 3 月 30 日,崔欣元被“双规”免职。所有“最牛县委书记、县长、局长、部长”等等涉政公共事件都属于此类。

---

① 王文志、肖波:《“民告官”赢了矿权官司却被告知赢了也没用陕国土厅否了法院判决》,《经济参考报》2010 年 7 月 19 日第 A01 版。

② 《陕西国土厅否决法院判决最高法院重申判决不容干扰》,《南京日报》2010 年 7 月 22 日第 B2 版。

③ 王文志、肖波:《“民告官”赢了矿权官司却被告知赢了也没用陕国土厅否了法院判决》,《经济参考报》2010 年 7 月 19 日第 A03 版。

④ 《河北高邑县委书记回应飞机堵路事件》,《新京报》2010 年 2 月 7 日第 A11 版。

（三）从政务活动的内容来分类

转型时期，党政机关的权力边界还不清晰，政务活动的范围和空间还很大，涉及的内容和事项也很多，具体的分类也难以准确，我们根据涉政公共事件比较多发的领域，主要分为以下几类。

1. 语言类。主要指“雷人口号”等不当言论。如江西宜春市一度把城市广告语定为“一座叫春的城市”，安徽合肥市曾经用“两个胖胖欢迎您”来宣传。“雷人的官话”，如新华社 2009 年 12 月 15 日曾归纳出了 2009 年官员雷人的“语录”，包括 2009 年 6 月 17 日，面对记者采访，郑州市规划局副局长逯军质问记者是“替党说话，还是替老百姓说话”。当年 1 月份，面对乱收费问题的采访，天津市政管理局规费处副处长刘某说：“这个事我不好再说太细。”3 月初，某省一位政协委员就官员财产公示问题接受记者采访，反问记者“为什么不公布老百姓的财产”。3 月上旬，河北省廊坊市市长发布招商口号：“房地产商来我市投资，赚了算他的，赔了算我们的。”7 月，拘留业主拍录法院执法活动的湖北枣阳市人民法院院长在被媒体问到此举有什么依据时说，“我可以摄你，你不能摄我”，“法院是习惯这么做的”。8 月下旬，湖北应城市创建办在回复政府门户网站“市长信箱”群众来信时说：“我办没时间跟你闲扯。”10 月 12 日，国家跳水队领队周继红面对网上“跳水金牌全部内定”的传闻，反问记者：“你是哪个单位的？”10 月 27 日，记者就广州市封闭黄埔大道部分行车道是否应征询市民意见，新光快速路有限责任公司某部长梁某质问记者“是不是拉屎也要告诉你啊”。11 月初，记者去采访郑州市财政局预算处资金管理局城建处处长王冠旗有关 1200 万养犬管理费去向时被质问“你是不是党员？”11 月 4 日，重庆市潼南县原常务副县长谭新生在法院庭审其受贿案时，辩称“我没有受贿动机，（受贿）是为了发展”。12 月初，河北省承德市牛圈子沟镇党委书记史国忠，面对上访村民哭诉“要我去跳楼啊”时，不仅不做工作，却说：“这我还管不了，一楼二楼别去啊，要去就去（跳）五楼。”① 人民网“地方领导频道”在 2010 年末对当年官员的雷人语录也进行了盘点，引起舆情强烈抨击的有，江西万载县委书记陈晓平与中国社科院学者于建嵘在饭桌上的对话：“我们县委书记不拆迁，你们知识分子吃什么？”重庆江津区区委书记王银峰在解释重庆打黑除

---

① 转引自《2009，官员“雷语”频现网络》，《大众日报》2009 年 12 月 16 日第 A5 版。

恶的恶是什么时说:“跟政府作对就是恶。”河南新乡市政府的市长信箱在回复市民投诉霸王条款时,安慰说“凡事都有第一次”。黑龙江伊春市公安局长在解释伊春空难记者采访被扣留一事道歉时说:“我是个粗人,希望文化素质较高的记者们能够理解。”山西吕梁县上水西村村支部书记曾对村民说:“我不贪污,当官干啥。”河南省西平县委书记王廷军犯受贿罪被审判时忏悔道:“当冰冷的手铐铐住我双手时,我才认识到给我送钱的人所谓的啥时候也不说的承诺是靠不住的。”江西宜黄县强拆自焚事件发生以后,该县政府一名官员投书财新网称:“没有强拆就没有新中国”……①此外还有“雷人的劝说”。2010 年 4 月 8 日人民网“百姓留言”栏目一名为《行长酒后猥亵暴打女子,副县长袖手旁观当看客》的帖子引起了网友的格外关注。该帖反映 3 月 25 日 22 时许,河南信阳市固始县某企业老板,宴请固始县主管农业的副县长张某和中国银行固始县支行行长闵某等人。酒足饭饱之后,该老板又邀请固始县国宾大酒店徐某、陈某等 4 位女士到“仰天雪绿茶楼”陪两位领导喝茶。闵行长以劝酒为名对几位女子动手动脚,乱摸一气,后遭反抗恼羞成怒对 4 位女子大打出手,在事情发生的整个过程中,身为副县长的张某没进行任何劝阻,当陈某跪在地上恳请张副县长为其主持公道时,他却在她耳边说:“姑娘,别闹了,闵行长是有背景的。”②

2. 行为类。主要指公器私用等行为。近年来跨省跨县追捕案件很多,动用政法资源,压制群众对领导特别是主要领导的批评。如 2008 年 1 月 4 日因《法人》杂志刊登了《辽宁西丰,一场官商较量》一文,涉及县委书记负面报道,辽宁铁岭市西丰县公安局多名干警赶到北京法制日报社对采访报道的当事记者朱文娜进行拘传,酿成了轰动全国的“最牛县委书记”事件。③此外,山东高唐县、山西稷山县、河南孟州市、海南儋州市、陕西志丹县等等也都出现了“因言获罪”的人和事。④ 此外,还有群众上访被打,干部得罪领

① 参见人民网“地方领导频道”、“地方领导专题”:《2010 年中国官场回眸——盘点官员雷人语录》,http://leaders. people. com. cn/GB/70158/207803/index. html。

② 参见《副县长:“姑娘,别闹了,闵行长是有背景的”》,(杭州)《都市快报》2010 年 4 月 10 日第 11 版。

③ 参见《因报道涉及县委书记负面,辽宁西丰公安进京抓记者》,《中国青年报》2008 年 1 月 7 日第 01 版。

④ 曹林华:《那些因言获罪的人和事》,《东莞时报》2010 年 4 月 13 日第 A02 版。

导被穿小鞋等等。

3. 改革改制类。主要指因为改革改制没有协调好各方利益关系而引发出的涉政公共事件。比如2009年7月24日发生的吉林通钢事件。吉林通化钢铁厂曾经是吉林省最大的钢铁企业，2003年开始酝酿改制，2005年初组建"国有控股"的通钢集团并实施了主辅分离和社会职能移交，年底引进民营企业河北省建龙钢铁集团，通钢集团正式运作。建龙集团入主通钢后由于在裁员、管理、分配等问题上处理不当累积了矛盾，2008年国际金融危机冲击的到来，不仅让建龙入主后没有实现新通钢两年达到年产1000万吨钢的目标，而且到2009年2月一度亏损高达10亿元。管理上的粗暴和缺少方法，收入分配上的不当让建龙集团与通钢职工完全处在水火不容的对立面上。2009年3月建龙宣布撤资通钢，职工群情振奋，6月通钢赢利近7000万。7月22日，吉林省国资委通知通钢领导，建龙将增资扩股，控股通钢。7月23日吉林省国资委工作组正式到企业宣布建龙增资扩股消息，并于当日晚9时召开中层以上干部座谈会，7月24日上午8时35分，通钢公司召开干部大会，宣布建龙与通钢重组及干部任命等事项。同时，通化钢铁公司办公楼前职工开始聚集，强烈反对"建龙控股"。9时30分开始情况进一步紧张，现场做工作和劝解无效，1至6号高炉休风停炉，11时30分开始，建龙集团派驻人员陈国军遭到围攻，下午防暴警察强行救人未果，15时吉林省国资委组织原通钢高层领导座谈，要求推进重组遭拒；15时30分，经请示省级领导，决定暂缓执行与建龙的合作；17时15分吉林省国资委主任李来华在遭受石块攻击的情况下，面对聚集人员宣布终止建龙集团重组并控股通钢的决定，职工仍不相信；19时56分，省国资委关于建龙集团不再入股通钢集团的通知文件正式下达并印发给职工，但聚集群众依然不同意医务人员对陈国军进行抢救；23时白山市警力到达现场，陈国军经抢救无效死亡。当晚，当地电视台发布公告称，根据广大职工愿望，经省政府研究决定，建龙将永不参与通钢重组，希望职工尽快撤离恢复生产，随后上万聚集人员逐渐散去，通钢恢复生产，鞭炮齐鸣。① 从通钢事件全过程来看，不走群众路线，不讲求工作方法，特别是不尊重职工的主人翁地位和利益，

① 参见《吉林通钢事件始末：砖头钢块齐飞，警察冲不进》，大洋网，http://news.dayang.com/china/200908/04/53868_10269613.htm。

改革过程不透明,工作操之过急,想用3天解决过去1300天的矛盾问题,最终酿成一起“建龙委派的总经理被围殴致死,通化钢铁停产11个小时”震惊全国的公共事件。

4. 经济发展类。发展是时代的主题,是解决当代中国一切矛盾和问题的关键。然而发展的路径、手段、目的如果发生异化,不是以人为本、可持续发展,也可能带来新的矛盾和问题,酿成公共事件。如2007年的厦门PX项目事件。PX是一种化工产品,别名对二甲苯。厦门PX项目占地114.74公顷,总投资108亿元人民币,2004年2月国务院批准立项,2005年7月通过国家环保总局的项目环评,投产后与其配套项目一起的年产值可达800亿元,而2007年厦门市地区生产总值是1375亿元,几乎可以再造一个厦门工业。2006年7月,国家发改委正式批复核准该项目及配套工程,同年8月开始行征地拆迁,2006年11月17日举行了隆重的动工典礼,正式开工建设,按计划可在2008年底建成投产。2007年3月两会期间,中国科学院院士、厦门大学化学系教授赵玉芬联合另外104名政协委员签署了一份“关于厦门海沧PX项目迁址建议”的议案,建议暂缓PX项目,重新选地勘查论证。并认为PX是高致癌物,PX项目距厦门市中心和鼓浪屿太近、太危险。此提案一经媒体披露,立刻引来了厦门人的关注,关于PX项目的帖子也在网上成为热门。5月27日、28日,有网友在专门的QQ群里呼吁成员带“反对PX,保卫厦门”的横幅和黄丝带,于29日中午12时到厦门世贸商城前集会“散步”,后因官方提前预知采取防范措施未果。但网友发帖子呼吁“散步”抗议的势头并未减弱,6月1日,数千名激愤的厦门市民以“散步”的方式,上街游行,反对在厦门兴建PX化工项目。6月7日,厦门市政府宣布,海沧PX项目建设与否,将根据全区域总体规划环评的结论进行决策。12月5日,国家环保总局组织的各方专家拿出了环保评估结论。12月13、14日厦门市政府召开了两场市民代表座谈会,最终结果显示,反对上马PX项目的代表占大多数。12月16日,福建省政府针对厦门PX项目问题召开专题会议,会议决定迁建PX项目到漳州。① 与此相类似,2009年10

① 参见《厦门PX项目事件始末》、《厦门PX项目大事记》,中塑在线,2009年12月4日,http://info.21cp.net/Info/Topic/200912/142265.htm。《厦门PX项目事件》百度百科名片,http://baike.baidu.com/view/3114002.htm。

月广东省广州番禺多个小区业主签名抵制兴建垃圾焚烧发电厂，导致全国许多同类项目基本无法开工，显然，经济发展中的环保问题已经成为近些年涉政公共事件的又一高发领域。

5. 民生权益类。群众维权事件是涉政公共事件中出现最多的一种类型。拆迁、城管、劳资纠纷、食品药品安全、涉法涉讼、信访等热点无不与社会公众的民生相关。这方面的涉政公共事件案例众多。如 2009 年 6 月河南新密市农民工张海超“开胸验肺”事件。农民工张海超，2004 年 6 月到郑州振东耐磨材料有限公司上班，先后从事过杂工、破碎、开压力机等有害工种，工作 3 年多后，他被多家医院诊断为尘肺。但企业拒绝为其提供相关资料，在向上级主管部门多次投诉后他得以被鉴定，却被法定职业病鉴定机构作出为“肺结核”的诊断。为寻求真相，2009 年 6 月 22 日，在各方求助无门的情况下，他选择郑州大学第一附属医院“开胸验肺”，使原本凭胸片就能看出是尘肺这样简单的事情，付出了“开胸”的代价。郑大附一医院开胸结果证实张海超确实得了尘肺，但不幸的是该院却不是法定的职业病鉴定机构，无权做职业病鉴定。此事经媒体曝光后，得到河南省委主要领导的高度重视，当事人张海超也得到了企业的赔偿，卫生与职业病鉴定机关责任人也得到了处分，郑大附一医院却因为张海超“开胸”受到河南省卫生厅批评。①

6. 事故灾害类。自然灾害、事故意外本身不属于涉政公共事件的范畴，但如果事故灾难是公权力不作为、乱作为造成的，可能就会演变为涉政公共事件。如 2008 年 9 月发生在山西临汾市的襄汾溃坝事件。2008 年 9 月 8 日上午 7 时 50 分左右，临汾市襄汾县陶寺乡新塔矿业有限公司塔儿山铁矿一个尾矿库发生溃坝事故，约 20 万立方米混杂着矿渣的泥水从 100 多米的半山腰狂泻而下，顷刻间吞没了 1.5 公里长、百米宽的地带，其中包括新塔矿业公司办公楼、部分民居和一个乡村集市。造成 277 人死亡、4 人失踪，直接经济损失达 9619.2 万元。事后调查发现，这起灭顶之灾，完全祸起人为，一是新塔矿业长期违法生产，尾矿库超储导致溃坝。二是地方监管不力，对企业违法生产行为没有进行严厉打击，最终酿成大祸。三是村委会群

---

① 参见《河南新密农民“开胸验肺”引起各界关注》，新华网河南频道，2009 年 7 月 23 日 http://news.xinhuanet.com/employment/2009-07/23/content-11756491.htm。

众多次反映未受重视,错过了排查治理的机会。[①] 这起特大尾矿溃坝事件,以重大责任事故起诉追责的人员有58人,其中副厅级干部4人,处级干部13人,处以下干部17人,其他人员24人,山西省省长孟学农辞职,分管副省长张建民被免职。[②] 还如2009年5月发生在湖北的"邓玉娇"事件。2009年5月10日晚8时许,湖北巴东县野三关镇政府3名工作人员在该镇雄风宾馆梦幻城消费时,涉嫌对当时在该处做服务员的邓玉娇进行骚扰挑衅,邓玉娇用水果刀刺向两人,其中一个被刺伤喉部、胸部,经抢救无效死亡。邓玉娇当即拨打110报警,次日,警方以涉嫌"故意杀人"对邓玉娇采取了强制措施。死者名叫邓贵大,是野三关镇政府招商办主任,另外两人都是招商办工作人员,且三人均在同一办公室办公。消息在网上公开后,因死者有官员身份,舆论几乎呈一边倒地纷纷攻击邓贵大等人为淫官,声援支持邓玉娇的刺官行为。网络上还出现了《烈女邓玉娇传》、《侠女邓玉娇传》、《生女当如邓玉娇》等赞美之文。巴东县法院后根据法医鉴定,邓玉娇有心理障碍,属部分(限定)刑事责任能力,考虑她的自首情节,给予免于刑事处罚的判决。[③] 但这一起意外刑事案件因为涉官成为当年最有影响的公共事件之一。

7.政务创新类。政府工作创新是政务活动一项永恒的主题。但创新要合法,遵循公共管理发展的规律,更要便民、利民而不是扰民。可是我们有些地方的政务改革创新却超越公共权力的作用边界,造成不好的社会影响,演变为涉政公共事件。如2010年8月四川眉山东坡区规定干部未戒烟不得上班。为了巩固从2010年6月1日起开始实施的公共场所禁烟成果,8月10日,眉山市东坡区禁烟行动办公室出台了一份《关于在全区正科职以上干部中开展禁烟自查活动的通知》,并准备根据自查的情况,对全区正科级以上干部的禁烟行为再作"新规":即凡承诺戒烟的正科级干部,如没有戒烟,那就请"戒了烟,再上班"。此新规一传出就在东坡区干部中引起了

---

① 参见《灭顶之灾祸起人为——襄汾"9·8"特大尾矿库溃坝事故全记录》,新华网,2008年9月15日,http://news.xinhuanet.com/newscenter/2008-09/15/content_10002924.htm。

② 《"山西襄汾溃坝重大责任事故"案一审宣判》,《南国早报》2010年10月1日第013版。

③ 参见《湖北邓玉娇案一审判决邓玉娇免于刑事处罚》,湖北新闻网,2009年6月17日,http://www.hb.chinanews.com/news/2009/0617/31893.htm。

热议，传到网上，更是引起许多网民“围观”。[①] 原本是好事的公共场所禁烟，变成了一项侵犯公民权利、涉嫌违法的涉政公共事件。

8. 腐败、丑闻类。这些年官员“日记”流行，主要是记录官员腐败、丑闻受社会大众的关注，引起热议。如继安徽皖北地区有18个县(区)委书记涉腐被查处以后，河南又曝出3年查处了22名县委书记，于是引起人们关于“如何防止县委书记腐败高发”的热议。[②] 广西来宾市烟草专卖局长的“日记”刚刚落幕，湖北恩施公安局副局长的“日记”又浮出水面。从河南省四任交通厅长的落马，到从政成为高危行业，以至于《人民论坛》杂志2010年4月第12期通过问卷调查，将国土局长、交通厅长、县委书记、公安局长、组织部长、建委主任、安监局长、市委书记、国企老总、房管局长评为十大高危岗位。每当一个高官被抓被判，都会引起网络舆情的一段热议。

(四)从涉政公共事件的表现形式来分类

涉政公共事件表现出来的方式多种多样，归纳起来大致可以分为三种。

1. 现场冲突型。系指在政务活动过程中或者在政务活动场所发生的官民冲突而导致的公共事件。如2008年11月发生在广东深圳市宝安区石岩街道办事处的“石岩事件”。许多小事酿大，简单事故变成公共事件，现场冲突升级是一个重要方面。如贵州瓮安事件、云南孟连事件、甘肃陇南事件、重庆万州事件、安徽池州事件等等。

2. 媒体网络舆情型。系指在互联网和大众传播媒体(如报纸、电视、杂志、广播等)上有多人参与讨论、评论，引起社会公众集中关注并产生一定社会影响的事件。有些学者认为“突发事件在它自身范围内、相关人群按步骤处理，并不会导致危机的爆发，但是当突发事件被媒体以一定规模连续传播时，即当突发事件演变为媒体事件时，危机便已降临”[③]。显然，突发事件若不被媒体渲染传播就不会成为公共事件。同样，政务活动中的问题、瑕疵如果不被网络媒体挖掘、放大，也不会成为涉政公共事件。如2009年6月湖北宜城市最年轻的市长“抄袭门”事件。在信息技术高度发达、网络非

---

① 《正科职以上干部不戒烟，别上班》，《华西都市报》2010年8月11日第005版。

② 刘凤羽：《如何防止县委书记腐败高发》，《重庆商报》2010年11月11日第016版。

③ 叶皓等：《正确应对网络事件—政府新闻学网络案例》，江苏人民出版社2009年版，第2页。

常流行的今天，因为网络等舆情曝光而引发的涉政公共事件越来越多，过去只需道个歉、及时补救处理的小事，在当前稍有不注意就变成了网络舆情公共事件。

3. 综合型。指既有现场冲突又有网络舆情炒作的涉政公共事件。一般来说，凡是现场冲突型涉政公共事件都会招来舆论和网络的热议，它们最终都会发展成综合型的涉政公共事件。而媒体网络舆情型涉政公共事件，主要是对已经发生的不当政务活动、政务行为、政务决策以及政务人员言行方面的问题进行批评，质疑引起社会关注，一般不会引发官民的现场冲突。但也出现了网民开始对看不顺眼的干部违法违规行为动真格，“从说到做”，呈现出“不处理当官的就绝不罢手”的态度，只有在相关部门对事件涉及干部作出处分后，他们才罢休告一段落。① 湖北邓玉娇案发生后还有网民倡议去巴东声援邓玉娇，有部分网民确确实实到了当地有关部门声援。

此外，还可以根据涉政公共事件的后果对政府形象的影响进行分类，可分为 1. 影响政府安全形象的涉政公共事件，如 2008 年年初冰灾有些地方准备不足、应对不力，一度层出不穷的矿难、火灾事故等等。2. 影响政府管理形象的涉政公共事件，如征地拆迁事件、城管暴力执法事件等等。3. 影响政府服务形象的涉政公共事件，如有关警民关系、医患关系、消费者权益、民生保障方面的事件。4. 影响政府改革形象的涉政公共事件，如另类策划、另类政务创新、官多民少等等。5. 影响政府媒体形象的涉政公共事件，如打压媒体、对媒体记者说过头话、威胁语言、阻拦媒体采访、隐瞒事实真相等等方面的事件。6. 影响政府网络形象的涉政公共事件，如陕西华南虎照事件等。不回应、不解释说明、排斥网络等让小事变大的事件，《人民论坛》2010 年 5 月上期的问卷调查显示，有 7 成受访者认为官员最恐惧网络。7. 影响政府国际形象的涉政公共事件，如举国办体育的体制，新疆、西藏的民族分裂势力发动的打砸抢烧事件及抵制外国商品商场等事件。②

---

① 喻国明主编：《中国社会舆情年度报告（2010）》，人民日报出版社 2010 年版，第 256 页。

② 此分类参考了唐钧的民意思维与政府形象研究，参见唐钧著：《政府形象与民意思维——政府直面群众与群众博弈政府》，中国传媒大学出版社 2009 年版。

第二章　涉政公共事件的成因

对于转型时期社会矛盾凸显特别是涉政公共事件的多发,很多学者都归结为经济转轨、社会转型惹的祸。比较有代表性的观点认为,转型时期,社会经济成分、组织形式、就业方式、利益关系和分配方式进一步多样化,人们思想活动的独立性、选择性、多变性和差异性进一步增强,社会思想空前活跃,社会价值观呈现多样化趋势。在这种情况下,许多深层次矛盾和问题逐渐显现,社会矛盾多样化与社会控制力下降之间的矛盾不断激化。这突出表现在:一是尽管社会结构的二元化状况在总体上还没有改变,但城乡分割状态正逐渐被打破,整个社会的流动性大大加强。二是社会成员逐渐分化,多阶层、多元化的社会正在形成。三是价值观念正在发生深刻变化,人的价值观念正由政治主导型向经济主导型转变,人们从更多地关注集体利益向更多地关注个人利益转变,社会责任感有所削弱。四是社会的组织化程度大大下降,许多社会成员游离在组织之外,加剧了社会的不稳定。五是伴随体制转轨、社会转型的是利益结构的巨大调整,利益调整中的得与失,利益调整中的公平与不公平,都会影响人的心理。加上政府将主要精力放在发展经济上,社会发展落后,政府的公共服务和社会管理职能远远不能满足社会转型的需要。所有这些,处理不好就极可能诱发各种类型的公共事件。①

涉政公共事件产生的原因,既有体制环境的影响,也有社会经济文化根源;既有宏观经济、政治、社会、法制的因素,也有微观个体、群体心理的反映;还有主观工作上的问题,可以说是"社会转型变迁过程中多种因素相互

① 国家行政学院杜正艾研究员的观点,转引自訾强主编:《中国突发事件报告》,中国时代经济出版社 2009 年版,第 11 页。

作用的结果,是各种社会矛盾冲突的综合反映,是各种利益矛盾冲突的集中体现”①。

由于涉政公共事件属于开创性研究,国内外这方面直接成果不多。但如前所述,许多群体性事件一般都有涉政公共事件的性质,国内外有关群体性事件成因的分析对我们理清涉政公共事件产生的原因大有借鉴与帮助。陈潭、黄金等借助于西方的一些理论分析认为,群体性事件由多种原因促成:一是输入性故障:政治系统理论下的意见堵塞。许多群体性事件发轫于某些地方政府政治系统的“输入性故障”,在政治渠道不畅、利益表达机制不健全、话语表达方式单一、制度保障不足的语境下,一种“堵塞型社会”便容易形成。当下地方政府倾向于“门诊政治”②的既定模式和惯常思维,而利益多元化、阶层多样化使得“求诊”者越来越多,“坐诊”者的能力和能量可能已经无法解决“求诊”问题,于是“坐诊”者“避诊”、“逃诊”情况越来越多,百姓对基层干部的意见也就越来越大,问题矛盾也会越积越深。二是相对剥夺感:参照群体理论视角下的利益比较。在人们认为自己实际得到的和期望得到的、自己得到的和他人得到的存在很大差距时,就会产生一种被他人或社会“剥夺”了的主观心理感受,是自认为没有得到公平待遇后的不满与积怨的结合,当某一群体普遍产生了“相对剥夺感”时,他们就可能采取集体行动来强制性地“纠正”这种剥夺。三是情绪化传播:谣言流通理论视角下的网络江湖。谣言通常是围绕人们比较关心的问题以及涉及切身利益的重要问题发生的,在网络“口水效应”和“江湖效应”的推动下,网络谣言常常直接引发和间接推动着一系列的群体性事件。在群体事件的发生、发展过程中,某些地方政府习惯于封锁消息,传统媒体有时集体失声,或者虽有报道,也语焉不详。在官方舆论出现“选择性失语”或“绝对性失语”时,网络谣言便不可避免地成为了“不明真相”的群众替代性选择。四是亚健康政治:权威接受理论下的信任赤字。在任何形态的社会治理中,政府的

---

① 中国行政管理学会课题组:《中国群体性突发事件成因及对策》,国家行政学院出版社2009年版,第17页。

② 这是学界对基层地方政府领导方式的形象比喻,基层地方政府领导一般是在自己办公室听取下属或民众的具体情况诉求,然后提出解决答复意见。由于转型期问题矛盾较多,常常需要预约和排队,类似于医院医生看“门诊”,一个一个排队等候,一个一个了解答复解决。有兴趣的读者可参看沈士光:《反思“门诊政治”》,《学习时报》2009年4月13日。

权威不是来自上级的授权，而是来自群众的认可。群体的认可需要信任，而信任只有通过有意识的政治制度与政治行为间接地形成，并且在文化的不断关注和尊重过程中得到滋养，然而，信任的缺乏已经成为当下中国社会一种难以言状的痛。政出多门、朝令夕改，让地方政府的公信力不断"软化"，地方政府公信力的不足和缺失，使地方政府的权威也会不断消失，政务活动正常开展与社会控制能力都会得到削弱。五是从众性感染：价值累加理论视角下的行为失范。当一个地方的社会环境条件具备，一些群体的结构性压力产生，共同感受、看法形成普遍情绪，一旦有诱发因素进行动员，在社会控制能力不到位的情况下，冲突就可能发生了。①

我国台湾学者吕世明运用社会学中的"自力救济"理论来解释群体性事件形成的原因。"自力救济"就是指人们主观地认为自己的权益受损，社会正义不能伸张，因而采取法律之外的行动。吕世明认为，"自力救济"导致群体事件的原因，主要包括：沟通表达意见的管道不够畅通，群众环保意识的提高，法律未能适应社会的变化以及法律执行过慢，经济问题带来的后果，争夺政治资源等。②

刘晓梅认为：社会的转型是群体性事件发生的宏观社会背景；人民内部矛盾在现阶段的集中凸现是群体性事件发生的直接原因；基层组织社会控制弱化，社会权威结构失衡，是目前群体性事件产生的体制性根源；社会心理的失衡是催化群体性事件的重要原因。张怀海则认为群体性事件发生的原因主要是群众利益受损严重、群众意愿诉求渠道不畅、基层组织控制力弱化、群众法制观念淡薄、别有用心者的煽动操纵。刘国庆则从经济、政治、文化、社会四个方面寻找群体性事件发生的原因：经济因素——市场经济体制亟待完善；政治因素——民主制度和官员素质的缺失；文化因素——群众的民主意识在不断增强，但政治参与能力相对较低、法制观念淡薄；社会性根源——社会转型引发的矛盾。与此相类似，岳华东认为，群体性事件产生的根源性因素是社会转型期利益格局的调整、分化、组合；文化性因素是群众

---

① 以上内容参见陈潭、黄金：《群体性事件多种原因的理论阐释》，《政治学研究》2009年第6期，第54～61页。

② 转引自中国行政管理学会课题组：《中国群体突发事件成因及对策》，国家行政学院出版社2009年版，第17页。

的民主意识在不断增强,但政治参与能力相对较弱、法制观念较淡薄;基础性因素是基层组织社会控制弱化,社会权威结构在一定程度失衡;政治性因素是政府的决策偏差、干部的官僚主义和腐败行为;体制性因素是利益诉求表达机制不健全;启动性因素是各种具体的利益冲突。杨瑞清、辜静波则指出,社会结构断裂是群体性事件发生的宏观社会背景;转型时期社会不公平是引发群体性事件的根本动因;贫困、落后以及社会贫富悬殊的不断扩大,是引发群体性事件的心理因素;弱势群体的权利意识、民主意识不断增强与民主诉求渠道缺失的矛盾,是群体性事件产生的又一重要因素;社会控制机制弱化,社会整合机制落后,是群体性事件产生的社会运行机制原因。陈晋胜、安明贤、王俊海等认为任何一起群体性事件的发生都是多种因素共同作用的结果,他们认为还应该包括文化因素:一方面,传统文化的影响有人治的传统、对权力崇拜的传统、"法不责众"的传统、厌诉的传统等;另一方面,现代文化因素的影响有民主意识的普及、权利意识的觉醒、主体意识的增强等等。① 李卉认为,转型期的不平衡性是系统背景;改革中的利益失衡是经济根源;政治和社会体制改革滞后是体制根源;自由、独立等社会意识不当膨胀是社会意识根源。② 邵东还分析了引发群体性事件的直接原因,包括:因对政府出台的政策、措施不满而引发的群体性事件;因企业改制重组而引发的群体性事件;城市拆迁、农村征地、移民安置补偿等引发的群体性事件;环境污染问题而导致的群体性事件;劳资关系纠纷直接引发的群体性事件;信息失衡所导致的群体性事件等等。③

中国行政管理学会课题组将宏观社会背景与微观的具体原因结合起来,综合分析了群体事件产生的成因,他们认为主要有十个方面:1. 体制转轨过程中利益和结构调整引发的矛盾冲突,包括国企改制、劳资纠纷、农民工维权等等。2. 社会保障滞后和就业矛盾的问题相对突出。包括下岗职工、离退休职工的待遇问题,大学生就业难问题。3. 不法违规行为导致的严

---

① 参见吴佩芬、王国明:《近几年学术界关于群体性事件的研究综述》,《云南行政学院学报》2009 年第 5 期,第 46 页。

② 李卉:《浅析我国群体性事件的成因与应对》,《党史文苑》2009 年 5 月下半月刊,第 47～48 页。

③ 邵东:《群体性事件的偶发与非偶发》,《吉林公安高等专科学校学报》2008 年第 3 期,第 75～76 页。

重后果。如非法集资、非法传销、制假售假、开发商房屋质量、安全事故等等。4.基层组织软弱涣散。5.有的领导干部政策水平不高。如有些地方政府制定政策严重脱离实际、政出多门、规定明显不一致,有些政策缺乏衔接配套、有些政策缺乏全局、长远考虑,上级政策宣传不够、执行不力、落实不到位等等。6.官僚主义作风和腐败现象严重。包括官僚主义、形式主义严重,工作方法简单、粗暴,办事不民主、政务不公开,以权谋私、贪赃枉法,弄虚作假,欺上瞒下,贪图享乐,生活糜烂,能力水平素质不高等等。7.有的群众思想观念陈旧僵化。如有维权意识、无守法意识;错误认为"不闹白不闹,闹了不白闹"、"找企业不如找政府,找政府不如堵公路上铁路";觉得"法不责众"等等。8.法治建设相对滞后。包括法律制度建设不尽完善,法制建设落后、司法腐败、执法难、法治理念和依法行政意识缺失等。9.社会缺乏自我调控机制。如腐败问题未能得到有效抑制,政企不分、政社不分等问题尚未解决,社会阶层贫富差距不断拉大,社会宣泄渠道不畅,利益表达机制不健全;社会整合控制机制的弱化等等。10.敌对势力的插手、煽动和操纵等。①

由上可见,对于群体事件的成因,站的角度不同,得出的结论不一样。但这些分析有几大共同点;这就是把体制转轨、社会转型看成是主要根源,把经济市场化引发的利益冲突看成是直接原因,把社会控制弱化、政府权威削弱看成是引发冲突的现实条件,把心理失衡看成是重要的外部因素。然而,站在涉政公共事件的角度观察,站在官民矛盾的双方去分析,我们会发现,包括群体性事件在内的大量公共事件并不需要上升到那么高的层面来说事,更不能让理论主张成为工作失误的借口。

首先,利益冲突、官民矛盾在任何时代、任何制度下都存在。政府与社会的作用在于通过一定的体制、机制、方法,协调、化解、熨平这些矛盾与冲突,不让潜在的问题转化为现实的冲突与对立。所以,根本不存在哪种社会、哪个时代就必然会出现大量的公共事件或者群体性事件的问题,就是在人治的封建王朝,也有百姓安居乐业、官民和谐的太平盛世。

其次,经济转轨、社会转型所产生的多元观念、多元政策、多元利益冲突

---

① 中国行政管理学会课题组:《中国群体性突发事件成因及对策》,国家行政学院出版社2009年版,第21～37页。

只是孕育矛盾的环境与土壤。也就是说仅仅提供的是一种可能性,它要变成必然还必须有其他因素。比如,同样是转型体制下,并不是所有的地方都是网络舆情关注的热点。研究发现,这几年涉政公共事件多发也是网络舆情热点事件最多的省域,主要集中在湖北、广东、四川、浙江、河南、山西、云南等地。① 同样是征地拆迁,为什么有些地方搞得拆迁对象跳楼、自焚,而有些地方的拆迁户排队主动签拆迁协议,无一例上访、无一处纠纷。② 显然,激发矛盾、引发涉政公共事件的真正原因在转轨、转型之外。如果说,经济转轨、社会转型是引发大量群体性事件、大量涉政公共事件的直接原因,那就只能说明这种转轨、转型不符合人民群众的愿望和期待,那就是“走到邪路上去了”。

再次,深层次矛盾既不是改革开放前就形成了的,也不是改革开放本身的必然产物,而恰恰是改革不配套、不系统、不协调的结果。它是某些利益集团借助于改革探索“摸着石头过河”的机会,把有利于自身,不利于他人、百姓的政策合法化、长期化、最大化的结果。事实上,所谓的深层次矛盾并不是涉政公共事件和网络舆情热点甚至群体性事件的根本原因。翻开人民网舆情频道,从人民网舆情监测室2008、2009、2010连续三年的《中国互联网舆情分析报告》可见,大多数舆情热点都与我国官员的负面作用有关。③ 其实,经济因素也好,人治原因也好,心理失衡也好,都是表象,本质在经济之外的分配不公,在人治的为政不公,在权力、金钱的来源不公,这些大都是人为的结果。

最后,涉政公共事件的性质是人民内部矛盾,是官民在行政过程与利益关系调整中的冲突,它基本上是技术层面、工作层面、方法层面、作风层面和价值层面的问题,与社会的基本政治制度、文化、经济模式没有直接的必然联系。换句话说,集权模式下、计划经济下也有官民和谐的时期,分权体制、市场经济模式下也有执政冲突的事例。追求公平正义、维护自身权益、同情弱者是人类的天性,我们不能把人民群众维权意识的增强当做当代涉政公

---

① 参见喻国明:《中国社会舆情年度报告(2010)》,人民日报出版社2010年版,第21页。

② 参见颜珂、苗苗:《拆迁,为何这里不难?》,《人民日报》2010年5月10日第013版。

③ 参见《2010年中国互联网舆情分析报告》等,人民网“舆情频道”,http://yq.people.com.cn/htmlArt/Art843.htm。

共事件或者说群体性事件多发的原因，那完全是本末倒置。

既然涉政公共事件是一种官民矛盾，是一种行政冲突，我们就要在官民双方中去梳理、寻找事件发生的根源，理清促成、放大事件的直接原因，为建立健全涉政公共事件的预警、处置、应对机制，提升防范和化解能力奠定基础。

一、从官员角度分析

一个巴掌拍不响。涉政公共事件的产生离不开官民矛盾双方的因素，从地方政府及其官员这一方来看，其权力原本是来自辖区公民所授，是人民委托他们代理管理公共事务，作为委托—代理关系中的代理者，理论上必须按照委托者的意志行使公共权力，履行作为代理者的责任与义务。① 这种权力代理者的性质定位，决定了地方官员除了制度明确给他的权益外，必须遵循委托人（老百姓、社会公众）的意志来处理公共事务，并接受社会公众的监督。一旦在现实生活中离开了代理人的角色定位，官民矛盾就不可避免。实际上，这方面出现问题是涉政公共事件的主要成因。

（一）权力观不正确

所谓权力观，通常是指人们对职权范围内可支配力量的认识和看法，包括权力所有观、权力目的观、权力价值观、权力责任观、权力道德观、权力实现观、权力制衡观等方面。权力观充分体现在各级领导干部的日常工作和生活之中。领导干部能否牢固树立正确的权力观，直接关系干部队伍的形象，关系人心的向背，关系社会主义事业的前途命运，关系党的兴衰成败。在这个上面出问题，出偏差，就会影响为政者的言行，进而可能引发公共事件。

一是主仆关系颠倒，官本位意识太强。一些干部职务不大脾气大，水平不高要求高。不知道权为民所授，手中的一切权力来源于人民、属于人民，

① 由于我国并没有实行完全的地方自治，官员也非完全的民选，因此，事实上我们地方政府及其官员的权力更多地体现在上级的授权和委托上。但考虑到中央政府的权力都是全国人民让渡和授权的，中央政府也是代理全国人民在管理国家事务，我们在理论分析时，将地方政府设定为代表中央政府受当地百姓委托管理当地事务。

人民才是权力的真正所有者,官员只是权力的暂时代行者,应该始终把人民当做国家的主人,把自己当做人民的公仆。而当今不少地方官员则是当官做老爷,容不得下属百姓半点冲撞,老虎屁股摸不得。如2010年3月发生在河南睢县的"茶杯门"事件。①

二是服务关系走样,为民办事变成替民作主。个别干部当权思想严重,一朝权在手,便把令来行。真像"父母官"那样,想包办地方的一切,不管老百姓喜不喜欢,只要他自己喜欢就行。在"征地"中,农民无权选择"不被征用",在"入股"时,工人无权选择"不入股"。有的地方甚至把百姓的衣食住行都管得死死的,不是强种就是强拆,不支持我的决策就关你的店门,让你的工作、生活都成问题。热衷于"大工程",频频出"大手笔",最爱做"大事业",期待出"大成就",希望有"大影响"。其结果是农民都知道"领导叫种啥就千万别种啥",官员的期待与群众的判断形成尖锐对立,一旦处置不当就会闹成冲突,形成公共事件。如一直被誉为苏北快速发展典型的江苏邳州市,虽然其解放思想"敢发展"、倾力城市建设"能发展"、优化软环境"保发展"、打造产业集群"会发展"、强力招商引资"大发展"的经验,被全国20多个省300多个县市竞相取经学习。但也因为大规模的征地、拆迁和一系列的形象、政绩工程建设,2010年1月7日竟发生了暴力征地致死人命的邳州血案。②

三是代理关系扭曲,对上负责对下压迫。不能正确处理对党负责、对上级负责与对人民群众负责的关系,把对党负责、对上级负责与对人民负责对立起来。动不动就问你是"替党说话还是替老百姓说话",许多地方还打着维稳的旗号,把正常上访当做不稳定因素。连一些本来超脱事态的学者都跳出来证明长期上访者是"偏执狂"、"有精神方面的疾病"。许多工作上面不推不动,下面不闹不解决。"政府的各种预警制度设计,要么无视民情民意,要么把民众的一举一动都当成'敌情'。地方政府的许多做法,出发点不是化解矛盾,而是暴力压服,致使冲突一再升级。"③如2008年4月,因散

---

① 参见《村民用乡长茶杯起争执被拘》,《新京报》2010年3月25日第A26版。

② 《"邳州现象"中的价值观混乱》,《中国青年报》2010年2月2日第02版;《征地命案背后邳州开发乱局》,《新京报》2010年2月1日第A18版。

③ 于建嵘、钟新、李元起等著:《变话:引导舆论新方式》,世界图书出版公司北京公司2010年版,第106页。

发检举村支书有经济问题的材料，河南省沁阳市的8名农民被检察机关以涉嫌诽谤罪批捕。获刑的8名农民不服一审判决提起上诉，焦作市中级人民法院裁定撤销原判，发回重审。沁阳市人民法院重审后，加重了4人的刑期，其他3人的缓刑也变成了有期徒刑。8人再次上诉，焦作市中级人民法院再次裁定发回重审。2009年8月24日，北京一家媒体对此案进行报道后，在河南省委督察组的督导下，被羁押的7名被告人被取保候审，他们中最长的被羁押了535天。9月29日，在公诉机关撤回起诉后，沁阳市公安局也撤销了此案。除了两位村民被迫接受了沁阳方面给付的“国家赔偿”外，其他6位村民则拒领“国家赔偿”，要求当地政府认错，还他们清白，政府不愿认错但又希望农民领钱结束此事，为此双方展开拉锯战。①

四是使用关系变味，公共权力成为一些官员任意妄为的私器。公权力与公共利益是一对天生的孪生子，使用公权力必须服从公共利益，服务社会公众。公权力一旦离开公益利益的轨道，对百姓就是祸害，引发矛盾冲突也就难以避免。如媚权行为，指国家专政机器变成个别地方主要领导的私器。2009年2月河南灵宝警方“跨省追捕”王帅案与2010年11月宁夏吴忠警方的跨省刑拘案，以及各种以“涉嫌诽谤罪”名义出现的文案、诗案、歌案，自诉案件屡屡变成公诉案件，其背后都存在着作为“被害人”的政府或官员那只“看不见的手”的作用。虽然这些事件大多在舆论的压力下得以纠正，但公权私用一而再再而三，屡改屡犯，不仅让政府部门威信扫地，更让法律、法制这一社会稳定的基石丧失公信力，以至于老百姓向上面反映问题情况都要考虑会不会被跨省追捕，“谢绝跨省追捕”成为网络热词。还有媚商行为，指公权力成为一些老板的谋利工具。从山东潍坊寒亭区到湖南永州蓝山县政府发文替开发商卖房，从湖北公安县发文抽本地烟到汉川县要求喝本地的“小糊涂仙”酒，表面上是“引商、稳商、亲商、护商”，实际上是把公权力作人情在媚商，损害的是其他商家和广大百姓的权益。再是以权谋私行为，指利用公权力为第一代谋钱、谋权，为第二代谋位、谋财。一些公开招聘成为少数人合法谋位的遮羞布，一些公开考试成为个别人走后门的挡前牌。当民众对公示的名单质疑的时候，还可以冠冕堂皇称之为合法合规、公开、

① 杨涛：《公民“不服从”，政府才会更守法》，《中国青年报》2010年5月14日第02版；《错案发生后的“拉锯战”》，《新京报》2010年5月13日第A18版。

公正,把社会公众当傻子、瞎子、聋子。这方面的涉政公共事件案例非常多。

(二)民主决策不到位

决策是政务活动的首要环节,也是关键环节。公权力决策的对象是公共政策的制定、社会公共资源的分配和公共利益的调整,样样都事关部分或全部社会公众的切身利益。确保公共政策、决策的公平、公正是保障政务活动合法性、正当性的基石。一旦决策上出问题,从质疑合法性、正当性开始的官民冲突就不可避免。民主决策是保障政务活动公平、公正的根本途径。但转型时期地方政府恰恰在这方面问题多。

首先是决策主体缺位,公共政策缺乏公众参与。原本公共政策是利益相关者的博弈结果,那么利益相关方"在场"是基本前提。然而,我们现在政务活动的决策事实上一般都是由政务活动负责人承担,主要是地方党政一把手、部门首长和现场的最高职务人员。这些人由于受到学识、水平、性格、习惯和官本位思想等各种主客观因素影响,如果事前做不到广泛征求、听取利益相关方的意见,则行事时很可能凭自己的主观意志和政策水平、工作热情去办。如2007年底,广东东莞市以环境污染为由,决定从2009年1月1日起在全市禁止养猪,引发公共政策的大争论,使这个被媒体誉为"世界上最牛的禁令"最终被取消收场①等。

其次,决策内容越位,公共政策危害公众利益。地方政府大多没有行政许可权限,更不能出台限制个人人身自由和权益的政策规定。可是很多地方都不能认识到这一点,如2007年河北成安县委出台18号文件《成安县委县政府关于秋季秸杆还田和禁烧工作的意见》,要求农民收自家玉米必须办秸杆放倒证。② 这种明显违背行政许可法的文件,农民秸杆没有放倒,地方政府的形象却早就"放倒"了。

再次,决策程序错位,公共政策侮辱公众智慧。很多地方政府为了使决策显得正当、合法,也举办了各种各样的论证会、听证会,但常常是预先设定立场,按自己要求挑选参会人员,论证会变成评功摆好的场所,听证会变成

---

① 参见《广东东莞禁止养猪引发公共政策争论》,《决策》2008年第2期。

② 《河北:办证才能收割?秸杆放倒证"放倒"了什么》,《人民日报》2007年11月7日第10版。

一边倒的支持会。如媒体报道，在长沙市市区新增客运出租汽车运力听证会上，4名“听证专业户”被媒体发现，其中一位名叫石爱伟的“专业户”，7年参加17次听证会，并且从没在听证会上投过反对票①。稍有常识的人都知道，公共服务、公共产品（如水、电、气、景区门票）提价，作为利益相关者的社会公众不可能百分百都赞成、都理解。

最后，决策结果多变，公共政策缺乏公信力。吉林通钢事件中有关企业重组的决策，事先没有征求职工甚至管理层的意见，执行过程又不做细致的思想工作，强行推进遇到阻碍就马上调整决策企图平定事态，一天三变决策内容给人感觉太不严肃，许多短命政令、政策让政府的公信力也几近丧失。

（三）依法行政不落实

依法行政是富民和谐的基础。也只有政府机关严格依法行政，才能确保人民群众委托授予的权力不被滥用，特别是不会异化为奴役人民的工具。然而，一些地方官员和公权力部门打着“敢闯、敢试、敢冒”的旗号，闯法律的禁区，主张“良性违宪”，不能正确处理好依法行政与依政策行政、依法行政与改革创新、合法行政与合理行政等方面的关系。凡事领导说了算，合法不合法不重要；遇到质疑做了再说，不服也打不起官司；做错了用创新探索、主观愿望是好的来搪塞，最多换个岗位照样做官。逐步演变成“官员不依法，群众不守法，司法没办法”的混乱局面。

一是野蛮执法。在执法过程中语言粗鲁，行为野蛮，形象恶劣。最集中体现在城管与强拆两大领域。城市管理的执法对象绝大多数是下岗失业人员、进城务工农民、没有收入来源的大学生、生活比较贫困的小商贩以及孤、寡、残疾等弱势群体，他们所从事的大多是简单、低廉的商品买卖活动，城管动不动就用动粗的方式驱赶他们，很容易引起社会的同情，酿成涉政公共事件也就非常容易。拆迁也是这样，如果协商成功还好，一旦协商不成变成强拆，政府一方要果断拨掉“钉子户”，不能让少数人影响大项目，而被拆的一方要誓死捍卫自己的“物权”，不惜拿生命作筹码“自焚”将事情闹大以引起上级的重视，政府官员往往会因为强拆之前工作不细，措施过于激烈而在事件发生后受到暂时追究，最后以“双输”告终（如2010年9月江西宜黄的强

---

① 周继坚：《形式主义比听证专业户更可怕》，《光明日报》2011年9月13日第02版。

拆事件)。

二是为利执法。维护公共利益是国家公职人员行政的基本价值,他们在政务活动中不能有任何私利动机。一旦偏离这一轨道,就会产生官民冲突。现实生活中,行政执法主体混乱,权力分散,多头执法,有利的事抢着干,无利的事都往外推,特别是一些地方因为经济困难,财政拮据,靠罚没收益来养人,实行罚没收入返还,进而造成执法主体变成罚没机器,完成罚没任务成为执法行政目的,执法肯定因此走样,官民矛盾由此产生。例如2009年9、10月间发生在上海的钓鱼执法事件,在上海《东方早报》等媒体报道后引起广泛关注,10月20日,浦东新区责成城市管理行政执法局对"10·14"孙中界涉嫌非法运营情况进行全面检查,结果是"事实清楚,证据确凿,运用法律正确,取证手段并无不当,不存在所谓的'倒钩'执法问题"。此结果引发全国普遍质疑。10月22日,浦东新区又成立一个新的联合调查组,彻查"钓鱼"执法一案。10月26日上海市政府宣布浦东新区终结孙中界"钓鱼"式执法案并向公众公开道歉,闵行区张军事件也被依法撤销原处罚决定。① 依法行政有个重要原则就是合理行政,保证目的的正当性,措施和手段的适当性,上海钓鱼执法事件之所以成为影响全国的涉政公共事件,不仅在于执法人员法制意识淡薄,而且因为他们为执法而执法,为罚没而执法。为了罚没甚至不惜伤害人民善良的同情心,损害人们助人为乐的积极性。

三是选择性执法。选择性执法,通俗地说就是执法者根据不同情势变化,在选择法律、执行手段、依照条款方面进行区别对待的现象,也就是在时间、空间和客体上进行不同标准的处理。在现实生活中,是指执法者在执法过程中,不完全根据违法事实本身和法律法规来进行公正执法,而是依据执法对象的背景、与自己的亲疏、个人贫富贵贱、或是执法的难易程度等其他非决定因素而进行区别性执法的一种行为。经常体现在执行力度、速度等方面的差异性。② 这方面比较典型的案例,就是2010年4、5月间引起热议的两则新闻,一是经过5年多的拉锯战,深圳"著名"违法建筑"海上皇宫"终于拟被拆除;二是北京著名的"天上人间"等4家豪华夜总会被查出有偿

① 《河南小伙上海断指证"清白"》,《大河报》2009年10月19日第A03版。

② 参见晓晨:《"选择性执法"伤害公平》,《黑龙江日报》2010年8月19日第07版。

陪侍，勒令停业整顿半年。① 两起新闻之所以引起热议，都是与行政执法有关，深圳“海上皇宫”一幢数千平方米的违法建筑，为何能堂而皇之经营挺立5年之久，这与普通老百姓的合法房产被强拆的阵势形成鲜明对照；而热议充满神秘的“天上人间”被查，是缘于一些地方每次扫黄打非，遭到查处的往往是街头美容店和小型旅馆。那些高档娱乐场所和星级宾馆，则很少涉及，似乎这次警察才动了真格。在社会大众看来，执法存在如此差异，无非三种可能：其一，背景不同，没有被查、被处理的往往后台强硬。其二，实力不同，诸如高档场所等可能可以用金钱疏通关系摆平问题。其三，关系不同，违法者与执法者可能有某种特殊的关系或者交易。于是，欺软怕硬，“专挑软柿子捏”的执法现象就产生了，不少地方的城管、交警一旦遇到高档豪华轿车无牌无照、乱停乱放，也装聋作哑了，更不要说遇到军车、警车违章，这些执法者早已不见人影了。还有一些执法单位和执法人员，在个人或单位利益得不到满足或者受到影响的情况下，从狭隘的部门和个人利益出发，出于报复目的，不论执法对象是否违法，也要借助于“查税”、“查账”、“查费”、“查假”、“查证”等貌似合法的执法手段来寻找执法对象存在的问题，有的甚至不惜“挖地三尺”，千方百计寻找蛛丝马迹，以达到折腾、打压、报复对方的目的。

这种选择对象、选择时间、选择法规的执法行为，反映的是法治意识的缺失，损害的是法制公平公正的基本原则。既纵容了某些特权阶层的特权思想，让“权大于法，钱重于法，情高于法”的不良风气横行，助长违法行为的发生与蔓延；又令社会公众对执法的公平、公正性产生失望情绪，严重动摇法律的平等性、权威性、正义性和公信力，消解人们普法、守法、用法的信心和信仰。这种唯权、唯钱、唯情的“选择性执法”的结果，还会更加激发弱势群体的仇官、仇富情结，增大涉政公共事件产生的机率。

四是违法难究。公权力违法施政、行政是导致涉政公共事件多发的重要根源。而越权执法、执法犯法、徇私枉法屡禁不止又在于公权力违法很难得到相应的有效的追究。

第一，信息不透明难得实证。许多涉政公共事件酿大的诱因在于信息

---

① 范正伟：《“选择性执法”别把公正“选择”掉》，《人民日报》2010年5月20日第006版。

不公开、不透明、不真实,如云南晋宁看守所的"躲猫猫"事件。如果不是当事人及其亲属将有限信息披露,执法单位一般不会公布自己的不良记录,上级发现了来调查也很难取证。

第二,同级调查难得公正。一旦行政执法过程中出了问题,上级一般是指定同级相关机构部门进行调查,但这种调查往往出于维护自身形象、权威、利益以及保护下属工作积极性的考量,很难站在客观公正的立场拿出结论,就像上海浦东新区城市管理行政执法局对"10·14"钓鱼执法案的调查结论那样,会认为自己的下属执法过程"事实清楚,证据确凿,适用法律正确,取证手段并无不当……"

第三,上级调查难保公正。一些官民纠纷一旦发生,许多上级主管部门为了显示诚意就及时介入,但事后发现,这些主管部门的介入完全是为了争取主动,而不完全是为了公正。比如卫生部门协调医患纠纷、教育部门协调师生纠纷等等。他们实际上是政绩利益共同体,他们来调查处理,会尽可能减轻下属的责任,放大客观原因或其他因素,通过协调,让事件不了了之。只要事件不闹了,真相也就不重要了。

第四,第三方调查难有保证。近几年,在云南"躲猫猫"、上海"钓鱼执法"和南京的徐宝宝事件中都采取了第三方调查得出结论的方式。比如2009年11月发生在南京市儿童医院的医患纠纷事件,由于值班医生上网玩游戏、睡觉,拒绝到病房查看,导致徐定金5个月的婴儿(简称徐宝宝)病情急剧恶化死亡。① 此后南京市卫生部门出面主持了对该事件的第一次调查,否认了存在当班医生玩游戏、发牢骚和患儿家属跪求医生的情况。这个结论马上引起了网民的不满和声讨,该市卫生局在舆论的压力下又组织了第二次调查,即第三方调查。由4名卫生主管部门工作人员、5名媒体记者、1名网民代表、1名计算机专家、2名医疗专家,1名人民调解委员会成员组成的"第三方调查组",仅仅用一天时间就推翻了第一次调查的结论,认为患儿家属反应的情况基本属实,并公布了对相关医护人员的处分。②

---

① 参见《医生玩游戏致婴儿死亡调查:医院为何敢于撒谎》,《人民日报》2009年11月9日第12版。

② 陈璟彦:《第三方调查:网络时代舆论的政治监督》,人民网"传媒频道",2010年12月14日,http://media.people.com.cn/GB/22114/150608/150617/13481290.html。

上述三个涉政公共事件"第三方调查"的结果都普遍推翻了先前的政府调查结论,这与我们前面分析预判的结论一致。但"第三方调查"的问题在于,其本身的合法性、人员的客观公正性、纠纷双方的认可度、调查执行程序的正当性等等都存在较大的争议,也还不是矛盾纠纷仲裁的主要模式,更不是事情真相调查的主体模式。

第五,责任追究处分难到位。违法不究必然导致有法不依,只有实行严格的过错责任追究,才能确保公权力的行政行为和执法行为规范、公正、高效、便民。尽管,我们在干部考核上有许多"一票否决",但由于种种原因,我们的政务活动过错责任追究并不十分理想。主要体现在,①权责界限划定不清晰,不出问题没事,一出事找不到责任主体,也就找不到追究对象,最后只能以"集体负责,大家都不负责"了之,给真正的责任主体有逃脱追究的空间。②行政执法过错责任设定不明确,有关规定操作性不强,是个人违法犯错、组织机构违法犯错还是二者兼而有之,是领导个人决策还是集体民主决策等多种情况下责任难以划分追究。结果可能造成该追究的没到位,不该追究的又过头了。③现时的问责大多是政治问责、事后问责,为平息舆论和公众压力的问责,既使当时被免职处分,过一段时期还是可以异地为官,这种问责方式对当事人没有震慑作用,从而也不会给违法违规者带来改正提高的压力。④由于各级政府与官员是非常强的政绩共同体,地方权力的隐性运作符合这个共同体内成员的共同利益要求,[①]这就决定了他们在面对成绩与问题时,采取不同策略,好的张扬,不好的隐瞒。从而对依法行政中出现的问题和过错,只要不造成大的社会影响,一般都会在内部消化了事。即使是处理,也会"重重拿起,轻轻放下",只处分直接责任人,不会追究后面的相关领导,更不会牵扯到上级和主要领导。其结果,过错责任就难以得到真正追究。

(四)公平、公正没有保障

社会公正是社会成员对社会是否"合意"的一种价值判断,其实质是要求各种权利在社会成员之间合理分配,每个人都能得到其所应得到的;各种

---

① 于建嵘:《抗争性政治:中国政治社会学基本问题》,人民出版社 2010 年版,第 163 页。

义务由社会成员合理承担,每个人都应承担其所应承担的。[①] 社会公平、公正已成为大众最关心的重要话题,更是许多热点、难点、焦点问题的症结之所在,还是涉政公共事件酿大激化的深层原因。不公平,公正的情形有多种:

一种是起点不公平。出身、地位、贫富、门第、权势的遗传与世袭,阻断了社会上下层之间的流动,让身处底层的民众感到绝望。官二代、富二代利用上一辈的权力、金钱剥夺了普通大众的平等参与和竞争机会。"你是哪个单位的"的骄横,"我爸是李刚"的张狂和"拼爹游戏"的背后,让"仇官"、"仇富"的怨气聚集在不公平上。比如,许多地方在公务员、选调生、选拔生的公开招考中出现的问题,使大家都觉得笔试是绝对公平、面试是相对公平、考查是难得公平。还比如,前些年国有企业股份化、私有化改革,国有企业职工与经营者管理层并不享有同等的持股条件,更不用说与领导关系密切的老板了。权力、金钱、关系使人们在起点上就拉大了差距。

另一种是利益关系调整过程中的不公平、不公正。《小康》杂志 2006 年在一项关于"对于居民房屋拆迁问题,您认为政府的位置是什么"的调查中发现,65.14%的被调查者认为政府是和开发商站在一起的。[②] 2005 年河北定州征地血案就是因为地方政府给农民的土地征用价格太低;2008 年重庆等地出租车罢运事件也在于其间的利益分配不公,强拆出事的关键也在于利益协调在当事者看来不公正不公平。这类由权力造成的不公平,是当前社会大众最痛恨的不公平现象。有些开发商、老板和官家子弟,纯粹因为权力利益关系,可以大量低价拿地,大量减免税费,随意调整规划、轻易获得贷款、借款、合同,而那些尊重社会正常交易规则、契约的商人、普通人则举步维艰,就是在社会精英集中的官场,也存在类似现象。

还有一种是结果不公平、公正。司法腐败可以颠倒黑白。贫富差距拉大,资本、资源、权力在收入分配中占主导,劳动收入提高不快。地区之间、部门之间、社会不同成员之间收入分配悬殊。20 多年来,反映贫富差距的基尼系数从 0.2—0.3,提高到 0.4—0.5,几乎倍增。如果把一些不合理、不合法、不规范的灰色收入计算在内,基尼系数可能会加大到 0.5—0.6,大大

---

① 任理轩:《理性看待当前的社会公正问题》,《人民日报》2011 年 2 月 18 日第 001 版。

② 秦海霞:《信用小康三忧一喜》,《小康》2006 年第 10 期,第 19 页。

超过国际警戒线，超越许多西方国家的贫富差距。[①]

最后一种是社会大众的相对剥夺感与不公正感上升，幸福感下降，民众的弱势心态增强。公平、公正是具体的并且是通过比较产生的，尽管这些年人民生活水平不断提升，但与周边人群比较，许多人相对被剥夺感上升，受到不公正的对待感也在上升。每个阶层都觉得不公平，就是得了路的老板、官员，他还会觉得他在更大的权力面前受委屈不公平。由是，大家都有弱势心态，人民论坛杂志联合人民网、新浪网、人民论坛网的调查结果显示，73.5%的参与调查网友认为自己属于"弱势群体"，同时另外的问卷调查还显示45.1%的党政干部、57.8%的白领和55.4%的知识分子都认为自己是"弱势群体"。[②] 大家都缺乏幸福感，根据盖洛普世界民意调查，在2005年至2009年间对世界155个国家数千人的调查结果显示，以丹麦为首的4个北欧国家，在"全球最幸福的国家和地区"排名中分列前4，中国内地位列第125位，即倒数第31位，属于比较缺少幸福感的国家。[③] 公平、公正缺失，保障乏力，社会弱势心态的蔓延，国人幸福感的降低，让任何一件不公正事件都有可能引发涉政事件甚至恶性群体性事件，因为"对一个人的不公，就是对所有人的威胁"（西方谚语）。

（五）政府公信力不足

2009年相关机构在"您相信政府公布的各种社会经济调查数据吗"的调查中发现，认为"仅作参考、掺假的成分很多"或"绝对是假的，从来都不信"的比例高达91.1%。[④] 而在2007年的调查中，这个比例是79.3%，公众对政府行为的信任度两年大降10个百分点。小康杂志和新浪网所进行的"信用度最低的职业群体"调查中，2006年政府官员以75.36%被选在第一位，2007年再度以80.3%的绝对多数继续排在第一位。[⑤] 在回答"您对当地官员的认可程度"时，有63.68%的受调查者回答是"很不信任"，25%

---

① 刘国光：《重新审视社会公平问题》，《北京日报》2005年4月25日第003版。

② 人民论坛问卷调查中心：《"弱势"缘何成了普遍心态》，《人民论坛》2010年第34期，第14～17页。

③ 《中国"幸福指数"因何偏低》，《新京报》2010年7月21日第B02版。

④ 《小康》研究中心：《信用最差和最好的时代 2008—2009 中国信用小康指数61.1》，《小康》2009年第8期，第23页。

⑤ 《小康》研究中心：《官员信用敲响政务信用警钟》，《小康》2007年第8期，第19页。

的回答“不太信任”,两者之和近九成。① 我们的地方官员已成为社会信用最差的群体。与民间信用可选择性不同,政府及其官员一旦失信,百姓没有选择余地,只能不再相信政府,而且通过学习、模仿、传导,还会导致整个社会信用下降。

政府公信力的丧失,是当下涉政公共事件产生、酿大的重要根源。从非典到三鹿奶粉事件,从华南虎照片到“躲猫猫”事件、上海钓鱼执法,从贵州瓮安事件到云南孟连事件,每一桩涉政公共事件的背后,都绕不开地方政府公信力不足这道坎。2010 年底到 2011 年初发生在浙江温州的“钱云会案”,更让人们深深体会到政府公信力不足引发的信任危机之可怕。2010 年 12 月 25 日 9 点 25 分左右,浙江温州市乐清县蒲岐镇虹南公路寨桥村路段发生一幕惨剧,54 岁的寨桥村村委会主任钱云会被一辆大型工程车轧断脖颈,身首异处。事故发生不久,村民中间就悄悄流传“村主任是被 4 个人抬起,扔在工程车前轮下压死”的说法,很快,人们在当地网络论坛上发出了“蒲岐一苦难的村主任为民办事的好村主任今早被杀”、“乐清寨桥千古奇冤”等为题的帖子。② 由于钱云会的特殊身份、与镇政府的恶劣关系、事故现场的特殊疑点、当地领导的反常重视和不当措施等原因,对钱云会的死因问题,尽管当地政府推出一个又一个证据证明钱云会死于交通事故,而且还有中央电视台和新华社的力挺,都始终未能消除媒体、社会公众的质疑。根据香港《凤凰网》截止 2011 年 1 月 31 日的调查,对于钱云会的死亡真相,只有 2% 的参与调查者相信官方给出的说法,而对于为什么不信的原因时,96.9% 的网民认为是“政府没有做到取信于民”。③ “钱云会案”为什么官方的“事故论”难敌媒体和民间的阴谋论,首先是钱云会身份特殊,他不是普通村民,而是为当地农民土地非法征用未补偿带领村民上访长达 5 年之久的村委会主任,又是改选之际的村委会主任热门人选,还是因为征地上访三次坐牢的,是镇政府的眼中钉、当地村民的好主任,他出现任何意外都有可能把矛头指向地方政府。其次,处理失当,无论是警方的新闻发布会,还

① 秦海霞:《信用小康三忧一喜》,《小康》2006 年第 10 期,第 19 页。

② 庄庆鸿:《上访村主任“交通事故”致死疑云重重》,《中国青年报》2010 年 12 月 27 日第 6 版。

③ 《乐清事件:信任比真相更稀缺》,凤凰网,2011 年 1 月 31 日,http://survey.news.ifeng.com/result.php?surveryId=9929。

是官方的一些动作促使人们增加怀疑与质疑。新闻发布会没有对媒体、网友、群众的质疑给出有针对性、权威性且会令人信服的解释。原本一起普通的交通事故,乐清市相关领导却过分重视,第一时间赶到现场,让事件本身给人感觉非常不一般。同时,又指责当地民众"不明真相"、"别有用心",还控制村民通讯,激化矛盾,变为公共事件。再次,明知钱云会案件性质特殊、质疑很多,当地政府与钱云会是利益矛盾双方的当事人,还让当地的政府部门负责调查,人们有理由相信地方政府不可能"自证其罪"。以致于后来就是乐清公安的上级、温州市公安部门的结论都因"官官相护"而受到质疑。如果当时果断采取第三方调查以正视听,也许不会造成公信力这么大的伤害。

二、从百姓这头观察

严格说来,中国的百姓是最不多事的群体,很多人还怕官、怕事、怕麻烦。天生就乐天安命,忍耐力强。不到万不得已,一般不会与政府和官员作对。一百多年前,在中国生活了50多年的美国传教士就感叹:"中国人喜欢秩序、尊重法律,即使法令不值得尊重时。在所有的亚洲民族中,中国人也许是最容易统治的,只要统治得让他们习惯了,就万无一失了。"①哈佛大学教授裴宜理在研究中国的民众抗议活动时也有同样的发现,无论古代还是现代中国的民众抗议活动,他们有一个传统就是都在遵守规则。抗议者非常关注国家放出来的信号。他们尽力按照国家的规定来进行,无论是正式的还是非正式的,他们都很注意。而在英美传统里,权利是指自然权利,是由上帝赋予的而不是国家赋予的,而且是旨在对抗国家干预的保护机制。在中国盛行的以"权利"语言构建起来的道义经济式的抗议,往往要求撤换不受欢迎的低级官员(偶尔成功)。但这些抗议者极少质疑中国共产党或者它的意识形态的统治权威。学者于建嵘把这个现象归纳为民众在维护抗争中"规则意识大于权利意识"。② 说白了,中国民间的各种抗争维权活动,

---

① [美]阿瑟·亨德森·史密斯著:《中国人的人性》,姚锦镕译,中国和平出版社2006年版,第147页。

② 于建嵘:《抗争性政治:中国政治社会学基本问题》,人民出版社2010年版,第46页。

不是为了争权、为了推翻政权,而是在遵守现有统治规则的前提下,维护统治规则本身所赋予给自己的权利。显然,我们可以推出:涉政公共事件的产生,也是在合法正规渠道不能解决的情况下,社会公众借助一定事件来抒缓委屈、争取维护权益的过程。

人们有委屈,有地方申诉,有人主持公道;群众有要求,有地方表达,有准确的回应;利益关系进行调整,相关各方应该知晓、参与、博弈再协调均衡;政府出台公共政策,社会公众有机会参与、讨论并得到重视尊重考虑,这些都应该是现代国家治理的重要内容,也是化解管治矛盾的基础条件。

改革开放以前,高度集中的计划经济,在经济上倾向于平均主义,在政治上倾向于群众运动,无论是官员还是普通民众,没有大规模追逐个人私利的空间和机会,而且官员作风稍有不正,群众还可以有机会对你进行“批斗”。这样,官民之间基本处于相对平等、平均、和谐的状态,但这种官民均衡是以牺牲发展、牺牲个性能力、贡献差异为代价的。改革开放极大地调动了包括个人在内的各种资源要素的积极性,让社会财富充分创造涌流出来。由于个人能力、机遇、胆识以及掌握的各种资源的差异,社会财富在个体之间分配出现了分化,处于社会底层的下岗工人、失地农民、失业学生、农民工、退伍复员军人、拆迁居民、底层知识分子等低收入群体的“相对剥夺感”甚至“绝对剥夺感”日益增强。加上官员腐败,司法不公,社会诚信缺失和贫富悬殊,社会累积的不满情绪不断增强,这从各级政府维稳的压力越来越大可以得到明证。如果不满群体的利益关切能有地方及时反映表达,其产生的怨气能及时疏导化解,社会管治就不会出现问题,涉政公共事件甚至群体性事件就难得产生。然而,经济发展至上的工作思路让许多地方官员忽视了弱势群体利益表达和协调问题,最终酿造出种种事端。

(一)利益表达渠道不畅

现有体制下公民表达利益的渠道还是不少的。它包括正规的组织渠道(比如行政层层汇报),人大、政协两会反映,民主党派、社会团体等其他政治组织,各种协会等非政府组织,司法渠道,信访反映,媒体,网络等等。但仔细分析,每个渠道都由于主客观因素的制约,难以达到理想效果。

从信访的渠道看。信访制度是新中国成立初期最有效的一种反映民意、解决民忧民难的体制性渠道。但随着弱势群体不满的加剧,利益调节过程中矛盾冲突的增多,信访渠道的作用效果越来越低。一是信访部门作为党委、政府的一个部门,它本身并没有具体解决问题的决断权。就算信访部门认可上访者有理,也还得批转给相应部门去处理,如果相关部门再找些理由来应付,信访部门也就没有办法去真正解决。同时,信访部门处理下级的问题还有底气,一旦遇到信访对象反映同级特别是上级的问题时,他的出路就只能是推诿。二是信访处理的层层批转方式让信访处在一个十分尴尬的地位。基层群众上访,一般反映的是政府部门不作为、乱作为等问题,希望上级出面帮助解决,而上级信访部门又把信访件批回给当事人处理,其结果可想而知,谁也不可能自己否定自己,于是信访者不仅问题没解决,反而给官员留下不听话、吵事的印象,如果信访件到了上级领导手中,而且上级领导又有批示,很可能还会招来地方领导的怨恨,下次办事落实待遇、维护权利可能更加困难。三是办理结果好坏无法判断。信访部门对批转下去的信访件,只要求承办方给一个回复,至于这个回复信访人是否满意或者有不同意见,除非当事人再来上访或者越级上访,不然根本就不知道。四是信访上访逐步发展成一个高风险的表达渠道,被打、被抓、被办学习班的案件屡屡发生。这样看来,靠信访表达民意、表达利益关切基本上是比较难成功的途径。虽然国家信访局的领导都认为“群众信访反映的问题 80% 以上是有道理的”,但现实是信访的解决率仅有千分之二。①

从司法救济的渠道来看。司法机关应该是普通人在权利受到侵犯时寻求救济的最后途径。但由于人治转向法治有一个过程,社会主义法治国家的建设从观念到体制、机制和法律体系建设都有待完善,现有的司法救济渠道遇到了行政干预司法、司法腐败、司法不公、司法成本高、司法执行难等多重困难。由于司法在人、财、物等诸多方面都受制于地方党委、人大、政府,地方党委的政法委又是凌驾于公、检、法、司之上的协调部门,如果群众上告的案的与地方党委、政府的政策、决策及政务机关活动相关,很可能要么不立案,要么打不赢官司,即使打赢了也执行不了。陕西省国土厅用行政协调否定高院判决就是这方面的典型。此外,司法机关还存在经费保障不足的问题,当司法与自身利益相结合的时候,司法公正可能就难以保障了。而一

---

① 黄学利:《浅析弱势群体公共利益表达机制构建》,《地方财政研究》2009 年第 5 期,第 70 页。

旦司法公正的底线失守,民众就失去了利益表达和申诉的最后渠道。

从网络媒体的渠道看。网络媒体是当前弱势群体进行利益表达最便捷也是最重要的渠道。但现实中利用这条渠道有几个难点:其一是关注度问题。如果没有足够的关注度,不能成为舆情热点,一两篇文字、一两个帖子很快就会被淹没在海量的信息之中,一点涟漪都不会引起。其二是通过审查问题。媒体网络表达必须要经过事实上存在的各种形式的审查、把关,这就使得大多数媒体、网络以反映外地信息为主,而对当地的民意不满则基本上进行封堵,不愿为百姓的利益危及自身的生存。其三是担心"跨省追捕"和因言入罪问题。河南、甘肃小伙子为了表达诉求在网上发帖,结果被跨省追捕、拘捕,一些基层民众痛恨腐败、编诗、编文、编歌进行讽刺,结果以诽谤罪入狱。这些都使得网络媒体渠道表达利益诉求增加了风险和难度。

从社会团体和其他各种非政府组织渠道看。一方面,当前非政府组织还发育不成熟,力量有限;另一方面,各社会团体政治化运行趋势很浓,他们不可能也不会把自己变成某个阶层、团体的利益表达机构,尤其是当利益表达可能影响自身政治前途时,牺牲民众诉求、保存自身政治地位便成为首选。这也是工会、共青团、妇联等群众组织无法代行利益表达的根本原因。因此,这方面的渠道也不畅。当各种体制内利益表达渠道都受到制约时,寻求体制外表达在极端的情况下就成了必然选择。这样,涉政公共事件多发就难以避免。

(二)利益表达主体权利失衡

转型时期,多元的利益主体由于占有社会资源不同,导致其表达权利的力度、效果不一样。"我国的社会成员事实上已经分化为强势表达群体和弱势表达群体两大类。"①有钱人、有权人等强势群体由于占有较多的社会资源而在利益表达方面居绝对的优势地位,普通工人、农民等弱势群体因社会资源匮乏,其利益表达完全处于无力、无效状态。

---

① 吴佩芬:《群体性事件与制度化利益表达机制的构建》,《思想战线》2010 年第 4 期,第 108 页。

首先,话语权失衡。以政治精英、经济精英、知识精英组成的精英群体[①]几乎垄断了除网络以外的话语权。他们造舆论,影响公共决策,甚至影响国家政策,如2003年围绕央行出台的121号房地产市场信贷管理的调控文件,一些房地产商、地方官员、专家学者和媒体组成了一个特殊利益集团,通过工商联等组织上书国务院,促成国务院出台了18号文件,明确房地产的"国民经济的重要支柱产业"的地位,让央行文件形同废纸。[②] 地产商谋求赚取最大利润,地方官员从中得到政绩与GDP,学术精英引导公众预期,影响政府决策,获得房地产老板的"好处费",媒体制造舆论,从中得到广告回报。这是国家出台的多次房地产调控政策难以落实的重要原因,最终让全社会,特别是弱势群体为高房价买单。而下岗失业的工人、农村失地的农民、城市失房的市民,其利益表达声音微弱,渠道载体很少。

其次,机会不均等。市场经济是强者通吃的机制,由于不同利益主体拥有的资源优势差异,在转型时期必然会造成机会上的差异。比如国有企业改制,在强势资本对弱势职工的博弈中,资本可以通过权力、金钱打通所有关节,让国有资本在合法的名义下转为私有资本,即使是在公开的竞拍之中,普通民众明知其间问题无穷、黑幕无穷、利润无穷,也因为自身资源有限或者竞买条件的限制而失去参与机会。实在看不过去的时候,就采取类似吉林通钢、重庆出租车罢运等极端措施表达不满。

再次,效果不一样。资源差异、机会差异必然导致利益表达效果的差异,甚至形成"强者更强,弱者更弱"的马太效应格局。社会强势集团不仅在各级人大、政协中有代表代言,而且因为他们掌握了大量社会资源,更受官方重视青睐,具有比弱势群体更优越的直接与官方对话的途径。而弱势群体,由于不掌握资源,没有直接与官方对话的机会,制度化的利益表达能力非常弱。

(三)普通民众参与利益表达热情不高

因为利益表达渠道阻塞,资源缺乏,效果不佳,大多数处于社会底层的

---

① 刘凤琴:《和谐社会视野下完善利益表达机制问题探析》,《理论导刊》2009年第2期,第20页。

② 高娟娟:《浅析强势集团和弱势群体政治参与的差异》,《北京城市学院学报》2008年第6期,第34页。

普通民众特别是弱势群体,对政治参与持冷淡和麻木态度,宁愿“多一事不如少一事”。广州行政学院课题组曾对广州市公民政治参与状况调查发现,对于政治大事的关注度,失业、下岗人员中表示“非常关心”的只有8.8%,而表示“厌倦”和“与我无关”的有20.6%。月收入在1000元以下的群体,对政治大事表示“非常关心”的也只有10.8%,表示“厌倦”和“与我无关”的有12%。① 政治上的消极冷漠,使弱势群体和普通民众在利益表达方面处于被动地位,严重影响自己权益的争取与维护。

(四)公民参与公共政策和利益表达的条件不足

从外部来看,一些地方政府官员官僚主义思想严重,不尊重公民的参与权,决策在领导机关小范围兜圈子,公民参与流于形式。同时,在现实的政策制定过程中,政府也是多元利益主体之一,也有自身的利益,表现为部门利益、地方利益、官员利益和小集团利益等。在政府自身利益与公共利益发生矛盾冲突时,为了按自身利益价值取向进行决策,政府官员就有可能利用各种手段阻止公民对政策制定的参与,提高公民参与成本,设置公民参与的壁垒,并且可能以维护“全局利益”、“长远利益”为借口,漠视公民参与的建议。② 从公民自身条件来看,文化素质偏低、参与能力不强,过分的自利性与非理性化也影响政治参与水平的提高。与此同时,公众利益表达还缺乏组织依托,大多是以个人或小团体的形式自发进行的,呈现出高度分散化的特点。特别是农民、普通市民、民企雇工等弱势群体既没有全国性的组织,也没有专业化的利益代言人,还没有行业协会,这种“没有组织起来或者无法组织起来的群体只会处于受统治的地位”③。但“当一个社会中各种成分缺乏有组织的集团,或无法通过现存的有组织的集团充分代表自己的利益时,一个偶然的事件或一个领袖的出现都可能触发人们积蓄的不满,并会通

---

① 黄学利:《浅析弱势群体公共利益表达机制构建》,《地方财政研究》2009年第5期,第69页。

② 朱水成:《我国公民参与政策制定问题研究概述》,《理论导刊》2008年第2期,第106页。

③ [美]加尔布里埃尔·A.阿尔蒙德、G.宾厄姆·鲍威尔:《比较政治学——体系、过程和政策》,曹沛霖等译,东方出版社2007年版,第188页。

过难以预料和难以控制的方式突然爆发”①。此外，公民参与和利益表达还缺乏制度和法律保障，使接访、下基层了解民情、论证、听证等等都流于形式。

三、从矛盾纠纷处理的平台来看

社会有矛盾、有不满、有冲突，必须有一个协调、沟通、处理的平台来化解。平台的作用越大，化解力度越大，演化成涉政公共事件的几率就越小。相反，如果平台功能失效，不满、矛盾纠纷转化成涉政公共事件甚至群体性冲突的可能性也就越大。转型时期，社会矛盾纠纷调节处理平台也出现了一系列问题。

（一）行政主导模式的作用在削弱

社会出现矛盾冲突，首先想到的应该是行政调解模式，这种行政主导的矛盾化解机制因为它的权威性、强制性、仲裁性、超脱性而一度成为我国社会矛盾纠纷的主要调解协调平台。然而，随着体制转轨、社会转型，这一平台的问题也日益凸显。一是政府成为利益主体使政府在各种利益纷争中很难独善其身。现时许多社会矛盾已经逐步转化为人民群众对政府利益分配不公、社会管治不力、干部腐败的不满，很多地方政府及其部门单位事实上已经成为社会矛盾纠纷的一方，行政置身事外的超脱性事实上已经不存在了。二是由于政府已经成为社会矛盾纠纷的一方，在处理自己与其他主体的利益纠纷和权益纠纷时，很难保持客观、公正，特别是对自己不利的事情，自己可能担责受处分的事情，会千方百计隐瞒事情真相，压制社会不满。三是利益调整与资源再分配的改革使社会各种矛盾冲突大量涌现，单纯依靠行政的力量进行协调也会因为资源、手段等方面的限制而显得捉襟见肘，权威性和强制性已大为削弱。

（二）民怨疏导机制在弱化

民怨是酿成涉政公共事件的直接原因，民愤是引发涉政公共事件激化

① ［美］加尔布里埃尔·A.阿尔蒙德、G.宾厄姆·鲍威尔：《比较政治学——体系、过程和政策》，曹沛霖等译，东方出版社 2007 年版，第 229 页。

的主要推手。民怨是由民众不满生成的,现阶段我国社会了解、疏导民众不满的主要渠道是信访。前面分析过地方政府处理信访的方式已经让这种民怨疏通机制面临生存危机。

首先,新形势下信访疏导民怨的制度缺陷越来越明显。学者于建嵘实地调研发现,现行的信访制度有三大缺陷:一是信访体制不顺,机构庞杂,缺乏整体系统性,导致各种问题和矛盾焦点向中央集中,信访投诉在各机构之间推来推去。二是信访功能错位,责重权轻,人治色彩浓厚,消解了国家司法机关的权威,从体制上动摇了现代国家的治理基础。三是信访程序缺失,立案不规范、终结机制不完善,不断诱发较严重的冲突事件。① 通俗地说,现有信访制度是以人治为基础的制度设计,既与建设社会主义法治国家要求不符,而且随着矛盾积怨的增多,信访的中心会集中到中央政府,中央政府面对数量庞大、诉求众多的上访只能往下批转。层层批转的结果是,信访人员不断往上跑,信访材料不断往下转,往上跑的上访人员在部门之间跑来跑去,往下转的信访材料也在下级部门之间推来推去,大多数结果是上访者满怀期待而去,满心伤感失望而归,对中央政府的信任也会减弱。据对632位进京上访农民的调查,他们走访的部门平均在6个以上,最多达18个,四处投诉后问题并没解决。② 而对56位第一次进京上访农民在不同时期的对比调查发现,刚进京上访时农民对中央的认同是非常高的,认为“中央真心实意欢迎农民上访”的高达94.5%;7天后这一比例则下降到39.3%,而认为“中央怕农民”的则从7.1%上升到58.9%。③ 显然,信访疏导治标不治本、治标的效果都在下降。

其次,层层截访的维稳模式难以真正消除民怨。所谓截访,就是拦截、阻止本地区、本单位群众到上一级或上上级上访的意思。截访的手段很多,截访的成本很高,各地驻京办基本变成接访、截访办了,每到诸如人大、政协两会、奥运会、世博会等这类重大会议、活动和节日,地方分管领导坐镇京城或相关城市,接访、截访的花费有时超过了解决上访人员问题的费用。截访

---

① 于建嵘:《中国信访制度批判》,《中国改革》2005年第2期,第26～27页。

② 于建嵘:《中国信访制度批判》,《中国改革》2005年第2期,第27页。

③ 唐丽萍、叶磊:《我国信访制度的功能错位和制度困境分析》,《上海海关学院学报》2009年第4期,第52页。

效果不好，许多地方只是把人接回来，并没有解决具体问题，没有消除上访的根源，实际会导致信访渠道不通，矛盾激化。

第三，花钱买稳定让民怨疏导进入恶性循环。一些地方为了减少群体性事件、减少规模上访，特别是进京上访，不惜花重金来落实堵访、截访的措施，来收买老大难上访人员。据报载，广东省财政较困难的廉江市，2009 年投入 3100 多万元用于综治信访维稳，实现了全年未发生一起群体性事件，上访人次下降一半的好成绩，由于稳定事关一些主要领导仕途升迁的成败，个别地方领导迷信“人民内部矛盾”要靠人民币去解决，将大量的人力物力财力用于维稳，花钱买平安，进而给民众提供了一种误导性预期：如果你想让你的问题得到解决，就得制造点“威胁稳定的事端”；如果你连“稳定”都不会威胁，你的问题就别想得到解决。① 这样，法律外体制外的方式就成了一些群体和个人表达利益诉求之道，形成“大闹大解决，小闹小解决，不闹不解决”，“越维稳越不稳”的恶性循环。因为花钱买稳定，会让法律、政策丧失尊严，让老实人吃亏，让公平的原则失效。

（三）法律调解的权威没有树立

法律是最终的裁判。西方的社会矛盾纠纷如果双方协调不成，一般都交由法院仲裁。但由于我们的司法独立不够，司法权威不高，司法腐败盛行，老百姓就是去法院也不能得到正常的司法救济。学者于建嵘曾经对 632 位进京上访的农民进行过问卷调查，其中有 401 位在上访之前就上访的问题到法院起诉过，占总数的 63.4%，其中法院不予立案的有 172 位，占 42.9%；认为法院不依法办事而判决其败诉的 220 位，占 54.9%；认为法院判决胜诉了而没有执行到位的 9 位，占 2.2%。② 现在许多老百姓认为不公平的问题，如企业改制、工程拆迁、城市建设等领域中有关事项，法院能否受理并不由法院说了算；许多案件最终如何判决也不是法院说了算；一些法官判案也不是按照法律和事实证据说的算。其结果是人们对法律调解不抱希望。

---

① 庄庆鸿：《清华大学社会学专家提出新稳定思路：将社会表达与社会稳定一致起来》，《中国青年报》2010 年 4 月 19 日第 03 版。

② 于建荣：《中国信访制度批判》，《中国改革》2005 年第 2 期，第 27 页。

(四)基层的社会控制能力和动员能力下降

涉政公共事件80%以上出自基层,基层组织如果能在第一时间发现事发苗头,或者能够及时果断处置哪怕是及时上报情况,有不少事件也可以避免。但是,这些年来,基层政府、基层组织的矛盾纠纷调处能力显著削弱。首先是基层组织建设滞后,治理退化,没人管事。突出表现在农村基层政权异化和城市社区管理能力不足。在农村,村委会自治在一些地方异化为宗族势力、强势人物甚至黑恶势力的专政管治。有学者深入农村考察研究认为:"目前黑恶势力侵入农村基层政权的情况已十分严重且具有体制性原因"①,其后果是"从内部消解了体制的自我净化能力,加剧了国家权力的官员私有、基层干部的奢侈腐败、施政行为的暴力匪化"②,"加深了农村基层政权的合法性危机,社会控制能力和动员能力正在逐渐丧失。③ 在城市,随着国有企业改革的全面推进,主辅分离、剥离社会职能,让过去的单位人变成社会人,在职工从一个单位流向多个社区管理的过程中,城市社区管理接续的基本条件和基础工作没有到位,许多人游离在社区与单位之间成为管理上的盲区。其次,基层财政困难,没钱办事。我国现行的财税体制是财力往上集中,越往上财力越有保障,越到基层,财政越拮据。而公共产品、公共服务的供给主要靠基层政府来完成,不断增长的公共服务要求与日益困难的财力形成矛盾,基层政府和基层组织只能勉强做"维持会长"。再次,管理手段缺乏,无法做事。村委会、居委会等城乡居民的自治组织缺乏刚性的制度约束来促使辖区公民履行相关义务,遇到矛盾纠纷,协调效果也比较差。基层组织化解平台功能开始退化已经成为一个不争的事实。据人民论坛"千人问卷"调查组的调查,认为当前基层政权十分牢固的只有1%,有71%的被调查者认为当前我们的基层政权面临诸多问题,正日趋弱化。④

---

① 于建嵘:《抗争性政治:中国政治社会学基本问题》,人民出版社2010年版,第204页。

② 于建嵘:《抗争性政治:中国政治社会学基本问题》,人民出版社2010年版,第213页。

③ 于建嵘:《抗争性政治:中国政治社会学基本问题》,人民出版社2010年版,第215页。

④ 人民论坛"千人问卷"调查组:《关于"靠什么支撑基层政权"的调查》,《人民论坛》2010年第1期,第14～16页。

四、从经济发展模式来看

经济发展模式，影响百姓生活，也影响官员行为。关于转型时期地方政府的经济发展模式和行为，本人曾有专著论述，①也非本书研究的主题。这里只简单探讨经济发展模式对涉政公共事件的影响，主要有四个方面：

（一）行政主导型的经济发展模式容易带来权力寻租问题

我国从计划经济向市场经济转型不是采取“休克疗法”，而是行政主导下的渐进式变革。这种经济发展模式使地方政府获得了经济发展的主导权，进而表现出发展速度上求快、投资规模上求大、效果上急功近利、形式上做秀、手段行政化等一系列特点，②由此产生了职能上错位，裁判员、运动员、教练员“三位一体”，“越位”、“缺位”和“错位”问题越来越严重；“诸侯经济”与地方保护主义严重；经济增长质量低；行政依赖更加强化，不找市场找市长；权力经济横行，寻租腐败问题突出。③ 上述这些任何一条处理不好都可能引发涉政公共事件。

（二）GDP 中心主义的经济发展思路容易忽视公共产品与服务等社会事业的发展

GDP（国内生产总值、地区生产总值）原本只是一个统计指标，属于测量经济总量的一个概念。但在我国，它已经超出了经济学、统计指标的范畴，已经成为一个政治概念。很多官员虽然不知道 GDP 是怎么计算的，但他们绝对知道，在很多时候 GDP 甚至直接决定着一个官员的仕途升迁，关系着一个领导的前途命运。清华大学教授李宏斌研究发现，改革 30 多年来，省委书记和省长能否得到升迁，在很大程度上取决于他们任期内当地

---

① 参见聂方红：《主导与博弈：转型时期地方政府经济行为分析》，国防科技大学出版社 2007 年版。

② 聂方红：《主导与博弈：转型时期地方政府经济行为分析》，国防科技大学出版社 2007 年版，第 99～106 页。

③ 聂方红：《主导与博弈：转型时期地方政府经济行为分析》，国防科技大学出版社 2007 年版，第 114～1118 页。

GDP的增长速度。[①] 于是,很多地方把“以经济建设为中心”理解为“以GDP为中心”。把“发展是硬道理”理解为“增长率是硬道理”,“GDP增长是硬道理”。盲目上项目、搞投资,只注重当前而忽视长远,只重视经济而忽视社会,只注重人类而忽视自然,只注重物质而忽视精神,形成带血的GDP,注水的GDP,有增长无发展。在GDP快速增长的背后,经济发展模式粗放、潜力不足、资源消耗大、环境污染重、社会发展落后、民生幸福感不强、老百姓就学难、贵,就医难、贵,住房难、贵,就业难;不能实现全面、协调、可持续发展、人民不能感受到发展的成果,落差感、不满感不断增强。

(三)效率优先的经济发展策略容易带来分配不公问题

在改革开放初期,我们为了破除计划经济和平均主义的束缚,提出了“效率优先、兼顾公平”的发展策略。应该说对鼓励做大蛋糕,调动各种生产要素的积极性、创造性,激化经济发展的活力起到了积极作用。但随着经济的发展,这一策略的弊端也日益显现。首先,公平与效率原本是两个范围、不同层面的问题,微观经济发展任何时候都要讲质量、讲效率,社会分配无论哪种制度都要讲公平。我们把两者放在一起并排出个先后次序,就是将公平与效率对立起来,似乎只有牺牲公平才能保证效率。加上改革开放之初,理论界流行的又都是“私有制比公有制更有效率”,其结果效率优先变成私有制优先、私有资本优先、资本分配优先。其次,现实生活中的资本优先结果,是劳动者报酬的相对降低,财富分配的两极分化和贫富悬殊,大量普通大众的相对剥夺感、甚至绝对剥夺感增强,改革开放和做大蛋糕的成果没有实现“全民共享”。第三,效率优先的冲动还使原本属于公共产品和公共服务的教育、医疗等行业产业化、高价化,与劳动者收入增长不同步,从而更加强化人们的不公平感。就是那些收入较高的白领,面对不断攀升的物价、房价、医疗价格、学费,也感到生活压力沉重。第四,效率优先的策略让老板不注重工人的权益,不重视劳动者的身心健康。

---

① 黄益平:《研究指省委书记省长能否升迁很大程度取决任内当地GDP增速》,凤凰《新世纪》周刊,2010年8月,http://finance.ifeng.com/opinion/macro/20100823/2539295.shtml。

（四）结果导向的政绩考核方式容易促使地方官员忽视程序、细节

结果导向原本是企业绩效管理中的一个基本概念，即强调经营、管理和工作的结果。现在许多机关领导在行政过程中也借用了这个概念并把它用于政务活动的绩效考核之中。然而，行政管理和企业管理不同，行政管理如果单纯只追求结果导向，就会造成政务活动过程忽视程序、细节，而很可能恰恰是这些程序、细节决定政府的威信和人心向背。如2010年1月7日在江苏邳州市运河镇河湾村连霍高速北部发生一场征地血案而引起媒体关注的“邳州现象”。这之前，“邳州现象”同“昆山经验”、“江阴模式”、“张家港精神”一道被当地主流媒体多次正面宣传，①该县用短短五年时间，成功入选“全国中小城市综合实力100强”，城区面积达50平方公里，成为东陇海线上第三大城市，②被誉为“为全国欠发达地区提供了跨越式发展的示范样板”。血案发生后，“邳州现象”则变为“权力追求政绩的疯狂样本”和“乡村沦陷的缩影”。从“邳州现象”的冰火两重天评价可以发现，结果导向在行政工作中可能导致的悲剧：一是好的政绩结果下面有很多是不依法办事、不按政策办事、不尊重群众意愿取得的。二是当前的好政绩结果有很多是吃祖宗饭断子孙粮，这样的结果无法长期维系。三是好的政绩结果下面有很多群众和干部的不满甚至伤害。如果全国所有的地方官员都为了政绩这个结果而无视法律、政策的威严、群众的诉求，长期执政很难维系。

五、从现代信息网络技术的传播效率来看

现代科技不仅改变了人们的生活，也改变了我们的政治生态。经常碰到官员朋友说，现在说话办事都要谨慎一些，不能随便信口开河，胡来乱来，就是喝醉酒也要赶快回家，免得出错被人家偷拍、偷录发到网上招来麻烦。你看2009年原南京市江宁区房产局长周久耕，就是网民搜索发现他在一次会议讲话时抽的是1500元一条的天价烟以及戴名表、开名车，与职务收入不符，在网上炒作引起有关部门注意而查处获刑11年。

---

① 钱玉章、费兴军、吴昊：《聚焦“邳州现象”》，《新华日报》2007年5月13日第A04版。

② 钱玉章、费兴军、吴昊：《聚焦“邳州现象”》，《新华日报》2007年5月13日第A04版。

有个学者说过,自从有了复印机,就改变了中国农民和政府的关系。[1]因为找政府打官司的农民,口袋里复印了很多中央文件,这比过去手抄、口说更有底气,更不易被官员唬倒。现代信息网络技术的发展,同样改变了官民关系,过去你可以封锁消息,压制舆论,现在不同了,有了互联网、有了手机,人人都可以是记者,个个都能当编辑,由于互联网等现代新媒体具有实时化、匿名性、开放式、全球化、移动性、直观化、参与性、全公开等多方面的特点,使得信息的传播速度更快、成本更低、效果更好。

有了社区论坛、博客、微博、手机短信等现代信息交流工具,社会公众对公共政策、公共决策、公众人物有不满意的地方,随时可以发表言论,对他们违法乱纪的言行随时可以曝光。一旦在网上引起围观热议,就可能引起当事人、当事人单位、上级、上级的上级的高度重视,事情也可能很快得到改观。就是没有改观,如果媒体跟进,形成舆情热点,也就转化为涉政公共事件。据人民网舆情监测室对 2009 年 77 件影响较大的社会热点事件的分析,由网络爆料而引发公众关注的有 23 件,占全部事件的 30%。显然,网络正成为引发涉政公共事件的重要技术因素。

---

① 于建嵘:《守住社会稳定的底线——在北京律师协会的演讲》,中国选举与治理网,2010 年 2 月 20 日,http://www.chinaelections.org/NewsInfo.asp? NewsID=169507。

第三章　涉政公共事件的生成机理

同样是交通事故，2009 年 5 月在浙江杭州留给网民的是“70 码或欺实码”，2010 年 10 月在河北大学震惊国人的为“我爸是李刚”。同样是小纠纷，2004 年 10 月重庆万州事件和 2005 年 6 月安徽池州事件最后都发展到打砸抢烧。同样因为谣言，2009 年 7 月河南开封杞县上演了一幕现代版的“杞人忧钴”集体逃亡剧，县城几乎变成一座空城，2011 年 2 月江苏响水县陈家港等四个镇区的近万名群众为了躲避可能出现的化工厂“毒气泄露”，惊现“新春大逃亡”。还有出国清单、公务消费发票、不经意的言行……这些涉政公共事件是如何产生、如何酿大、有什么规律、会形成什么样的后果，是本章需要研究的问题。

一、涉政公共事件生成的“燃点”

事件的发展都有一个从量变到质变的过程，涉政公共事件也不例外。现实生活中，并不是所有的偶然事故都会转化为涉政公共事件，也不是所有的谣言都会引起人们恐慌并采取行动，更不是所有官员的不当言行都会引发舆情。我们要研究同样的事情为什么有的转化为涉政公共事件，而有的可能仅仅只体现为简单的事故、工作失误，这里面的转折点在哪里？有哪些？

前面已经分析过，涉政公共事件的产生原因众多，但并非所有的原因在任何一个地方都可能引发涉政公共事件，它必须有一定的土壤和条件。就像一颗种子要破土发芽成苗，必须有一定的温度、湿度和养分。同样，具备了产生涉政公共事件的条件也未必就马上发生或者一定发生，“它往往需要一个偶然的引导事件,一个燃点"。[①] 这个燃点可能是某一个人、某一件事、某一种现象、某一种信号、某一个动作等等,引发了涉政公共事件的产生。这个引导事件,就是我们所说的"燃点"。相当于钻木取火时那颗火星,当所有其他条件都具备的时候,有了这颗火星点燃,不及时扑灭,就有可能酿成真正的涉政公共事件。没有这颗火星,就没有了燃点,条件再好也只能是蓄积更多的能量,不会形成真正的事件。但如果有下列事情相助,涉政公共事件就可能成为现实。

(一)意外事故带出来的

这里有两种情形,一种是事故本身成为涉政公共事件的借口和导火索,另一种是事故衍生出的问题引发公共关注变成公共事件。

我们先来分析第一种情形,意外事故成为涉政公共事件的燃点。2004年10月发生的重庆万州事件与2005年6月发生的安徽池州事件最为典型。

2004年10月18日下午1点左右,重庆万州事件的焦点人物,50出头的"棒棒"(山城重庆常见的搬运工)余继奎,扛着一根扁担,走在万州区太白路中段,希望能遇到让他搬货的雇主。而此时,事件的另外两个重要角色——重庆市万州区昊盛地产水果批发市场临时工胡权宗与其妻曾庆容,紧跟在他后面。太白路中段位于万州区的商业集中区,人流量很大,距离万州区政府高逾20层的办公大楼仅300米左右,这为后来事件的扩大提供了地理条件。仅有两个车道的马路加上两行人行道才10米宽,余继奎肩上的扁担,一不小心就撞上了曾庆容。随即两人发生争执,争吵之中,气急的曾庆容上前打了余继奎一耳光,胡权宗也冲上前,夺下余继奎的扁担,朝余身上打去。曾庆容夫妇打人的举动,迅速被围观的民众阻止。这时,曾庆容夫妇或许自知理亏,竟说出了一句激怒数万民众、集体前往政府大楼抗议的话。据目击者称,胡权宗称自己是国家公务员,出了什么事情花钱就可以摆平,甚至可以出20万元要余继奎的命。曾庆容也不甘示弱地表示,自己家里很有钱,只要围观的民众来帮助打余继奎的耳光,一记耳光她可以给20

---

① 鲍勇剑、陈百助:《危机管理——当最坏的情况发生时》,复旦大学出版社2003年版,第8页。

元。这对夫妇的话,不但点燃了数百名围观民众的怒火,也点燃了之后打砸抢烧万州区政府事件的导火索。尔后,警方介入调查行动受阻,因为有人说:“天下公务员是一家,棒棒被打不会得到公正处理!”几个小时后,围观群众累计达数千,周围几条交通要道也严重阻塞,外面的围观者已无从知道事件本身,仅仅是在传递着一种情绪了,传到后来,胡权宗的身份变成了“国土局的副局长”,前来解决问题的警察还与他握手,当警察公然包庇有钱有势的副局长时,被路见不平的群众拦住了,群众要求公正解决此事。直到万州区常务副区长到现场表态依法严肃公正处理,到下午 5 时左右,3 个当事人才被警察带离现场。然而,当事人被带离现场后,民间的传言继续扩散,最终让民众情绪突破了火山口。从下午 6 时开始事件升级,出现砸烧警车行为,晚 9 时开始打砸烧万州区政府,晚 11 时左右,警方开始强行驱散,次日凌晨 3 时开始清理现场,事件才初步平息。①

一个普通的街头纠纷,最终酿成一个波及全城的骚乱。在这中间起点燃催化作用仅仅是一句诈言和它的讹传:出手打人的一方谎称自己是国家公务员,出了什么事都可以摆平。仅此一句话就激怒了围观的群众。为什么群众不相信“公务员打了人”会得到公正处理,以致不愿意让警察把“公务员”带走,最后对峙发展到把情绪发泄到公共财产如公车和公务办公楼上?起初警察介入作为一件普通的治安案件,群众为什么与警察对峙那么久,区政府领导表态后老百姓为什么还不罢休?这里面体现出的群众对干部、对警察的不信任,就是公共事件产生的土壤,如果没有这个纠纷,不会有事件发生;就算有了这个纠纷,当事双方只要互相谅解也不会出什么大事。然而因为事主谎称自己是国家公务员这么一句话,引发了最后难以收拾的骚乱。

2005 年6 月26 日下午 14 时 30 分左右,安徽池州市城区翠柏路菜市场门口,一辆挂着江苏牌照的本田轿车将行人刘亮剐伤。随后双方发生争执,在争执中刘亮打坏了本田车的倒车镜,车上的司乘人员将刘亮殴打致伤。

---

① 《万州“10 · 18”突发性群体事件回顾》,中国改革论坛,2005 年 6 月 29 日,http://www.chinareform.org.cn/cirdbbs/dispbbs.asp? boardid = 688Id = 58932;高新民、吴桂韩编著:《重庆万州事件》,《领导干部应对群体性事件案例选评》,中共中央党校出版社 2011 年版,第 23 页。

事后查明,驾车者是来自福建莆田市的吴军兴,车上还坐着3人,是吴的保安和熟人,打人者是两个保安。据称当时吴军兴还说了一句:“打死了不就是赔30万嘛。”据目击者称:“小孩子在店门口被摁倒,两个大汉开始拳打脚踢,小孩高高瘦瘦的,带着眼镜,大汉都留着很短的板寸,手臂上都有纹身,穿着尖尖的皮鞋。”“小孩鼻孔、眼睛都流血了”,“几个打人的坐上车子想走,被很多摩的司机围住”。此事引起部分市民不满并向池州110报警。接警后,九华路派出所立即派人赶赴现场,及时将刘亮送往池州市第一人民医院急诊室就诊,并将肇事者连人带车带到派出所接受调查,围观群众也跟着到派出所门口。由于传闻说肇事者称“打死一个安徽人,不就是30万嘛”和“中学生被打死了”以及担心地方政府袒护外地商人,加上现场民警处置方面的问题,引起了围观群众的不满。随着聚集的人数越来越多,闻讯赶来的市领导出面与市民对话,但效果不佳。18时左右,升级为暴力事件,最终酿成多名武警、民警受伤,4辆车被毁,派出所被砸、一超市被抢的恶性事件。①

一起普通得连车祸都算不上的治安纠纷,最终演变为打砸抢烧的恶性事件,除了肇事者为富不仁的张狂,不实传言的煽动,可能与地方官员公信力的丧失、执法部门处理的不当存在很大关系。纠纷本身仅仅是一个燃点,群众情绪激化才是沸腾的热油,当两者结合到一起的时候,小事故也可能转化成大事件了。

我们再来分析第二种情形,事故本身衍生出的问题可能引发出涉政公共事件。2005年11月发生在哈尔滨的停水事件最为典型。

2005年11月13日下午,位于松花江上游的吉林市吉林石化公司双苯厂一车间发生爆炸。11月19日吉林省环保局等有关部门通知黑龙江省,被污染的松花江水正在向黑龙江省流去。在此之前,黑龙江省的有关部门也检测到流入境内的江水已含有苯、无机苯等有毒物质。其中最为紧张的要数哈尔滨市,因为该市80%的自来水取自松花江。而从11月20日中午开始,在社会上和网络中一直有哈尔滨市近期将发生地震的传言,此说法被广大市民竞相传播,愈演愈烈。11月21日上午,哈尔滨市人民政府发布

① 《安徽池州群体性事件调查:普通车祸变打砸抢烧》,《南方都市报》2005年7月1日;《池州日报》2005年6月27日第01版。

"哈政决字[2005]25号"《关于对市区市政供水管网设施进行全面检修临时停水的公告》,宣布从2005年11月22日中午12时起,对哈尔滨市区市政供水管网设施进行全面检修并临时停止供水,检修并停水的时间为4天。

这次停水通知因为担心公告松花江水污染真相会引起社会恐慌而将原因说成供水管网检修。公告发布后,反而更加加深了市民的疑虑。因为供水管网检修,一般都是一片片进行,怎么会突然全市同时大检修,而且还停水四天。于是有关地震、投毒、污染等等传言不胫而走。一时间,哈尔滨满城人心惶惶,地震局发布澄清公告也没有效果,仿佛全城都处在巨大的不知名的威胁当中,整个社会处于极大的不稳定当中。面对突然而来的公共危机,黑龙江省、哈尔滨市的领导及时听取专家意见,在当天下午,哈尔滨市政府果断发出"哈政决字[2005]27号"《关于正式停止市区自来水供水的公告》,明确宣布停水是因为中石油吉化公司双苯厂爆炸后可能造成松花江水体污染,为了保证全市供水安全而采取停水的紧急措施。市政府还同时启动应急预案,紧急开采地下水,调集效县水源、饮用水等保障市场供水。真相公布后,市民心态逐步趋于平稳,配合政府囤水备荒,一场社会危机逐渐化解。

原来吉林石化的爆炸与哈尔滨市政府毫无关系,更不可能引起哈尔滨市民的恐慌。但由于工厂爆炸造成的污染影响了松花江水,松花江水又是哈尔滨市的主要生活水源,政府必须高度重视。起初怕公布真相影响稳定,结果是越瞒猜疑越多,引发市民逃离等公共事件。后来哈尔滨市政府听取各方建议,及时果断纠正先前的"不透明"行为,将停水真实原因告知市民,反而取得了市民的谅解,化解了危机。哈尔滨这起因停水公告而引起的涉政公共事件完全是因为吉化公司事故衍生出来的。如果吉化公司只是爆炸,没有污染水体,也就不会有哈尔滨停水这样一场公共事件。由此可见,凡是与化工泄漏、地震等相关的事故、事件,除了事故灾害本身的抢险之外,还要及时关注水、气污染等可能引发人们的恐慌和集体行为,形成抢购风潮类公共事件。

(二)非直接利益相关者卷入闹起来的

普通事故、意外、错误转化为引起人们关注的涉政公共事件,第二个重要燃点就是没有有效阻断偶发性事件与非直接利益相关者的情绪关联,进而导致事态变性。有学者从大量典型的个案中推出一个常见的“偶发性事件的出现——基层组织反应迟钝,处置失当——非直接利益相关者的卷入——事态升级扩大”的滋生演变过程。① 有些事当事者并不一定有闹大的主观意愿,只是觉得政府机关在处置过程有不到位的地方,比如说反应太慢,人性化不足,甚至还可能公平公正不足,但即使这样,如果没有旁人打抱不平,没有他人卷入,事件也可能不至于不可收拾。而一旦大量的非直接利益相关者卷进来,调动起当事者的所谓“斗志”,使当事者被他人情绪牵着走,事情就可能会越闹越大。瓮安事件与石首事件就是这方面的典型。

贵州瓮安事件第一个燃点是2008年6月22日凌晨,14岁的女孩子李树芬在贵州瓮安县西门河溺水身亡。如果相关部门高度重视,及时处置,也不会在事发一周后的6月28日,发展成为一起打砸抢烧的重大恶性事件,烧毁了瓮安县委、县政府、县公安局、财政局、民政局160多间办公室,42辆车,150余人受伤,直接经济损失1600多万元。②

在整个事件的发展过程中,起初是死者家属怀疑系他杀。6月22日下午县公安局法医对死者作尸检,鉴定死者系溺水死亡。23日,李树芬父母再次提出尸检等要求。24日,瓮安县公安局调查认定死者溺水死亡,并于当天下午向死者家属送达了《不予立案通知书》和《尸体处理通知书》。死者家属对公安机关的结论不服,认为有奸杀嫌疑,要求进行DNA鉴定。6月25日上午9时许,死者亲属李秀忠等在县公安局做笔录时与非办案干警张明发生冲突,李秀忠妻子和妹妹被带到看守所关押,当天下午18时许,李秀忠在离开县教育局的路上被张明指使的几个不明身份的人殴打,致使其轻微脑震荡,头皮损伤,鼻骨骨折等。此时,有关李树芬之死的谣言在县城四起,引起许多民众对公安机关执法公正性的怀疑。传闻还把造成李树芬之死的元凶与地方党政领导、公安派出所领导联系起来,并传言被害女生家属个个因上告被打,其叔叔(李秀忠)在公安人员的争执中被打死等等。③ 应该说到这个时候为止,4天时间之内,博弈仍然在公安部门与死者家属亲

① 何显明:《群体性事件的发生机理及其应急处置——基于典型案例的分析研究》,学林出版社2010年版,第11页。

② 王敬波主编:《公共危机管理案例》,研究出版社2009年版,第236页。

③ 何显明:《群体性事件的发生机理及其应急处置——基于典型案例的分析研究》,学林出版社2010年版,第58～59页。

属之间展开，问题依然控制在一般的刑事案件之内。

6月26日上级州公安局指派的法医再次对李树芬尸体进行尸检，仍维持溺水死亡的结论，家属则坚持认为有奸杀嫌疑，县委政法委书记出面做家属工作，虽几度反复，但终归失败。6月28日上午，瓮安县公安局再次向死者家属送达了《尸体处理催办通知书》，限死者家属必须于当天下午17时前把尸体抬走处理。事件的转性就从此开始了，6月28日下午约4点，为防止公安局强行处置尸体，死者亲属和现场群众制作横幅，上面写"为人民群众申冤呐喊"，在场的人在横幅上签名并按了手印，然后由死者所在学校两个学生举着横幅，开始游行前往县政府。游行消息传开后，瓮安县城此前在政府征地、城市拆迁等工作中利益受损的一些失地农民、市民纷纷加入游行队伍。下午4时30分左右，围观群众达上万人。晚8时许，"等不来一个领导说话"的人群向县政府转移，一些人冲入瓮安县委、县政府大楼进行打砸抢烧，到6月29日下午19时，武警官兵和公安人员开始了强力清场，县城秩序才基本恢复正常。①

从整个事件发展的过程来看，6月26日做工作失败是个分水岭。后面事态的发展就是家属觉得求公安机关给个说法已经没有希望，因为三次法医尸检都维持原来的结论。转而求助于体制外的渠道，游行以唤起社会同情，结果让大量的无直接利益相关者卷入，最多时有2万余人，这么多群众聚集，加上主要领导又不出面，后面的结果是可以想象的了。

事隔一年之后，2009年6月在湖北石首市发生的石首事件也同样是沿着这个逻辑演绎的。2009年6月17日晚7时30分左右，湖北石首市永隆大酒店一名叫涂远高的厨师从酒店三楼坠落，当场死亡。接到报警后，民警与技侦人员迅速赶到现场开展勘查、调查，法医对尸体进行了初检。从尸检和死者房间发现的一份未署名的遗书，初步认定涂远高为自杀身亡。但死者家属发现死者下巴、脖子和胸口上有青紫伤痕，而尸体周围却并无血迹，因而对警方判定的死因表示怀疑。这时，警方一直在督促涂家尽快处理尸体，还通知殡仪馆将死者尸体拖走，但遭到家属的坚决反对。其间警方、酒店老板和政府工作人员多次与死者家属谈判协商，一直没有成功。6月18

① 何显明：《群体性事件的发生机理及其应急处置——基于典型案例的分析研究》，学林出版社2010年版第59～62页。

日市公安局再次要求将尸体运至殡仪馆,在现场围观者的声援下,家属再次拒绝搬走尸体。为了不影响政府与地方形象,当地公安部门要求死者家属18日下午5时之前必须搬走尸体,此举激起了死者家属更为强烈的反应。死者父母于是跪于街中,向围观群众请求支援,以帮助守住尸体,他们甚至搬来煤气罐放在儿子尸体旁,威胁说谁敢强行"拖尸"就与其同归于尽。①

如果说这之前还属于刑事案件范围,双方争执的也仅仅只是自杀与他杀的问题。但当死者的父母跪于街中,向围观群众求援的时候,事件就开始转向了。因为他们把大量的无直接利益相关者发动进来了。后面事件演变的结果证明了这一点。死者父母向民众求援的同时,有关"永隆大酒店有背景"、"黑幕重重"、"死者死状非常惨"等传言迅速流传,地方政府也没有做什么解释说明,全部精力放在强行搬运尸体上。19日凌晨1点左右,警车与殡仪馆车辆到达酒店现场,想把尸体运走,被现场两千名民众阻止,尔后多次发生冲突。19日下午至20日傍晚,冲突加剧。随后,在中央领导同志的亲自过问下,公安部、武警总部、湖北省、荆州市的党政主要领导迅速成立了事件处置领导小组,并亲临现场指挥、维护秩序。湖北省委书记、省长6月20日亲赴石首市处置此次公共危机事件,同时在各地抽调了上千名武警、公安干警到石首维护秩序。6月21日凌晨,经政府领导与家属多次协商,死者家属最终同意将尸体运至殡仪馆进行尸检。在警方的疏导下,围观群众才陆续散去,事件逐渐趋于平息。②

(三)谣言流传催出来的

谣言是自由流传的、不真实的、无根据的消息,非正式地在人际传播扩散,通常以口头形式传播。谣言有三个特点:一是内容的不真实性,二是传播过程的改造性,三是传播速度的迅速性。③ 谣言是引发涉政公共事件的第三个燃点。许多学者、官员批评谣言的传播和散布者,事实上谣言的产生

---

① 何显明:《群体性事件的发生机理及其应急处置——基于典型案例的分析研究》,学林出版社2010年版,第174~175页。

② 何显明:《群体性事件的发生机理及其应急处置——基于典型案例的分析研究》,学林出版社2010年版,第176~177页。

③ 吴群红、郝艳华、赵忠厚主编:《与危机共舞:突发公共卫生事件管理方略》,科学出版社2010年版,第85页。

与传播是由于缺乏正规渠道或者说官方消息造成的。社会公众在一些特殊情况下或者突发事件下，特别需要了解客观真实的第一手信息，但如果当事人或者政府不提供甚至有意隐藏信息的话，人们就转而相信、听信谣言，并可能受谣言影响采取一些过激的集群行为。

我们先来看2009年7月发生在河南开封杞县的“杞人忧钴”事件：2009年6月7日凌晨2时，河南开封县利民辐照厂在利用钴60辐照辣椒粉后，准备把放射源钴60放回到6米多深的安全水井里去，但因为旁边货物突然倒塌，放射源被卡在井口，这就是最初的钴60卡源事件。工厂随即向环保部门进行了汇报，由于辐射源钴60无法完全恢复到原来的安全位置，当日，河南省环保厅领导带领专家赶到厂子对现场进行了评估，认为放射源处于安全状态，没有造成环境污染。此后数日，工厂开始找专家编制处置方案。6月14日下午，放射源室内辣椒粉因长时间受到辐射积热发生自燃，后经向里面注水，火被扑灭。6月15日国家有关核安全专家赶到现场评估，认为放射源处于安全状态。6月20日，利民辐照厂与西南科技大学达成协议，决定采用“机器人降源处置方案”，但需等专家评审并报环保部审批后才能实施。由于不断有领导和专家出现，附近群众开始对此产生好奇，同时传言开始出现。7月5日左右，百度“杞县吧”里出现一个帖子，发帖者说他是杞县人，现在郑州，听家里人说县城出现“核泄漏”，非常危险。消息迅速传开，人心开始不稳。7月6日上午，杞县召开专门会议，通报故障处理情况，特别要求传达到附近乡镇村。7月10日有一个《开封杞县钴60泄漏》的贴子在互联网流传，里面提到“辐射照到会断子绝孙”。7月11日有关贴子全部被删，人们开始怀疑政府是不是在封锁消息。7月16日国家核安全官员带领专家和机器人来到现场，人们感觉事态很严重。7月17日机器人进入源室摸排情况，20米远的厂区门外挤满看热闹的职工与群众。10时半左右，第一台机器人进入后，信号中断，失去联系。第二台机器人进入后，效果也不好，技术人员经过很大努力才把第二台机器人弄出来。这时围观群众出现了骚动，各种猜测甚嚣尘上，“辐射非常厉害，机器人进去都溶化了！”还有人喊：“快跑，要爆炸了，50公里外才安全！”有传言更精确到“下午5点爆炸”。随后，群众开始逃离县城。当天下午1时，杞县电视台开始播放有关专家、领导的访谈，县主管领导发表电视讲话，告诉群众放射源处于安全状态，没有发生泄漏。但很多群众开始逃离，很少有人关注电视。下午4时左右杞县县长紧贴辐照室大门接受电视采访,力劝群众不要惊慌。下午5时左右,开封市政府通过手机短信,滚动播发通告,告知市民打开开封电视台,获知事件真相。同时传言的下午5时发生爆炸并没有出现,谣言不攻自破,事态趋于缓和。这起导致成千上万群众逃离家园的公共事件才算基本控制。晚上9时,开封市政府召开第二次新闻发布会,整个事件处理慢慢进入尾声。①

由于杞县相关部门没有及时公开或者完整公开利民辐照厂卡源事故的相关信息,导致人们猜测担心,这给谣言以传播发挥作用的机会,引发当地百姓冒着近40度的高温,仓皇出逃,还引起周边数县群众的紧张,工作秩序的扰乱,形成影响恶劣的涉政公共事件。

同样的情况还发生在2011年2月的江苏响水县。2011年2月10日凌晨2时,有人传言,江苏响水县陈家港化工园区有化工厂发生毒气外溢,面临爆炸,导致该县陈家港、双港、南河、老舍等四个镇区38个村庄和社区的近万名群众春节假日大逃亡,混乱中有4人遭遇车祸死亡。事后调查发现,这是一起谣传引起的群众恐慌事件。谣言的起因仅仅只是某厂区的一车间冒热气,从管道中冒出的蒸汽因气温较低形成白柱状,给当事人留下了"泄漏"的印象,然后通过电话、短信、口头传播、改编,促使上万群众义无反顾逃离家园。② 虽然这起公共事件是因谣言而起,但正如新华社有关稿件所说,谣言只是引子,恐慌背后有原委,它反映了当地居民对园区化工企业能否真正做到安全生产缺乏信心,对政府的安全监管能否到位也缺乏信任。③当人们对政府失去信任的时候,谣言的力量就比任何官员的工作都管用,人们宁可信其有的心理最终会将根本不存在的事情转化为影响很大的公共事件。

(四)媒体、网络介入点起来的

许多涉政公共事件就是因为媒体、网络曝料或者媒体、网络集中关注、

---

① 参见叶一剑:《还原杞人忧钴:一波三折引爆"逃亡"流言》,《21世纪经济报道》2009年7月23日第08版。

② 邢婷:《回访谣言引发的万人逃亡事件》,《中国青年报》2011年2月14日第03版。

③ 《"江苏响水万人出逃"事件警示:谣言只是引子》,新华网,2011年2月12日,http://news.xinhuanet.com/politics/2011-02/12c-1210707zz.htm。

放大影响而形成。因此，媒体、网络的介入是涉政公共事件生成的第四个燃点。媒体、网络引发涉政公共事件主要有三条途径：一是曝料，提供素材。大多数与国家公职人员言行举止品德相关的涉政公共事件基本都源于此。如广西来宾市烟草专卖局原局长韩峰的"日记门"事件；湖北恩施州公安局副局长的腐败日记门事件；"温州出国考察团"事件；河南郑州市规划局副局长质疑记者替谁说话等等以及有关涉政公共事件的网络流行语等都源于媒体与网络的挖掘、曝料。二是质疑，引发关注。对一些地方政府工作上、决策上、执法上的草率和失误，媒体与网络可以通过质疑发现问题，引起社会广泛关注。如云南晋宁县的"躲猫猫"事件，媒体、网络根据常识引发社会公众对晋宁县看守所结论的怀疑。

最重要的是第三条，炒作，激起社会民众的情绪。这是许多社会个人事件转化为公共事件的关键，也就是说媒体（包括网络）成为个人事件转化为公共事件的推手。如2009年5月发生在浙江杭州市的"杭州飙车案"。2009年5月7日晚，年仅25岁的高校毕业生谭卓在过斑马线时，不幸被一辆狂飙的三菱跑车撞飞，送医院抢救无效死亡。5月8日，杭州本地媒体《都市快报》首先报道了这起交通事故，杭州警方在案发后的事故通报中，称肇事车辆速度为"每小时70码左右"，因为人们质疑其真实性，"70码"迅速成为一个新的网络热词流传开来。面对愈演愈烈的网络公共事件，杭州市政府迅速采取应对措施，包括重新进行了事故调查，市长出面表态，杭州交管部门向社会道歉等等。5月18日，事故责任者家属向谭卓父母下跪，双方并达成金额114万元的赔偿协议，事情渐告平息。

但在整个事件发展过程中，媒体炒作起了至关重要作用。杭州《都市快报》在5月8日花费了4个版面对此事作出了最先报道，并成为事件前期被引用率最高、影响最大的一组报道。有学者研究发现，正是这组报道让社会产生"原型沉淀"，进而激起人们心中对富二代的痛恨和普通下层的同情，让这起交通事故演化为社会公共事件。①

首先，当天报纸在头版最重要位置用了三个导读"文二西路飙车夺命"、"只在乎自己的快感不在意他人的性命"、"一帮富家子弟驾驶豪华跑

---

① 陈力丹、董晨宇：《从个人事件到公共事件——以"杭州飙车案"为例》，《民主与法治》2009年第4期，第21页。

车把城市道路当 F1 赛道昨夜终酿惨祸”。寥寥数字,便将肇事者描绘成对他人生命冷漠的富家子弟。①

其次,通篇报道使用了“戏剧方式”的叙事视角,离开事件有效信息的提供,通过对肇事者胡斌及其伙伴的言行举止的描绘,给人展示的完全是一个为富不仁、冷漠贪婪的群体形象。而给遇难者谭卓的报道,则给人感觉是浙大毕业的好学生、同事眼中的好伙伴、父母身边的好儿子,甚至很可能是穿过马路去看《南京！南京!》的爱国青年。从而,把一起普通的交通事故双方沉淀为糜烂的有钱人和优秀的普通人之间的冲突。②

再次,用细节描述暗示可能有权钱交易。报道中用现场黑衣女士“躲”到一边,不断接着号码,“捂着嘴小声”说着,至少有“40 分钟”,来向读者暗示,这其中可能有不可告人的秘密,凭生活经验判断,电话很有可能是在与交通管理部门的熟人托关系。③

媒体报道就这样将人物进行原型沉淀,以唤起公众的同情或义愤,个人遭遇也就很快转为公共事件。由于大多数民众不可能对这些事件深入现场调查,媒体、网络便成为影响社会舆情和民众情绪的关键因素。如 2008 年 10 月 11 日晚发生在哈尔滨市糖果酒吧门前一起 6 名警察殴打一名大学生致死案即林松岭事件。事件本身并不复杂,哈尔滨市铁路公安局下属民警齐新、刘力男等 6 位民警在糖果酒吧前为停车位与哈尔滨体育学院学生林松岭等 7 位同学发生口角进而厮打。结果,多人不同程度受伤,林松岭死亡。但该事件的舆论发展过程却富有戏剧性,可分几个阶段:第一阶段,事件上网,群情激愤。因为在“警察”面前,“学生”显得弱势,舆论几乎一边倒地谴责警察恶行。第二阶段,录像发布,舆情分化。10 月 13 日晚黑龙江省电视台“新闻夜航”栏目播放了案发当时的监控录像,监控录像画面显示,死者林松岭主动挑衅,多次攻击警察并使事件最终演变为群殴。由于他的过分嚣张、暴力,涉案警察开始赢得了舆论的支持。第三阶段,流言流传,

---

① 陈力丹、董晨宇:《从个人事件到公共事件——以“杭州飙车案”为例》,《民主与法治》2009 年第 4 期,第 22 页。

② 陈力丹、董晨宇:《从个人事件到公共事件——以“杭州飙车案”为例》,《民主与法治》2009 年第 4 期,第 23 页。

③ 陈力丹、董晨宇:《从个人事件到公共事件——以“杭州飙车案”为例》,《民主与法治》2009 年第 4 期,第 23 页。

"人肉搜索"。录像公布后,网络盛传死者家庭背景不一般,家庭财力不一般,本人还吸食过毒品等等,一个官二代、富二代纨绔恶少的形象出现在人们面前,网上舆论几乎更加一边倒地倒向警察这边。第四阶段,流言澄清,同情再起。10 月 18 日上午,黑龙江省政府新闻办召开了新闻发布会,澄清了关于林松岭家庭背景等传言,林家又占据了舆论的主导地位。"高官背景论"被澄清之后,林家再一次获得部分网友的支持。① 此事因为舆论反复,让网友无所适从,除了分裂成不同的支持阵营之外,对媒体和政府的公信力也开始表示怀疑。

(五)处置不当逼出来的

一些地方政府及其官员在突发事故和官民纠纷面前,进退失据,处理不力,激化矛盾,形成了公共事件。一是隐瞒事实真相引发人们的探求心理形成热点。一些案件凭常识常理都能判断真假,可我们的官员却始终不肯认错,促使当事人与民众公开寻求真相。二是不作回应逼迫群众在体制外渠道表达诉求。一些群众合情合理的诉求,相关部门就是不理会、不回应、不解决,逼得当事人把事情闹大,形成"小闹小解决,大闹大解决,不闹不解决"的恶性循环。三是敌对幻觉伤害群众感情。一些干部习惯于斗争思想、专政思维,动不动上纲上线,来不来就是"别有用心",把人民群众正当的维权视为"有政治目的",凡是群众参与闹事都以为是受别人煽动和"不明真相",甚至怪群众听信谣言等等。四是方法不当,小事酿大。一些地方在处理人民内部矛盾时,方法简单、作风粗暴,不是设身处地站在民众的角度考虑问题,而是图自己方便、轻松和维护自己权威。对群众提出的批评意见不仅做不到"有则改之,无则加勉",而是打击报复。所有这些,都可能成为涉政公共事件产生的"燃点"。

二、涉政公共事件的酿大机制

有了燃点,涉政公共事件还不一定就完全生成,它也可能因没有引起关

---

① 何显明:《群体性事件的发生机理及其应急处置——基于典型案例的分析研究》,学林出版社 2010 年版,第 222～226 页。

注而熄火,也可能被相关部门重视而灭火。只有一开始政府态度消极、媒体高度关注、社会积极响应的事件才会最终酿成涉政公共事件。显然涉政公共事件的酿大涉及政府的态度、反应,涉事媒体的语言、导向,涉及社会其他群体的反应与行为。有学者从心理的角度,勾勒出群体事件的形成过程:从潜在参与者的情绪积累到潜在参与者的情绪激发再到参与者的情绪感染,最后是参与者的情绪燃烧。燃烧过程也是一种情绪宣泄过程,群体性事件就这么产生形成了。① 涉政公共事件有些与群体性事件类似,有些与它们并不相同,那么,有那些东西可以让涉政公共事件生成并酿大呢?

(一)社会弱势心态的蔓延

中国人天生有同情弱者的心理,而且爱打抱不平。一般而言,在官民冲突中,非官一方只要体现出弱势感觉和弱势状况,就能博得社会公众的同情,舆论声援也会接踵而至,问题、困难解决也就还有希望。

按照经济学的解释,弱势群体一般是指收入和消费水平低、就业不稳定、生活没保障、生活条件艰苦并徘徊在贫困线边缘的人群。然而,这些年来,由于"收入差距加大导致的被剥夺感,社会竞争中的不公平感,以及面对权力寻租的无助感,交织成全社会的'弱势心理'"。不仅农民工、大学生、小商贩,甚至国企、外企月收入上万元的"白领"、"金领"以及大学教授、医生、公务员、老板都纷纷认为自己是"弱势"。② 与其说这是弱势群体在扩大,不如说人们的"弱势感"在蔓延。

弱势心理的蔓延,是社会比较的结果。今天的弱者,"不仅仅是我们日常所说的经济上的贫困者,也不仅仅是社会的边缘化群体,而是一个相对的概念,因为在一个法制尚未健全的社会中,面对失范的公权力,每个人都有可能成为社会的弱者,即便今天他看起来是所谓的强者"③。于是,"弱势群体"几乎成了任何行业、任何个体表达不满的代名词,成为博得社会同情维护自身利益的"法宝"。从而给涉政公共事件的酿大、多发营造了社会的心

---

① 何显明:《群体性事件的发生机理及其应急处置——基于典型案例的分析研究》,学林出版社 2010 年版,第 100~111 页。

② 曲哲涵:《谁是弱势群体》,《人民日报》2010 年 11 月 11 日第 17 版。

③ 于建嵘:《面对失范的公权力,每个人都是弱者》,《潇湘晨报》2010 年 4 月 1 日第 A06 版。

理基础。

弱势群体由于缺少话语权、缺少权力资源、缺少司法资源、缺少维护权利的能力,①从而表现出一种弱势心态特征。这包括:①普遍习惯用感情代替理性,用道德代替法律,用政治口号代替游戏规则。②有足够的抗争精神,却没有足够的契约精神。③容易为一时一事的得失而失去最基本的原则与底线。④往往只盯着自己的一亩三分地,画地为牢,层层设防,不断试图通过政治和行政手段解决经济问题。⑤不敢承担责任,而是站在一个旁观者和批评者的角度去对待所有问题。② 这种弱势心态特性促使人们在维权抗争中容易以之作为"弱者的武器"让事件扩大化、复杂化。

一是盲目围观产生"气场",导致"骑虎难下"。有些公共事件初期仅仅可能只是个人纠纷或维权,在公权力还没有介入的时候,大家可能还是觉得"事不关己,高高挂起",听之任之。但一旦当个人纠纷引入公权力因素的时候,盲目围观看热闹就成了大多数人的选择。这种围观包括现场围观与网络围观两个方面。因为弱势心态的蔓延,一旦公权力处置稍有差池,围观者就会产生一种"路见不平,拔刀相助"的"气场"。③ 这个时候,个人愤怒变成集体愤怒,个人维权就变成集体维权。有关当事人就是意识到事情闹大了,想收也收不回来了。如前面我们分析过的万州事件与池州事件,当万州事件的主角胡权宗谎称自己是公务员,出了什么事可以花钱摆平和池州事件的主角说了那句"打死了不就赔 30 万"的时候,现场民众平时就存在的对公务员、对有钱人的"气"就开始迅速凝聚起来,而且变为情绪。这种情绪亢奋的结果就是不相信执法机关、不相信政府,听不进任何不同意见,只觉得自己是在替"恶官、恶商欺压百姓"打抱不平。其结果是事件发展到难以收拾。

二是无原则同情和声援绑架舆论,形成压力。因为弱势心态,一旦出现

---

① 朱力:《中国社会风险解析——群体性事件的社会冲突性质》,《学海》2009 年第 1 期,第 75 页。

② 李艳秋、姜忠刚:《变弱者心态为智者心态》,吉林《江城日报》2008 年 12 月 29 日第 05 版。

③ "气"是中国人追求承认和尊严、抗拒蔑视和羞辱的情感趋动。"气场"指的是由未组织化的群众为了发泄不满、相互激荡而形成的一种特定的情感氛围。参阅应星:《"气场"与群体性事件的发生机制——两个个案的比较》,《社会学研究》2009 年第 6 期,第 111 页。

官民冲突,社会公众大多不加分析地声援同情感觉上“弱势”的一方,往往形成舆论一边倒的状况。由于网络上面有自觉站队功能,当倾向于一方的言论占“多数”或“优势”的时候,另一方的意见就会被忽视甚至支持者会选择沉默,形成“沉默的螺旋”。① 当多数意见占压倒优势的时候,人们自然而然会将多数意见变为正确意见,其结果可能有理的变成无理,无理的变得更有道理。进而对涉政公共事件的处理形成压力。如 2007 年 3 月发生在重庆九龙坡区杨家坪鹤兴路 17 号的“重庆最牛钉子户”事件,②原本从政策、法律角度说,九龙坡区政府并没有什么大的过错,如果不是现场图片发到网络,不是拆迁户那些煽情的言行,也许这个钉子户也与全国千千万万的钉子户一样,闹一闹最后不是被法院强拆就是自己放弃抗争了。然后这件事被网络曝光后,结果发生了很大变化,网络、媒体舆情一边倒地同情、声援钉子户,一边倒地谴责九龙坡区政府和开发商,加上《物权法》刚刚获全国人大通过的外部环境,强大的舆论压力,迫使九龙坡区政府放弃了法院强拆的措施,最终按户主的要求达成和解,自主搬迁。这位钉子户是幸运的,背靠了强大的社会舆论支持,实现了自己的诉求,九龙坡区政府呢?全国成千上万个钉子户呢?他们可能就没有这么幸运了。由此,可以联想到 2008 年 6 月 28 日发生在上海闸北公安分局的杨佳袭警察和 2005 年 2 月初发生在浙江丽水市的清华博士生董秀海杀人事件。③ 杨佳一人杀了六个警察的事件发生后,大多数媒体和网络舆情都不约而同地从理解杨佳的角度出发报道该事件,认为他很可能是身不由己,忍无可忍之后的爆发。而受伤害的六位警官因为他们代表公权力,连被杀都还被冠上“警察无能”的名号。好在法院最后没有被舆论所左右。清华博士生董秀海家与邻居马开亮家为建墙发生矛盾,2005 年 2 月 5 日,马开亮为阻止董家建墙与董家四兄弟发生冲突被打死。事件发生后,“清华博士涉嫌杀人”成为媒体和大众的兴奋点,因为

---

① 指人们在表达自己想法和观点的时候,如果看到自己赞同的观点,并且受到广泛的欢迎,就会积极参与进来,这类观点越发大胆地发表和扩散;而发觉某一观点无人或很少有人理会(有时候会有群起而攻之的遭遇),即使自己赞同它,也会保持沉默。意见一方的沉默造成另一方的强势,如此循环往复,便形成一方的声音越来越强大,另一方越来越沉默下去的螺旋发展过程。

② 参见张悦:《重庆钉子户事件内幕调查》,《南方周末》2007 年 3 月 29 日。

③ 参见《杨佳袭警察终审维持死刑》,《南方都市报》2008 年 10 月 21 日第 AA12 版;《清华博士“杀人事件”调查》,《法律与生活》2005 年第 10 期,第 35～37 页。

"清华博士"这个头衔,心理倾向不自觉地倒向目击者"村民"和"马开亮",逐步将"清华博士'涉嫌杀人'"理解成"清华博士"杀人,并由此开始寻找背后的深层原因,最终上升到"大学人文教育"问题。好在刑事侦察没有受这场舆论干扰,最终发现杀人真凶是他的二哥郑秀虎,2005 年 9 月 15 日董秀海无罪获释。①

三是偏激发泄行为形成对抗,放大影响。由于普通民众话语权的微弱和表达渠道不畅,很多人都把"闹大"与"曝光"当做弱势群体对付公权力或强势集团的捷径。因为"闹大"了,上面才会重视。有些事关国企改制、征地拆迁等维权性涉政公共事件就是典型。如吉林通钢事件,原本从管理层到职工都不同意建龙集团继续控股,但吉林省国资委就是不听,职工们转而采取极端的大规模聚集、殴打建龙集团派驻代表陈国军,堵塞厂区铁道造成 7 座高炉停产长达 11 个小时等方式,迫使省政府最终同意终止建龙集团控股通钢集团的改革方案。还有到政府门前、官员身边"下跪"这种旧制度下的诉求表达方式,成为许多无助者的"弱者武器"。2010 年 4 月 13 日,辽宁大连市下辖的庄河市城关街道海洋社区上千村民因征地补偿和村干部腐败问题到市政府集体上访,部分群众下跪要求见市长。此事闹大后,不仅引起大连市委、市政府的高度重视,还跪倒了市长孙明。② "曝光"是很多弱势群体发泄不满的第二条有效渠道。因为大部分干部都害怕曝光,特别害怕网络,害怕"人肉搜索"。许多"牛人"、"牛语"、"不雅照片"、"不当公文"、不正当消费等等都是网络"曝光"的结果。曝光后经过网络媒体炒作,比正常的体制内表达对官员的压力大得多,而且更能满足少数弱势人群的报复心理。

(二)公民从众心理的推波助澜

涉政公共事件不是独角戏,没有人捧场是根本闹不起来。一旦事件未在初始阶段得到有效控制,大批非直接利益相关者被卷入进来,事件就会按集群行为的轨迹运行,象"滚雪球"一样不断扩散。群体行为或者集群行为

---

① 《清华博士"杀人事件"大逆转》,《南方周末》2007 年 4 月 29 日。

② 丁俊杰、张树庭主编:《网络舆情及突发公共事件危机管理经典案例》,中共中央党校出版社 2010 年版,第 250～260 页。

理论研究发现,个体的行为模式不仅仅受到本身意愿的影响,还不可避免地受到他人行为模式的影响。在他人影响的作用下,突发性公共事件下人们的行为常常表现为一种群体性行为。①

事实上,从众是一种比较普遍的社会心理和行为现象。个人在社会群体的压力下,常常自觉不自觉地放弃自己的意见,转变原来的态度,采取与大多数人一致的行为。所以说,有时候从众性对我们的行为而言是一种强大的力量,这种力量在某些时候会使我们作出一些与我们的态度、伦理、道德相冲突的事情来。② 前面提到的2009年7月河南开封杞县"杞人忧钴"和2011年2月江苏响水县群众"新春大逃亡"以及2003年春季非典时候的"抢购板蓝根、醋"和2011年3月日本大地震时期的"抢盐"风潮,都是从众心理引起的。

从众心理导致涉政公共事件酿大,主要表现在四个方面:

第一,人们认为随大流不会吃亏。西方模仿理论认为,人们在大事、突发事件面前,多数人会处于丧失理智状态,失去自我控制能力,这时人们本能地彼此模仿,力求与在场的多数人行为一致,由此引起更大的集群行为产生。这就是看热闹的人越来越多,很难疏散的原因。所以,具体工作中,必须想办法让参与其间的人群行为发生改变,才能有效控制事态。这种改变可以是换场地,可以是换话题,可以是做让步,也可以是另行约定时候,通过缓冲来缓解从众心理,消解从众行为。

第二,法不责众、没有压力。匿名理论告诉人们,一些破坏性集群行为的产生,是由于参与集群行为的人处在匿名的地位上,从而产生责任分散的心理,并降低了对社会规范的遵从性。比如万州事件、池州事件、瓮安事件、石首事件最后导致打砸抢烧行为。如果没有集群行为的影响,没有人多情况下的从众心理,单个人就是同意他去打砸,他都可能感到会下不了手。因此,许多人事后可能发觉,自己在从众心理影响下作出了平时很少甚至没有也不敢作出的举动。

---

① 有关这方面的研究可参考孙多勇《突发事件与行为决策》一书第五章"突发性社会危机条件下的群体行为研究",社会科学文献出版社2007年版,第257~338页,本节后面分析的一些理论也来源于此书。

② 张婷、朱倩昕:《关于从众行为的研究评述》,《东方企业文化》2007年第5期,第83页。

第三，情况不明时宁可信其有。信息传播理论和感染理论发现，集群行为因为是非组织行为，其信息不是来自组织渠道，而是来自非组织渠道，即流言和谣言。流言和谣言在社会大众间相互传播一些关于人或事不确切的信息。这些信息容易导致参与者发生误判，但误判行为一旦产生，又会感染、暗示他人，使得人们的心理朝着某一方面发展并具有将暗示的观念立即转变为行为的倾向。抢购就是这方面的典型事例，许多人在事后的调查中承认，跟风抢购完全是他人影响带动的结果，但如果问他，下次出现类似情况时，还会继续从众跟风不，回答一般都是肯定的。因为在情况不明的情况下，宁可信其有比万一变成真的更主动。

第四，面子观念和被孤立的担心强化从众心理和行为。经验告诉人们，违背群体准则的人将会受到惩罚。为了避免出现不愉快甚至报复，有违反群体准则想法的个体常常会愿意跟随多数派，从而不会招致被其他成员孤立甚至抛弃。在涉政公共事件中，群体行为一般体现为对“弱势”一方的同情和支援，如果一个个体不以为然，要么被视为“胆小鬼”、“没用的”，要么就可能被大家视为“强势”的附庸，既得利益者，从哪个方面看，这在群体中都是没有面子的事情。这也是一些公共事件、群体性事件产生后，许多人不想去、不愿去现场做工作，去了效果也不好的原因。

从众心理和行为，引导得好，有助于涉政公共事件的尽快解决，引导不当，容易混淆是非、混淆视听、被人利用，导致事件更加盲目化、极端化和行为变异，促使事件升级，给社会造成更大的危害。①

（三）领导人“损失厌恶”心理的影响

涉政公共事件因为既涉官又涉民，而且是已经引起社会广泛的关注的事情，涉及一群带有情绪的公民。处理这类事情，不确定因素多，变化因素多，约束条件多，在现有“稳定压倒一切”的体制下，处理成功是应该的，处理不好可能就要问责。这种情况下，相关领导人就有一个主动担当负责还是等候指示依靠上级决策的选择问题。

行为心理学研究发现，人们普遍存在“损失厌恶”心理，即在收益与损

---

① 陶德强、王宏：《群体行为之从众心理作用与危害摭谈》，《社科纵横（新理论版）》2009 年第 2 期，第 29 页。

失的比较中,人们对损失的敏感性更强。也就是说,人们在决策时对得失的看法是不对称的,同样一件东西,人们失去它经历的痛苦会大于得到它带来的快乐。放到公共事件的决策中,既然处置好没有什么表扬,而处置失误会招来很大的损失,那么,从损失厌恶的角度,最好的决策选择就是推给别人去处理,实在推不掉,至少也要把更多的人拉到处置工作队伍中来,考虑到上下隶属的政治体制关系,能把上级拉入处置队伍就更能减少个人可能存在的失误损失。

于是,在损失厌恶心理的驱使下,地方政府官员在涉政公共事件的处置中,首先是"包"、"捂"。试图在不让上级组织知晓的情况下将事态摆平。但一旦处置失当,就可能使局面陷入难以收拾的境地。其次是拖。不主动处理事件,怕自己一旦接手这个烫手的山芋,其他人看热闹,非得等到上级领导发话才着手处理。再次是滑。把重大决策交给上级,比如牵涉到强制措施、舆论引导、答复民众等等比较棘手的问题,自己不决策。最后是等。事情真正闹大了,就等上级来处理来决断。瓮安事件是等到省里出面才平息,石首事件是惊动中央以后,在省委书记、省长亲自坐镇指挥下才解决。

(四)网络、媒体的炒作和流言传播

网络、媒体既是涉政公共事件的"燃点",通过炒作后还是放大器、激化器。网络、媒体参与涉政公共事件的炒作一般有三种形态。第一种形态是"虚拟—现实"型。即先在网络上提出热点议题,一般是瞄准公权力大、公益性强、公众关注度高的"三公部门"及其公职人员。① 重点是"涉腐"、"涉富"、"涉黄"、"涉黑"、"涉纪"、"涉权"、"涉恶法"等案件,因为现在网络是"逢官必炒"、"逢腐必究"。② 然后通过网络互动炒作动员,转到现实生活之中,影响现实事件。如厦门 PX 事件。第二种形态是"现实—虚拟"型。将现实生活中的案件、事件放到网络、媒体进行聚焦、渲染,引起更多的公民关注与参与,形成舆论压力再来影响现实的涉政公共事件,如邓玉娇案等。

---

① 喻国明主编:《中国社会舆情年度报告(2010)》,人民日报出版社 2010 年版,第 256 页。

② 刘杰、梁荣、张砥:《网络诱致突发事件:概念、特征和处置》,《中国行政管理》2010 年第 2 期,第 46 页。

第三种形态是同步进行型的，即现实的参与者与网络、媒体的参与者相互呼应、交织放大，让事件影响持续发酵，如石首事件等大多数群体事件就属于此类。

网络、媒体炒作主要有四个过程：首先是炒热聚合人气。一个涉政事件议题被发掘出来后，网民首先要通过“发帖、灌水、加精、置顶、跟帖、回帖和点击看帖”形成“滚动散发”式传播，这里面还不能排除网络推手、水手的作用。把民众的眼球吸引过来，提升关注度。紧接着传统媒体（报纸、电视、广播等）介入，依靠现场采访、调查事实真相，进一步引导舆论。其次是人肉搜索寻找素材。由于转型时期，各种突发事件和国际国内热点问题较多，一个持续的热点必须有新的材料做支撑，人肉搜索给人们提供了便捷的工具。它通过网络社区的“人找人”，将当事人的各种个人相关的新信息曝光于网络，防止视角疲劳，形成一波接一波的持续跟踪炒作。比如，对最年轻的市长周森峰的炒作，先从他 29 岁担任市长有没有背景开始，当背景门平息后，网友通过“人肉搜索”又推出“打伞门”、“抽烟门”，当这两件事不能吸引眼球时，又推出“论文抄袭门”，后来还搜索到周森峰在清华的导师是个千万富翁等等。再次展开互动推出观点。在网络上与传统媒体的不断跟踪报道的过程中，形成专题、形成带有倾向性的观点，变成社会大众的舆论。最后，大众的舆论压力影响事件的处置。处置结果符合大众舆论期待就转向新的热点，不符合就继续深挖结论背后的原因引起新的关注。涉政公共事件在网络、媒体的不断炒作中越闹越大。陕西华南虎照事件最为典型。

流言是在群体内部广泛流行的信息，它亦真亦假，亦虚亦实，是在传播过程中不断被加工、编辑的具有一定真实性因素的信息同主观猜测、想像的混合物。① 它是因为官方的权威信息不及时、不充分、不可信造成的。按照美国社会心理学家 G. 奥尔波特的总结，流言的传播过程有三个显著的特点：一是“磨尖”，即传播者对传给他的信息断章取义，只选取其中一部分信息进行加工，在流失很多信息的同时将接收来的信息重新编排，使故事主线简明、清晰，指向性“尖锐化”，利于表达、传播。二是“强调化”，传播者有意无意地遗漏一些具体细节，突出中心主题，只重视与主题近似的或者不同的

---

① 何显明：《群体性事件的发生机理及其应急处置——基于典型案例的分析研究》，学林出版社 2010 年版，第 13 页。

但极为显著的特征,以引起听者的注意。三是"同化",接受者根据自己的经验、信念、态度、兴趣、情绪等主观因素对流言内容与细节再加工,对流言的某些空白与不合理部分加以完善、补充、使信息越来越"集中"、"真实"、"深刻",越来越"符合逻辑",然后再传播出去,形成"以讹传讹"的局面。①

流言经过"以讹传讹"不断加工传播,就会演变为离现实越来越远的谣言。在集群行为中,谣言有强化同情、吸引人气的功能;有激化矛盾、增强对抗的作用。

(五)事件的微观动员效力与模仿、联想能力

涉政公共事件从引发、壮大到蔓延,必须有其独到的微观动员效力和学习、模仿引导能力。

第一,事件当事人的人缘关系,这是事件微观动员的基础。人缘关系包括血缘、情缘、地缘、业缘。血缘主要包括亲属、亲戚、家族的势力。一般存在着由直系—旁系—远亲—宗族的逐步动员过程,这在祖居地尤其明显。如瓮安事件起初主要靠血缘关系在质疑。情缘是指在生活交往过程中走动比较密切的朋友,这是除血缘以外的第二大支持力量。业缘是在学习、工作过程中熟悉认识的人群,包括同学、同事、同行、战友、玩友等等。如万州事件站出来的"棒棒"。地缘是指有同样籍贯或者工作、生活在同一区域的人群,包括老乡、邻居、街坊等等,如 2011 年 6 月发生在广东增城的"新塘事件"就有外地人与本地人之间的冲突纠纷。

第二,事件内容的相关度。俗话说:"事不关己,高高挂起。"在涉政公共事件的发展过程中,事件内容与人民群众的相关度是影响事件发展的主要因素。它包括①利益的相关性。与自己利益攸关大,参与的热情高,反之则缺乏参与的激情。这方面涉及企业改制、政策调整、衣食住行、环境污染、安全事件、重大疫情等等民生方面的问题引发涉政公共事件的可能性就大。如吉林通钢事件。②话题的共同点。因为"话不投机半句多",人们一般对共同关注的话题才感兴趣,才会有参与的热情。在社会利益分化、弱势心态蔓延的今天,不公平问题、反腐败题材、"仇官"、"仇富"、"仇权"等事情就

① 何显明:《群体性事件的发生机理及其应急处置——基于典型案例的分析研究》,学林出版社 2010 年版,第 13～14 页。

容易引起社会公众的共鸣，常常可以做到“一呼百应”甚至“百万应”。如天价烟局长周久耕事件、浙江温州出国考察团公费旅游事件等。③经历上的感受度。人们常常会对自己遭受的不公正对待、不公平待遇记忆犹新，如果碰到他人出现同样情况，一般会在心底里产生“同病相怜”的感受，转而在行动给予支持。由于地方政府执法部门的工作人员常常方法简单、作风粗暴，受他们影响的人较多，一旦出现相关对抗事件，社会大众自然会站在弱势百姓一边，而不管这边是不是有道理。这也是这些年因城管、公安粗暴执法而招致的涉政公共事件、群体性事件大增的重要原因。④情感上的联想力。如果事件能从结果联想归因到社会问题，归因到“官民关系”、“权钱交易”、“不公平”、“不公正”；能从单个孤立的事件联想归因到社会某种普遍的不合理现象，其微观动员能力也就强大得多。

第三，事件本身的震撼力。震撼力越强的事，投身参与的人也就会越多。它主要包括两个方面，一方面是事件的不可接受性，也就是我们平常所说的“是可忍，孰不可忍”。一些公共事件中的当事人麻木不仁、表现冷血，让社会公众非常难以容忍，以至于采取了一些非常的手段使事态扩大。如河南新密张海超的开胸验肺事件。另一方面是事件的不可原谅性。就是普通人都能判断感觉的常识性错误在官员那里却熟视无睹。如云南晋宁县看守所的“躲猫猫”事件之所以能引起社会舆论的广泛关注，根本原因就在于从常识都可以判断死因在“躲猫猫”之外。

第四，事件生成机制的可复制性。一个地方出现的涉政公共事件对其他地方同类问题可以带来示范，从而鼓励引导他们学习、模仿，按同样方式表达诉求，形成新的涉政公共事件。如 2008 年 11 月 3 日在重庆发生出租车罢运事件以后，海南三亚、甘肃永登在 11 月 10 日，广东汕头、湖南洪江、广东潮州分别在 11 月 20 日、24 日、27 日都出现了出租车罢运事件。而辽宁庄河市农民“跪倒市长”以后，其他地方又发生了不少农民上访下跪事件。

（六）滥用强制手段的激化

急于求成、滥用强制是许多普通事件转化为大的公共事件的重要原因。一些地方为了急于摆平冲突，习惯于强迫当事人接受单方的调查结论，强使受害一方接受处理方案，强压媒体舆论不予介入，强制对付围观群众……结果造成事情越闹越大。如瓮安事件与石首事件,起初都是死者家属不接受"自杀"的结论,而且家属都提出了质疑和处置办法,当地政府不是做细致的安抚工作,千方百计拿出令民众信服的详细证据,而是试图以强硬的方式迅速摆平事态。

总体而言,涉政公共事件的处置首要的目标是迅速控制事态。避免矛盾进一步激化,最好的方法是刚柔并济、安抚解决问题为本,尽可能少用、慎用强制方法。

(七)问责不到位的"破窗效应"

一扇窗户被打破,如果没有修复,将会导致更多的窗户被打破,甚至整栋楼被拆毁。这种现象告诉人们,出了问题,必须及时处置修补,不然会酝酿出更多的问题。涉政公共事件酿大、多发,问责不到位是一个很重要的原因。正如新华社发文所说的,当下暴力拆迁案的问责,一是问责级别低,二是问责是临时性、象征性的,三是被问责者对暴力拆迁没有道义歉疚感。[①] 这样造成严重后果者得不到严惩,一把手没有被问责,个别人不降反升,这种逆向示范,只会助长拆迁者的暴力崇拜和强权迷信。如果人民群众用生命自残还唤不醒我们官员的冷血,还解决不了"为谁发展"的问题,将来的人们会不会转而选择暴力反抗?那时我们的执政将没有人可以维系。不过值得庆幸的是,2010 年 9 月发生的江西宜黄的拆迁自焚事件、2010 年 1 月发生的江苏邳州的征地血案,最终都问责了两地的党政主要官员,但愿这两起问责不仅仅是应对上级和社会舆论压力的临时措施。

三、涉政公共事件的发展规律

前面,我们分析了涉政公共事件是如何点燃、发展并酿大的。这一节,我们对涉政公共事件发展过程中的一些带规律性的现象进行归纳,以期为应对处置提供参考。

---

① 曹林:《官员为何敢叫嚣"哪有拆迁不死人"》,新华网,2010 年 4 月 9 日,转引自《新京报》2010 年 4 月 9 日第 A02 版。

（一）时间规律

这是指涉政公共事件的处理效果与时间的把握呈正相关关系。即介入越早、公布事实越早、处置措施出台越早，处置效果越好、工作越主动，造成的危害越少。通俗地说，涉政公共事件的处理“宜早不宜迟”、“宜快不宜慢”，越晚越被动、越复杂，处置压力越大，形成的环境越复杂，产生的后果也就越严重。2007 年底发生的陕西镇坪县周正龙华南虎照事件，就是有关部门介入不及时，问题越拖越复杂，时间越拖越长，社会负面影响越拖越大的典型。而当“周老虎”事件在全国争论不休的时候，2008 年 3 月 20 日，湖南平江电视台记者吴华自称在该县石牛寨自然风景区发现了老虎，并拍下了近 20 秒的录像画面，引来了各方专家和媒体的质疑。湖南省有关部门处置迅速，还专门拨出 10 万元经费用于调查录像，3 月 24 日，湖南省林业厅公布了调查结果，平江疑似华南虎录像系造假，完全是石牛寨风景区马戏团老板为了商业炒作，从长沙石燕湖生态风景区马戏团运来的东北虎。① 湖南“吴老虎”事件的处理之快，被许多媒体称赞为彰显地方政府负责任的形象。赢得时间，就赢得了主导权、话语权，就是成功地将涉政公共事件的负面影响控制在最低范围。人民网舆情监测室根据 QQ、BBS、微博客等新兴网络技术的应用与普及情况，提出新媒体时代，处置突发事件的“黄金 4 小时”法则，刷新了传统理论的“黄金 24 小时”法则，②足见时间在处置涉政公共事件中的重要性。

（二）信息规律

这是指涉政公共事件的发展和处理效果与信息的公开透明及时程度呈正相关关系。也就是说，涉政公共事件发生后，官方信息越透明、公布时间越早、越真实完整，越能赢得主动。大量案例表明，许多涉政公共事件的酿成、放大，都是因为在“欺骗”、“隐瞒”等方面出了问题。云南晋宁县看守所用“躲猫猫”来掩盖牢头狱霸打人致死的真相，欺骗民众，使一个简单的刑事案件转化为涉政公共事件。河南郑州杞县钴 60 卡源事件，当地政府在一

---

① 龙志：《“平江虎”出炉真相再调查》，《南方都市报》2008 年 3 月 27 日第 A16 版。

② 《新媒体时代，处置突发事件的“黄金 4 小时”法则》，《人民日报》2010 年 2 月 20 日第 019 版。

个多月的时间内瞒报事故，导致大量居民夺路而逃。与此不同的是，2011年3月，日本9级大地震造成福岛核电厂几台机组接连发生爆炸，因为担心核泄漏引发核辐射，一些人轻信“吃盐防辐射”和“核辐射污染海盐”的谣言，中国各地在3月16日突然爆发了市民抢购食盐的“狂潮”，其中一名在武汉做小生意的兰州人郭先生因为一次花高价买下13000斤食盐被网民誉为“抢盐帝”。[①] 抢购事件发生后，从中央到地方，各级政府迅速通过手机短信、电视新闻滚动播出、出动宣传车广播、张贴通告、QQ群发布消息等多种形式，广泛宣传食盐供应充足、不会涨价等信息，让谣言不攻自破。不到两天时间，就迅速平息了此次“抢盐”风潮，彰显了政府的应急能力。

（三）第三方规律

这是指在涉政公共事件的处理过程中，与利益关联方甚至官方的调查结论相比较，人们更加相信“第三方调查”的结论。“第三方调查”，是在转型时期各种政治、法律体系不完善，官方调查公信力遭到广泛质疑和诟病的大环境下产生的。它是公民监督意识和民主意识增强的表现，也是在社会公众质疑官方调查公正性、可靠性，政府公信力下降的情况下，为解决尖锐矛盾、查明真相、安抚民心，并促成问题最终解决的一种选择。[②]

“第三方调查”现在一般是经过一定的权威机构授权，按照相关程序，由除纠纷当事人之外的第三人、相关领域的专家、律师、媒体工作者以及网民等社会各界人士组成的一个临时组织或团体，对相关事项进行独立调查取证，查清事实真相的相关活动。从云南“躲猫猫”事件到上海“钓鱼执法”再到南京“徐宝宝”事件，“第三方调查”为舆论反映强烈的涉政公共事件的公正处理赢得了民众的赞扬和支持。有学者认为，“第三方调查”，一方面以迅速高效的方式弥补了官方调查中的缺失，使民众在较短时间内得到了对事件的初步了解，从一定程度上讲，降低了政府公信力的损失。另一方面，这样的调查方式，也尽可能地抛开了政府独断可能产生的利益关联，做

① 成熔兴、袁敏：《兰州男子在汉抢购食盐13000斤》，《武汉晚报》2011年3月23日头版。

② 贵静：《浅谈“第三方调查”》，《法制与社会》2010年第3期，第240～241页。

到相对独立客观地还原出事情真相。[①] “第三方调查”，满足了公民知情权的渴求，强化了监督力度，公众对其得出的结论也更易于接受、信服。

（四）层级规律

这是指在涉政公共事件的处理过程中，人们更倾向于相信并接受层面更高的、级别更大的领导来协调处置。通俗地说，在处置涉政公共事件时，层级高的、官大的出面，效果会更好一些。因为，在社会公众心目中，上级官员形象感觉好，也少一些利益牵连，对下级官员的查处顾虑也少，也能管得住。而官大的，特别是一把手，说话算得数，承诺兑得现。

有学者调查研究发现，在有关干部形象的调查中，无论是总体形象还是亲民形象、廉洁形象，中央领导都要高于地方官员，而且呈现出一个领导级别越高，给的形象分也越高的现象。中央、省、市、县、乡五级官员的形象分呈现明显的递减趋势。[②] 另外的调查也同样显示，民众对中央政府的信任度很高，对地方政府的信任度较低，有超过 70% 的受访者表示不信任地方政府。[③] 群众对各级政府信任度呈现出由中央—省级—地市级—县区级—街道（乡镇）—村社区递降现象。[④] 在很多民众看来，中央政府是良善的、正确的、谋求公共利益的；地方政府则是专横的、暴虐的、谋求地区、部门利益的。[⑤]

形成这种现象的根本原因在于地方官员由上级任命、上级又监督不到位，在日常与百姓服务的交道中，只注意对上负责，完成上级交办的任务，而忽视基层群众的感情、感觉，加上信用缺失，作风粗暴和腐败等方面的问题层出不穷，给社会公众感觉就是靠不住、不可信、不公正。一遇到官民纠纷、矛盾，就希望上级出面来主持公道。贵州瓮安事件、湖北石首事件、安徽池州事件等重大群体性冲突，江西宜黄拆迁自焚事件、邳州征地血案等恶性强拆案件和“最牛县委书记”、“最牛县长”等涉政公共事件，最终都是在上级

---

① 王婷婷：《第三方调查制度》，《魅力中国》2010 年第 6 期，第 204 页。

② 唐钧：《政府形象与民意思维》，中国传媒大学出版社 2009 年版，第 44～47 页。

③ 《小康》研究中心：《官员信用敲响政务信用警钟》，《小康》2007 年第 8 期，第 19 页。

④ 钟其、吴新慧：《当前干群关系调查报告——基于浙江省的研究》，《宁波大学学报（教育科学版）》2010 年第 5 期，第 72 页。

⑤ 李因才：《被妖魔化的中国地方政府》，新加坡《联合早报》2011 年 2 月 14 日，参见 http://www.zaobao.com/special/china/cnpol/pages4/cnpol110214g.shtml。

领导的批示、指挥和亲自处置下才平息的。

(五)基础规律

这是指群众基础好、干群关系好的地方很难出现涉政公共事件,偶尔产生也容易平息。相反,群众基础差、干群关系紧张的地方,涉政公共事件易发、多发,而且容易酿大。有些涉政公共事件起因简单,过程也不复杂,有的事情还不大,为什么会出现一点就燃,变成大事呢?关键在于一些地方干群关系紧张,官民矛盾积怨已久、已深。一些干部只顾自己的升迁、自己的快乐,不顾百姓的生活、百姓的感受,大事做不对,劳命伤财,弄成形象工程;小事不关心,人民群众诉求表达无门,维权上诉无路。要么不作为,让人感觉"叫天天不应,叫地地不灵",一些本来该判、该捕的案件又以证据不全不足让犯罪分子逍遥法外。要么乱作为,如为了提高所谓的破案率、办结率,制造出湖北佘祥林、河南赵作海这样的"杀人"冤案。平时不仅不注重维护群众利益,不关心群众生活,不了解群众疾苦,不解决群众困难,还动不动把群众当专政对象,当搜刮来源。一遇到事情,就认为群众是"刁民",是"不明真相",甚至"别有用心",是"一小撮"。其结果是,在遇到矛盾和问题时,不敢面对群众,说话没人听,做事没人信,工作处处被动。

瓮安事件发生后,当时的贵州省委书记石宗源同志在总结事件的教训时曾经一针见血地指出,这次事件表面的、直接的导火索是李树芬的死因,但背后深层次原因是瓮安县在矿产资源开发、移民安置、建筑拆迁等工作中,侵犯群众利益的事情屡有发生,而在处置这些矛盾纠纷和群体事件过程中,一些干部作风粗暴,工作方法简单,甚至随意运用警力,导致干群关系紧张,群众意见很大。① 干群关系紧张,势必在群众中生成不满情绪,这种情绪如果不能及时化解,累积到一定程度就需要发泄,潜在矛盾就变为现实冲突。正如有位领导所说,现在"干群之间的矛盾在整个人民内部矛盾中影响最大,作用最重要。干群矛盾成为现阶段人民内部矛盾中最为突出的矛

---

① 《瓮安事件始末·石宗源三次向百姓道歉》新华网贵州频道,2008 年 7 月 5 日,http://www.gz.xinhuanet.com/2008htm/xwzx/2008-7/05/content_13771828_3htm。

盾,也成为现阶段群体性事件发生的另一种'催化剂'。"①显然,群众基础好不好,干群关系密不密切,已经成为一个地方政治、经济、社会能否稳定的根本,更是减少和平息涉政公共事件的关键。

四、涉政公共事件的危害

一个地方发生涉政公共事件,无论规模大小、持续时间长短、涉及范围宽窄,都会对当地的政治、经济、社会各方面产生严重的影响。这种影响,有时可能会超越现时,处理不好,几届领导班子都要为之承担代价;有时还可能超越身份,改变的不仅仅是当事者个人,而是整个干部队伍;有时还会超越地域,引起连锁反应,如出租车罢运、抢购风潮等等。涉政公共事件的危害归纳起来主要有两个方面。

(一)直接与现时危害

这是涉政公共事件本身直接产生或者诱发的后果与问题,它包括四个方面。

1. 现场失控。因为官民在政务活动中发生对立,如果引发大的群体性事件或者网络舆论围观,必然导致当地正常的生产、生活秩序难以维持,它既可能是现实世界的现场失控。如吉林通钢事件中,企业炼钢的高炉停产,管理人员被打,做工作的干部被轰,最后连防暴警察都无能为力。国内发生的"警察抢尸"与民众的冲突,通过百度搜索几乎各地都有。民众与城管的冲突,可以导致许多地方交通瘫痪甚至中断。也可以是虚拟世界的网络曝光失控,通过"人肉搜索"等工具,让你不知道什么时候有新东西需要应付说明,湖北最年轻的市长周森锋在网络上受到的质疑就曾经沸沸扬扬。

2. 生命财产损失。一些涉政公共事件由于公权力的滥用或者不作为,最终造成人民群众的生命财产损失。如山西襄汾 2008 年"9·8"特大溃坝事故,只要我们的监管部门履职到位、执法到位,或者当地各级政府对村民反映的情况予以重视,二百多条生命或许不会消失。那一桩桩强拆征地血

---

① 栗战书:《努力提高构建社会主义和谐社会的能力——学习贯彻十六届四中全会精神,加强党的执政能力建设》,《人民日报》2005 年 1 月 1 日第 6 版。

案,如果官员们工作做得更细一点,补偿方案再科学合理一些,再不然就是把自己的政绩、升迁看得更淡一点,把老百姓看得更重一点,或许不幸的家庭会少些。群体性事件的打砸抢烧,损失更大。如石首事件、瓮安事件损失均以千万计。其他事件的损失也不能小看,如2008年10月发生在四川广元的"柑橘生蛆"事件,让柑橘的价格降到0.05元/公斤,还无人问津;2007年3月的海南香蕉"癌蕉"事件,造成蕉农损失7个亿,批发价从每公斤2～3元直降到5角钱。

3. 政务活动中断。涉政公共事件导致的最直接后果就是影响行政施政,导致政务活动中断。当事人也好,上级也好,要把大量的精力、人力甚至财力首先用来处理公共事件,千方百计尽快平息涉政公共事件,原有的行政计划、管理流程、服务路线都可能因此而改变或受到影响。

4. 社会秩序混乱。涉政公共事件可能打乱一个地方的政治、经济、社会秩序。首先是政治人事格局会发生调整。为了平息舆论和社会压力,必要的追责对大多数涉政公共事件是不可或缺的。比如山西襄汾溃坝事件,从山西省省长到市委书记、市长、县委书记、县长、乡长等等一系列人员都受到处分,判刑的判刑,撤职的撤职,免职的免职,调整的调整,整个地方的政治生态又面临重新调整布局,从而发展的思路、重点、措施等方方面面都会因此受到牵连。其次是经济社会发展可能受到影响甚至打击。本地投资商会心生畏惧,外地老板更会担心环境不好,资本只会流出难得流进。再次是形成社会恐慌心理,影响人们的预期。比如说河南杞县钴60卡源事件因为情况不明、谣言横行导致群众四散逃逸,江苏响水农民担心化工厂大爆炸,深夜大逃亡。还有抢购水、抢购盐、抢购药、抢购各种生活物资,既影响人民群众生活、心境,也影响经济、社会秩序。最后是影响治安秩序。涉政公共事件酿大到群体事件阶段,一些人出于发泄心理,突破法律界限,行为失控,殃及无辜,影响社会稳定。

(二)间接与深层危害

直接影响损失看得见、摸得着、算得出,也能够很快进行修复。但许多涉政公共事件造成的间接、深层危害有时要过很久、甚至很多年才会体现。

1. 加深了干群矛盾与隔阂。干群关系,是我国所有社会阶层中最重要的一对关系,它直接关系到社会的和谐、稳定与健康发展。干群关系主要体现在四个方面：即农村基层乡镇干部与农民的关系；城市市政管理者与市民（包括农民工）的关系；国有企业管理者与普通工人的关系；中高层党政领导与普通群众的关系。① 因为涉政公共事件体现的是官民矛盾、干群冲突，感受的是普通群众的利益受到干部的侵害。这种侵害现象发生越多，公共事件产生的机率也就越高，干群关系受伤害的程度就越深。从过去的“鱼水关系”到后来的“油水关系”、“蛙水关系”。有些地方还发展到“水火关系”。一是情感疏远。有调查显示，在路上遇到社区（村）干部会主动打招呼的人只有39.6%，认为“打不打招呼无所谓”的人占33.4%；“对方先打招呼”的占4.3%，“没遇见过”的为6.2%，“不认识”的有16.6%。在路上遇到乡镇干部会主动打招呼的人占30.2%，认为“打不打招呼无所谓”的人占26.1%，“对方先打招呼”的为2.2%，“不认识”乡镇干部的有41.4%。② 连主动打招呼的人都不过半数，更谈不上支持了。二是评价越来越低，许多基层群众把干部描绘得“没有一个好东西”、“天下乌鸦一般黑”。还利用顺口溜、外号、段子、政治笑话、打油诗、小道消息等来表达对一些干部的不满。特别是对干部的廉洁程度、公平性、生活作风，对群众的态度评价低。三是“仇官”心态蔓延。几乎任何一个官员的非正常死亡，都会招来网上民众的非理性欢呼。人们对官员的行为都以一种有罪推定来看待。把“怀疑”、“不满”逐步累积到“仇恨”的程度。从拆迁逼自焚到垄断涨价，从贪污腐败到以权欺民，早已引起诸多积怨。一旦官员出事，虚拟的网络上就有迅速激烈的反应，这种反应是对现实生活中干群关系紧张的另一种表达。

2. 丑化了党和政府的形象。每一件涉政公共事件，虽然可能发生在基层，在个别地方个别部门个别干部身上，但它重创的是党和政府形象。因为每个公职人员在执行公务的时候代表的就是执政党和政府，城管野蛮执法、官员强拆引发自焚还麻木不仁，公检法不依法办事，官员错误百出，丑态百出，影响了民众对党和政府形象的认知。据2010年底环球网的一项中国社会职业形象调查显示，中国各级官员形象与“医务工作者”、“演艺界工作

① 龚维斌：《我国当前干群关系的现状、特点与原因》，《北京行政学院学报》2005年第4期，第7页。

② 钟其、吴新慧：《当前干群关系调查报告——基于浙江省的研究》，《宁波大学学报（教育科学版）》2010年第5期，第73页。

者"一起垫底,"工厂技术工人"、"农民"和"工程师、技术人员"则名列前三。① 党员干部是实事求是还是弄虚作假,是为民服务还是以权谋私,是公道正派还是循私枉法,是快捷高效服务还是疲沓拖拉,是以人为本,以民为本,还是以政绩为本,以自己升迁为本,他们的言行举止都会给予最直观的答案,也成为人民群众评价我们党和政府的一杆秤。官员的"雷人语录"、"另类行为"以及与人民群众的冲突,只能是在不断抹黑党和政府。

3. 降低了党和政府的公信力。公信力是执政党和政府有效行政的基础。它体现了党和政府在社会上的影响力、号召力、控制力,表明民众对政府的信任程度和信心水平。政务行为是影响公信力的直接因素,不断增多的涉政公共事件,使一些关于政府行为和国家公职人员言行操守方面的负面信息迅速传播。国家机关及其工作人员大多成为各种舆论批评的靶子,很多事后又证明他们在政务活动中确实存在问题,进而使党和政府的公信力不断遭到质疑。

云南晋宁"躲猫猫",上海"钓鱼执法"、南京"徐宝宝"事件,第三方调查与政府部门调查在结论上的悬殊,让人们不由得怀疑政府部门公布的各种调查结论是不是真的。陕西华南虎照事件让政府弄虚作假、搞政绩工程的行为丢尽颜面。没有公信力就没有执行力,更没有凝聚力,最终损害的是党和政府的执政资源。

4. 损害了执政合法性,危及执政安全。一件件涉政公共事件层出不穷,特别是同类事件反复出现,如果处理不好,第一,会使人们从简单的探求真相、追查责任转移到质疑制度上。因为,普通出现的问题要从制度上找原因;反复出现的问题要从规律上找原因。第二,会让人们对具体工作人员的质疑上升到对政权体制的不满,特别是对一些影响恶劣的人与事,如果我们问责依然不到位,就可能让人们对我们这个体制、制度丧失信心,认为自我修复机制已经失效。第三,会让人们对行政的怀疑转到对司法的不信任。如果司法对行政仍然不能发挥监督作用,人们不能采取司法救济的途径来表达诉求,那样,就会产生对法律正义性、公正性的怀疑,最终会让法律这个社会稳定的基本底线失守。第四,会使人们从对基层政府、政权的怀疑逐步

---

① 熊丙奇:《"弱势"官员、最差职业形象与"公考热"》,《北京青年报》2010 年 12 月 6 日第 A03 版。

上升到对上级政府最终乃至中央政府的不信任。如果社会公众觉得整个政权体系都是“官官相护”，不值得信赖的时候，他们就只能离开正规的体制渠道，转到体制外解决，那样，我们就可能出现执政危机。共产党执政“不是与生俱来的，也不是一劳永逸的”，我们必须高度重视各类涉政公共事件，妥善处理各种涉政公共事件，密切党群、干群关系，为执政夯实群众基础。

第四章　涉政公共事件的应对

我们研究涉政公共事件,是为了减少涉政公共事件的产生,减少涉政公共事件可能造成的损失或者危害。对于已经点燃的被社会大众关注的涉政公共事件,我们唯一的办法就是冷静对待、及时处置、做好应对。涉政公共事件的应对,是指国家机关及公权力部门,因应已经发生的涉政公共事件,对可能出现的各种情况,采取相应的措施、策略进行处置,以防止事态恶发并最终平息事态、减少事件负面影响的过程及其活动。涉政公共事件的处置应对过程,是国家公权力机关如何应对危机、转危为机的过程,是对相关领导干部判断能力、决策能力、现场控制能力、各方面沟通能力、舆情引导能力等各方面能力综合考验的过程。

一、涉政公共事件的处置难点

与日常工作不同,涉政公共事件的处置事关干群关系、群众利益、干部形象、地方党委和政府的面子。处置不当、处置不下、处置不及时、处置不到位都可能带来严重的后果。然而,对涉政公共事件的应对处置,又是政务活动中最难的事情。

首先,问题复杂,各种矛盾怨恨交织。由于转型时期体制、政策双轨运行,各种政务行为、政策无论在实体上还是程序上都很不规范,人治的痕迹还很明显,这就很容易让社会大众将出现的分配不公、贫富差距等各种社会矛盾与问题归结到“权”与“官”上面,形成所有事情都夹在一起表达的局面。这里面,可能既有自身权益受到侵害的问题,也有对政策、干部个人不满的问题;既可能是现实工作生活中的矛盾,也可能是历史的旧帐;既可能是涉法涉讼,也可能完全是简单的民事纠纷;既可能有经济利益诉求,也可能是政治权利诉求；既可能是一个地方的个性问题，也可能是事关全国的全局性问题。因果关系多元复杂，矛盾背后常常有错综复杂的社会利益关系，不是随便简单可以答复得了的。比如涉及国有企业改制的问题，职工也可能是对补偿政策不满；也可能是对国有资产评估有看法，认为有国有资产流失；还有可能是反映管理层腐败、暗箱操作；甚至是对再就业有意见等等。2009 年 7 月发生的吉林通钢事件，事件爆发的过程非常简单，但事件背后所蕴藏的长期复杂矛盾却可以从 1992 年开始追溯，有 1992 年通钢征地补偿留下的矛盾，有建龙集团实力不够引发的问题，有企业剥离办社会、一刀切内退改革带来的负面影响，有重组工作不细、准备不足引发的后患，有管理层与职工分配差距拉大带来的怨恨，有全球金融危机冲击的背景，还有主管部门“大跃进式”、“家长包办式”重组路径的不足，以及民营企业管理方式的简单、粗暴等等。① 这么多矛盾问题交织，容易累积对抗情绪，一旦有“燃点”点燃，各种怨恨就变成泄愤性冲突爆发出来，最终酿成大的事件。

其次，参与者复杂，直接利益相关者与非相关者交织。任何一个涉政公共事件，参与者都不仅仅只有当事双方，因为有了很多围观者、声援者、帮忙者、看热闹者、评论员、个人、组织、报刊、网站等多方的参与，才使普通个案变为公共事件。很多事件发展到最后，可能引发事件的当事双方都已经不参与了，而完全是其他非直接利益相关者在与政府等公权力部门博弈，如重庆万州事件，当事双方都没有参与后来的打砸抢烧，安徽池州事件也是如此，在这种情况下，处置沟通已经无法找到有效的参与主体，也没有任何一个参与者有能力可以结束其他参与者的言行。在参与者中有在职工人、下岗工人、本地农民、外来民工、复转军人、被拆迁的市民、甚至还有看热闹的学生、老人、妇女、小孩，大多是弱势群体。就是参与者不是弱势群体为主的舆情公共事件，也比较复杂，如 2007 年底陕西镇坪县华南虎照片事件中，参与者除了拍摄者周正龙以外，有陕西省林业厅，各大网站、论坛、各类报刊、电台、电视台，中国科学院的专家，国家林业局，世界权威科学杂志《科学》，

---

① 参见周光凡主编《公共危机管理典型案例 2009》，人民出版社 2010 年版，第 172～180 页。

专业的照片鉴定机构,公安机关等等。[①] 这么多参与者"鱼龙混杂",既不能保证他们说的都是事实,也不能保证他们的评论判断都全部正确,还不能说他们的目的都是为了解决问题,这是一个价值多元、文化多元、利益多元、思想多元社会的正常现象。许多涉政公共事件事后证明,事件参与者们奋力参与、激情讨伐的可能都是后来没有的东西或者不一样的东西,如 2011 年 3 月 28 日《河北法制报》头版几乎以整版的篇幅刊登文字《"我爸是李刚"是怎样炒起来的——李启铭交通肇事案的前前后后》认为,"我爸是李刚"的语境并非网上所说的,还对"李刚家有五处房产"和"李刚是副省长的亲属"等谣传进行了还原,发现都是假的。但这个时候来说这些已经不重要了,重要的是,社会各界抨击"我爸是李刚",是对"官二代"骄横的痛恨,也是对权力张狂的无奈,我们总不能回过头去追究那些善良而富有正义感的网民、作者、报刊、电台、电视台吧?!

再次,定性复杂,正当要求与非理性抗争交织。在涉政公共事件的各种诉求中,既有现实正当的维权要求,也有借题发挥的其他要求;既有忍无可忍式冲突,也有"路见不平式"围观,还有"泄愤式"行为。[②] 既有分散的无集体行动,如强拆事件,也有事实上的有集体行动抗争,如厦门的 PX 事件;既有信访、诉讼等体制内渠道阻塞导致的矛盾,也有不依法行政形成的冲突等等。加上事件演变过程中的多方参与、干扰、压力,使得涉政公共事件的内容、形式、处置结果都处在不稳定、不可完全预知的变化之中。而且,随着事件影响的扩大,当事双方很可能用夹杂情绪的心态来判断对方的行为和决策,使正当要求被非理性抗争淹灭,将非正当要求视为主要矛盾对待,最终可能造成最佳的化解矛盾机会错失,小事变大事。因此,对涉政公共事件的定性把握很重要,有些事件本身并不是什么大问题,也炒作不起来,处置得当也不会产生什么不良影响。但一旦定性不当、处置不当,就会被媒体炒作,从而引发大量社会民众参与,转化为公共事件,产生不好甚至恶劣的影响。这里,关键是在定性方面把握好分寸,不要反应过度,更不能没事找事激发矛盾。尤其是对人民群众的批评意见,哪怕是言论偏激一点,观点错

---

① 参见王敬波主编:《公共危机管理案例——突发事件应急处置的典型分析》,研究出版社 2009 年版,第 286~288 页

② 这方面的研究可参见于建嵘:《抗争性政治:中国政治社会学基本问题》,人民出版社 2010 年版。

了，也要宽容对待。

复次，时间紧迫，不能拖，不能等。涉政公共事件一旦被点燃，必须尽快处置"灭火"，不然发展就会十分迅速，也会在短时间内酿成严重后果。抢时间，越快越主动，成为涉政公共事件处置应对中的一大难题，因为事件本身的复杂性决定了不能随意表态、决策，但不能及时决断又可能导致一系列加重事件影响的问题，如让各种谣言有了生成、传播的时间；让媒体、舆论有了炒作的时间；让群众不满情绪有了累积的时间；让非利益直接相关者有了卷入围观的时间，进而造成所有工作的被动。这方面的例子很多，如 2008 年三鹿奶粉事件。因为三鹿奶粉集团一味拖延、隐瞒，加上石家庄市政府没有及时上报，三鹿奶粉事件不仅没有得到及时处理，反而使它从企业危机转化为政府危机（即涉政公共事件），不仅使企业而且让整个行业还有国家都陷入不信任的危机之中。

最后，处置压力大，对现场领导和决策者都是考验。与常规行政相比，涉政公共事件的处理大多是应急行政，是非常态决策。由于事态的严峻性，时间的紧迫性，信息的有限性，可用资源的局限性，使涉政公共事件的处理面临着方方面面的压力，在决策程序上必须简化，在措施采用上必须坚决，在舆情引导上必须及时，在现场控制上必须有效，在处置效果上必须明显直接。这些都让处置者面临巨大的压力，作为临时性的应急措施，完全讲程序不行，完全不讲程序也不行；完全按政策、法律可能不会酿成公共事件，如果突破政策、法律来处理又会招来连锁反应，产生新的事端；在人多、亢奋状态下沟通对话效果不好，但不沟通对话可能结果更糟。总之，不采取行动会出问题，采取行动也可能招来新的问题，常常是左右为难，里外不是人。处理起来非常棘手。如 2009 年 6 月发生的湖北石首事件，经历那么久，地方政府对话不成功，强制手段又多次失败，信息管理、舆情引导不当，善后工作也不妥，导致数万名市民聚集街头，与军警强力对抗，发展成改革开放以来规模最大的群体性事件，最后在中央领导高度重视，省委书记、省长亲自指挥下才平息事件。在这样的环境下，当地领导处置的压力之大完全是可以想象的。

二、涉政公共事件的应对处置原则

涉政公共事件的特点和处置应对难点决定了在现实工作中没有固定的

模式可循。但从以往发生的涉政公共事件的处置经验教训中可以发现,有些基本原则是在时间紧、矛盾多、压力大、处置难的情况下,提高处置应对效率,防止局面失控、升级,增强处置针对性、有效性,各有关公权力机构、社会组织、现场领导所必须认真把握的。

(一)以民(人)为本,分类处理

涉政公共事件反映的是官民矛盾与冲突,在处理这类事件时,第一个碰到的问题就是"官本位"还是"民本位"。如果按"官本位",那处理应对时就可以"官官相护",如果按"民本位",就要一切站在人民群众的立场来分析矛盾,判断冲突,出台对策。

古语云,民为邦本,本固邦宁。天大地大,民生最大。以民为本就是要在涉政公共事件的处理中尊重民意、集中民智、关注民生、维护民权,牢固树立民本理念。视人民为父母,坚持人民利益至上,人民利益高于一切、重于一切。把关心民生,维护民权作为处置应对涉政公共事件的第一原则。一旦出现涉政公共事件,先从公权力机关及其工作人员身上找原因、找问题、找不足;先让公权力机关及其工作人员控制言行,不激化矛盾;先要公权力机关及其工作人员放下身段,主动沟通;先把主要精力、物力、财力用在保障人的生命安全和基本生存条件上面,切实保障人的生命权、生存权。无论谁对谁错,先要不惜代价拯救、保护人民群众的生命人身安全。

涉政公共事件处理以民为本,还要突出民本标准,始终把人民"拥护不拥护"、"赞成不赞成"、"高兴不高兴"、"答应不答应",作为应对策略、措施的出发点和"对不对"、"当不当"、"认不认"的最高标准。"把公众的呼声当做第一信号,把公众的需要当做第一选择,把公众的利益当做第一考虑,把公众的满意当做第一标准。"①注意协调和处理好经济利益、政治利益、文化利益各个方面的关系,统筹兼顾不同层次、不同阶层、不同社会团体、不同地区、不同行业、不同单位、不同个人利益以及当前与长远、全局与局部的利益诉求,力争形成"多赢"局面,转危为机。

涉政公共事件应对的以民为本,还要依靠民本这个基础。把人民群众当做解决一切重大、困难问题的决定力量。不论什么问题,"归根到底,只

① 秦启文等:《突发事件的预防与应对》,新华出版社 2008 年版,第 135 页。

有相信群众,依靠群众,充分走群众路线,才能够得到解决"①。无论情况怎么复杂、群众要求怎么过分,都不能把群众当"敌人"、当"刁民",而是在处理人民内部矛盾的框架下团结一切可以团结的力量,依靠一切可以依靠的力量,共渡难关。

以民为本,还要在工作中做到以人为本,处理涉政公共事件最关键的环节就是防止出现人命案,只要没有人员死伤,特别是不涉及人员死亡,矛盾问题处理起来就轻松得多、顺利得多。万一出现了伤亡情况,那么,第一位的任务就是救人,救人的时候,一是决心要大,只要有1%的希望就要尽100%的努力;二是准备要足,人员、物资、机械、后勤保障必须到位、到足;三是方法要对,要讲求科学方法,先救容易的、已经发现的,给被困人员以精神鼓励和体力支持;四是要安全救援,防止在救援过程中出现新的意外,把救援的人员也搭进去了。

分类处理,就是要根据涉政公共事件的不同类型,抓住工作重点,有针对性采取化解平息措施。是政策、决策问题就完善政策、决策;是执法失当、司法不公问题就纠正执法、司法错误;是事实失真问题就澄清事实;是价值不公问题就进行价值疏导;是个人道德腐败行为就及时查处;是民生问题就解决民生;是公职人员言行不当就及时认错担当改进;是网络舆情热议就通过处理本体事件引导社会舆情;是现场冲突就先控制现场不激化矛盾,再协调沟通平息……

分工负责,就是工作不打乱仗,按照应急管理预案的要求,明确领导分工,队伍分工,职能分工,任务分工,确保环环相扣,节节相连,不留空隙,不留死角,不出意外。

(二)快速反应,公开透明

涉政公共事件的处置应对必须及时果断,越早介入越主动,越慢越被动。在处置过程中,信息要公开透明,杜绝暗箱操作,提高应对处置的公信力。

快速反应,就是一旦发现涉政公共事件苗头,就应第一时间采取措施,将问题制止在萌芽状态,将矛盾化解在初始时段,绝不让事态扩大升级和蔓延,尽量避免出现人员伤亡和财产损失。就要第一时间发布权威信息,抢占

① 《邓小平文选》第二卷,人民出版社1994年版,第230页。

舆论先机和制高点,牢牢把握社会舆论的引导权。就要第一时间启动应急管理预案,按照职责分工要求迅速到岗到位做好对应工作。就要第一时间深入现场一线,调查研究,沟通协调,控制局面。就要第一时间向上级报告,争取理解、支持。

公开透明,就是尊重社会大众的知情权,把涉政公共事件的相关信息及时、客观向社会公布,特别是要把群众关心、关注的,大家热议的,对事件处置应对起关键影响的信息及时、准确、完整地告知民众,防止谣言的产生与传播,清除公众的恐慌心理。

及时性与公开性是衡量一切地方政府处理复杂问题、突发事件能力的一个重要尺码,也是决定涉政公共事件处置效率和效果的重要因素。在人民网定期公布的地方应对网络舆情的分析报告中可以发现,所有出问题、亮红灯的案例都是在政府响应速度、信息透明度两项重要指标上存在大的差距,进而导致整体处置应对效果不佳。

(三)实事求是,坦诚面对

在政务活动过程中发生了官民冲突,出了问题,各个方面都不能推责,更不能造假。许多涉政公共事件,或多或少与当事人的过错有关。可是许多人习惯于回避、隐瞒、推责,结果事情越弄越糟。

为什么在涉政公共事件处置中要实事求是、坦诚面对呢？这是因为:1. 互联网的存在带来了极大的透明度,现代社会是一个高曝光社会,任何秘密都有可能随时暴露出来,试图隐藏秘密非常困难,弄虚作假、封锁消息、掩盖事实只会适得其反。2. 人们有一种好奇心和窥私癖,越是保密的东西,人们越感兴趣。3. 人们永远比较容易原谅诚实的人,越是不诚实的人,人们越要追根究底。4. 人们总有恻隐之心,尤其是当一个诚实的人承认犯了错误并且请求宽恕时,人们更容易原谅。5. 人们喜新厌旧的本性告诉我们,当一件事情已经真相大白以后,人们就会迅速对此失去兴趣,转而去关注其他新事物。[①] 也就是说,做错了事,及时坦诚认错承担,比隐瞒不报、否定事实要好得多,也更能容易得到人们谅解,更不会被人放大做文章。

---

① 参见鲍勇剑、陈百助:《危机管理——当最坏的情况发生时》,复旦大学出版社 2003 年版,第 117 页。

其实,犯了错误并不可怕,可怕的是不敢承认错误,不愿及时改正错误,特别是弄虚作假,找借口搪塞,甚至封锁消息,推卸责任,愚弄民众,其结果只会加重危机,丧失信用,把事情弄大。如2005年12月,广州地铁公司就即将投入运营的广州地铁3号线票价问题举行听证会,有位市民代表在听证会上质疑地铁员工直系亲属免票问题,没想到地铁公司的总经理在会上回应为“反恐”的需要,“反恐论”一出,全国民众哗然,迅速成为媒体、网络、百姓评论的焦点,广州地铁公司总经理的话也入选2005年时代中国盛典之十大惊人之语,新华社还专门发表时评,认为免费乘坐地铁是“裙带特权”。[1] 明明是部门利益私有化的不当福利,硬扯上“反恐需要”来掩饰,最终在民众的一片热议和嘲笑中被迫取消。

显然,涉政公共事件发生后,只有坚持实事求是,不回避问题,勇于承担责任,向社会公众表现出充分的坦诚,才能获得公众的同情、理解、信任和支持。

(四)法理情结合,灵活变通

涉政公共事件的处置应对,最大的难点在于没有统一的模式可循、可搬。虽然在处理中必须要以法律、法规、政策为依据,但很多事件可能又属于法规政策都没有涉及的灰色地带,而且其间又可能夹杂危机根源、职责不清。因此,在具体的处理过程中,既要依法依规,又要讲情讲理,不能硬梆梆,死对硬套。要根据事态形势的发展变化,内外部资源条件,组织自身的承受能力和未来影响,进行灵活处理与应对。

很多人认为法律是硬梆梆的,应该铁面无私,毫无弹性余地。严格依法办事肯定没错,然而在转型时期,法律还不完善,还落后于社会变迁的需要,政党守法、政府守法、公民守法还存在差距和不到位,特别是有些问题还处在法律、政策的边缘地带,比如国有企业改制中的“买断工龄”问题,谁也找不出完整的法律解释,这些就决定了完全靠法律不能解决问题,还要根据“情”、“理”来协调处理。

法、理、情也不是相互对立的东西,因为,“情”、“理”的核心是人性、客

---

① 参见《新华时评:免费坐地铁“裙带特权”应当革除》,新华网,2005年12月14日,http://news.xinhuanet.com/fortune/2005-12/14/content-3920323.htm。

观真理、风俗习惯、公共道德、公共利益等,这些都是现代法律形成和产生的基础。显然,"作为国家机关制定的'法'并不是与'情理'相隔绝而是要达到'情、理、法'的相互协调"①。法应该体现着一个民族、一个社会对人的价值、人的尊严、人的自由、人的权利的终极关怀,只有尽情尽理,符合"常识、常理、常情"的"三常原则",法才能在公众心目中具有号召力与生命力。②

由于涉政公共事件舆论和公众关注的更多在价值层面,在于情与理的因素,灵活变通,法、理、情结合尤显重要。特别是有关人民群众切身权益的事情,更不能简单一否了之,而要耐心倾听,仔细盘算,在力所能及的范围内给予关心、重视。万一群众所提的要求于情于理有据,但于法于政策不容,也可以从另外渠道给予变通照顾、回应,用情去化解矛盾与冲突。

总之,在涉政公共事件的处理中,依法依规依政策是基础,是前提,有政策、法律规定的不能违背,不能突破,更不能欺骗群众不落实。灵活变通是手段,带着感情处理是保障,即使是法律不允,政策不认的事,当事人特别是老百姓在道理上、情感上有可以理解的地方,也要从情的角度去感化,尽最大努力去帮助,从而达到最佳处置效果。

(五)属地管理,统一指挥

对涉政公共事件的处置,无论牵涉面多宽、矛盾多么复杂、问题多么严重,必须坚持做到始终依靠事发当地党委、政府领导的统一指挥,就是上级派出的工作组,也是帮助不包办,充分尊重依靠地方党委、政府的力量,充分听取他们的意见,绝不能甩开他们,绕过他们去处置、应对。

在实际的应对处置中,一要明确责任主体不打乱仗。按照"谁主管,谁负责","哪个地方单位出问题,哪个地方单位负责"的原则,建立应对处置的指挥协调机构,一切以协调处置指挥机构中的最高领导决策意见为准,做到一个声音,一个号令,一个口径。二要全力配合不当看客。涉政公共事件处理不好,最终影响的党和政府、干部队伍的整体形象,机关部门及其工作人员一定不能以为事情与已无关,甘当看客,看人家笑话,而是要有团队精

---

① 王学辉等:《群发性事件防范机制研究》,科学出版社 2010 年版,第 9 页。

② 王学辉等:《群发性事件防范机制研究》,科学出版社 2010 年版,第 10 页。

神、主人翁意识，积极参与，主动配合，协助一起做好工作。但在参与过程中一定要服从统一指挥，不能各行其是，更不能擅作主张，造成混乱与被动，使“帮忙”变成“添乱”。三要科学民主决策不出差错。对相关政策、利益诉求等方面的答复，对大规模冲突现场的控制和强制措施，一定不要受现场和舆论的影响，冷静思考，先把情况摸清、摸透，把信息搞对、搞准，充分听取相关职能部门和专业部门包括专家的意见，综合各方面的因素再灵活决策。决不能为息事宁人平息事态，信口开河，胡乱表态，仓促决策，带来新的矛盾与问题，造成工作新的被动。有些涉政公共事件不是一个单位、一个地方可以简单解决的，也不是你有钱就可以随便摆平的，因为它可能牵涉到外地、外单位很多方面，甚至可能是历史原因影响形成的全国性问题，不能因为省事轻易决策造成其他地方的连锁影响。四要尽快启动应急预案不拖延。涉政公共事件有不少是突发事件，各地对突发事件的应对处置都事先制定了预案，碰到这类情况，就马上启动应急预案，分工对应处理。

（六）预防为主，居安思危

“防火”胜于“灭火”。处置涉政公共事件最好的做法是尽可能避免和减少这些事件的产生。要建立健全各种利益表达机制，畅通诉求渠道，建立健全社会利益的协调机制和社会稳定的预警工作机制，做到早发现、早报告、早控制、早解决，从而将事件控制在源头，控制在酝酿、萌芽状态，化解在没有产生社会影响的时候。

预防为主的重点有三个方面。第一，正确全面掌握信息动态并及时对可能发生涉政公共事件的各个环节和领域作出预测、分析，制定可行、有效的化解方案予以化解，使事件不被“点燃”，即化解在发生前。第二，在出现涉政公共事件苗头初期，也就是“燃点”出现的时候，要迅速对其可能的发展态势、影响程度、公众反应，有准确的判断和把握，及时采取对策将“燃点”熄灭，不让它燎原，使事件消灭在萌芽状态。第三，为可能发生的涉政公共事件做好各种应急预案和物资、力量准备。也就是万一还是发生了涉政公共事件，不致于出现混乱和手足无措。这里面关键又在抓各项预防措施的落实、到位。

三、涉政公共事件的应对步骤与策略

涉政公共事件的应对属于应急管理的范畴,它与常态行政不同,在时间、人员、决策、实施等许多方面都有特殊要求。理论界对危机管理和突发事件处理的流程有许多论述,比如,有的学者认为危机应急管理可以通过以下步骤来实施。一是建立危机应急管理机构,二是调查与评估,三是处理危机,四是做好善后工作。[①] 突发事件处置的一般程序包括:①启动突发事件的反应机制和应对系统。②确认突发事件的状态与程序。③适时公布事件的真相。④查明事件的真实原因。⑤制定应对突发事件的具体方案。⑥组织应对方案的实施。⑦适时评估工程进程,调整和改进应对策略。[②] 这些步骤与程序事实上都是相对于处理好危机事件、突发事件的基本措施来说的,它们在时间顺序、空间顺序上并没有严格的前后递进关系,也不一定事事、步步都"依葫芦画瓢"。由此,我们在这里只是提出涉政公共事件应对处置的大致步骤。

第一,分析信息作出判断。涉政公共事件不见得一定就是突发事件,有的可能是慢慢酿大的,甚至是媒体、网络挖掘出来的。因此分析信息对处理应对涉政公共事件非常重要。领导干部要随时对正规渠道报上来的信息和主流媒体、网络及本地论坛上出现的敏感信息及时进行分析判断,预判其发展的趋势会不会走向涉政公共事件。

分析信息要关注几个重点。一是涉及的人物敏感。如有权的官员及其亲属子女,有钱的富人及其亲属子女,弱势群体如老人、妇女、儿童、学生、下岗工人等等。二是涉及的内容敏感。包括民生问题、腐败问题、与普通大众切身利益相关的问题、涉法涉讼问题、不公平不公正问题、当地群众反映强烈的热点问题、情况复杂的遗留问题、官民冲突问题、贫富冲突问题、可能引起民愤民怒的事情等等。三是涉及的影响不一般。如人命案件、引起围观的执法冲突、传言谣言出现的事情、网络论坛有跟贴围观的事件、主流媒体批评的问题等等。归纳起来就是对信息的分析要问以下几个问题:是官民

① 参见董传仪:《危机管理学》,中国传媒大学出版社 2007 年版,第 143～149 页。

② 参见秦启文等:《突发事件的预防与应对》,新华出版社 2008 年版,第 141～157 页。

冲突不？有舆情关注不？有人聚集不？可能被借题发挥不？当地干群关系融洽不？出现了人命案不？与政务活动相关度高不？如果这些问题的回答中有一个为肯定的，就必须高度重视，及时采取措施。如果这些问题中，有一半以上回答为肯定，就基本可以判断已经酿成涉政公共事件了，必须立即按涉政公共事件的处置程序来应对危机。

第二，成立机构协调立场。涉政公共事件处置不当的一个重要原因是领导和相关部门之间没有及时协调立场，没有尽早采取措施，错过了最佳的化解矛盾纠纷的时机。因此，一旦确认出现了涉政公共事件，应立即根据涉政公共事件的类型、涉及的范围、影响的程度，迅速组成由主要领导或主管领导、相关部门、相关专家、相关单位组成的处置领导小组和具体的工作机构，并明确第一负责人和分项工作牵头人、总协调人及新闻发言人，尽快实行统一领导与协调指挥，一个声音对外。

事件处理机构的组建应该体现分工明确、工作责任具体、工作要求到位、工作范围界限明晰、操作简明易行的要求。各工作小组之间既分工又合作，环环相扣，不出空档也不模糊打乱仗。在人员的选择上要突出选择那些党性原则强、个性好、公道正派、综合素质高的同志，并注意他们之间知识结构、性格结构和专业技能的合理搭配。

涉政公共事件的处理机构要有一套明确高效的运作程序，这包括快捷的决策程序、及时的信息报送处理程序、透明的运作程序、统一的新闻发言程序等等，防止因内部协调困难而影响事件的及时有效处置。

第三，明确态度控制蔓延。涉政公共事件处理应对机构成立之后，第一件事情就是要迅速向社会公众表明对该事件的处理态度。考虑到此时可能对引发事件的诱因还不清楚，事件的影响后果尚不确定，一定要本着诚恳、负责、公正、透明、解决问题的精神来展示诚意和积极的态度，给参与各方以正确的信号。在表达内容方面，要简明扼要，表达准确，一般应包括告诉社会公众发生了一件什么事，明确政府会立即着手调查查明事实真相，公正处理相关事务，同时如果出现人员伤亡情况，要明确表达对受害者的同情，关注和承担救治、善后责任。在情况未完全清楚的情况下，只谈事实，不说原因，只讲大原则、大框架，不过多涉及细节、具体解决方案，给事件的处置留有余地。

明确态度的同时，要迅速控制事态，尽量不让事态蔓延扩大甚至恶化。

这包括控制现场,对出现官民冲突的事件,首先要隔离冲突双方,稳定现场群众的情绪,不激化矛盾。鉴于群体性冲突型公共事件现场群众的情绪化、随意性、无序性、爆发性特征,[①]加上一些参与者的借机发泄心理、英雄情结、逆反和法不责众心理[②]的共同作用,现场很容易点燃,进入现场做工作的领导和相关人员必须是性格平和、群众口碑好、有威信的,最好有能与冲突弱势一方进行有效沟通的人士。必要时,党政一把手要亲赴现场做群众工作。若确属党政机关及其工作人员的错误或问题,现场领导要敢于担当,代为认错,并明确态度一定公正处理给群众以满意答复。

在控制现场、防止冲突的同时,要迅速控制和引导舆论,充分利用各种主流媒体、网络,把客观事实和政府对事件的态度告诉群众;对网络论坛的不实消息要及时发布正面消息给予引导;对外来记者要有专门队伍负责接待,主动提供相关情况信息,为他们有效采访提供帮助。这里特别要注意信息控制引导,不能过度,更不能做假,一般不宜采取断网、切断手机信号等影响社会公众生活交往等极端措施,更不能随意指责参与群众是"刁民"、"别有用心",为"不明真相"的"一小撮",把事件过度政治化。此外,不到万不得已,要慎用强力手段,慎用警力,除非发生大规模打砸抢烧情况,尽量避免与群众发生直接冲突。

第四,调查评估找出真相。对事件进行调查评估是科学正确有效处理的前提。在对外明确态度、控制事态的同时,应及时组织相关人员深入现场、深入群众,全面真实了解收集与涉政公共事件相关的信息,查明事件的真相,了解矛盾的症结。

在调查评估过程中,态度要严。严肃认真地对待事件参与各方反映的情况、诉求和陈述的事实,严肃认真地了解当事双方的观点、冲突过程、责任区间。工作要细。尽可能找到目击者,找回现场第一手资料,注意整个事件发展过程中的任何细节。内容要全。包括了解调查清楚整个事件发生过程的全部情况,时间、地点、直接当事人、相关人员、燃点、诱发原因,已经形成

---

① 唐钧:《政府形象与民意思维——政府直面群众与群众博弈政府》,中国传媒大学出版社 2009 年版,第 136 页。

② 于建嵘:《抗争性政治:中国政治社会学基本问题》,人民出版社 2010 年版,第 163 页。

的损失和受害人员的情况、可能发展的后果，冲突双方的要求，群众的反应、舆论、民情、关注的热点、偏向、期待等等。判断要准、要公。在广泛了解调查的基础上，要对整个事件的性质、产生原因、主要责任进行准确、公正的说明，为下一步制定处置解决方案提供有价值的素材。

调查评估过程，必须始终坚持相信群众、依靠群众，走群众路线。与双方当事人保持等距离，不偏不倚。除非必要，一般不应安排与冲突双方有直接利害关系的人士作为参与调查人员，确保调查评估的公信力。对争议较大的事件调查，可启动第三方调查机制和回避机制，同时可以吸纳有声望的专业人士和有影响的专业机构参与。

第五，制定方案化解矛盾。通过调查评估，掌握涉政公共事件的基本情况，特别是产生原因、问题症结、各方诉求之后，就可以马上着手研究制定应对事件的具体方案。涉政公共事件的处置方案首先必须确定事件处理的目标与原则。其次，要明确解决问题和冲突的重点环节、策略与时间安排。第三，如果牵涉到补偿赔付，要明确一个数量范围空间及资金来源。涉及认错纠错的要明确认错纠错的事项，确定发布人与发布时机。第四，涉及人员聚集的要明确协调沟通的对象、方式、策略以及给聚集人员下台阶的措施。第五，涉及责任追究的按干部管理权限拿出处理方案。第六，要明确善后与形象恢复策略，特别是舆情引导。最后，要有确保事件处理所需的人、财、物资准备。

涉政公共事件的处置方案应该具有可行性，符合法理情相结合原则，不与法律、政策产生明显冲突，不给全局工作带来后遗症，还要尽可能符合当事人双方的期待。其间的有些重点措施还要有弹性，有备选方案，给具体工作人员特别是沟通谈判人员以自主的策略空间。方案要尽可能征求相关专家的意见，确保整个方案在操作过程中能够落实到具体的事项之中。

第六，突出重点化解冲突。涉政公共事件应对方案出来以后，各工作小组就要按任务要求、分工要求、时间要求组织实施。在具体实施过程中必须突出当事人沟通、现场民众疏散、舆情引导、化解矛盾四个重点环节。如果是现场冲突型公共事件，要把主要精力、物力、人力、财力放在疏散现场、控制事件影响上。如果是网络舆情事件，则必须把公开事实真相，引导舆论放在重要位置。

在现实涉政公共事件的具体处置中，一定要综合运用各方资源、各方力量,形成工作合力,实现工作效果。首先,领导要到岗到位,个别涉及主要领导的涉政公共事件,上级机关领导要及时介入干预,防止事态拖大拖出问题。其次要发动系统内、单位内的政治优势和群众力量,有针对性地做工作。再次,个别牵涉公信力的事件,要有针对性邀请有威望和有公信力的权威、专家、学者来说明,以正视听。最后,在实施应对方案的过程中,所有参与人员都必须以积极的态度、诚恳的形象处事,展示出足够的善意,表达出足够的诚意,树立良好的处置形象。同时还要注意应对各种条件和情况的新变化,及时修订处置方案,提高处置效果与效率。

第七,总结改进重塑形象。涉政公共事件平息之后,必须对整个事件的处置过程进行总结评估,总结评估的主要内容包括:事件产生的诱发因素是什么?原因在哪里?是主观因素造成的还是客观因素造成的?这个问题是不是可以避免?如果不能避免,哪些工作环节需要完善?本次事件的发现是否及时?信息传递是否迅速准确?领导与相关部门的反应是否到位?对事件原因、性质的判断是否准确?拿出的应对方案是否可行有效?选择的策略、方法是否有效?处置成本是否适中?舆情引导是否到位?与群众和当事人的沟通是否及时、有效?整个事件的处置过程中还有哪些问题考虑不周、处置不当?有哪些地方值得今后出现类似事件时可以改进的?

通过对上述问题的总结,找出党政机关及其工作人员在政务活动中的问题和不足,及时在制度上、机制上予以改进和规范,尽可能防止不再重复发生。同时,通过对事件处置的总结评估,改进党政机关的工作、改善党和政府的形象。

处置应对涉政公共事件,还要注意策略,策略对头,事半功倍,策略失当,会将问题复杂化,增加处置的难度,降低处置效果,影响事件平息的进程,有时甚至带来新的涉政公共事件。

策略一:勇于担当不回避。涉政公共事件大多牵涉到官员的言行举止和决策、行政,谁都不愿意成为群众批评、舆论鞭笞的对象,因此,对面子观念极强的各级官员而言,遇到涉政公共事件最常见的问题就是不愿直面现实,总希望通过不回应、不处理、不明确表态来回避矛盾。如果是别人在工作生活中引发的问题更会能躲就躲,结果就造成许多涉政公共事件发生的初期处理不当、反应不快、回应社会公众和舆论不及时,使事情越拖越大、越炒越热。正确的策略应该是迅速作出回应,诚恳表明态度,属公共权力机关及其工作人员的问题、错误就迅速承认错误,并对社会公众造成的危害和影响表示歉意。就算不是自己的问题,也要主动与领导和当事人研究答复承担的办法,尽快消除事件炒作的根源。比如2008年2月,广东省卫生厅副厅长廖新波在自己的新浪博客"医生哥波子"里面一篇《冰封的连州》的文章中配发了一张自己下乡的照片,照片里面有部下为其打伞的情节,此细节被网民挖掘炒热,一下子带来了19万多的访问量,并对下属为领导干部打伞的事情进行批评。面对网上的批评,廖新波既没生气辩护,也没听之任之,而是在2月5日再写了一篇博客《为领导打伞对吗?》,原文照录了网友的批评帖子,并在博文中作了自我检讨。① 他的这一主动承担不回避的做法,得到了网民和舆论的高度肯定,事件被迅速平息,②并带来了政坛领导干部自行打伞的新风。

策略二:及时干预不放任。这一策略是对涉政公共事件当事人的上级而言的,尤其是一些涉政公共事件牵涉党政一把手的时候。涉政公共事件处置棘手、费力不讨好,容易出现你推给我、我推给你的情况。由于与一个地方的党政一把手相关,其他班子成员一般不便、不能出面斡旋,特别是当事领导还不认为引起了公共事件或者不认为是自己出错有责的时候。在当事人不愿认账、认责,其他人不敢、不能出面处理的情况下,如果上级不及时进行干预,就会让事件自由发展,其后果可能越弄越糟。因此,应对处置涉政公共事件,对上级领导而言,不能等,不能推,不能犹豫不决,而是该出手时就出手,及时出面干预,将事件尽量控制处理在发生的初期或者及时中止事件持续恶化带来的负面影响。如2007年12月29日曝光的陕西省榆林市绥德县的"史上最牛县长"事件。此事一经网上披露,随即引发了舆论的强烈质疑,2008年1月4日,刚从外地出差回到榆林的榆林市委书记周一波获知此事以后,连夜赶赴绥德调查了解事件的经过,并召开绥德县委、人大、政府、政协四套班子领导干部会议,从各级领导如何依法行政、执政为民的角度分析了问题实质,立即撤销了县公安局、教育局的两个处分决定,要求绥德县长、公安局长、教育局长向绥德职业中学校长道歉,并分别写出书

---

① 参见"医生哥波子"博客:《为领导打伞对吗?》,http://blog.sina.com.cn/s/blog_4940b3f601008hxy.html。

② 参见《一周聚集:给领导打伞对吗?》,《新民晚报》2008年2月17日第A12版。

面检查,还在1月4日深夜,亲自带着县长崔博等人到高勇校长家里慰问,此事迅速平息并被列为上级领导及时干预的成功案例。[①]

策略三:包容宽容不计较。涉政公共事件在发展的过程中,当事人也好,其他参与者也好,社会网络媒体也好,说话、行为不一定件件都正确、样样都合法、合情。有些可能是在情绪失控状态下的过激言行,有些可能属非主观意愿的攻击,还有的可能是从众的反应、道听途说的未经证实甚至是虚假的谣言和报道。在这种情况下,参与处理的领导一定要包容宽容,多想想对方的合理性,多理解对方的感情和心情;客观评价相关言行的影响和伤害、损害程度,不夸大不缩小,更不要去计较,骂回去、打回去,甚至动不动就将对方送到被告席上。

起诉、打官司、报复,都是涉政公共事件处理的大忌。因为在现代政治文明中,民众是权力的所有者,民众有权对公众人物的不当言行进行批评甚至指责,媒体更负有代表社会进行监督的重任。如果因为一些小事就去与百姓、媒体打官司,结果会引起社会公众的更大反感,为舆论炒作提供源源不断的素材。媒体骂官员不算新闻,官员骂媒体则可能很快成为引人瞩目的热门话题。媒体虽然相互间有竞争,但一旦遇到权力对媒体的傲慢,特别是压制的时候,他们马上会站在一起,共同来对付欺压、诉讼媒体的官员,有时甚至仅仅只是不配合、态度不好的官员。2005年,河南上蔡县被曝光为我国艾滋病的重灾区,该县害怕影响形象,宣传部门提出了"三不":不接受任何采访;不提供任何材料;不让记者接触任何群众。[②] 结果,就是这个"三不",让全国所有公众都知晓了河南有个艾滋病县。

策略四:错位转移不纠缠。在涉政公共事件的处理过程中,有一个经常犯的错误就是被情绪和舆论所左右,不知道主动出击,不会及时转移热点,结果疲于应付。事实上,涉政公共事件发生后,与事件有直接关联的事项并非如人们想象得那么多,有些其实非常简单,坦诚认错,认真整改,建立制度防止再犯就行了。为什么实际处理中都感觉到复杂和压力呢?主要是媒体

① 参见邹建华:《突发事件舆论引导策略:政府媒体危机公关案例回放与点评》,中共中央党校出版社2009年版,第38～40页。

② 洪向华主编:《媒体领导力——领导干部如何与媒体打交道》,中共党史出版社2009年版,第34页。

与情绪将一些原本无关的因素或者道听途说的不实信息与事件搅在一起，而大多数事件处理者面对突如其来的事件，缺乏冷静的信息分析和判断能力，什么问题都想不放过，都想解决，都想处理好让大家满意，结果发现，越想处理好越会感到难处理，被媒体与情绪拉进"有问必答、没完没了"的漩涡之中。2009 年 5 月 17 日，湖南株洲市待拆的红旗高架桥发生垮塌事故，由于该高架桥在准备拆除施工过程中，施工单位没有完全封闭施工，当时有几十辆包括公交车在内的各类车辆被埋或被砸。事件发生后，全国各地媒体记者云集，尽管市委、市政府反应迅速、指挥果断、处理有力，但因为一些媒体记者采访不细、不实，进行了一些想象、推断，给人感觉好像最后的遇难人数有点不真实。比如，整个事件被埋的车辆有 20 多辆，有人就"合理"推断，假设每辆车里有一个人就会有遇难者 20 多人，他们不知道，正是因为拆除造成堵车近 20 分钟，加上天气热，大多数司乘人员都在车外等待，高架桥垮塌时，大多数车里人员都因此躲过一劫。后来有些记者又到不同的殡仪馆了解遇难者的名字、性别，因为几个遇难者大多被压得面目全非，名字、性别在不同人士的口中就出现了个别误差，有的媒体就认为其中有问题。株洲市起初也随媒体起舞，媒体提出什么问题就组织相关报道予以说明，后来发现有些问题纯粹是媒体胡乱推测，遇难者家属都非常反感，便及时改进工作方式，不随媒体与舆论起舞，并同时将全市的工作重点、热点从对事件的关注中转移到别的方面，事件就很快冷却下来，不仅给后来的善后工作营造了好的环境，而且还给工作主题转移奠定了好的基础。

四、涉政公共事件处置过程中的沟通艺术

许多涉政公共事件都是因为事前、事中缺乏有效沟通引起的，许多事件从"小错"酿成"大祸"，很大程度上也是因为在沟通过程中，没有在关键时刻抓住关键问题、找到关键人物进行沟通的结果。因此，在处理应对涉政公共事件的过程中，与各方面、相关利益主体、社会公众、媒体等的沟通是一个十分重要的关键环节，通过沟通，可以化解分歧，增进了解，形成共识，缓解危机，促进事件的迅速解决。

沟通常用在人际交往中、矛盾协调中、商务谈判中，涉及工作、生活的方方面面和整个过程。它看起来简单，听、说、读、写、交流、演讲、会见、对话、

讨论、谈判、游说等都是沟通,但要做到有效沟通,却并不容易,因为,在沟通中要说好话,就有哪些话该说哪些不该说,什么时候可以说什么时候不能说,哪些人可以说哪些人不能说,有的场合可以说有的场合不能说的问题。在沟通中听别人的话,也有哪些该听哪些不该听,什么时候听什么时候不听,听的东西哪些可以回应哪些不回应的问题。提问、反馈、坚持、让步、妥协等等都有时间、场合、内容等各方面的选择问题。除了口头、书面语言,还有表情、姿势、动作等肢体语言,有些事一个眼神就可以达到心领神会的效果;有些事你可能说破了嘴还不如"沉默是金",毕竟弄不好还可能出现言多必失呢。

沟通的理论解释很多,简单地说,就是为了一个设定的目标,参与沟通各方通过语言等多种方式,将思想、观点、看法、信息、情感进行传递、交流、影响,并逐步达到消除隔阂分歧、形成共识双赢甚至多赢,谋求一致的过程。沟是手段、通是目的。在涉政公共事件的处理过程中,沟通可以消除紧张对立、化解冲突;可以消除误会,化解矛盾;可以拉近距离,稳定情绪;可以交流思想,解决问题;可以解释事实,引导舆论。总之,在处置全过程中,沟通必不可少,是重要的处理手段和工具。

(一)沟通的对象

选择正确的沟通对象是进行有效沟通的基础。对象不同,沟通的内容、重点、方式也不一样。根据涉政公共事件的类型、性质,沟通对象的侧重点也不一样,比如引发群体性冲突的事件,现场沟通就非常重要;而网络舆情性质的涉政公共事件,媒体沟通就摆在首位。一般而言,作为涉政公共事件的处理者政府,应该针对不同的事件,明确沟通重点对象,并按轻重缓急进行合理的排序,对象不同,沟通重点、方法和策略也不相同。

1. 单位或部门内部的员工。一旦发生了涉政公共事件,必须及时向事发单位或部门内部的员工通报情况,包括事件发生的要点、时间、过程、已经查清的事实、初步判断和工作想法,让内部员工首先了解事件的真相,统一大家的言行,防止内部产生谣言,稳定军心。很多部门在沟通过程中容易忽视内部人员的沟通,尤其在涉政公共事件与领导干部相关的时候,有些单位甚至对上级还企图隐瞒情况,这种做法的结果是让内部人员到处打听与猜测,让似是而非的谣言有产生的空间,更让内部员工产生不被信任的感觉,把他们推到共同责任之外。事实上，一旦发生涉政公共事件，外部公众首先想到的是到事发单位的熟人那里去打听了解情况，如果不能及时在内部员工中通报情况，统一思想认识，统一口径，就会让简单的事件有了多种解读，造成社会混乱，影响处理效果。

2. 事件的直接受害者。这是涉政公共事件处理过程中沟通的难点和重点。与事件直接受害者的沟通速度、态度和效率，直接影响着当事人对组织的看法，也直接关系党和政府及其公职人员在社会大众心目中的形象和信誉，其沟通效果直接影响甚至决定着事件的处理结果。对直接受害者的沟通应当确定专人负责。在沟通过程中，要直接与受害人接触，详细了解受害者的情况，耐心倾听受害者的诉求，坦诚地承担相应责任。如果受害者在涉政公共事件过程中也有责任、有过错，只要不是主观故意的，不是主要矛盾一方，就不要过于纠缠，更不宜立即追究，避免在事件现场与受害者发生冲突。要明确政府的诚意和处理态度。如果受害人不是涉政公共事件的主要责任人，沟通者要多进行安抚，主动了解受害者的各项要求，包括各项赔偿要求，及时向对方阐述政府立场和处理条件，如果双方差距不大，可以通过相互沟通让步，尽快达成一致。如果家属提出了不合理、不合情、不合政策法律且暂时难以满足的要求，沟通一方也要大度、忍让，尽可能避免发生口角等直接冲突，要通过多方解释、单独或私下沟通、进行有分寸的让步等方式，争取对方的理解。同时，把沟通贯穿于涉政公共事件处理全过程，依靠细心、贴心、专心的协调沟通化干戈为玉帛，赢得受害者及其家属的理解、原谅甚至感激，推动事件的处理。

3. 当事人。这是涉政公共事件沟通中的一个特殊对象，他既可能是事件的始作俑者，也可能是事件的无辜受害者，还可能是事件处置中最不易沟通的对象和出状况的对象。与当事人的沟通首先要耐心听取他的解释说明，了解当事人的思想动态，把他的判断、想法、解释、要求全面了解到位，站在当事人的角度对当时的言行进行梳理分析。其次，要根据调查情况按照实事求是的原则进行沟通，如果确实是当事人的不当言行引发的涉政公共事件，必须明确指出，并帮助分析原因，无论是否主观行为，都要督促当事人主动、诚恳出来承认错误、担当责任，不能回避，如果调查核实属于主观刻意人为造成的，在沟通中要直接了当给予批评教育，并明确告知可能要来的组织、纪律和行政处分情况，让当事人有心理准备。同时，要帮助当事人提高认识,积极协助组织和领导化解涉政公共事件中的问题与矛盾,在后果不严重的情况下,尽可能撮合当事人与受害者之间的沟通。对于被社会公众误解和媒体误伤的当事人,要及时开导使其把精力和注意力转移到别的工作上面,并全力支持他的工作,防止出现情绪波动而使事件恶化。

4. 媒体与网络。媒体与网络在涉政公共事件的产生、发展和处理过程中举足轻重,这方面沟通不好、不到位,会造成谣言和不正确的信息、舆论滋生,形成紧张的事件处置环境。与媒体的沟通要突出主动、坚持口径统一,充分展现诚意,努力实现让媒体网络从事件的评论者、批判者转为共同处置者,成为引导社会公众的重要力量,具体工作在后面的章节中会有继续论述。

5. 上级与同级政府的相关部门。现在是网络社会,信息传播速度非常快。一旦发生了涉政公共事件,首先必须尽快向上级报告事件的相关情况,特别是事件的来龙去脉。能说清原因的报告原因,不能说清的就报告原因还在调查中。如果需要上级实质支援的,必须及时表明需求内容和原因。在整个事件处置过程中,要随时将处理进展和问题向上级沟通,争取上级的理解、支持和指导。在与上级的沟通中一定要注意不能随便把矛盾和问题往上交,更不能把上级卷进来。同时,为了提高处理效率,形成处置合力,要通过个别谈话、分块开会、干部大会等各种方式在同级政府内部各部门之间进行有效沟通,正面引导大家把精力、把注意力都转移到有利于涉政公共事件的有效处理上。

6. 社会公众。涉政公共事件,社会公众都很关注,很多人还会通过网络、论坛、微博、传统媒体参与其间,也是社会舆情关注的热点。一定要通过提供及时、准确、公开、透明的信息,促进与社会公众的良性互动。考虑到民众对公权力的天然怀疑与排斥特点,在沟通方面要少说多做、行胜于言,特别不能像学生答题那样被舆论牵着走,而是根据涉政公共事件处置的原则重点与步骤,以尽快平息事态、促成各方和解为目标,不必计较社会公众的个别偏激甚至过头言论。

(二)沟通的原则

对于涉政公共事件这类危机事件中的沟通原则,西方学者作了大量分析,有一些已经成为学界公认的原则,比如英国危机公关专家里杰斯特

(Regester)提出的3T原则,即主动沟通(Tell your own tale)、全部沟通(Tell it all)、尽快沟通(Tell it fast)。[①] 用以解决"讲真话,还是不讲真话?"、"全部讲出来,还是部分讲出来?"以及"迅速讲出来,还是慢慢讲出来?"的问题。[②]

主动沟通:就是要主动对外披露事件的相关信息,不让谣言和噪音有产生的空间,掌握信息的主导权和主渠道。这一点非常重要,在信息社会里不能再像过去那样"做了再说"或者"只做不说"。完全用沉默代替沟通,会让所有该沟通的对象的疑问无处解答,主观臆测就会流行,流言谣言就会不断产生更新,让社会无所适从,影响处置工作。

全部沟通:就是组织将自己已经知道的涉政公共事件的详细真实情况全部告知公众,不隐瞒事件的任何真相。如果将涉政公共事件相关者分为当事人与旁观者两类,旁观者对事件的真实情况可能知情也可能不知情,当事人对事件信息可采取的策略可以是公开也可以是隐瞒。这样,沟通就可能存在四种策略选择:一是全盘否认。什么账都不认,都否认。此选择适合事情不大,旁观者不知情或者知情少的情景下。二是无可奉告。这是相对于争议比较大的涉政公共事件,在大家意见不一致,舆情分歧比较大,旁观者不完全知情或完全不知情的情景下。三是主动披露。就是不管旁观者知情或不知情,政府都选择主动公开向外公布事件的相关信息。四是被迫承认。就是在旁观者已经知情的情况下,随着事件有关信息的不断披露,当事人被迫承认。由于现代社会是一个高曝光度的社会,任何秘密随时都有可能被披露出来,这样,全盘否认实际上是自欺欺人,做不到,"是祸躲不脱,躲脱不是祸"。一旦事态败露,形象则大受损失。无可奉告则会招来各种猜疑,导致谣言四起,处处被动。被迫承认,也会给社会公众留下一个不诚实的形象,负面影响很大。只有主动披露、全面披露才是各方都可以接受和有利的策略。

尽快沟通:就是除了前面所说的"主动说、说真话"以外,还要"立即说",注意在第一时间沟通,走在谣言的前面。

福莱灵克公关咨询公司特别情况小组在研究危机沟通战术中,发明了

① 转引自刘刚:《危机管理》,中国经济出版社2004年版,第172页。

② 鲍勇剑、陈百助:《危机管理》,复旦大学出版社2003年版,第107页。

一个简单的公式：(3W+4R)8F+V1 或 V2，这一公式被称为危机公共成功的“金科玉律”。3W，就是说在任何一场危机中，沟通者需要尽快知道三件事：一是我们知道了什么（what did we know），二是我们什么时候知道的（when did we know about it），三是我们对此做了什么（what did we do about it）。迅速掌握这三个问题的答案，是较好沟通的基本条件。而正确的信息收集起来后，就要马上定位组织在这场危机中的态度了，这就是对要解决的问题确定 4R 态度，即遗憾（Regret）、改革（Reform）、赔偿（Restitution）、恢复（Recovery）。

有了上述 4 个方面的态度定位，沟通时还要注意遵循 8F 原则，即事实（Factual）：向公众沟通事实的真相；第一（First）：第一时间对问题作出反应；迅速（Fast）：处置要果断快速；坦率（Frank）：真诚沟通不回避；感受（Feeling）：与公众一起感同身受；论坛（Forum）：内部有一个准确可靠的信息来源渠道；灵活性（Flexibility）：根据事件发展变化，随机应变；反馈（Feedback）：随时对公众关注度高的问题及时反馈。如果 3W、4R 和 8F 都做正确、到位了，危机处理中组织就会表现出 V1——“勇于承担责任者”（Victim）的形象；相反，如果做不好，就很可能变成 V2——“小丑和恶棍”（Villain）的形象。①

美国著名公共关系专家卡特里普、森特与布鲁姆在他们合著的被誉为“公关圣经”的著作《有效的公共关系》中提出了有效沟通的“7C 原则”：Credibility：可信赖性，沟通双方要有基本的信赖；Context：一致性，指沟通必须与环境（物质的、社会的、心理的、时间的环境等等）相协调；Content：内容的可接受性，沟通内容必须与受众相关，能引起他们的兴趣，满足他们的需要；Clarity：表达的明确性，简洁明了，易于被公众理解接受；Channels：沟通渠道的多样性，采用多种方式沟通；Continuity and consistency：持续性与连贯性，沟通要有耐心，不断重复、补充、坚持到底；Capability of audience：受众能力的差异性，沟通要根据不同对象采用不同方法。②

---

① 庞亚辉：《“黄金法则”在危机管理中的妙用》，《财务与会计》2008 年第 6 期，第 66 页。

② ［美］格伦·布鲁姆、艾伦·森特、斯科特·卡特里普：《有效的公共关系》，明安香译，华夏出版社 2002 年版，第 353～354 页。

国内学者在这方面的研究也比较多，比如郑文斌在谈及管理沟通的时候，就提出了十大原则：公开性原则，简捷性原则，明确性原则，适度性原则，针对性原则，同步性原则，完整性原则，连续性原则，效率性原则，效益性原则等。① 有很多文章在具体细节上进行了分析，综合起来有下列值得在沟通中要注意的原则，这就是，坦白讲出自身的感受；不批评、不责备、不抱怨、不攻击、不说教；互相尊重；绝不口出恶言；不说不该说的话；不带着情绪去沟通、做决定；不争执、理性沟通；承认自己错了，敢说"我错了"；说"对不起"；有爱心，有耐心，有智慧；不放弃，相信努力可以化解任何误会和偏见；实在不行，也要等待转机等等。

参照上述有关沟通的原则，在处理涉政公共事件时，沟通工作要注意把握好以下几个方面：

1. 必须坚持速度第一，及时沟通。涉政公共事件发生以后，各方都可能出现无所适从的焦虑情绪，与事件相关的人员面对突然发生的事件可能手足无措，与事件无关的人员可能很想打听了解事件的真相，因此，必须尽快在第一时间向上级、组织内部成员、媒体、社会公众提供事件的真实信息，防止谣言主导舆论。对事件受害人与当事人要尽快进行沟通安抚，防止出现过激行为。

2. 必须展现真诚，主动沟通。主动还是被动，反映的是一级党委、政府及其领导对待涉政公共事件的态度，体现的是对民生的感情。如果是官员、机关的责任，主动道歉，主动处理改进，主动赔偿，主动上门说明情况，展现的是负责任的形象，给人感觉的是真心实意。即便不完全是官方、机关的责任，主动沟通也会赢得当事各方、利益相关者和社会公众的理解和支持，有利于矛盾的化解、形象的改善。如山西黑砖窑事件被媒体披露出来以后，山西省领导主动道歉，及时整改，媒体也从追责领导转到查证原因方面去。

3. 必须综合考虑各方面情况，适度沟通。涉政公共事件反映的是官民冲突，权力控制与服从的矛盾，非常敏感，在沟通过程中一定要准确、慎重，不能信口开河，口无遮拦。只说自己知道的事，不推理，不揣测，不预测。只说自己的事，不把别人拉进来，特别不能把上级和领导拉进来，把责任变相

---

① 郑文斌：《管理沟通新论之十七 · 管理沟通的十大沟通原则》，中国管理传播网，2003年9月25～26日，http://manage.org.cn/Article/200309/1746.html。

推给上级与领导,还不能污蔑同级、他人,以别人、别的地方都是这样做的来搪塞。如 2008 年东航云南分公司飞行员罢飞返航事件中,该公司为了应付乘客的赔偿要求,一说是天气原因造成的,二说是民航局规定不赔偿的,结果促使民航局出面否认天气影响飞机一说,让东航云南分公司说谎暴露于天下。只说已经研究确定了的事和法律、政策有明确规定的事,不包揽尚未研究或不属于自己的事。防止沟通过度,引火烧身,升级事态。

4. 必须注重方法,有效沟通。沟通要抓重点问题,注重关键问题的选择;要抓主要对象,注重重点对象的选择;要抓关键时刻,注重时机的选择;要抓合适的沟通工作者,注重具体工作人员的选择。区分不同的对象、不同的问题、不同的环境,采用不同的方式方法进行沟通。在沟通过程中要注意语言通俗、简明,不出歧义;要说到做到,不乱许诺;要上下一个调、前后一个声、内外一个样,不出噪音。

5. 必须注意运用第三方,曲线沟通。有些涉政公共事件,党政机关、公权力卷入比较深,政府机构及官员的公信力比较弱,当事双方对组织的沟通处理比较排斥,社会公众对政府公正处理比较怀疑。这个时候,为了提高沟通效果,改善沟通状况,可以请专家、权威、外地人士、社会组织、有影响的人物来协助沟通,提高说服力、影响力和公信力。

6. 必须记住合作的成本永远低于对抗的成本,坚持合作不对抗。大量的涉政公共事件处置实践案例说明,强制对抗效果一般都不理想,柔性处理常常事半功倍。因此,在处理的过程中,无论你多么正确、多么有理,也不能利用手中的公权力去整对方,逼对方对抗。尤其是对媒体和社会公众的非主观恶意错误,不要轻易去打官司,也不要轻易去逼对方打官司,那怕是你有足够的把握、证据打赢,因为,或许你的官司赢了,但在打官司过程中,你的形象可能早就毁了。

(三)沟通的三大重点

涉政公共事件的沟通目的在于缓和和化解矛盾冲突。在整个沟通过程中,如何说服受害者、当事人、利益相关方和社会公众接受处理方案,如何通过讨价还价相互让步形成共识,如何在沟通协调过程中给对方台阶下退出冲突等,就成为应对处置涉政公共事件沟通环节的重点和关键。

1. 说服要讲方法。涉政公共事件,很多情况都发生在利益、观念、价值的冲突上，要让对方放弃自己的观点、看法、主张，靠近你的观点、看法、主张，必须要有高水平的说服、劝服能力，这里面尤其是要有适当的说服方法，让对方感觉你说的、做的有道理，对他有利（至少是无害的）。

说服，也叫劝服，属于传播学和公共关系学研究的概念，它是借助于语言这个媒介，通过互动与交流，让他人接受、认可并最终践行某种观点的过程。古今中外，都对说服、劝服手段非常重视，我国古代战争历来就强调"攻心为上"，希望"不战而屈人之兵"。"舌头、美元、原子弹"，被美国人称为20世纪成功的三大武器，到当代，他们仍然认为"舌头、美元、电脑"是美国主宰世界的利器。人的一生也常处在"说服自己与说服别人"两项活动之中，说服自己可以快乐自信，说服别人更可能有钱有名。

类似涉政公共事件这类危机事件中的说服模式，西方有两种经典劝服理论。一是美国实验心理学家卡尔·霍夫兰的行为主义劝服模式。二是著名传播学者荷兰阿姆斯特丹大学传播学终身教授美国人丹尼斯·麦奎尔的认识主义劝服模式。霍夫兰在1953年出版的《传播与劝服》一书中，分别从传播者、传播讯息、阅听人以及阅听人的反应四个方面进行了研究，他从被劝服者态度改变、传播信息的可信度、阅听人的人格特质、阅听人的反应等方面的行为分析发现，有效的劝服模式可以简单归结为以下几个基本要点：①劝服者的条件，能否给对方好的印象；②信息的劝服是否有力，理由是否充分，论据是否确凿；③诉诸情感还是诉诸理智，动之以情，晓之以理；④注意不同信息的表达程序；⑤劝服者要把结论明白的表达出来，这样可以强调自己的论点，获得较好的劝服效果。[①]

传播学者麦奎尔在认知平衡和认知和谐理论的启发下，提出了著名的传播劝服矩阵，这就是：接触→注意→引起兴趣→理解→获得→态度改变→记忆→当有行动的机会时，提取支持新态度的信息→决定照此行动→行动→如果照新态度采取的行动未得到强化，则新态度受到损害，相反会获得巩固。[②] 从麦奎尔的劝服矩阵可以发现，在危机沟通中必须注意几个重点：一是如何引起被劝服者的关注与兴趣，怎么让对方进入沟通的环节中来，是主动进取还是消极等待，是单向联系还是多渠道出去？二是劝服、说服的内容

---

① 参见董传仪：《危机管理学》，中国传媒大学出版社2007年版，第155页。

② 参见董传仪：《危机管理学》，中国传媒大学出版社2007年版，第156页。

是什么?在内容选择与设计上如何提出利益相关者感兴趣的话题?如何让利益相关者能够理解与接受?三是劝服、说服的节奏、进程如何把握?什么时候打快攻,迅速说服公众,什么时候慢慢影响,用恒心去融化坚冰,也就是如何通过言辞情境、气氛促使利益相关者的态度转变。四是如何寻找到最佳的劝服、说服主题?要通过这个主题设计最大限度吸引公众参与。五是如何强化劝服效果?这就是当劝服、说服后利益相关者的行为被证明有效时,劝服者要加以强化和巩固;当其受挫时,劝服者则宜助其寻找原因和理由,以避免态度和立场走向另一个极端。因为,在危机状态下,利益相关者采纳了劝服者的意见并不意味着他已经深信不疑、立场坚定,他总是在游移,寻找新的可能。因此,劝服者有必要持续地补充新信息、新理由,以强化已经达成的劝服效果。①

由上面的理论分析可见,说服、劝服必须注重方法,这方面的要点包括:①做工作的人的选择:一定要派正派、诚实、有威信,在群众心目中口碑好,又与事件各方都无利益关联的,有一定级别层级的人出面,这就会给对方以重视的感觉,有安全可靠的感觉,从而夯实信赖的基础,这是有效说服、劝服的前提。②说服内容的选择:要把劝说放在对方最关心的利益诉求上,放在社会公众最关注的热点、焦点上,不能避重就轻,更不能转移话题,给人感觉缺乏诚意。劝说的信息一定要真实可靠,说明的理由一定要符合法律、政策和情理。③劝服、说服的方式、渠道的选择要多种多样。首先从形式上看,要注意语调、语态,让被说服者能尽快受到感染、进入状态。说服,7%靠语言表达,55%靠肢体语言,38%取决于语调和声音,显然,在劝说过程中,必须要有情感投入。其次从对象上看,要分清共性与个性,分别采取集体说服和单独说服的方式进行,一般而言,分开单独说服的效果比集体说服的效果更好,尤其是矛盾双方意见分歧较大的时候。再次,要注意表达方式和不同信息的表达次序,坏消息最好一次说完,好消息可以不断强化。④劝服、说服节奏和情景的选择,要因人因事因时而异。对个体利益损失不大的事件,宜快刀斩乱麻,及时公开快速表达意图,披露客观真实的信息。对个体利益影响很大的事件,矛盾尖锐、干群关系紧张的地方出现的涉政公共事件,必须根据对方的态度配合而定,不能过于强迫、霸蛮,导致适得其反。特别在

① 参见董传仪:《危机管理学》,中国传媒大学出版社2007年版,第156页。

对方情绪激动、非理性的时候，先做稳定情绪的工作，尽可能先拉近心与心的距离，再做说服工作。⑤要有耐心和信心。做涉政公共事件的说服工作，信心与耐心非常重要，要坚信群众、当事人是讲道理、懂道理、能说动的，不能因为一句话，一次说服被顶了回来就失去信心，而要用自己的真诚、耐心、道理、实事去感化对方。⑥要及时关注工作进展，抓住突然出现的转机，巩固说服、劝服工作成果。有时在说服、劝服工作中引起了对方的正面回应，要及时抓住机会巩固共识，强化说服效果，促使对方在行动上配合，必要时可以连续作战，将该解决的问题沟通到位。

2. 谈判、让步要把握火候。涉政公共事件如果引发了受害人的损失，在赔偿、补偿方面进行谈判肯定是难点和焦点，所有沟通都无法回避这个问题，这是一门很高的艺术，要做到既坚守自己的立场、底线，又让对方觉得达到目标，实现了愿望，最后要能实现和解双赢。

与受害者沟通谈话之前，一定要根据事件的性质、责任、受害和损失的程度、近期其他地方类似事件及本地相关事件曾有的赔偿标准等，共同研究决策明确一个谈判赔偿、补偿的标准中线，以利于谈话人在与受害者的沟通过程中把握底线。在这个基础上选择一位对方信任又能接受还会做工作的领导或有关同志直接与之沟通，做赔偿、补偿谈判沟通的工作人员一定要有好的心理素质，快速的反应能力，灵活的策略能力。要能够在瞬间内掌握对方的心态和心理变化，做到进退有据有度，随机应变，必要时还可以面不改色心不跳地转变立场。

在具体的谈判进程中，作为受害一方肯定希望在博弈中多获取一些利益，而这一次较高的赔偿、补偿很可能又成为下一次赔偿、补偿加价的理由。因此，在沟通过程中要把握以下几点：①要告知对方你的赔偿、补偿方案是在政策、法律范围内和实际损失评估之上最优、最有利于对方的方案。②如果对方提出的要求过高，就帮助他分析哪些合理，哪些不合理，哪些现实，哪些不现实；如果他还不死心，就可以帮助他算账，算利害得失，让他知足而退。③注重外围工作，通过当事人的亲朋好友以第三方的身份、旁观者的身份对其进行劝说，让他逐步放弃过分过高的要求，逐步向协调目标靠近。④在对方开始让步的前提下，给予及时的回应，比如一些道义感情上的关怀，尽可能满足对方一些抽象的价值诉求，比如追责查责、承诺公平公正处理等等。⑤在沟通进程中一定把握好让步的火候与分寸。随着对方的让步，与目标数字的靠近,可以通过其他方面的弥补,把对方一部分的注意力引导到金钱补偿之外、政策之外,进一步拉近双方的距离,最后,在比较接近的时候,用自己的让步加码来换取对方的让步减码,最终达成协议,实现目标。⑥一旦目标达成,就要排除一切干扰、困难,迅速签署协议,兑现补偿,不能拖,不能变。因为一拖就会夜长梦多,万一对方受人影响变卦反悔就又麻烦了。

3. 给对方台阶下要抓住时机。通过沟通,有些矛盾也弄清了,有些要求也满足了,这个时候,如何尽快给对方一个台阶下去就成为涉政公共事件圆满解决的一个关节点。由于人都有虚荣心与自尊心,像涉政公共事件这类事情既然闹大了,为了保住面子,维护自尊,可能双方都会各不相让,其结果是关系越拧越紧,矛盾越闹越僵。事实上,有时通过沟通,只需给对方一个台阶,双方都会解脱,事情也可圆满解决。

作为公权力一方,在处理涉政公共事件的时候,应该主动沟通,主动放下身段,不计较,主动给对方台阶下。那么在什么情况下要主动送对方台阶平息事态呢? 一是在对方自我意识到理由不充足而松口示弱的时候,马上肯定他们,让他们下台解脱。二是在双方争执不下的时候,不妨用假设句,以有条件的语言来让对方下台阶。三是在各项矛盾纠纷的解决都基本达成一致,矛盾一方有意思离开的时候,创造条件,比如要机关单位组织车辆送他们回家,既给他们面子,也让他们有台阶可下。总的来说,在官民冲突的涉政公共事件处理过程中,强势一方的公权力,就是有理也不要"得理不饶人",更不能像小朋友吵架那样,当众揭对方的隐私、错处,有意渲染对方的问题、过失、失误,穷追猛打,而最多只能"点到为止",不露声色"给台阶",主动担当"造台阶",风趣幽默"送台阶",积极服务,搭一个梯子,让对方从容下台,尊重了别人,也解放了自己。

(四)对话沟通的艺术

沟通可以交流信息,可以改善情绪,可以调解行为,在涉政公共事件的处理中,必须高度重视对话沟通工作。

9·11 之后,美国众多新闻机构、学者和咨询公司对世贸大厦中二千多家企业做了多方面的危机情境调查。其中大部分的问卷与访谈都集中在"危机中如何沟通"这一共同关心的课题之上。调查结果显示,有效沟通大致有 10 个方面：①领导亲临现场。②选择大众媒体传递信息。③简短扼要，不讲套话，"真诚"沟通。④不要高声叫嚷，不使紧张气氛更加令人恐慌。⑤军事化的口令重复往往很有效。⑥选择首先响应者做沟通热点，用响应者去带动犹豫和迟疑的跟随者。⑦与媒体沟通时应该选择正面的语句，不要正话反说。⑧与媒体保持良好的关系，确保他们能将你要讲的话正确无误地传达出去，不要把媒体推到你的对立面。⑨不做问题的奴隶，正面表达你的意思，更不要去回答猜测、预测性的问题。⑩沟通之前做好充分的准备，准备所有的数据，最好预测一下可能会遇到什么样的问题。①

在涉政公共事件的对话沟通中，我们也要把握好以下几个方面：

一是对话沟通的人要选准。一定要选择能够给事件相关方有信赖感、亲近感的人，感情距离近的人、容易接受的人。

二是对话沟通的对象要选定。尽可能选出有影响力的代表对话沟通，不然众口难调，说得再多也没有用。

三是认真倾听代表们的诉求。用心去听他们说什么，不要计较他们怎么说，尽可能不去打断他们，给予足够的时间。因为会说的不如会听的，倾听是对人最好的恭维，可以满足对方的表现欲。倾听过程既是你掌握情况、思考对策的过程，更是让他们发泄怨气、表达诉求、静下心来的过程。无论对错，切忌在代表和对方发言中去驳斥他们的观点，从而发生争执、形成对峙。

四是带着感情，针对问题，结合发展前景来开展对话沟通。在对话沟通过程中要迅速归纳对方的诉求重点，分类处理，在交流回复之前可以说一些轻松的话题，活跃气氛，接近距离，多想办法解决问题，多展示诚意，关注利益相关者，尽量少用或不用强力手段。对合理合法有政策的，及时明确答复。对不符合政策但于理有据、于情可原的可以先肯定他们的观点中合理成分，再说明难处和态度，可支持但需变通的告知自己的态度；属暂时不行的说明理由，说出的理由最好能让对方感觉这类事件的处理不只是单独针对他一个，大家都是一样的；对完全没有道理的无理要求，不要直接驳回，最好用类比法、算账法、参照法给予说明，让他们自己感觉到确实是做不到。

五是注意表达方式和语言艺术。多用文明礼貌用语、平等对话，保持表

---

① 鲍勇剑、陈百助：《危机管理》，复旦大学出版社 2003 年版，第 115～117 页。

情温和与冷静稳重；少说或不说否定语、蔑视语、烦燥语、斗气语，不给对方沉不住气的感觉，而且越是这样越容易出错；尽可能地用委婉的、幽默的，他人听得明白、容易接受的语言方式讲话。

六是敢于妥协退让，学会迂回，用柔性的办法解决问题。是自己错了就勇于承认，不能为了面子把事情越弄越大、越弄越糟。对有些老百姓明显不赞成、不欢迎的决策、政策、项目，要及时选择放弃、退让。对一些容易引发官民正面冲突的问题不要硬碰硬，用其他迂回的方法去解决。

第五章　涉政公共事件中的信息管理与舆情引导

当今社会，是一个高度透明、开放的信息社会。随着信息技术和互联网的普及，当今时代，又是一个媒体飞速发展的时代，传统媒体在不断创新、拓展，新兴媒体又不断涌现，无处不在、无时不在的媒体，不仅深刻影响着人们的生活，更给执政党、执政者提出了新的考验。在涉政公共事件的处置过程中就可以深刻体会到这一点。

一、信息管理与舆情引导在涉政公共事件处置过程的作用

信息、话语、媒介、舆情，是涉政公共事件发展过程中的重要环节，也是涉政公共事件处置过程中最难驾驭的变量，它不仅可以影响甚至决定涉政公共事件的走向，有时，这些话题、舆情本身可能就是网络舆情涉政公共事件。因此，离中南海最近的是网络，离老百姓最近的也是网络。

信息传播作为涉政公共事件发生、应对、处置过程中的重要环节，从某种角度上看，涉政公共事件的发生学逻辑就是在信息传播与管理的过程中，特定信息的传播使得单纯的事情、事故可能最终走向公共事件、群体性事件，并且由于不同信息的推动，群体性事件、公共事件走向发展与高潮，最终又由于信息的有效管理而趋于平静。① 在一定意义上说，许多涉政公共事件不是因网络媒体挖掘点燃，就是因为媒体舆情放大。信息管理与舆情引导在涉政公共事件的产生、发展、处置过程中地位重要、作用巨大。

---

① 参见王向民：《群体性事件中的信息传播与管理》，《探索与争鸣》2009 年第 3 期，第 19 页。

(一)舆情的聚焦与放大器

在公务活动中，由于转型时期许多官员和公权力行使者对权力的边界不清楚，什么时候用什么身份、说什么话、用什么资源的分工界线不清楚，一些自己觉得不出格、不大的“小事”常常变成舆论关注的焦点，通过网络、媒体放大，变成公共事件。例如2011年5月2日18时，因广州地区有雷雨，正在北京至广州航线上飞行的著名笑星赵本山一行的商务包机，不能在广州机场降落，只好求助在最近的机场备降。湖南常德桃花源机场接受了该飞机的备降任务。这原本是一起常发的天气影响飞机改降或临时停降非目的机场的普通事情，却因为常德市长与市政府副秘书长等领导第一时间赶到机场而备受舆论瞩目，常德市长的这一“追星”行为让许多网民感觉“不舒服”，一时成为网上舆情关注的热点，许多网友、媒体批评该市长的行为是“非正常、非必要”的涉嫌占用公共资源的行为。① 如果不是信息传播，如果没有媒体、网络报道，这在传统观念看来一起简单的公务活动，绝不会演变成需政府新闻办出面说明的涉政公共事件。

也是在2011年5月初，许多人都在关心一个叫徐武的人，他曾经是湖北武汉市武汉钢铁集团公司保卫科消防员，因多次上访被宣布“患有精神病”，2006年12月由武钢第二职工医院精神科强制收治。2011年4月19日，徐武从关押他的医院病房成功逃脱，到广州曝光原单位对他进行迫害、非法收治在精神病院长达4年的经历。4月21日广州的医院对徐武进行了诊断，否定了他患有精神病，随后4月27日在南方电视台生活区被武汉警方“跨省”押回。此事被媒体曝光后马上成为全国舆论关注的焦点。5月5日，《人民日报》刊发时评，呼吁“精神病收治”不得偏离法治轨道，而同日的央视《新闻1+1》节目亦聚焦“徐武事件”，言辞指向公民人身权利被肆意侵犯的不堪现实。5月6日下午，湖北当地媒体刊发简讯称，此事得到该省主要领导的批示，有关部门已组成联合调查组，赴武钢展开调查。② 此事件迅速演变为涉政公共事件得到国人的普遍关注，主要原因在于：一是徐武是

---

① 参见《赵本山包机迫降常德市长迎接，网友批占用公共资源》，新华网，2011年5月5日，http://news.xinhuanet.com/society/2011-05/05/c_121381788.htm。

② 参见范正伟：《“精神病收治”不得偏离法治轨道》，《人民日报》2011年5月5日第9版；《法治化解决“徐武事件”，正义才有复制可能》，《南方都市报》2011年5月7日第AA02版。

不是有“被精神病”的质疑，由此演绎到全国被收治的精神病例中有多少属其他原因而非病理原因“被精神病”的。二是北京大学法学院王锡锌教授在中央电视台2011年5月5日《新闻1+1》节目中所关注的“对精神病的收治得不到法律的约束，那么每个人都可能成为精神病人”，“今天的徐武可能就是明天的我们”。公民的权益如何受到保护，人民群众的安全感从何而来？三是动用警力跨省追寻问题，“徐武虽然从精神病院逃出，但他既不是犯罪嫌疑人、也不是在逃罪犯，有关方面直接介入不仅于法无据，还会让人疑窦丛生：为何对一个‘精神病人’如此关心？”①虽然武汉与武钢方面对此事不予回应或语焉不详，但在不断升级聚焦的舆情面前，他们的上级湖北省委作出了明智的选择，直接干预组成联合调查组来改进形象。

因为媒体、舆情关注而引发有影响的涉政公共事件这些年可谓层出不穷，从2003年的非典、孙志刚事件；2004年的安徽阜阳大头奶粉事件、山东济宁副市长下跪事件；2005年的苏丹红与松花江水污染事件，2011年江苏响水化工厂爆炸谣言、上海“染色馒头”事件、江西抚州连环爆炸案、湖南邵阳计生官员抢婴儿牟利、广东增城“新塘事件”以及黑龙江方正县为日本开拓团立碑事件等等。这些频繁出现的网络事件，大多系网上舆论引发、传统媒体关注参与，相互叠加形成舆情热点，这些事件的主体、性质、特点虽然不同，但却都是因为媒体、网络、信息的聚集、放大，而扩大了事件的影响力。同样，其结果或是通过媒体、舆情的及时引导，化解了矛盾，促进事件顺利解决，或是因为应对媒体、网络不当，扩大负面影响，形成新的舆情公共事件。而涉政公共事件一旦被媒体、舆论聚集，势必增大处置压力、增加处置难度。

（二）事实的理清与混淆者

在涉政公共事件发展整个过程中，信息的作用非常关键，它在事件的产生过程中是“催化剂”、“导火索”，在事件的发展过程中是“助燃剂”、“推动器”，在事件的恶化过程中能“推波助澜”，在事件的解决过程中可以“力挽狂澜”。②

---

①　参见范正伟：《“精神病收治”不得偏离法治轨道》，《人民日报》2011年5月5日第9版。

②　王敏、喻发胜：《浅析近年来群体性事件中信息的传播》，《华中师范大学研究生学报》2009年6月第2期，第63页。

一般而言,在涉政公共事件整个过程中,信息传播大致可以分成四个发展阶段:一是事件发生初期的描述与议论阶段。当涉政公共事件发生时,现场群众或许是偶然“撞见”,或许是就近旁观,还有可能是利益类似相连,大多出于一种对受害者的本能同情和对加害者的本能义愤,相互关心、询问、交流、议论,然后使涉政公共事件信息进入口口相传的“议论纷纷”阶段。此阶段旁观者“观众”是信息传播的主体,口口相传为主要传播方式,传播信息给人感觉有较强可信度,但由于口口相传可以随意加工、处置和想当然、乱推断及自主选择,容易导致信息在传播过程中失真。二是事件发展过程中的“流言四起”阶段。由于大多数公权力机关及其公众人物对涉政公共事件信息的把握与处置慢半拍,在没有主导信息的情况下,流言就有了滋生的土壤,在传言基础上,人们按照自己的价值观、判断和“虚构联想”,对外来信息进行编辑、加工、削平、磨尖、强调化、同化,形成所谓可信度较高的、似是而非的流言,在“以讹传讹”、“越传越走样”的规律作用下,造成“流言四起”,事件被复杂化。三是事件发展高潮的“谣言惑众”阶段,随着围观、关注事件的旁观者越来越多,在仇官仇富仇不公和闹大心理驱使下,一些“流言”被利用变成“谣言”传播,煽动社会的同情心理和打抱不平心理,使事件越闹越大,处置越来越难,是非越来越不分。[1] 四是事件处理过程中的信息梳理阶段。面对日益升级的涉政公共事件,事发主体机关及其上级可能采取信息公开、透明措施,还原事件整个过程,公开处置各个环节,让谣言、流言不攻自破,没有市场,旁观者也会因为真相已大白天下而丧失关注兴趣,事件逐渐得以平息。

显然,由于网络的飞速发展,当代涉政公共事件中信息的传播已经出现了新的情况,信息的传递从过去的直线、线性模式发展到循环、网状结构,每个人既是信息的接收者,也是信息的发布者,传言、流言甚至谣言非常容易成为信息传播的主要形式。“小道消息”的泛滥,让正式的、正规的、正确的、正面的信息面临着被稀释、摊薄和湮灭的压力。如果不能及时快速有效疏导、理清和发布让人信服的正面信息,舆情就会让危机扩大恶化,造成新的、更大的危机。因此,理清还是混淆事实,在涉政公共事件处置中意义重

---

① 以上参见曹英:《群体性事件中的信息传播流程、节点与心理接受机制》,《河南社会科学》2009 年第 1 期,第 133～136 页。

大。无论是四川大竹事件、重庆万州事件还是安徽池州事件、贵州瓮安事件、湖北石首事件，谣言的传播和放任，是导致公众情绪激昂、丧失理性、走向失控的关键。

（三）公众需求的满足者与公众情绪的引导者

涉政公共事件大多属突发事件，不确定性是它的重要特征。这种不确性往往又容易引发社会公众的恐慌心理，使得与事件相关的各种信息成为公众的渴求目标。正如中国社会科学院新闻与传播研究所学者明安香曾指出的：突发事件发生时，其特殊性决定了公众对突发事件的一切相关信息的空前渴求，即"危机信息渴求"。突出表现为两大特性：一是对于获知重大危机信息的迫不及待性（及时性），渴望知道有关重大危机事件的信息越早越好，渴望及早知道重大危机事件是何时发生的，何地发生的，如何发生的，危害有多大，会如何发展，个人和家庭应该如何采取紧急应对和防范措施等等，以便及早做到心中有数、有所防范，尽量减少自身生命财产的威胁和损失、开展自防自救。二是对于获知重大危机事件信息的如饥似渴性（充分性），渴望知道有关危机事件的信息越多越好、越充分越好、越全面越好，渴望知道政府采取了哪些应对措施，这些措施是否到位、得力、及时等等。①通俗地说，公众也会按照与自己的相关程度表现出对信息的不同层次渴求：事关生命财产安全的信息摆在第一；攸关重大利益的摆在次之；在地理上、心理上、关联上有联系事件的信息再次之；与自己兴趣相关的事件也有需求。

由上可见，涉政公共事件发生以后，社会公众迫切需要政府及时、客观、真实地公布与事件相关的所有信息，以实现知情权的满足。公众只有对事件信息有了全面、客观、真实的了解，才不会去相信传言、谣言，才会更加积极主动配合政府采取措施平息事态。如果政府不能及时、全面、真实地提供信息，社会公众就会通过打听、搜寻、偏信等去了解与事件相关的信息，这就让谣言有空子可钻，这些年多次多地出现的诸如地震、爆炸、流行病、核辐射、毒气泄漏等谣言导致的大量群众外逃或者跑出户外的涉政公共事件，都

---

① 转引自杨魁、刘晓程：《政府·媒体·公众：突发事件信息传播应急机制研究》，中国社会科学出版社 2010 年版，第 51～52 页。

是因为相关部门在群众疑虑、担心、害怕、无助的时候没有及时提供客观、真实、全面的信息。假如有关部门能反应更快一点，应对更及时一些，信息更公开一些，各种地震传言、抢购风暴也许就不会发生。

同时，面对突发的公共事件，媒体、网络、论坛的报道、评判指向，很大程度上影响着社会公众对事件和信息的判断。由于网络的匿名效应，按照自身的好恶发表不理智的、没有法律道德约束的言论便司空见惯，容易出现以偏概全、断章取义、胡乱猜测、片面推断、夸大夸张，使得网络民意表达和社会舆情走向歧途，这在涉政公共事件发展过程中可能严重影响群体心理和情绪，很容易诱发群体性事件的极端结果。因为，涉政公共事件主体是官民冲突、官民矛盾，在人们沉淀的记忆被深处，“官员欺压百姓”这一原型本身便包含了“替天行道”、“为民申冤”、“打抱不平”等后续情节和愤恨情绪，当网络或媒体将“欺压百姓”的集体记忆激活以后，“替天行道”、“路见不平，拔刀相助”等有关情绪和行动的集体记忆被唤起，必然使非直接利益相关的冲突和泄愤型冲突走向现实。① 此时，只有全面、客观、全部、真实地公开信息，进行议程设置引导舆论，才可能扭转公权力和公众人物在事件处理中的被动局面。非典、三鹿奶粉、“躲猫猫”、华南虎照等一系列涉政公共事件，就是在舆论引导方面没有做到客观、真实、及时等要求，导致事情越闹越大，一批官员为此付出代价。只有不捂、不盖、不删、不硬来、不对抗、不火上浇油，学会“适用”，学会“识别”，不随网络舆情起舞，按照事件发展实际和新闻引导规律，通过巧妙“引导”，让官方信息、主流观点成为舆情主导，涉政公共事件的处置才会有一个宽松、和谐、有利的舆论环境。总之，媒体是把“双刃剑”，可以导向积极、稳定，也可能导致过度反应、恐慌，甚至破坏。

（四）政府决策和主体行为的基础

信息是各种决策的基础、灵魂，是各类行为的前提。在涉政公共事件产生发展过程中，信息对政府决策、各类主体行为的影响很大。这里面，首先信息必须真实可靠。只有正确信息支持的决策才会是正确的决策，许多涉政公共事件处置过程一波三折甚至多折，主要原因就在于信息不真实、准

---

① 曾庆香、李蔚：《群体性事件：信息传播与政府应对》，中国书籍出版社 2010 年版，第 108 页。

确。许多矿难最后酿成涉政公共事件,根本原因就在于业主与地方政府出于自利考虑隐瞒真实信息。有些简单的行政失误演化为影响很大的公共事件,也主要是因为有关领导对涉政公共事件信息反应不当,没有高度重视,没有采取得力措施,以至于事情越弄越糟、越弄越大。其次,信息必须反映及时、上报及时。《中华人民共和国突发事件应对法》明确了国务院建立全国统一的突发事件信息系统,并对突发事件信息的收集、评估、上报都作了明确规定。《国家突发公共事件总体应急预案》还明确了"特别重大或者重大突发公共事件发生后,各地区、各部门要立即报告,最迟不得超过4小时,同时通报有关地区和部门。应急处置过程中,要及时续报有关情况。"①许多涉政公共事件是因为信息不及时,有关责任人不是压就是拖,最后造成事件不可收拾。再次,信息必须完整、准确。涉政公共事件可能事关各方,出于避险逃责的考虑,很多部门甚至媒体、相关方都可能只报对自己有利的信息,不报对自己不利的信息,这样,决策过程就全部被不完整的信息所包围,正确的决策也会难以出台。总的来看,涉政公共事件相关信息的完整度、精确度、可信度就成为处置应对决策的一个重要环节。

政府危机决策有赖于信息,民众和其他主体在突发公共事件中的行为也与外界信息紧密相关。就涉政公共事件而言,其产生、酿大有一个重要因素就在于相关信息的交流沟通不到位。可以说,"部分地方政府信息失真、信息不对称、信息不公开是导致民众心理失衡和利益失衡,诱发群体性事件的助燃剂"②。这一点更适应涉政公共事件。它表现在:

1. 信息不公开和滞后引发群体自救行为。有些涉政公共事件,起初只是一些小事、工作的细节,如果政府相关部门在工作中能及时对外公开、说明或者报道,就不会发展到群体行为异常。但许多地方政府及其工作人员常常只记得做,不注意说,导致群众茫然、误解,一旦有传闻夹杂其间发生作用就会形成人群共识,人们出于避险和安全的考虑,宁愿信其有,不愿万一真变成受害者。在政府信息迟迟不能公开说明的情况下,他们就以被动的

---

① 以上参见于建嵘等:《变话:引导舆论新方式》,世界图书出版公司北京公司2010年版。

② 谭和平:《群体性事件诱因及其消解——基于信息公开视角》,《中共杭州市委党校学报》2007年第1期,第28页。

"自我救济"行为来应对。如抢购、逃亡、回避等消极应付和集体散步、主动上访等极端方式逼政府表态。2009 年 7 月发生在河南开封杞县的"杞人忧钴"万人大逃亡事件。2011 年 3 月日本大地震期间的我国"抢盐"风潮都属于此类。

2. 信息失真激化群体情绪。许多涉政公共事件与参与者无任何直接利益关联,最后却能把大家都卷进来,一个根本的原因就是许多地方政府公布的信息失真,有些甚至缺乏基本常识,纯粹是欺骗和愚弄民众。现阶段地方政府及其官员之所以公信力不足、威信弱化、凝聚力不够,一个根本的原因在于政府及其官员本身缺乏诚信,说一套做一套,那些所谓的"公开",也纯粹是做做形式、走走过场,应付上级检查和群众期盼的,真正的、真实的情况绝不是"公开"信息所能解释的。例如国务院要求财政公布预算与"三公"消费,在我国现行制度下,预算纯粹是个形式,真正的问题在预算外,如果能将每年的预算与决算一同公布并解释说明决算与预算差距的原因与细节,那样的公开才有真正效果。"三公"消费更是雾里看花,任何单位、层级都不可能老老实实、原原本本公开"三公"消费情况,就像大多数干部不愿老老实实公布个人和家庭财产一样,这也是 2010 年 3 月四川巴中市白庙乡定期公示开支经费,"全裸"之后,上级领导都"不敢"去该乡,使该乡工作举步维艰的根本原因。

3. 信息的放任带来群体性恐慌或抗争。前文说过,面对类似涉政公共事件这样的突发事件,社会公众有强烈的信息需求,各类媒体在事件的报道中对信息的传播起着十分重要的作用。但由于涉政公共事件存在很多不确定性,新闻媒体的报道就有个议题管理和信息选择问题,如果选择不当,信息的发布量越大,带来的负面影响也就越大,不仅不能安抚民众,而且可能形成紧张恐惧感。例如 2003 年非典期间,前期是集体失语,听任谣言、传言传播,当全国各地抢购风起云涌的时候,主流媒体几乎没有声音。然后是失真,明明非典疫情非常严重,我们却判断为"不严重"、"很安全",让社会群众感觉不可信。到 2003 年 4 月 20 日,中共中央因为非典疫情处置不力而免去卫生部、北京市主要领导以后,各大媒体才开始全方位、多角度的报道,然而,这期间的报道与前期失语相比,又走向失控的境地,原本人们就对非典谈之色变,媒体的责任、主要任务应该是安定情绪,告诉社会公众非典可治、可控,国家有信心战胜这一新出现的疾病疫情灾害,可我们的媒体把重点大量放在非典的负面影响方面，全放在医务人员如何冒着生命危险“上战场”方面，而且过于煽情，给人感觉，只要沾上“非典”就是“生离死别”，大有“风萧萧兮易水寒，壮士一去兮不复还”的味道，给社会民众的心理造成了极大恐慌与压力，最终导致整个社会人人自危，对外来人员像防贼一样，导致整个社会人际关系和经济社会联系几乎走向了中断的危境。①

与对媒体报道的放任不同，还有一种对传言、谣言的放任，有不少涉政公共事件爆发之前，网上、社会都有各种传言甚至谣言流行，有关部门宁愿删帖也不愿回应，宁愿强制处理也不愿作出说明，最终导致旁观者将传言、谣言信以为真，形成集体亢奋和抗争。如湖北石首事件、安徽池州事件都是因为传言、谣言激怒了当地民众而导致局面不可收拾。

4. 信息的不对称可能导致群体性误解。涉政公共事件发生很多属官民博弈走向对抗冲突的结果，而之所以走向冲突，很大程度上是因为相互间的信息不对称。一般而言在转型时期，官员想追求政绩，民众要追求利益，如果追求政绩与民众利益一致或者说政绩的结果可以带来民众福利的改进、改善，官民博弈会局限在良性的分配比例领域，最后一般会达到双赢或多赢的均衡。但由于现时地方政府官员特别是主要领导（一把手）追求政绩的冲动过于强烈，而手中掌握的资源和能争取的资源又非常有限，加上上马的政绩工程大多属形象工程，很难给民众个体尤其是事项相关个体带来短期看得见的利益，这就会让官民博弈陷入零和博弈的困境，官员想得到的可能就是百姓要失去的，一旦双方都不相让，官员动用强力手段，民众采取极端对抗，冲突就无可避免，涉政公共事件就容易产生。这些年县城搬迁、强拆、城管、创卫等领域涉政公共事件多发，一个重要原因就在于信息不对称，相关部门没有把社会公众关心的和现实诉求解释说明清楚。2008 年 11 月甘肃陇南事件就是典型。

5. 信息的错误可能导致的群体逆反。有些涉政公共事件完全是工作失误或工作错误所致，由于公权力机关及其工作人员的工作失误和错误，所传递出来的信息让民众感到反感，进而产生逆反心理，形成官民对抗或舆情热点。这方面比较突出的有两个方面：一是定性错误。一些地方政府和官员

---

① 有兴趣的读者可参阅：《失语、失真、失度——从传播学角度看非典报道》，《新闻记者》2003 年第 6 期。

"敌对"意识过强，容不得群众有半点冒犯，一旦出现官民冲突甚至还没冲突，不是去主动协调沟通，而是急于给事件定性，动不动给群众扣帽子，贴标签，一味指责群众，如把群众反映诉求形容为"不明真相人员"，"别有用心者"，"一小撮"，有些明明知道就事论事没有别的，硬把上访群众与"黑恶势力"挂钩，硬说群众是"受人挑拨"，有的干脆形容他们是"刁民"等等。事件处置协调没开始，就把群众往对立面推，结果肯定是激起民怒、民愤，大家都去支持"不明真相"的。二是工作错误。干部工作不细、不实，损害公权力形象，引发涉政公共事件。这方面案例很多，凡是酿成很大影响的群体性事件和招来许多网民围观的网络舆情事件都可以找到这方面的影子。

（五）政务监督与行政公开的载体

涉政公共事件处置本身也属行政行为，也需要监督和政务公开。在涉政公共事件处置全过程中，各类媒体特别是网络给予全程关注、报道、评论，事实上就是全程监督，而且是放在显微镜下、放在全体社会公众及各方面专家面前进行监督，基本可以做到无时不在、无处不在，超越地域、超越行政级别、越级身份全方位进行监督。对涉政公共事件舆论监督有一些新的特点：一是集中性。全国各地媒体、网络一旦聚焦，就会把版面、评论、记者、话题、连线都住事发地放、往事件集中。长枪短炮镜头聚光灯会让你的一言一行、一举一动全在他们的视野中，稍有不慎，就会成为被质疑、批评、挖掘新闻的对象。二是挑战性。媒体也好，网络也好，大多不是来为你说好表功的，而是希望从中挖掘出独家新闻、独门信息。一般而言，负面的东西总比正面的东西更吸引眼球，更能成为卖点。当然，他们也不会就是绝对的"敌人"、对手，只要你做得好，处理得当、引导得当，他们也不会、更不敢无中生有杜撰新闻。因此，这些都只是你的挑战者，在某种意义上说，涉政公共事件处理中最大的挑战在于应对媒体。三是压力感。由于网络的参与，舆论监督已经从"全景监狱"走向"共景监狱"甚至"超级共景监狱"。与"全景监狱"模式下管理者的高高在上不同，"共景监狱"是一种围观结构，是众人对个体展开的凝视和控制，处于场中央的管理者与四周可以"交头接耳"、"品头评足"的观众随时可能出现交锋，几乎每个管理者都感受到了集体凝视和挑战的压力，大声疾呼被视为托辞辩解，沉默无语被认定俯首认罪。一般而言，由于数量优势，围观者在交锋中的胜算总比管理者更大一些，道德优势、善良、同情、公正“天然地”属于大众的特质，管理者大多寡不敌众。[①] 而且在处置过程中，时刻都处在众目睽睽下，承受观众的期待、问询，质疑和愤怒，甚至面临着众声“下课”的呼喊，许多涉政公共事件处理的结果都有官员承担责任受处分丢了乌纱帽。四是可能的伤害感。网络监督不同于传统的媒体监督，一旦被网民较上劲或认定为“坏人”、“责任者”，有可能从正常的舆论监督变成网络舆论暴力。他们以道德的名义进行网络舆论的审判，让当事人抬不起头来，通过人肉搜索和滥用言论自由传播当事人个人信息，鼓动、号召人们采用暴力语言进行围攻，最终要达到处分当事人的目标。2009 年 6 月河南郑州大学附一医院为农民工“开胸”作尘肺病鉴定，招来了河南省卫生厅的通报批评。为此事全国舆论哗然，大家觉得河南省卫生厅太冷血，自己不作为，还处分见义勇为者，因此，全国网民集中把怨气撒到河南省卫生厅主要负责人身上，将他的办公电话、手机、家庭电话、家属孩子等私人信息全晒到网上，号召全国网民打电话骂他。显然，这已经完全超出了舆论监督范畴。

政府信息公开对于疏导和化解涉政公共事件有着举足轻重的作用。同时，涉政公共事件的处置过程也是推动政府信息公开的过程。首先是事件瞒不住，一个地方发生了涉政公共事件，网络媒体马上会有报道，有许多涉政公共事件还就是因为网络等媒体点燃的。其次是问题瞒不住。有些涉政公共事件原本就是公权力机关或者公权力行使者的错，出于面子观念和体制惯性，许多领导想瞒住、压住，不予承认、认账，但一旦被网络或媒体还原事件全过程，还原事实本身，就会原形毕露，被迫承认的窘境比主动公开要麻烦得多、难受得多。再次是处置过程瞒不住。不能暗箱操作，不能私下了断，而必须置于阳光下，不然一串串媒体、网络的质疑会让你觉得不说、迟说不如早说、就说，免得社会舆情去乱说。最后是处置结果瞒不住。处理结果是否公平公正、是否符合事实、是否符合公共价值，这些都要公开去检验，也是媒体、网络、民众最为关注的，不要瞒，也不可能瞒。因此，正反事例证明涉政公共事件的处理是政府政务公开、信息公开的有力推手。

---

① 参见喻国民：《媒体变革：从“全景监狱”到“共景监狱”》，《人民论坛》2009 年第 16 期。

二、现代新媒体发展给涉政公共事件处置带来的新挑战[①]

互联网带来了信息传播的革命,它集中体现在以下特点上:

1. 讯息传播的速度更快,具有实时化的特点。由于新媒体不需要复杂的编辑和繁琐的后期制作及严格的审查程序,基本可以做到实时传播。突发事件的目击者可即刻用手机传播信息,甚至上传互联网。据统计一条突发事件新闻在新浪网上放 5 分钟,其他媒体网站转载就达 437 次。[②] 即不到一个小时就会传遍世界各个角落,这给管理者提出了严峻挑战。

2. 讯息传播的方式和数量更多,具有开放性、海量化的特点。现代社会已进入大众麦克风时代,手机与电脑就如同一支麦克风,人人都可以成为信息源或信息的发布者,无须再依赖于报纸、广播、电视传递信息。到 2011 年 8 月底我国有手机用户超过 9.4 亿,[③]网民超过 5 个亿。这是个非常庞大的群体,其成为讯息发布、传播主体完全颠覆了传统的讯息传递规律。

3. 讯息传播的范围更广,具有全球化的特点。互联网与手机将全球联为一体,山西黑砖窑事件发生在偏僻的乡村,一经曝光便路人皆知。甚至事发地的人们尚不知情,外界却早已传得沸沸扬扬了。

4. 讯息接受的渠道更便捷丰富,具有移动性、功能合成化的特点。手机与电脑遍布全球,无论是交通工具还是公共场所,现代新媒体如影随行。目前 3G 技术已完全可以将广播、电视、互联网、报刊杂志、电影融为一体。

5. 讯息传播的效果更好,具有原生态、直观化特点。与传统媒体不同,网络空间给网民提供了将现场第一手资料不经加工直接上传发布的机会,无须剪辑编辑加工审查,可以利用多种手段从图、文、声、光、影等各方面将突发事件状况直接呈现给社会,让受众有现场感受、直观感觉和真切的判断。

---

① 此节参考了聂方红发表在《四川行政学院学报》2011 年第 2 期《现代新媒体对公共事件应急管理的挑战》一文。

② 马利:《对互联网与执政党建设的思考—网络给执政党建设带来的挑战机与机遇》,《新闻战线》2009 年 9 期,第 11 页。

③ 《全国手机用户超 9.4 亿》,《人民日报》2011 年 9 月 27 日第 10 版。

6. 讯息传播的互动性更强，具有参与性、交互性的特点。传统媒体基本是被动接受，评论互动的时间空间机会都受到限制，即便参与也局限在很少的时空范围之内。现代新媒体不仅可以参与事件信息的发布、还可以充分表达对事件处置的立场观点，这种交流互动的特性使得网络等新媒体不仅变成民众参政议政的平台，而且也成为其表达利益诉求的有效渠道。

7. 讯息真相挖掘的力度更大，具有全公开的特点。网络的搜索功能可以将突发事件的各方面背景和处置过程细节集中在一起，也可以将同类事件不同地方的处置方法、原则、结果汇集起来横向比较。比如人肉搜索可以将个人信息通过网络公之于众。其速度之快、效率之高，令传统媒体望尘莫及。

8. 讯息放大和聚焦的功能更强，具有情绪性特点。许多公共事件原本不是什么大事，比如官员的不当言行、地方政府的不当决策、司法案件审理过程出现的瑕疵等等，就是因为网络舆论的放大与聚焦，通过网民群体不同层面的互动和"共振"，使局部问题放大成全局问题，演变成为"网上群体性事件"。如 2008 年 11 月"江西新余、浙江温州赴美考察团""出国旅游清单"事件，一个普通人拾到一个旅行社的内部资料清单，将其上网公开，批评干部公款旅游，短短几天，数千家网站转载，跟贴数十万条，浏览人数过百万次。

网络等现代新媒体的上述特征，不仅使它们早已超越信息传递与交换的功能，成为现实世界时政、经济、民生等社会生活热点问题的聚焦载体，更对各级政府的应急管理工作带来新的挑战。

1. 挑战涉政公共事件的内涵。与传统现实生活中的突发公共事件不同，网络等新媒体通过挖掘、聚焦、放大，可以使原本一般的小过错、小案件、小事故演变成大的问题、公共事件甚至网上群体事件。这就大大拓展了公共事件的内涵空间，使公共突发事件从现实世界延伸到虚拟世界、从突然发生延伸到渐变形成、从利益相关者延伸到利益非相关人员、从辖区内延伸到辖区外。政府官员的一言一行很有可能迅速扩散，甚至演变为公共事件或公共舆情事件。因此，政府决策不仅要考虑当地百姓的感受和当地利益，而且还要注意整体利益与社会整体观感，否则就会事与愿违。

2. 挑战涉政公共事件的处置速度。面对网络等新媒体，处理突发事件过程中快才能展示形象、获得好评支持，慢就会成为问题。首先，慢了就可能产生谣言的传播。谣言一旦产生不仅消除的代价很大,而且会让应急管理的环境更加复杂,事件热度升级,加大处置的难度。其次,慢了会带来应急处置工作的全面被动。在网络环境下,只要出现突发事件或者有可能成为公共事件的素材,各种媒体、论坛就会把聚光灯全部对准这里,他们会用挑剔的眼光来审视你的处置行为,随着各种媒体的介入,上级的舆情管理部门也可能在你还没有报告的情况下通过媒体形成对事件的判断,进而报送到领导的办公案头,领导可能迅速作出严厉而具体的批示,这样舆论压力与上级压力交织在一起,使得应急处置工作可能偏离正常的轨道,由原来的主动处置变为被动应付、说明。再次,慢了本身就会成为媒体批评的理由。媒体与外界不会考虑你所处的复杂现实环境,而只会从理性与事件的要求来判断你的工作,如果他们能找出你在相关问题上不作为甚至乱作为的痕迹,那这个反应慢就会成为媒体舆情和社会大众关注的焦点,事件本身反而退到后面,其结果是使涉政公共事件的处理变为对领导干部的处理。

3. 挑战涉政公共事件的处置方式。中国人行事低调,崇尚先做后说、做了再说或者只做不说,过去在处理突发公共事件的方式上也是如此。但网络舆情下这种处理方式会产生一系列问题,一方面,窥视欲是人类本身的共性,越是保密的东西,人们越好奇,出现公共突发事件,如果不及时主动说明,大家就会到处去打听,打听的结果就是各种似是而非的流言被社会大众当作真实情况,当你意识到的时候可能已经演变为新的公共事件了,这方面地震、水污染、传染病、社会治安等方面的传言最为典型。另一方面,因为媒体与大众天生的怀疑精神,你越隐瞒的事情他就越怀疑里面是不是有难于公开的黑幕、是不是有官商勾结的腐败、是不是有可怕后果的问题,其结果,你就是处理得再好、再公正在社会评价上也会打折扣。① 但是,重视网络等新媒体的舆情并不等于在处理涉政公共事件时被舆论牵着走,如果网络媒体每提出一个疑问你都去解释说明,那在处理突发事件时,则很难保持充分的客观与冷静。

4. 挑战涉政公共事件的处置过程。一些突发公共事件的处理甚至包括一些突发自然灾害事件的处理,常常余音未了,一个重要的原因就是当事官员或者说当事政府、机构、单位为了应付事发后可能接踵而来的舆论压力与

① 鲍勇剑、陈百助:《危机管理》,上海复旦大学出版社 2003 年版,第 117 页。

上级追究，常常从自身方便和有利的角度去开展事件的处理，以期尽快平息事态、拿出相关处理结论，而忽视事件处置过程中各种细节的把握，造成事件越弄越糟糕。在网络社会里，对大众关注和关心的事件处理，不管你愿不愿意、公不公开，整个过程事实上都处在社会公众的显微镜审视之下，不注意细节、不重视民众感受的任何行为、决策都可能招致更大规模的批评和质疑。

5. 挑战涉政公共事件的处置结果。在网络语境下，人们不仅关注公共事件的处置过程，也关心处理结果。他们对处理结果的关心，不单单只是关心是否还原了事实的真相，也关心处理的结果是否符合公平价值、符合社会大众的情感，①也就是说是否合法合理又合情，还关心是否追责、建立起防止类似事件再次重演的体制机制和预案。传统那种简单依法依规硬梆梆处置的方式遇到了挑战，协调利益矛盾不仅要以法律政策为准绳，还要参照同类事件不同地方处理的情况、当事人实际等多方面进行综合考虑，因为法律政策一般确定的只是原则，而具体事件又大多伴有这样或那样的特殊情况，简单处理的结果往往难以平息事态，甚至会引发新的问题。如2007年影响比较大的重庆“最牛钉子户”事件与广州许霆案，当地政府与一审法院的处理结论严格从法律政策角度并没有明显不当之处，但最终引起那么大的社会不同反应，关键在于看处理结果是否公平、公正的拷问与对当事人弱势地位的同情。

6. 挑战涉政公共事件中的舆情引导。新媒体无处不在，无时不有，由于互联网主体的虚拟性（不是真名、查实成本高）、表达的随意性、主题的现实性、交流的灵活性（可以随时换地区、换方式、换载体、换马甲）和可重复性（不断发贴、到处发贴），发稿不需审批，本地不发外地发，记者不发当事人自己直接发，加上网络没有属地划分，不少网站的服务器设在外地、境外甚至国外，使得新闻宣传部门传统的行政管理引导方式基本失灵，通过删帖、找上级、找领导来压稿的办法基本失效。② 面对网络等新媒体，小地方、小干部、短时间根本无能为力。有些问题意识到时，可能已经成为事件了，已

① 胡百精：《危机传播管理》，中国传媒大学出版社2005年版，第8～9页。

② 马利：《对互联网与执政党建设的思考——网络给执政党建设带来的挑战机与机遇》，《新闻战线》2009年9期，第10～15页。

经到上级领导的案头了,已经有领导批示了。面对现在新媒体的舆情引导与管理,既不能怕、拖、躲、瞒、堵,认为惹不起躲得起,迷信后发制人,也不能放、压、扛、牛,以为我的地盘可以我做主。而必须在主导、引导、疏导舆情方面改进工作方式方法,迎接挑战。

7. 挑战涉政公共事件处理者的素质与公信力。网络等新媒体让涉政公共事件从发生到处置全过程的每个环节都暴露在阳光下,这对地方政府及其官员尤其是直接参与处理突发公共事件的人员提出了挑战,它包括信息判断能力准不准,能不能够"小中见大",从网络等新媒体的"风声"中发现苗头问题,早预防早处置;对突发公共事件的反应能力快不快,能不能在第一时间全面掌握工作的主动权;矛盾化解能力强不强,能否面对各种复杂局面有"化繁为简"的处置智慧;现场控制能力稳不稳,能否在群体亢奋的情况下保持冷静,缜密应对,稳定局势,不出乱子,不激化矛盾;舆论引导能力水平高不高,能否及时掌握相关事件的话语权,把握话题议程的主导权,抢占舆论道义的制高点。① 同时,各级干部和公职人员的一言一行,一举一动,工作生活、决策政策,无不在新媒体的显微镜下接受检验,稍有不慎,就成为聚焦的靶子,稍有迟疑,就可能酿成公共事件,这对各级干部的执政能力和道德品质等方面都带来了巨大的挑战。

三、信息管理与舆情引导的原则

涉政公共事件发生以后,管理信息、引导舆论是一件非常具体、细致的工作,需要相关人士知识的积淀、工作的熟悉、专业的水平、亲和的形象,还有恰到好处的技巧。面对无处不在、无时不有的"麦克风"、"报道者",谁也不能在这个领域称专家、行家,更不能吹牛说有应对一切的诀窍,而只能小心翼翼,把握一些重大的原则,尽力不出现大的、明显错误和失误。

关于涉政公共事件处置过程中的信息管理与舆情引导原则,可能是仁者见仁、智者见智,学术界和业界都没有明确的、公认的定论。我在党校给学员讲课时,曾经归纳有七个方面,那就是:快速反应、公开透明原则;客观真实、以人为本原则;坦诚负责、主动引导原则;把握底线,友好技巧原则;准

---

① 聂方红:《涉政公共事件的处置艺术》,《领导科学》2008 年第 21 期,第 21 页。

备充分、第三方佐证原则；口径一致、留有余地原则；通俗简明、尊重受众原则。但总的感觉还是太学术化，这里将它们重新归纳为五个“第一”的原则。也就是说，在应对媒体（网络）、管理信息过程中要把下述五个方面摆在最最重要的位置。

首先，速度第一。就是要快速反应，跑在谣言的前面。

信息与舆论传播中有一个“先入为主”的规律，人们在接受信息时，总是相信第一次听说的，而对后来的说法心存怀疑。国外学者做过一个实验，受众于第一时间接受的信息要想得到有效消除，至少需要数倍于第一信息的信息量。[①] 因此，引导舆论、应对媒体的第一条原则就是要快，争取第一时间发布讯息，掌握媒体舆论引导的主导权。第一时间发布讯息，只求快，不求全。过去是黄金 24 小时内必须发布官方消息，现在网络社会，人民网舆情研究室提出了黄金 4 小时概念，也就是说，必须在事发 4 小时内对外发布官方消息，且越快越早越好。

信息与公众是涉政公共事件信息传播中最核心、联系最紧密的要素。在涉政公共事件发生的第一时间，作为政府部门有责任及时发布信息、建立通畅的信息传播机制；作为新闻媒体有义务将真实的信息传达给社会公众；作为公众有权利知道翔实、全面、准确的信息。政府主导的信息发布传递越快、越早，就越能有效遏制谣言的传播，消除公众的恐慌或不安情绪。

对于第一时间发布信息、报道事件的内容，国内专家主张是“速报事实，慎报原因，再报继续”。通俗说就是知道多少发布（报道）多少，快报、连续报、不断报。有调查研究发现，突发事件发生时，社会公众对信息的关注程度依次为：“具体是什么事情”、“事件发展到什么程度”、“事件发生的原因”、“政府在做什么”、“跟我有没有关系”等，而事发第一时间公众对政府的期望方面，认为政府首要职责是“组织实施救援”，排位第一；其次是“第一时间发布信息”，排序第二，后面依次是“维持社会安定”和“向上级报告情况”。公众对媒体的期望中，过半数的人认为媒体的首要任务是“报道灾情”，其次为“及时引导舆论，稳定民心”，第三是“报道救灾进展”，排在第四、第五位的分别是“紧急呼吁社会救援”和“宣传与该事件

---

① 贺文发、李烨辉：《突发事件与信息公开—危机传播中的政府、媒体与公众》，中国传媒大学出版社 2010 年版，第 64 页。

相关的知识”。[①] 这些调查得出的结论,为我们在涉政公共事件的信息管理与舆情引导中“发布什么”、“报道什么”提供了思路。

大量案例证明,涉政公共事件信息管理与舆论引导中最怕的不是媒体、网络抢发消息、新闻,而是怕他们抢发的不是政府发布的信息与新闻;不怕民众传播讯息,就怕民众传播的不是正确、客观、真实的信息,特别是怕他们传播的完全是谣言。瓮安事件、石首事件等许多酿大的涉政公共事件,一个共同的特点是当地政府和当地主要媒体集体失语,迟迟不发声,任凭谣言传播,酿成群体性大事。与此形成鲜明对照的是,2009 年新疆“7・5”事件,我国新华社全球首发新闻,中央电视台也同步跟进,及时还原现场,亮出观点,掌握了国际舆论的主导权,压缩了外媒负面报道的时间空间,在舆论引导上面取得了先机,赢得了赞誉,为党和政府有效处置营造了好的环境。

其次,事实第一。就是要客观真实,坚持不说假话。

管理信息、引导舆论、应对媒体,最困难的情况是面临着涉政公共事件情况复杂、原因复杂、矛盾交织而又被媒体负面质疑不断的环境。这里首要的问题就是讲真话还是说假话?全部讲出来还是部分讲出来?主动披露还是让媒体去挖掘?前文的分析告诉我们,这里没有别的选择,只有及时、主动、尽职告知真相和可能出现的风险、问题,一是一,二是二,不夸大、不缩小、不推断、不猜测。及时,就是事件的相关信息搞清楚了就马上告知民众与媒体;主动,就是不要民众与媒体来挖掘、分析,而是主动披露,提供信息;尽职,就是在自己的职权、职责范围内尽可能为社会公众、媒体提供周到的信息服务。

真实性是信息传播和新闻传播的生命。政府信息公开条例与新闻人员的从业准则都要求把信息与新闻的真实性摆在突出的位置。这种真实性体现在:一是来源可靠。所有信息和发布的新闻必须经事件处理机构明确归口的部门提供,确保真实可靠,未经证实的、互联网上的、民间传播的都不能采信。二是核实到位。对需要对外公布的信息、对外发布的新闻稿内容,必须经相关部门或领导审核把关并签署意见。未核实、核准的信息、新闻不得发布。不能为赶时间而忽视信息内容的逐一核实,导致出错出问题。三是

---

① 杨魁、刘晓程:《政府・媒体・公众:突发事件信息传播应急机制研究》,中国社会科学出版社 2010 年版,第 68～70 页。

表达准确。从标题到观点到描述细节，不得拔高、压低、想象、夸张和推断，是什么说什么，采用的声音、图像等资料必须是来自现场的第一手资料，不得加工拼接编造，更不能歪曲。四是把关严格。政府公开涉政公共事件的信息与新闻，必须有严密的业务流程与程序，从信息源到公开发布稿的发出，要建立层层审稿把关制度，对事后证明是失实的信息与新闻报道，要追究相关人员的责任。

许多涉政公共事件之所以形成，有个原因就在于对负面影响的事情、错误的决策和不当行政行为说假话、推责任，不实事求是，希望蒙混过关。不仅欺骗了当事人，更愚弄社会大众，贬低群众的智商，最终导致失信于民，形成大众追寻真相的公众事件。

对信息与新闻的真实性问题，美国学者比尔·科维奇与汤姆·罗森斯蒂尔在《新闻要素：论新闻从业者需知及公众的期待》一书中有 10 条原则描述，它们是：①新闻工作的第一职责是报道真相；②新闻工作第一效忠于公民；③新闻工作的本质是对事实的核实与查证；④新闻从业者必须保持独立性；⑤新闻必须成为权力的独立监督者；⑥新闻必须成为社会大众批评与折中（妥协）的论坛；⑦新闻必须努力使重要资讯有趣且相关；⑧新闻必须做到消息全面与适度；⑨新闻从业者必须能够根据他们的个人良知行事；⑩当公民本身参与新闻其中时，也有上述的权利与义务。[①] 显然，在西方学者看来，真实性是新闻的生命，追求真相是新闻的本质，为此必须保持独立性与个人良知，必须做到全面与适度、客观、真实，就是在互联网时代，社会大众参与新闻舆论，也要遵循上述原则，必须尊重事实，维护真相与真理。

再次，价值第一。就是要以人为本，体现公信力与主流价值。

管理信息、引导舆论、应对媒体，必须尊重信息规律、新闻规律，更要尊重社会的核心价值。信息中展现的语言、行为、举措应该符合社会大众的心理，能体现社会的同情心、平等感，表现出敢于担当、负责、关怀他人的情怀，让每个人都感觉活得有尊严，而不是被侮辱、被歧视或被忽略。在通报给媒

---

① Bill Kovach and Tom Rosenstiel: *The Elements of Journalism: What News People Should Know and the Public Should Expect*, Three Rivers Press, New York, 2007. 参见贺文发、李烨辉：《突发事件与信息公开——危机传播中的政府、媒体与公众》，中国传媒大学出版社 2010 年版，附录 4 及第 14～15 页。

体、社会公众的讯息中,应该让方方面面都能体会到政府是尊重关心人权的,即把生命的价值、生存的权利、人性的尊严看得高于一切;把公众利益、公共利益、服务对象的利益始终摆在第一位。要体现尊重民意、体恤民难,维护社会公平、公正,尊重每个主体、个体,特别是关心弱势群体、受害者,表述要充满情感与人情味。

尊重社会主流价值,就要求政府提供的信息与发布的新闻内容做到五个“不能”:一是常识、常理、常情不能违背。不少涉政公共事件由小事酿成大事、有影响的事,重要原因就是官方披露的信息要么违背常识,如云南晋宁躲猫猫事件当事人死因的解释;要么违背常理,如东航云南分公司 2008 年 3 月 31 日飞机集体返航事件原因的说明(说是因天气但别的公司飞机依然在正常飞);要么违背常情,如 2007 年 3 月重庆钉子户事件图片公布(通过断水、断气、断电、断路让拆迁户的房子成为孤岛)。二是立场、视角不能错位。必须始终站在社会公众的立场,代表最广大人民群众的根本利益,维护法律的尊严,维护公平、公正和真理。很多涉政公共事件引发的根本原因就在于行政的立场、视角错了,不是为了百姓,不能体现公权力的公共服务职能,而是公权力被私用、滥用,仅仅是为少数人、为当权者、为有钱人服务,这些当然会引起社会的普遍谴责。三是生命的价值不能漠视。在涉政公共事件的信息管理与舆论引导中,必须处处体现以人为本,让社会感受到政府对生命的尊重。有些意外事故、事件与自然灾害发展为涉政公共事件,一个重要原因是信息管理上出错,没有体现人文价值关怀。四是强势者不能骄横。涉政公共事件大多与权、钱有关,相对于普通百姓而言,政府机关、国家公务员处于强势的管理者地位,有钱人处于强势经济地位,当他们与百姓之间发生纠纷、冲突的时候,人们同情弱者的本性本能会把矛头、问题、责任归结到有权和有钱的一方身上,因此,就是在冲突中有理、有利,当权者与有钱人也不能“得理不饶人”,过于骄横甚至高调,而要放下身段,尽可能从自身找差距、找问题,促成事件往和解方向发展。不然,一句不当的话,一个不当的举措,就可能被放大成为问题主体,原来的事件主体反而退到次要地位,再通过“人肉搜索”和“拔萝卜效应”,将你个人、你单位过去的种种“劣迹”集中在一起,联系起来,你就是不坏也好不到哪里去了,你再有理也是“百口难辩”了。五是基本权利不能侵害。现在是法制社会,更是以人为本的时代,作为政府及其公权力者在处理涉政公共事件的时候,宪法和国家其他法律赋予当事人的一些基本权利不能随意侵害,这里常常引起热议的主要包括公平对待双方的问题、社会大众包括当事人的信息知情权问题、弱势一方的个人隐私保护问题、个人尊严不受侵犯问题等等。由于旧体制的行为惯性,一些政府机关和部门不尊重行政相对人的隐私与尊严,动不动就曝光、示众,酿成社会公共舆情事件。总之,在涉政公共事件的信息管理与舆论引导过程中,必须体现如下要求:"我们所做的一切都是要让人民生活得更加幸福、更有尊严,让社会更加公正、更加和谐。"①

复次,口径第一。就是信息、新闻的发布一定要统一口径,在相同前提下,相同统计范围内,相同时间段,由新闻发言人或指定的机构、相关负责人统一书面或口头提供、发布与涉政公共事件相关的信息。做到用一个声音说话,确保信息沟通,新闻发布、舆情管理不打乱仗,不出混乱。许多涉政公共事件在处置过程中招来媒体的炒作与社会的质疑,一个重要的原因就在于与事件有关的部门为了推卸责任,各自站在有利于自己的立场上说话,引发表态无序、互相矛盾,难以自圆其说,进而造成问题越描越黑,越说越说不清,简单问题复杂化。

统一口径的过程就是协调立场、澄清事实、减少混乱的过程,具体包括但不完全限于以下内容:一是问题的搜集与研判,这是统一口径的基础。要站在社会公众和媒体的角度了解他们对涉政公共事件可能关心、关注的问题与热点,搜集与整理出他们最可能关注的信息内容,然后按关注关心程度进行排序研判。二是收集研究答复的口径。将收集研判和整理出的问题,交给涉政公共事件处理协调机构研究答复口径,涉及有关职能部门的,先转给相关部门回复建议与答复意见,然后再集中起来协调各方建议,形成共同一致的答复口径。一个涉及多个部门的问题,在没有相互征求意见、形成统一口径之前,问题涉及各方都不要首先表态,一旦对外通报信息,接受采访,就应该是协商统一口径的信息,各个部门就同一个问题表态完全是一个声音。三是按协调口径撰写信息与新闻发布要点,按流程报相关领导乃至现场处置最高领导审定。四是将协调一致并经领导审定的统一信息、新闻口径先在内部进行传达,让所有直接相关的工作人员了解组织对于某些话题、问题的立场、观点、态度。五是口径的确定过程中必须坚持尊重客观事实、

① 温家宝:《政府工作报告》,《人民日报》2010年3月16日第3版。

符合逻辑,做到全面、真实、准确,但要注意把握尺度,留有余地;口径内容要通俗易懂,不产生歧义;口径范围必须统一、科学,按设定的标准说话。比如涉及人员伤亡的,死亡与失踪要区分开来。六是信息、新闻口径统一协调之后,各方都必须尊重口径,严格按口径回答。无论是领导还是下属,无论在公开还是私下场合,无论在正式还是非正式交流中,无论在组织内部还是在社会层面,都要按统一的口径答复、说明、谈论相关话题,并保持前后一致。主流媒体也要按照事件处置部门统一的宣传口径发稿。总之,信息与新闻管理的口径原则,是要求政府机关及其涉政公共事件的处理者、相关者在提供信息、回复民众和舆论的时候不能凭主观臆断,也不能想当然、随意猜测、想象推理,更不能用道听途说的信息或者从有利于自身的角度出发发布信息、接受采访;而必须是来自现场的第一手资料,是通过各方面认真核实到位的材料,是参与各方都仔细研判、协调一致的判断。

最后,态度第一。就是要态度友好、坦诚面对挑战。坦诚的态度是化解危机的最好策略,而友好的态度则是应对媒体和舆论挑战最有效的手段。在涉政公共事件的处置过程中,很多地方领导最不擅长、最害怕的事情就是应对媒体。媒体既不是你的朋友,也不是敌人,而是你的挑战者。战胜强劲的挑战者,关键是战胜自己,确保自己不犯低级错误。现在媒体竞争非常激烈,都想寻找刺激眼球的新闻,于是,领导发怒就成为他们最喜欢的事情,个别媒体、记者甚至想激怒领导,因为只有在情绪失控、发怒的环境下,领导才会口无遮拦、言行失当,新闻也就出在这里。

另外,涉政公共事件发生后,人们处于同情弱者的本能,会把官民冲突中的矛盾主要方面归结到公权力机关及其行使者身上,无论政府机关及其工作人员有理还是无理,官方的初始信息、官方的态度会成为社会公众关注议论的焦点,如果政府和相关领导及时出现在现场、及时深入群众了解情况、公正处理、承担责任,对受害一方给予充分的关注与同情,就可能建立起共鸣,赢得方方面面的理解与信任,尤其是在公权力可能有错的时候,适当的及时的道歉往往能赢得尊重与谅解,缓解社会的不满。如果在这个时候,政府给出的信息是硬梆梆的、冷冰冰的,缺乏同情心和人情味,甚至一味指责推责,反而可能引起社会更大的不满和愤怒,哪怕你再有理也会变成没有理。因此,“充满情感和人情味的表述能减缓危机,也能避免危机的出现,反之,没有情感和人情味的表述往往会引发危机。同样一件事,充满情感的、积极的表述和冷冰冰的表述有不同的效果。”①

因此，在应对社会公众与媒体的信息需求时，无论对方讲话如何难听，对政府机关如何不理解，政府机关及工作人员在涉政公共事件中如何有道理，也不能冲动、情绪化，更不能把冲动与情绪带进信息的表述中，带入与记者的交流中，更不能当众动怒、动粗。首先要保持冷静，如果事件本身不大，又没有什么重大损失，在媒体面前还可以保持微笑，因为俗话说得好，“伸手不打笑脸”，你态度好，人家也不好意思太出格。当然，如果是造成重大人员伤亡的事件，就要保持严肃与悲痛、同情的心态，这时如果微笑就像菲律宾领导面对我香港同胞在菲劫持人质事件中伤亡还微笑面对镜头一样，必将引起社会大众的反感和批评。其次要了解社会公众、媒体的需求，主动沟通、服务，及时公开或提供他们想了解的信息，为他们了解相关信息提供方便。就是面对非常刁钻、难缠的记者，也不要有反感、成见和排斥心，反而要主动地、尽可能地与之沟通，了解意图，结成朋友。英国前首相布莱尔在这方面做得非常成功，他举行记者招待会或接受媒体采访时，一般都提前到场，与来的媒体人士做先期沟通，遇到特别刁钻的记者，先表扬他们敬业有水平，再套问他们这次有什么难题给自己，大多数记者都会把自己想问的和盘托出，再肯定这些问题提得好，提到点子上，并从中选一个自己熟悉且准备充分的问题建议记者到正式场合提问，并通过发言人或主持人保证兑现机会，这样，既摸清了对方的底牌，也使记者能开心完成任务，友好的结果是双赢。据说伦敦申办 2012 年奥运会成功也得益于布莱尔事前与奥委会委员的熟悉沟通。再次，还必须态度诚实、诚恳，开诚布公、不回避问题与错误。要根据涉政公共事件的实际情况，是什么讲什么，需要认错的就及时认错，该道歉的就马上道歉，不能在这些问题上去“躲猫猫”，藏着掖着，效果、结果都不会好。尤其是面对负面报道、社会质疑，更要正确对待和诚实应对。

总之，在涉政公共事件的信息管理与舆情引导中，一定要坚持做到速度“快”，事实“真”，价值“公”，口径“统”，态度“好”，把上面五个方面摆在重点突出位置，相关工作才会事半功倍，为正确处置营造出良好的信息舆论环境。

---

① 邹建华：《突发事件舆论引导策略》中共中央党校出版社 2009 年版，第 53 页。

四、信息管理与舆情引导的方式与艺术

涉政公共事件的处理,对地方政府而言,是一种危机管理,而在危机管理信息链条中,公众、媒体、政府三者之间的关系尤为重要,就同一事件而言,三者只能相互依存,共同构成一个信息循环体系,在这个循环体系中,政府是信息、舆情的主导者,公众是受众、接受者,媒体是架通政府与社会公众交流互动的桥梁。在现代互联网时代、信息社会,政府的主导与公众的接受地位也非完全的主动与被动关系,如果处置不当,政府主动就会变被动,社会公众可能被动变主动,媒体与网络则从中推波助澜。对于它们三者的信息互动关系,有些学者从博弈论的角度分析认为,处于绝对信息优势地位和权力中心地位的政府,如果在事发后采取消极回避策略或者拖延、隐瞒策略,政府的主动权就会丧失,只有首先作出行动,主动披露信息,引导舆论,才能够在整个博弈格局中赢得主动,并发挥调控传媒、引导社会公众舆情的作用,树立起积极负责、有效的形象。①

(一)涉政事件政务信息公开

对涉政公共事件处置过程中的信息是否应公开的问题,前面有多处论述,关键在于政府机关及其工作人员一要认识到位。公开涉政公共事件的信息,首先是政府的特殊地位所决定的。在涉政公共事件处置过程中,政府的管理者地位决定了它掌握了大部分信息资源,尤其它掌控着调查、研判、协调、处置等一系列进程和节奏、方案,垄断了新的信息源。如果政府信息不公开,媒体、社会公众就很难了解掌握全面、客观的真实情况,更无法让社会知晓政府在该事件上的立场、观点、态度,使人们对事件发展的走向缺乏有效的预期,进而引发猜测与紧张,甚至带来谣言横行,增加事件的处置难度。其次是社会公众的信息渴求所要求的。在涉政公共事件等危机状态下,人们对信息的渴求急剧增长。既迫不及待(及时性),又如饥似渴(充分性),希望与事件相关的信息了解得越早越好、越多越全越充分越好。再次

① 杨魁、刘晓程:《政府 · 媒体 · 公众:突发事件信息传播应急机制研究》,中国社会科学出版社 2010 年版,第 12 页。

是相关法律所规定的。《中华人民共和国政府信息公开条例》和《中华人民共和国突发事件应对法》都要求地方政府在各类政务活动特别是涉政公共事件等突发事件的处置信息必须同步、及时、完全、真实公开。最后也是涉政公共事件有效处理本身所必备的。权力只有在阳光下运行,才会彰显它的公信力与合法性。涉政公共事件处置的整个过程和每个细节,相关人士与社会公众都非常关注,如果在处置过程中不及时公开,人们就可能怀疑存在暗箱操作,也会招来不信任,还会给人感觉可能有什么见不得人的猫腻,这样处置就难以得到方方面面的支持,只有全程公开、及时公开,大家才会相信政府是在真正负责、积极、公正地处置相关事务。

二要观念转变。切实转变过去陈旧落后的信息传播理念,特别是摈弃过去那种"只做不说"、"先做后说"、"外松内紧"、"报喜不报忧"的保守习惯做法,更不能患"恐惧症"和"麻木症",视网络为洪水猛兽,一味进行封、堵、瞒、蒙,导致"小事情"演化为"大事件",而要及时为社会公众提供有效信息,"不仅做而且说"、"边做边说"、"及时说"、"准确说"、"全面说"、"客观说",让社会公众通过了解政府所做所说,参与涉政公共事件的处理,形成处置合力。

三要掌握主动。政府信息管理的关键在于掌握主动权,做好引导者。这就包括:行动要快,在第一时间公开信息,不迟报、不谎报、不瞒报、不漏报,防止谣言蔓延;政府态度要明确,把政府正在采取的措施、行动、举措、效果告诉社会公众,稳定公众的情绪;解答要通俗易懂、简明扼要,少用专业、技术、学术语言,以免引起歧义与误解;当然信息披露还要真实可靠与连贯一致,确保信息公开的效果。对政府在信息管理方面的工作策略,有的学者细分为"九大步骤":第一是认清局势;第二是发出通告;第三是进行评估,启动预案;第四是明确任务;第五是准备新闻发布;第六是向媒体和公众发布信息;第七是获取反馈、展开评比;第八是展开公众教育;第九是进行信息监控。① 总之,必须通过政府的工作,掌握涉政公共事件信息的主导权。

四要内外兼顾。许多地方政府及其领导在处置涉政公共事件时注意到媒体的引导,却忽视了自身系统内的引导和信息管理,结果导致被动。一般

---

① 史安斌:《危机传播与新闻发布》,南方时报出版社 2004 年版,第 22 页。

而言,政府信息公开的形式主要是政府公报、政府文件与会议纪要,政府网站,定期召开的记者会、说明会等等方式。但在实际工作中,有一种最有效最快捷的信息公开与管理形式,就是召开相关事件的专题会议(如干部大会、主要责任人会议等),先在组织内部通报情况,说明立场,介绍处理措施,提出要求,统一思想、步调和行动,这样的效果可能比领导发布广播、电视新闻讲话更有效果。同时注意信息公开的广泛性与区域性的有机结合,对一些重大而又关键的信息,如事件的概况、原因、处置态度、原则以及社会公众、外界最关注的问题要广泛公开,而对处置涉政公共事件过程中的一些具体细节信息可以限定在相关人员范围、区域内公布。

对危机时期信息传播的管理,西方学者有许多经典的研究,它对政府管理信息、引导舆论有重要借鉴价值,学界比较认同一致的理论包括:①危机传播阶段理论。该理论认为,危机的发展过程有四个阶段,即潜伏期、突发期、蔓延期、解决期,阶段性是它们的基本特征,不同阶段社会公众对信息的要求不一样,发生初期应突出组织正面观点,以此稳定人心,获取支持;到爆发、蔓延阶段,应突出"应对危机"状况信息;当事件趋于缓和并获得解决时,信息的重点在帮助社会公众从心理上恢复到原来的常态,树立组织负责任的正面形象。②企业辩护理论。该理论强调危机发生后,组织面对公众和媒体的信息传播主要是站在组织的立场,为组织的利益辩护。③形象修复理论。这个理论适用于组织发生形象危机之后的补救方法,主张从战略高度去维护组织的形象,并根据事件的具体情况,分为否认、推诿、降低危机的冲击性、后悔道歉、修正行动等策略和方法。④焦点事件理论。该理论认为类似涉政公共事件这样的突发焦点事件,因为其影响力、冲击力巨大,能够唤起社会公众的注意力,加上媒体的炒作,可以通过议程设置功能,在促进公共政策讨论方面起重要作用,做平时难以发动、难以唤起公众参与的事情,最终使得危机事件发生后对公共政策产生后续影响,将坏事变好事。⑤卓越理论。这个理论通过对传统的媒体宣传模型、单向传播的公共信息模型和科学劝服模型的分析,提出最为理想的危机信息传播模型是双向对称模型,也叫互相理解模型,这一模型重视组织与利益关系人双方的平等互动,促进双方的相互了解,以达成共识,化解冲突。⑥风险传播理论。该理论注重危机发生之前的预警阶段,主张从个人、团体、机构以及媒体之间交换信息和意见的互动过程中注重风险情境和公共议题的讨论,及早通过与民众互动、让民众参与决策等措施化解矛盾与风险。①

（二）舆论引导的方式

引导舆论是涉政公共事件处置的重要环节。这方面的应对方式比较多，学界也有不少的专著与文章论述，这里只做简单介绍。

第一种最常用的方式是新闻发布会。它是在涉政公共事件发生后，政府部门或者公权力机关直接组织新闻界、媒体人士参加的会议，向新闻界并借助新闻媒体平台向社会公布或通报涉政公共事件的相关信息。发布主体是政府机关或公权力部门。

举办新闻发布会在舆论引导中属于正规隆重的形式，也是全世界、各行各业最通用的一种新闻舆论发布引导方式。它的特点在于权威、主动、可控。说它权威，一般是官方主办的，或者是涉政公共事件处置工作机构举办的，其发布的信息、新闻来自事发现场经过调查核实过的，其介绍的工作过程、措施是当事人直接决策执行过的，是真正的第一手信息、第一时间信息、第一现场信息。说它主动，就是新闻发布的内容、时机由发布者自己所决定，发布什么、不发布什么、由谁发布、在什么地方发布、在什么时候发布，完全由发布者视情况而定。说它可控，就是参加的新闻媒体数量、人员可控；发布时间长短可控，是否允许提问可控；该由哪些部门解释、说明可控；甚至宣传报道的内容可控，除了新闻发布稿，相关背景材料都是统一提供，内容都是经各方层层把关了的。因此，在处理涉政公共事件过程中，采用新闻发布会的方式是比较常用、效果最好、最直接的方式。

好方式要用好，必须有充分的准备。一般而言，策划一场新闻发布会要把握好以下几个要点：1. 时机与目的要明确：在时机选择上，按照前面说的“速度第一”的原则，在涉政公共事件发生后，如果预估社会影响很大的话，应该越早越好，越早就越能跑在谣言的前头，越早就越能掌握主动，越早也就越能更好更快地满足媒体与公众的渴望。目的主题要明确、突出。不能什么都说，没有重点，没有主次。一般而言，每次新闻发布会确定一个主题，

① 这部分参考了廖为建、李莉：《美国现代危机传播研究及其借鉴意义》，《广州大学学报（社会科学版）》2004 年第 8 期，第 22～23 页；杨魁、刘晓程：《政府 · 媒体 · 公众：突发事件信息传播应急机制研究》，中国社会科学出版社 2010 年版一书的相关章节。

明确一个范围,突出三个方面:①政府想说的。②媒体关注的。③群众关心的。[①] 2. 准备要充分:包括①熟悉相关舆情。②了解出席新闻发布会记者的成分与特点。③确定发布内容、重点和答问口径。④准备新闻背景材料,备记者媒体索取,方便他们报道宣传。⑤为增强效果,有条件的还可以准备多媒体资料。⑥事先进行彩排。3. 发言人的选择要慎重:我国政府系统的新闻发言人一般有三种来源:一是主管领导,大多是该部门、单位的"二把手";二是秘书长、办公厅(室)主任等"总管式"人物;三是分管新闻宣传的宣传部领导或外宣办主任。考虑到涉政公共事件舆情引导的复杂性和紧迫性,一定要选政治成熟、立场正确、敢于负责、熟悉现场、了解政策、了解舆情和媒体、与新闻界有过交道的人士担任,而且还是不易被激怒的人。4. 时间与地点的选择:时间控制一般是半个小时到一个小时之间,可安排提问,如果情况还不完全清楚,可不安排提问。地点可就近安排在涉政公共事件的事发地进行,给人以身临其境的感觉,也方便与前方一线人员沟通。5. 会场布置:根据现场条件与记者人数尤其是摄像、摄影记者的人数视情况而定,尽可能简单朴素和方便交流。6. 跟踪分析媒体和社会公众对新闻发布会的报道与反映,为下次发布会做准备。

第二种方式是发送新闻通稿直接交公共媒体刊登。由于涉政公共事件信息传播非常快,在黄金 4 小时内要引导舆论,直接发通稿是最有效的方式。通稿交发的对象主要是党报、党刊,党和政府及国家机关所举办的各类新闻平台,如电视台、广播、杂志、网站等等。这种方式的最大好处就是节约成本、节约时间,而且报道口径完全一致,影响力也比较大,时效性也比较好,可以即时交广播、电视、网站发布。

第三种方式是短信公告和提示。这种方式适用于谣言传播并引发社会公众恐慌的涉政公共事件,如出现抢购风潮、迁徙风潮等大规模从众行为的时候,利用手机短信平台进行提示、说明效果非常好,能有效化解尚未行动者的疑虑,瓦解从众心理和行为。

第四种方式是接受记者现场采访、现场连线。这种方式直观感更强,但要事先评估好采访要求,了解对方的采访意图,若知道是刁难找茬的,必须

① 贺文发、李烨辉:《突发事件与信息公开——危机传播中的政府、媒体与公众》,中国传媒大学出版社 2010 年版,第 75 页。

拒绝,而安排主流媒体记者提问采访。要确定采访形式,谈定采访底线,这里包括是否可以录音、录像,是否审稿,直播还是录播,电话采访还是现场采访,播出刊发的时间、版面等等,这些都要事先考虑到位。当然还要明确采访主题,问题不能多,最好一事一访。再就是准备好采访口径,准备相关资料等等。

第五种方式是网上在线交流与网上发布新闻。网络在涉政公共事件的舆情中作用很大,要充分利用这一资源为处置工作服务。这里面包括要高度关注网络舆情,随时收集有关事件的网络舆情信息,对其间的热点问题进行归类研判分析,并及时通过网络交流、发帖、跟帖,甚至直接发布新闻对网上舆情进行引导。网上引导要注意态度诚恳,不能用以上压下的口气,而要用事实、真相、道理、逻辑说话、跟帖。要突出速度,一旦发现热点聚集,要及时与涉政公共事件处置现场沟通联系,及时发布正面、正确的信息,以减少影响。网络引导还要突出重点网站,如人民网、新华网、新浪网、腾讯网、搜狐网、网易、凤凰网、天涯社区论坛、凯迪社区等,尤其要注意它们的首页。要把涉及部门作为网络舆论引导的第一责任人,责成他们及时发布权威信息,及时设置引导议题与议程,不回避、不堵塞、不诿责,自觉接受社会监督,主动回应社会大众。

除了上述比较常用的五种方式之外,也还有一些其他方式,如非公开发布、非专题发布、非特别发布、请记者等媒体人士吃饭聊天谈及等,由敏感人物、相关人士在公开场合谈论涉政公共事件,以个人身份说明组织的态度、建议,或者由有关领导在一定范围内的会议上脱稿说明一下涉政公共事件的过程和处置情况,或者在谈及相关话题时顺带介绍一下涉政公共事件处置的有关情况,这些方式适用于公共媒体炒作不厉害、当地百姓又比较关注的问题。

(三)信息管理与舆情引导的重点

信息管理、媒体应对、舆情引导是一个细活,有时不小心一个失误可能就会让原来所做的大量工作“前功尽失”,而且带来无穷的麻烦;有些可能是第一次公告、发布、接触没有达到预期效果,获得好的印象,进而带来持续的不顺。因此,在具体的工作中有几个方面的重点需要好好把握,集中体现在以下几个方面:

1. 把话说好。应对媒体、引导舆论、发布信息的主要过程、形式、方法、效果都体现在语言表达和交流之中。同样的事情,语言的表达不一样,语气、语调的感觉不一样,可能效果也会不一样。具体包括:

①主动说,把握话语的主导权。涉政公共事件发生后,人们普遍疑虑而需要信息时,政府要尽快履行告知义务,因为是官民冲突与矛盾,政府作为当事一方有必要自己主动出来讲清楚,即便初始事件是民事纠纷,牵涉到公权力机关及其工作人员也要主动出来表明态度,解除群众的忧虑。如 2008 年 5 月 12 日四川汶川大地震,14 时 28 分发生地震,全国大部分地方都有震感,大家不免到处猜测,14 时 38 分,仅仅 10 分钟后,国家地震局就通过新华社和官方网站发布了地震信息,并明确各地均有震感。14 时 50 分四川省地震局召开第一次新闻发布会,宣布汶川县发生 7. 8 级地震。15 时 10 分第二次新闻发布会告知公众启动地震应急预案。15 时 50 分第三次新闻发布会披露基本震情。由于信息发布及时,对动员组织抗震救灾、稳定人心起到十分重要的作用。

②滚动说,不让谣言有空子可钻。在突发涉政公共事件的舆论引导中,由于事件的处置有一个过程,大多不可能马上就有结果。这个过程就有了猜测空间,也就有了谣言产生的机会,因此,除了主动说、马上说之外,还必须不断更新、不断强化,把处理进展告诉民众,把最新情况提供给媒体,就是暂时没有结果,也要把官方态度、当事人的态度告诉媒体,给社会公众以负责任和不断在处理的好形象。

③统一说,不打乱仗。对媒体而言,不一致才是最好的新闻;对社会公众而言,不一致会引发更大不安和混乱,造成无所适从;对政府而言,不一致是对公信力的最大伤害。因此,涉政公共事件发生后,管理信息、应对媒体,必须准备充分、统一口径以后才进行,新闻发布、接受采访,最好由专门部门、专业人士(新闻发言人)统一安排组织。非指定人员、非新闻发言人、不了解具体情况的人最好不要接受采访,确实推不掉的时候,也要按上级或单位统一的口径发表意见。

④照实说,不撒谎。发生了涉政公共事件,各方都很关注,大家都希望知道真相及后续处理结果。在这种情况下,一定要把真实情况,把事实告诉社会公众、告诉媒体。如果错的责任在政府机关及其工作人员,更要主动认真,不回避事实、不掩盖真相,不企求蒙混过关,更不能造假做假。因为在信

息社会、透明社会，纸是包不住火的，与其让别人、媒体去挖掘，不如主动披露。讲真话，用心说话，说实话，工作的压力也少一些，处置的环境也好一些。在实际操作过程中，具体工作多讲事实，工作方向多说态度，坏消息尽可能一次说完，好消息可以不断充实。不撒谎反而会得到社会各方的理解与支持，促进事件的解决。如 2004 年 11 月哈尔滨市因为吉林石化爆炸污染松花江水而造成的全城停水事件，起先因为担心实话实说会造成恐慌，就用"全城管网维修"等善意谎言说明原因，结果，可能发生大地震等各种传言谣言迅速蔓延，居民抢购、逃离风潮迭起，后来说实话表明是江水污染，号召市民共渡难关，结果大家都理解，主动配合政府，反而稳定了民心，最终得到上下各方面的充分肯定。

⑤冷静说，不说过头话。有记者坦言，外出采访最怕平时的采访，很难出彩，而最有刺激性、挑战性的采访是突发事件发生时，为什么呢？他说，在这种紧急情况下，只要我说几句不中听的话激怒当事的领导就行了，一旦他们发怒，该说的不该说的，平时隐藏的本性全暴露出来，全是新闻，而且有吸引力，有后续力。这也是突发事件、涉政公共事件吸引媒体关注的一个重要原因。因此，在处置涉政公共事件过程中，除了处事要冷静沉稳，应对媒体同样要冷静沉稳，不随意推断预测，不随意许诺保证，不生气说过头话。

⑥简明说，不拖泥带水。发布新闻、公开信息、接受媒体采访，一定要做到简单、简短、简明。不罗嗦、不长篇大论、不借题发挥、不节外生枝、不乱用比喻、不用高深的专业术语。把握好新闻界常说的"三个一"，即一条核心信息：你最想告诉社会大众的事件处理信息；一分钟之内：言多必失，重要信息开篇第一分钟就表达到位，如果是电视采访，他需要播多久就讲多少，省得记者事后编辑删减造成丧失原意；初中一年级的语文水平：大家都能听得懂的通俗语言。这方面革命领袖、老一辈无产阶级革命家可谓技高一筹。据说当年在延安时，毛泽东主席有一次问张闻天同志，什么叫统战？张闻天同志回答，统战就是把拥护我们的人搞得多多的，把反对我们的人搞得少少的。他又问彭德怀同志，什么叫军事？彭德怀同志回答：军事就是打得赢就打，打不赢就跑。非常精辟到位，任何人都听得懂、记得住。

⑦找人说，提高公信力。有些事件可能作为当事人、工作相关者、利益相关者，说话没有公信力，有时说了别人也不会相信，这个时候，按照第三方佐证原则，找与事件没有利益关系的第三方来说可能更有权威和公信力。

这也是一些分歧较大的涉政公共事件采用第三方调查的一个重要原因。因为人们一般会相信作为独立的第三方会客观、公正、理性对待涉政公共事件。这方面,可以根据事件涉及的内容找有关专家、权威以及百姓甚至当事人来说明。找人说的关键在于找准、找对说明的对象,这样才可能打消社会公众的疑虑。

⑧高水平说,不受外界的干扰。涉政公共事件,由于事发突然、事关干群关系、事关相关政策利益,在处置过程中有些会成为媒体深挖的对象,这样,在接受采访或者发布新闻的时候,容易遇到一些尖锐问题、刁钻问题、机密问题甚至生疏问题,有些因为种种原因不便直接回答,有些可以直接说"不",但又不可能个个问题都回避,这个时候就需要掌握一些基本技巧。比如,找出对方设置的干扰,是不是虚构的前提,有没有以偏概全,存不存在胡乱推断,可不可能掺杂其他观点,如果有的话,就直接告诉他们不能那样看,然后说明正面的观点。对敏感棘手问题,可以转到下次,告诉对方回去了解情况后再尽快回复、答复;也可以转给他人,明确告诉对方不属自己分管范畴不能随便答复;还可以转移重心、转换话题,引导采访思路。当然,技巧是万不得已才用,不能乱用,更不能用过头、用过火了,以为自己幽默、水平高,可能社会公众认为你是故意要滑头,这样就没有效果了。

⑨控制说,不殃及他人。应对媒体、舆论,不能口无遮拦、信口开河,更不能因为自己犯错,或者为了减轻自己的责任、压力,就把上级、同行、下属拉下水,因此,在这方面,必须有底线,包括表述与说话不能突破政治底线,维护政治纪律与政治秘密;不能突破角色底线,与上级、领导保持一致,不谈及授权以外的事务;不能突破范围底线,不把上级部门、同行拖进来。在具体应对中,不能把矛盾问题往上推,涉政公共事件在哪个层级发生,就由哪个层级负责,并在哪个层级消化。也不能推下级,下级是执行者,领导者有自己的责任。还不能推给"潜规则",用"天下乌鸦一般黑"来为自己开脱,用别的地区、部门都是这样干的来推卸责任。

⑩转换话题说,矫正舆论导向。有些非主流媒体习惯于找问题、抓隐私、揭露阴暗面,感兴趣的是消极的东西,有的甚至是以丑化官员、贬损政府和执政党为卖点,对这类媒体与记者,最好的策略是不要跟着他走,不随他起舞,而是要引导他们跟着你走,把信息、舆情引导到积极、阳光、好的方面去。

2. 把形象培育好。涉政公共事件中公权力机关及其工作人员的形象如何不仅影响事件的处置效率，更直接影响着党和政府的形象。一定要在涉政公共事件处理的全过程中树立五个方面的形象：一是亲民的形象。对老百姓的态度事关涉政公共事件处理的方向和立场，是许多社会公众所关注的，为什么涉政公共事件发生后，政府必须立即表明处理的态度和原则，目的就是安抚告知百姓我会处理好。亲民形象在信息和舆情方面的体现就是站在百姓的立场、社会大众的立场上说话，关心弱势一方的权益，关心弱势一方的基本生活。人们就可以由此推断你是不是爱民亲民恤民的官员。二是和善的形象，待人接物说话和气、友善；不居高临下，不教训人；不得理不饶人；不给人感觉高不可攀，难以接近。要让人民群众觉得没有距离感。三是负责的形象。说话、表态干脆、利索，勇于担当，敢于负责，群众反映诉求合理、符合政策就明确答复落实到位，不行的事就讲道理、把政策原因讲清楚，让群众好理解，要符合逻辑。表态、答应了的事就落实兑现，不拖泥带水，不说一套做一套，不欺骗群众百姓。四是可信的形象。参与涉政公共事件的处理要给人感觉诚意到位，对问题的分析道理可信，符合常识、常理、常情，符合政治、法律、政策和实际情况，没有官腔，没有大话、空话、废话。说话围绕化解矛盾讲，举措围绕解决事件用。不是应付了事。五是得体的形象。衣着、言行举止注重场合，公私分明，爱憎分明，干净、俭朴，与当事各方都保持等距离，说话观点前后、内外一致，做事行为有监督与没监督一样。有了一个好的形象，当事人、社会公众对你的信任度也就提高了几分，事情处理起来他们配合、理解的主动性也就增强了几分，有效化解事件的成功率也会多几分，尤其是媒体形象也会高几分。

3. 把关系处理好。现代领导一定要注意处理好与媒体的关系，提高同媒体打交道的能力，提高引导舆论的能力。处理好与媒体的关系，首先是重在平时。不要把媒体当敌人、当对手，而是做朋友，对媒体特别是记者的工作要多理解、支持。平时处理好了，关键时刻就能派上用场，他们就能迅速成为党和政府引导舆论赖以依托的帮手。平时不注意，临时抱佛脚，可能你急他不急，个别甚至成心看你的笑话，耽误、影响工作甚至全局。其次要善待媒体。媒体面临的竞争压力也非常大，新闻的异质竞争促使一些非主流媒体喜欢猎奇、喜欢标新立异、喜欢挖掘事件背后的因素，这些都有可能给我们的工作带来被动。但我们站在媒体的角度、站在记者的角度去思考，涉政公共事件毕竟是官民矛盾与冲突,是强势的国家机器与弱势的百姓之间的不协调,在各种法规、制度、监督不健全的情况下,有些事件真相被隐瞒也不是没有先例,正是一件又一件被掩盖真相的事件,让媒体有了挖掘的动力,带着怀疑和审视的眼光来对待政府的事件处理。正因为我们有例、有案在先,人家才会有这样的兴趣,因此,不要在这方面去为难媒体、指责媒体,而应该善待他们,欢迎、支持他们来监督涉政公共事件的处理,通过阳光处置重塑公权力的公信力。再次是沟通合作。任何时候都要牢记合作的成本永远低于对抗的成本,坚持合作不对抗,在涉政公共事件处置过程中记住这条,在应对媒体的过程中也要记住这一条。主动根据媒体的需求发布权威信息,围绕一些关键问题设置新闻议程,并利用涉政公共事件的经验教训剖析背后的根源,提升到完善体制、机制和公共政策的目标,与媒体合作,让媒体成为涉政公共事件处置的参与者、积极引导者,实现共生共赢。最后是提供方便。很多地方在涉政公共事件发生后对媒体采访、报道比较排斥,这是不正确的,因为媒体不会因为你不欢迎而不报道,你不欢迎他们会去找现场群众,你不给正面的、官方的信息,他会去街头巷尾了解道听途说的、似是而非的东西,那样报道出来后还更麻烦。因此,一定要用开放的心态面对媒体,主动提供服务,提供资料、素材、典型,甚至为记者到现场、到群众中采访联系配合、提供方便,既让媒体记者感受到被重视,感受到诚意和关心,从而拉近与政府部门的距离,也让媒体的采访活动处于掌控之中。

4. 把重点环节做好。引导舆论还有几个重点环节必须把握好,进行妥善处理。其一,对负面报道一般要有回应。负面报道并不等于负面影响,工作中有问题有瑕疵是正常的。世界上任何一个执政党和政府都不可能做到十全十美。许多负面报道对改进工作、推动发展有"正面效应"。面对负面报道,切不可像某些地方那样派警察去抓记者,而要分析报道是否客观,责任是否在政府及其工作人员,影响程度如何。通过多方评估后根据影响程度采取适当方式回应。对影响不大的可通过改进工作悄悄回应;对有影响可通过正面宣传回应;对影响大的还可以召开新闻发布会回应。其二,对谣言、流言要高度重视。谣言、流言是人们在私下之间传播的、未经证实、公众感兴趣或关注的话题。有些小事情就是因为谣言、流言的催化、蔓延变成大的公共事件,在这方面麻痹大意不得,领导干部要培养对流言、谣言的敏锐性,及时了解舆情,分析产生的原因。流言始于封锁,谣言止于公开。对确实是因为误解、猜测或者担忧形成的流言、谣言要及时通过信息公开、阳光行政让其不攻自破，对完全无中生有、恶意造谣、扰乱社会的要坚决予以查处打击。其三要重视议题设置和议程管理。美国学者通过实证研究发现，在公众对社会公共事务中重要问题的认识和判断与媒体的报道活动之间，存在着一种高度对应的关系，即媒体作为“大事”加以报道的问题，同样也作为大事反映在公众的意识中；媒体给予的强调越多，公众对该问题的重视程度越高。① 显然，媒体的议题对社会公众的影响非常大，引导舆论就不能忽视对媒体的议题管理。地方政府完全可以充分利用新闻议程的设置权，充分利用自己掌握的信息源，对媒体的议题进行管理，引导媒体把焦点、视角转到为中心、大局服务，为民生改善服务，为主流价值观造势、定调，形成积极的媒体舆情议题，如杭州市就抓住“飙车案”，组织网民讨论如何提升法制意识、社会公德和城市管理水平，实现社会公众关注焦点的良性转移。此外，政府新闻的议程设置与管理也非常重要，它可以通过控制媒体采访时长、内容、数量和参与单位数人数以及时间的安排调整，来引导新闻流向、采访重点、报道主题，让媒体围绕政府转，按政府的意图办。这方面美国政府的经验值得借鉴，他们在 2003 年的伊拉克战争中，就是充分利用媒体的议程设置权，先定调战争的“正义”性质，再控制随军记者人数，进一步按联军（联盟国）、中立国和反战国的区别安排记者，联军国家的记者最多，中立国和反战国大多只安排一名记者，而且基于安全原因，不能随便走动跑新闻，只能用联军司令部发布的新闻，他们通过垄断信息源，达到了形成自己舆论霸权的目的。其四是让“意见领袖”出马引导。“意见领袖”是网络舆论中最活跃，最有号召力、影响力，最能得到网民认可、跟帖的群体。“意见领袖一般颇具人格魅力，具有较强综合能力和较高的社会地位或被认同感。”② 他们的专家身份、专业背景、社会地位和社会影响力，决定了他们的博客影响力大，他们在论坛中的观点受到广泛认可，跟随者众多。所以在涉政公共事件的舆情引导过程中，除了主流媒体的观点与态度要引导好之外，“意见

① 洪向华主编：《媒体领导力——领导干部如何与媒体打交道》，中共党史出版社 2009 年版，第 101 页。

② 洪向华主编：《媒体领导力——领导干部如何与媒体打交道》，中共党史出版社 2009 年版，第 188 页。

领袖”的观点与态度也十分重要。对一些涉政公共事件处置中社会公众意见、观点分歧较大的事项,可以充分发挥意见领袖的作用,创造条件,让他们出马影响和引导舆论。

第六章　涉政公共事件的善后与救济

如同我们人的生命周期一样,类似涉政公共事件这样的危机从酝酿到消除,也有其产生、发展、控制、恢复的过程。对于涉政公共事件等危机事件管理的阶段周期模型,中外学者进行了大量的研究与分析,最简单的就是三阶段模型,即危机前、危机中、危机后。比较复杂一点的有四阶段模型:即危机的疏缓、危机的准备、危机的回应、危机的恢复。四 R 模型:即危机管理过程可划分为缓和、预防、反应和恢复四个阶段或者说包括缩减(Reduction)、预备(Readiness)、反应(Response)和恢复(Recovery)四个阶段。五阶段模式,即信号侦测阶段、准备及预防阶段、损失控制阶段、恢复阶段、学习阶段。六阶段模式:包括危机的预防、危机管理的准备、危机的确认、危机的控制、危机的解决、从危机中获利等。① 但是无论学界怎么分,个人认为,涉政公共事件的产生发展周期无非是包括酝酿期、发作期、控制期、恢复期四个阶段。

酝酿期是涉政公共事件的孕育阶段,也是"量变"的累积过程,这个阶段的特点是干群关系开始紧张,社会矛盾不断累积,群众怨言、怨恨开始增多,就像无数干柴在不断堆积,如果这个时期地方政府及其工作人员能够发现其中的一些征兆,及时采取防范措施,就可能阻止事件的爆发或产生。

发作期是涉政公共事件的正式形成阶段。它是矛盾累积过了临界点,因为某个偶然的事件点燃,现场协调管理失控造成小事酝大,或者简单事情复杂化,引发大量社会公众卷入或对相当范围内的社会系统及组织造成巨大的冲击甚至破坏,使正常的政治、经济、社会和生活秩序偏离正常轨道的

① 以上观点具体可参照董传仪:《危机管理学》,中国传媒大学出版社 2007 年版,第 28～30 页。

阶段。

控制期是涉政公共事件的现场处置阶段。这是涉政公共事件发生并形成社会影响以后，地方政府及其相关部门启动应急预案，采取相关措施，回应各方关切，缓解矛盾对峙，控制事态发展，降低事件热度，慢慢平息事态的阶段。这个阶段的重点与难点是现场控制与舆情引导，其时间延续的长短也完全取决于现场控制与舆情引导控制的效果。如果控制及时，引导得当，事件就会迅速平息，造成的影响与后果也会得到有效控制；否则，措施不当，延续时间过长，就可能增大控制、处置的压力和难度，导致涉政公共事件升级甚至处置层级升级，要靠上级政府甚至更高一级政府出面才能有效控制事态。

恢复期是指涉政公共事件已经基本平息，社会舆论已经不是热点，地方政府及其相关部门按照涉政公共事件应急处理的各项措施进行落实，包括善后处理、扶助救济、损失评估、责任认定、恢复重建，总结改进等过程。这是涉政公共事件处置的重要阶段和重要环节，有时也是耗时最长、难度最大的环节。本章的研究范围和对象就是涉政公共事件发展周期中的恢复阶段，主要内容是善后与救济问题。这方面虽然实践中是重点、难点，但理论方面的研究成果不多也不细、不系统。

一、善后工作的成果决定着涉政公共事件处理的效果

涉政公共事件得到初步控制和平息之后，媒体、舆论可能已经转到别的热点，相关各方也都重新走向冷静与理性，但事件并未就此完结，因为涉政公共事件造成的损失、伤害需要补偿、赔偿和恢复，涉政公共事件处理过程中形成的举措、协议还要落实兑现，对事件发生形成的原因、责任还要调查清楚、落实到人，为避免类似事件重演，可能对地方政府的有关政策、行为还需要调整、完善等等，这一系列工作都必须接着做下去、做好。也就是说，涉政公共事件发生、控制后所形成的一系列后续遗留问题都需要妥善处理，以使涉政公共事件的处理结果走向完美。妥善处理涉政公共事件发生后的各种遗留、后续问题，就是善后工作。在涉政公共事件处置过程中，善后工作作用意义巨大。

首先，善后工作影响涉政公共事件持续的时间、影响的范围，甚至冲突

的激烈程度。涉政公共事件大多源于权利冲突,处理过程大多沿着理顺、协调权力、利益关系进行,但权力、利益关系的调整、协调的核心在于完全落实,不然有关措施、决策、协议就是一纸空文,双方冲突的根源得不到解决。大量的涉政公共事件案例表明,影响处理效果和进程的重要环节在善后:一是损害、伤害的认定评估难统一,双方差距越大,事件拖得越久。二是责任认定难划清,很多情况是各打五十大板,模糊了事。当事人逃脱,政府买单。三是赔偿、补偿标准难协调。尤其是出现人员伤亡的事件,大量的时间、工作、精力都是耗在死亡或者伤残抚恤金标准上面。定低了受害人家属不答应,常常用挟尸不安葬来威胁,厉害的还可能聚众引起新的事端;定高了不仅法律、政策无据,而且引起同地区甚至其他其地区类似事件赔偿、补偿价格的直线上涨,相关支付压力越来越大,还会提升下一次可能出现事件的要价,形成"赔偿、补偿给得高—下次要价更高—补偿、赔偿再高"的恶性循环,加大了善后工作的难度。四是责任追究难到位,导致事件的经验教训总结不到位,同样的事件还可能继续发生,甚至还可能带发别的地方跟随学习。显然,如果善后工作做不到位,引发涉政公共事件的诱因得不到消除,事件就可能出现波折、反弹甚至反复。有的事件虽然表面平息了,但一直拖了很久也不能完全了断,问题就在于此。

其次,善后工作影响涉政公共事件当事双方及其关联人的心理、情绪。涉政公共事件的酿大和爆发,对当事双方及其关联人而言,都是突发事件,都可能在心理、情绪上带来多方面过度的反应,心理反应过度很容易在行为上形成对抗和过激,带来情绪上的不稳定,正常的协调、沟通、处理也会受到影响。有研究发现,对普通人而言,面对突如其来的事件,都会产生一系列的心理反应,它主要体现在以下四个方面:1. 生理上,一般会出现失眠、做噩梦,容易出汗,感觉呼吸困难、肌肉紧张、头痛、口干、肠胃不适、腹泻、食欲下降、疲乏等。2. 情绪上,一般会出现害怕、烦躁、焦虑、恐惧、悲伤、沮丧、紧张、麻木、失落等。3. 认知上,一般会出现缺乏自信、不信任他人、敌意、否认、自责、罪恶感、过份敏感或警觉、无助、自怜等。4. 行为上,出现健忘、注意力不集中、无法作决定、打架、骂人、回避、害怕见人、喜欢独处、容易自责或怪罪他人,过度依赖、反复回忆等。① 在实际涉政公共事件发展过程中,

---

① 王丽莉:《突发事件心理援助体系的建设》,中国社会出版社 2009 年版,第 15 页。

官民双方的心理影响是有差异的,而且事件的影响力不同,心理压力也不一样,事件的责任不同,心理感受也不一样。对于行政者而言,最大的心理压力在上级、媒体和网络舆论。如果他还是主要责任方的话,心理压力又更进一步,这就是为什么不少官员面对突如其来的涉政公共事件,手足无措、言行失当的重要原因。怕出错、怕担责任、怕丢面子、怕处置不了,挫折感、无助感、恐慌感、紧张感、焦虑感等心理疾病会接踵而至。于是,有些人抗不住压力,失眠、痛苦流涕、下跪哀求、回避不上班、不见人……而对当事的另一方普通群众而言,一旦涉政公共事件闹大以后,如果他没有责任的话,心理压力集中在事情闹大的负罪感,担心受到不公平对待的忧虑感,以及对事件处置过程结果无法把握的茫然感。如果出现家人、亲人伤亡、财产损失的话,还会增加悲伤、气愤甚至仇恨、怀疑、不信任、破罐破摔、易怒、偏激等各种创伤心理。如果普通群众在涉政公共事件发展过程中有责任的话,就会产生过于敏感、害怕、持续担忧、沮丧、紧张、孤独、无助、对抗、否认等各种心理危机。善后工作不能及时化解这些的心结,涉政公共事件的处理就难以达到预期效果,一次事件,就可能给一部分人留下永远的伤痛甚至仇恨。

再次,善后工作影响涉政公共事件处理的社会观感与政府形象。涉政公共事件的处理不能仅仅是平息事端了事,而应该通过积极、有效的善后工作,抚平因事件导致的干群关系裂痕,消弥因事件而引起的干群关系鸿沟。因此,善后工作做得好不好,反映的是政府的形象。人们可以通过比较不同地方、不同时期涉政公共事件的处理情况,来评判一届政府的能力、水平和效率。在这个意义上说,涉政公共事件的善后工作首先体现着地方政府的效率形象,善后工作能够及时快速做到位,说明干部工作得力,政府处置效率较高。不然,一个事件拖半天,回应不积极,处置不到位,善后没结果,反映的政府工作效率也是不高的。其次,善后工作体现着政府的公平、公正形象。要使涉政公共事件当事双方都能在较短时间内接受政府协调处理结果,并能签署相关协议或作出相关承诺,必须以公平原则、公正价值为基础,否则,媒体舆论会紧抓不放,不断挖掘追踪相关细节和过程,给涉政公共事件的处置带来"欲罢不能"的感觉。再次,善后工作体现着政府的担当和执行形象。善后工作既要讲政策、讲法律、讲原则,还要讲灵活,不然就根本无法尽快形成共识。这就需要政府工作人员敢于担当、敢于负责、善于从大局、从全局、从长远处理问题。而一旦协调达成一致,相关部门就要严格落实到位，如果不能落实兑现，政府的公信力也就会丧失，所有处置协调工作也就无从谈起。最后，善后工作更多的是与普通百姓打交道，直接体现着政府的为民形象。在涉政公共事件这类突发事件的处理过程中，政府是否大度、是否站在社会大众角度思考问题，是否在处理工作中贯彻以人为本的理念，是否在善后中实实在在地考虑百姓的损失与困难，老百姓的看法、判断、感觉最真切，也最重要，因为，每个公民都可以由此及彼，通过联想，形成对地方政府是否为民的基本判断，进而采取相应对策保护自身利益。

最后，善后工作影响今后类似事件的处理与发展。涉政公共事件处置善后工作如何，很大程度上还影响着未来，它可以带来一系列的改变。其一是改变人民的维权、抗争方式和思维。如果涉政公共事件是因为一些个人为了维护自身的权力、利益而引起的，倘若通过将事件闹大最终达到了目的，那么，其他人以后遇到相类似事件只要正常的诉求反应得不到及时回应，就可能学习这个方法使矛盾激化形成涉政公共事件来达到目的，有点类似许多地方政府在处理群众信访和矛盾时所形成的"大闹大解决，小闹小解决，不闹不解决"的恶性循环，社会可能反而由此进入动荡期，涉政公共事件会越来越多。其二，会提高补偿、赔偿协调谈判的要价。涉政公共事件处置过程中，最大的博弈在牵涉赔偿、补偿的事件上，这也是善后工作的最大难点。它是一个比耐心、比毅力、比说服力、比谁先妥协的过程。一般而言，政府会出于受舆论的压力主动作些让步，而让步的程度又取决于政府是否是责任方及当地政府的经济实力，如两者都回答"是"的话，博弈的结果一般是百姓获得相对较高的赔偿、补偿或者抚恤金额。反之，如果理亏的是受害人，那样的抚恤可能相对低一些，但只要能找到政府一方也有过错，事情就可能出现转机，最终补偿、抚恤一般都会向受害者倾斜。从某种意义上说，大部分官员会把面子看得比原则重，何况用的不是自己的钱，在花钱买平安与坚持原则出现不稳定的选择中，一般都会选择"花钱买平安"。其三会改进下一次涉政公共事件的处理思路。如果涉政公共事件的善后工作因为种种原因迟迟难以到位，就促使人们去反思处理中的思路、方法、举措、决策是否科学可行，找出问题的症结，进而为今后类似事件的有效解决提供经验、教训。如果万一再出现类似事件，就不会重蹈覆辙，而会有新的方法，提高处置与善后的工作效率。

二、损害评估是搞好善后工作的前提

在涉政公共事件的善后处置工作中,最大的难点就是如何对事件已经造成的损失或者可能带来的损害进行补偿、赔偿问题。比如,有些事件导致人员意外死亡,死亡抚恤金标准如何定?如果是造成伤残,治疗费用、误工补贴、伤残抚恤怎么定?这些都是事关当事人切身利益的事。谈不拢,善后工作就会陷入僵持。谈得拢,马上就可以签订协议,善后工作就比较好做。能影响谈得拢、谈不拢的关键因素就是对事件所带来的损害评估,因此,搞好善后工作必须首先解决损害评估问题。

(一)损害评估的概念

损害评估是对涉政公共事件所造成的损失、危害进行评价估算的活动。它包括损失估算和危害评测两个方面,既有量的分析,也有质的判断。损失估算,主要是涉政公共事件所造成的直接和间接损失,包括人员伤亡情况、直接经济损失情况、因事件影响的间接经济损失情况,为妥善处置事件各种花费情况,以及要完全处理好事件尚需支付费用的估算,重建费用等等。当然,也还包括对发展环境可能造成的影响,对公众心理、健康方面造成的危害以及对党群、干群关系的危害等等。危害评测,则是对涉政公共事件给一个地方的政治、经济、社会和人民生活等各个方面所产生的各种影响程度进行客观的评价测算分析,在某种意义上讲,经验教训总结就是建立在危害测评基础之上的。因此,损害评估的结果事关善后补偿和善后总结。

损害评估的目的,一是确认涉政公共事件的具体损失情况,为善后补救措施提供依据。二是确认涉政公共事件的负面影响程度,以及它对地方政府形象的伤害力度及关键点,为地方政府改进工作,改善形象提供思路。三是确认涉政公共事件的处置控制程度,判断事件引发的危机是否已经过去,是否存在反弹的空间和可能。四是确定公共政策或相关行政行为是否需要调整改进,以及今后类似政策、行为可能引发的反应,为民主科学决策、执政提供依据。

(二)评估的主体与方法

评估的主体就是指进行涉政公共事件损害评价估算的主持人或操作者。评估主体不同,所持的利益立场不一样,评估的结果也可能存在差别,其公信力也不一样。但评估主体的选择一般是由评估结果的作用效果来决定的,如果仅仅是政府为了对涉政公共事件应急处理工作作出评价,作用在于内部参考,它完全可以由政府指定部门或者指定人员进行评估即可。如果牵涉到赔偿、补偿,则可能需要有资级和公信力的资产评估机构、价格鉴定机构或者会计师、价格鉴证师来进行评估。

涉政公共事件损害评估方法比较多,从主体角度考虑,可以采取单方评估、协商评估、第三方评估以及类比评估等。单方评估,就是指由政府指定具有资级和经验的部门及其工作人员对事件损害进行评估分析。此方法简单易行,节约时间,适用于内部评价。协商评估,是指当事双方围绕一个标的物进行博弈、讨价还价最终形成协商一致结论的评估过程。此方法耗时,容易因为细枝末节分歧影响形成一致结论,但一旦双方达成一致,善后补偿、赔偿工作则易落实。第三方评估,是指涉政公共事件当事双方共同委托一家具有资级和公信力并能为双方都能接受的、与事件无关的评估单位进行评估,这一评估方法公信力较强,但选定第三方的过程比较微妙,谁先建议、提名,最后实际结果如何也是一个博弈过程。类比评估是把同一地区相同事件或不同地区相同事件的评价估算结果进行类比借鉴,形成评估结论的过程,这个方法也比较简便易行,许多抚恤、补偿标准采用这一方法。它最大的问题是类比标的的选择,作为接受抚恤的一方肯定是寻求同类事件的最高抚恤标准来要求,即希望"就高不就低",而支付抚恤一方,无论是政府还是企业、事业相关单位都希望标准不能太高,有"就低不就高"的冲动。

考虑到涉政公共事件的危害更多在政治、社会层面,许多东西是不能完全定量分析的,那么在实际操作工作中,又根据具体操作思路不同,分为公众意见征询法、专家意见法、内部评估法、传媒评估法等。① 公众意见征询法是指通过问卷调查、电话问询、现场访谈以及召开座谈会征求意见等多种形式相结合的办法,征求、了解、询问他们对涉政公共事件处理工作的意见、态度、倾向和反映,从而归纳分析综合评估得出相关结论。公众意见征询法

① 参见董传仪:《危机管理学》,中国传媒大学出版 2007 年版,第 231～234 页。

在实际运用过程中必须注意调查样本的选择应尽量科学,确保全面性和典型性。应该在不同利益阶层、不同年龄性别阶层、不同社交群体、不同职业阶层、不同收入群体、不同文化程度人群之间合理确定样本,防止被少数或部分特殊利益群体所左右。同时,注重调查方式多样化和保密,确保收到的调查意见是被调查者真实思想的反映。最后是评估标准必须科学合理,确保能反映事物和问题的实际。专家意见法,又称特尔菲法,最先由美国兰德公司在 20 世纪 50 年代初创立,是指用书面问卷形式对选定的一组专家广泛进行意见征询,通过专家匿名表态,将各位专家匿名发表的独立意见汇总整理以后,再反馈给每位专家征询意见。这样,通过反复几轮征询以后,使专家意见趋于一致,从而形成预测评估结果。专家意见法的重点在于首先要选好和搭配好专家,形成结构合理的专家小组队伍;其次在于选准议题和选项,便于专家表态发表意见,再次是匿名表态,确保专家发表观点时不受外界影响和干扰。最后是多次反馈总结。内部评估法是指政府系统内部组织涉政公共事件处置参与各方对整个处置工作各方面各环节进行内部评估总结,反思事件的处理情况。内部评估法的关键在于参与各方都实事求是、客观公正来分析事件的处理,尽可能不受单位和部门利益的影响。传媒评估法,是指利用报刊、广播电视、网络等各类大众传播媒体,全面搜索和审核分析有关涉政公共事件处置的信息报道,从正面评价、负面影响各个角度进行定量分析,得出事件处置情况的结论。传媒评估法的分析指标主要包括视听率评估、知名度评估、美誉度评估、信息传播速度评估等等,一般而言,媒体的评价方法,可以从大的定性上把握事件处置是否及时、到位、有效,但不能完全受传媒意见影响去开展工作。

在具体的评估中,当然还有静态评估,动态评估,用不变价评估,用可变价评估,考虑时间成本、机会成本及连带效应的评估,不考虑其他因素按重置成本评估等等。

(三)评估的原则与结果评价分析

涉政公共事件损害评估,在一定意义上说就是对政府应急管理工作水平的评估,它可以根据评价测量需要从多方面进行分析,比如,政府的反应(响应)速度,现场控制水平、信息公开透明度、政府公信力、网络和舆情引导水平、官员问责力度、事后社会评价等多方面展开。当然有些还可以细化到如领导重视程度、一把手关注度、预案完善程度、沟通协调能力、波及范围、影响力、恢复能力等等，这是一个比较重要的课题，期待学者们在这方面继续深入研究。

为了使涉政公共事件的损害评估更加科学、有效，在实际评估过程中要注意把握好几条原则：一是准确性原则，所有搜集、征询的数据、资料、意见都要是原汁原味，没有经过收集人加工过的，能准确反映社会各方面的想法、反应和要求。特别是与善后工作直接相关的信息、数据一定要找当事人一一核实，尽可能是深入现场调查的第一手资料，而且尽可能做到信息匿名提供、减轻信息反映者的压力。二是全面性原则。涉政公共事件事关多方，不能偏听偏信，要广泛听取和收集信息、意见、建议，凡是与事件相关的人员包括当事人、受害者、参与者、旁观者、利益关系人、新闻媒体记者、社会公众、领导、相关部门、专家学者等等的意见都要听取，当然对他们收集信息的内容应有所侧重和分类，要根据他们在涉政公共事件发展过程中的不同角色，收集不同领域的信息，使信息反映更加全面。三是客观性原则。考虑到涉政公共事件损害评估的结果可能对政府机关及其工作人员产生不利的影响，在评估过程中，就必须排除人为的干扰，一定要不偏不倚，客观公正，确保评估的结果当事双方都能认可，社会公众能够认同，绝不能为了政府一时的面子而大事化小、小事化了。那样无助于优化和改善政府行为，更无助于改善干群、党群关系。四是时效性原则。涉政公共事件会随着时间的变化、舆论的影响和行政协调工作的深入而不断产生新情况，社会各方面的反应和关注热点也会发生改变，这就需要在收集评估信息时有明显的针对性和时段概念，随着时间的推移，形势的变化，对决策、对策进行调整。

对涉政公共事件的损害评估结果，可以根据需要分类处理，有些事关善后具体措施政策的通报当事人，有些对恢复重建有价值的上报领导决策参考，有些能引导舆论经审批后通报媒体或直接发布。当然如果评估结果各方面的认可度高，其价值作用就大；如果评估的结果各方不认可，感觉有较大的偏离度，那就有必要对结果进行重新评估审视，并找出问题之根源所在。

三、善后工作的原则与方法

涉政公共事件平息控制下来以后，如何善后就成了工作重点，善后工作是一项政策性强、工作要求高、时间要求紧、效果要求好的细活，也是一项工作难度大、双方或者多方博弈多、影响长远、考验工作人员耐心的累活。做好做到位是应该的，做得不周到、考虑不全面、时间拖得久可能就会引发新的矛盾和问题。因此，善后工作更能考验领导干部的工作能力和水平。

做好涉政公共事件的善后工作，有几条基本原则必须遵循，只有在这些原则下开展工作，善后才有可能顺利有序高效到位，这些原则主要包括以下几条：

第一，以人为本的原则。这是善后工作的基本原则也是首要原则。它要求在涉政公共事件的善后工作中，先不管责任归属，都要把所有人的生命安全放在第一位，千方百计，不惜一切代价保护和抢救人员的生命。哪怕就是责任人、肇事者都如此。在善后工作中，必须时时、处处都体现人文关怀，如果事件造成了人员伤亡，善后的重点环节就在于安葬死者，抚恤死者家属，全力救治伤者，全面安抚死伤者家属、亲属。

第二，尽快从速原则。这是对善后工作的时间要求。涉政公共事件事关党群、干群关系，处理的速度、效果也事关党和政府的形象。在处理涉政公共事件的善后工作问题上，要尽可能快刀斩乱麻，一鼓作气把事件的善后工作落实到位。尤其涉及人员死亡的事件，不管死亡是事件的诱发因素还是事件过程造成的，都必须尽快与死者家属达成协议，做好工作尽快让死者“入土为安”。在这个问题的处理上一定要放弃细枝末节的纠缠，防止一些人借尸闹事，抬尸博得同情，把死者作要挟的工具。在所有的善后工作中，尽快安葬死者，从速与死者家属达成协议，是重点、重心，相关工作人员要有此事不落实，工作不松劲，人员不休息的劲头。在处理好死者的善后工作之同时，对伤者的治疗也至关重要，要尽快拿出最佳的医疗方案，尽可能请当地最好的医生，尽全力让所有伤者尽快脱离危险，转为稳定安全的治疗。涉政公共事件的善后工作要在领导重视、各方关注的环境下抓紧落实，不能拖。如果工作拖拉，可能就会有别的更重要的工作分散领导的精力和注意力，也可能分散财力物力。那样，就可能造成原来的承诺无法兑现，失信于民。同时，拖的结果还会增加善后成本，甚至引起当事人、受害者和相关人员的不满，导致对过去承诺的协议反悔，使善后工作出现反复，增大善后工作难度和压力，甚至让前面的工作效果大打折扣。

第三，依法依规依政策依事实证据的原则。这是善后工作利益关系协调的基础。善后工作事关方方面面，但最根本的是利益补偿、赔偿问题，分歧最大、协调最难的也在这里。在这个问题上必须始终坚持依法依规依政策，遵照事实和证据来评估计算，只有这样才能体现公平、公正的原则，才能寻找到各方形成一致、达成协议的共同点，不然就没法谈判和善后。比如对事件遇难者的抚恤赔偿、补偿金问题，先要区分是肇事者、责任者、被害者还是旁观无辜者，对肇事者、责任人如果自杀身亡或因为其他原因身亡，除了免于追责之外，善后由家属自行解决，如果家庭确实困难，肇事又有一些情有可原的地方，可以适当给予善后救济。而对于受害者、无辜旁观者被殃及造成的意外身亡，或者完全是因责任单位引起的，可根据工伤理赔的标准，参照日常灾难事故的惯例做法，为遇难者的抚恤确定一个最高上限。同时，也可以根据社保制度和相关法律法规、综合考虑遇难者的年龄、职业收入、供养情况、家庭经济来源等实际确定救济标准。对于完全系责任事故的，则要按照《中华人民共和国侵权责任法》的要求，计算死亡赔偿金、丧葬费和精神损害抚慰金。死亡赔偿金一般以当地城镇（或农村）的居民人均可支配的年收入为标准，按 20 年计算，丧葬费按半年人均可支配收入计算，精神损害抚慰金一般 5 万元左右，视情况而定。必须明确的是，赔偿、补偿的实际数额是根据当地经济情况与承担补偿、赔偿一方的经济实力和财力决定的，各地存在着一定的差距。比如全国大部分地方意外事故灾害的死亡抚恤标准都在 20 万元—40 万元之间，但上海 2010 年 11 月 15 日静安区胶州路 728 号公寓大楼发生的特别重大火灾事故中每位遇难者的赔偿和救助金约为 96 万元，其中按《中华人民共和国侵权责任法》一次性死亡赔偿约为 65 万元，政府综合帮扶和社会爱心捐助等 31 万元。① 而对房屋、车辆、贵重物品、家具家电、室内装修以及日常生活用品等则需要通过现场勘察，评定估算、友好协商等办法，依法合规，双方认可，公开公平公正，便捷有序可操作等办法处理。总的一句话就是赔偿的标的物必须有证据属事实，赔偿的金额或价格必须合情合理，可弥补损失，恢复原有水平，可以是修复赔偿，也可以是货币赔偿或实物赔偿等。

第四，平衡比较原则。这是善后工作的全局性要求。也就是善后工作

---

① 《“11 · 15”火灾每位遇难者将获赔偿和救助金 96 万元》，《每日经济新闻》2010 年 11 月 24 日第 02 版。

要着眼于全局,着眼于各方关系的和谐协调,着眼于各类矛盾的顺利化解。而不能为了化解涉政公共事件的矛盾,在善后工作中大包大揽,乱开口子,提高标准造成过去的矛盾反弹,给后来的事件处理带来隐患。所谓平衡比较,就是在制订善后工作方案时要参照本地区以往处置同类事件相同情况时的政策依据和标准。实施细则甚至善后结果,在过去与现在之间平衡,在本地与外地之间平衡,在涉政公共事件与其他突发事件、各类自然灾害之间平衡。确保善后工作方案、标准、措施公平、合理、适当,既能被当事人接受又能为社会公众认可,还不引起曾有类似遭遇人员的反感和不满。

第五,柔性弹性原则。这是善后工作的方法要求。在涉政公共事件的善后工作中,既要依法依规依政策,坚持原则,又要着眼于事情的协调解决,讲究工作方式方法,保持柔性与弹性,注意灵活处理。柔性,就是在善后工作中不能硬碰硬,针锋相对,而是放下身段,以理服人,以情感人,以柔克刚。特别是在当事人、群众不理解、不接受、不配合的时候,更要心平气和、不急不躁,做到“打不还手,骂不还口”,用韧劲、柔性去化解仇恨、平息愤怒、转化到理性。弹性就是在具体协商谈判过程中留有余地,有时通过变通实现目标。比如很多事件的善后处置难点常常卡在遇难人员的赔偿抚恤上面,双方差距太大,遇难者迟迟得不到安葬,领导也始终放不下心来,有的甚至动用强力来处理,结果把矛盾激发起来酿成新的事端。那么在现实操作过程中,赔偿补偿抚恤的大原则必须遵循国家法律、法规、政策,实际执行结果则需要根据事发责任状况、遇害者家庭实际进行相机处理。即在坚持政策标准不变的前提下,可以通过其他救济渠道、单位困难补助、社会爱心帮助等多种方式解决遇难者家属的部分诉求,从而拉近差距,达成协议,和谐善后。

第六,不留尾巴原则。这是善后工作的质量要求。善后工作最大的忌讳就是把好做好、容易做的事做了,把达不成一致、难做的事留在那里等机会,不能一步到位。如果涉政公共事件的善后处理留有尾巴,随着时间的推移和形势的发展就会带来许多后患与遗留问题,其一,留下了上访的导火索。因为事件善后没有到位,相关人员就可以以此作为上访的借口,经常到有关部门反映诉求,他们甚至可以将原来的问题与新遇到的矛盾混杂在一起,面对新老问题交织,上级处理也就相当麻烦。留就留成了新的不稳定因素。其二,留下了推诿的借口。由于是涉政公共事件单个事件留下的问题,许多部门都可以用不是一家可以决定的、答复的来搪塞,形成谁也不管的格局。其三,留下了重新要价的机会。随着经济的发展,财力的增长,以前可能难以解决的难题有了谈判的空间,这就给过去事件善后确定的方案以重新讨价还价的可能,而一个事件善后可以重新讨价还价,可能招致许多解决了的问题比较它的新标准重新反弹,造成没完没了的麻烦。

第七,工作细致原则。这是对善后工作者的具体工作要求。由于涉政公共事件的善后工作涉及方方面面,事关的都是当事人的切身利益,而且都是政策性很强的工作,它需要耐心细致的思想疏导工作,需要细致具体到位的落实工作,需要高度负责的务实作风。首先,各方面的善后方案考虑要细,确保不丢项、不漏人、不出政策问题。其次工作责任要落实到位,尽可能做到"人盯人、一对一",事事有人做,人人有联系对象,把每项工作的各个环节都落实到具体部门、具体责任人。再次,检查督促到位。要通过碰头会、联系会、督促检查各项善后工作的落实情况。最后,注重工作细节,不在小事上、小的环节上出差错、出问题,影响整体善后效果。

在尊重上述原则的基础上,涉政公共事件的善后工作还有一些具体的环节与方法,它包括以下几个方面:

第一是善后工作的组织指挥问题。善后工作的组织指挥事关善后工作的效率与效果,是做好善后工作的首要环节。因此,做好涉政公共事件的善后工作,首先要明确搭建善后工作的组织指挥系统,并根据职能、职责和善后工作要求进行工作职责分工。

善后工作的组织指挥系统一般应包括决策指挥系统、信息收集处理系统、工作执行系统、督查监督系统等。具体操作中可根据涉政公共事件的损害评估情况而定,如果事件损害情况严重,出现了人员死亡、财物毁损数额巨大、社会负面影响明显,则需要成立高规格的善后处置组织指挥机构。如果事件仅仅停留在网络、在舆情,并未带来实际的人、财、物损害,就可以直接由相关职能部门出面组织应对即可。我们这里按照情况严重的局面来设计,就必须成立善后工作领导小组或指挥部。一般情况下,领导小组成员或指挥部领导就是涉政公共事件现场应急处置领导小组或指挥部成员。领导小组组长或指挥部总指挥由涉政公共事件发生地或所属部门的党政主要领导担任。可以设指挥部政委、或领导小组第一副组长(常务副组长),地方党委副书记、政府常务副职,人大、政协主要负责人以及政府分管领导担任领导小组或指挥部的副组长(副总指挥)。如果是垂直部门的事务、则由部门副职任领导小组副组长或指挥部副总指挥。明确一位领导担任领导小组(或指挥部)的总协调,地方总协调由党委的秘书长或政府的常务副职担任,部门则由分管办公室的副职或办公室主任担任。此外,领导小组或指挥部下面还要确定若干联系人,分工联系不同下属工作小组的工作。

总的善后工作领导指挥机构组成以后,下面应根据涉政公共事件损害影响情况及善后工作需要设立若干个工作组。一般有下述一些工作小组(但不仅限于)应该设立:

1. 现场清理组:主要负责涉政公共事件现场的清理恢复等善后工作。组长由领导小组中分管这方面工作的副组长担任。如果现场损失破坏巨大,在事件应急处置过程中成立了现场控制施救小组,则可由当时的现场控制小组继续完成此项工作。负责现场清理组工作的成员主要应包括建设、公安、消防、卫生、交警、城管以及所在地基层组织县、区的分管领导,并确定一名总联络员和若干联系人。

2. 善后处理组:主要负责整个事件过程中出现的死者安葬、抚恤、赔偿、补偿以及死者家属、亲属的接待、安抚和陪护等。组长一般由地方党委、政府分管民政工作的领导担任。如果遇难人员较多,参与的领导也就越多,尽可能做到一位领导牵头负责对口安抚、接待一位遇难者家属、亲属,全程负责做好相关思想工作,尽快按指挥部确定的抚恤、补偿、赔偿标准与死者家属签署协议,并及早将遇难者遗体火化安葬,让逝者早日入土为安。这个工作组的主要成员单位至少应该包括民政、卫生、司法、交通、以及直接涉政事件相关单位的负责人,必要时,可以要组织、人事、劳动等部门的有关领导参与。由民政部门的一位副职领导作为总联络协调人。原则上是市级领导、县处领导、科级干部、办事员与遇难者家属(含亲属)"一对一"或者叫"四对一"服务。同时,这个工作组还可以负责财产损失的补偿、赔偿工作,那样,工作组成员还应增加物价、审计、房产、国土等等部门。具体也尽可能实行"一对一"接待安抚谈判服务。

3. 医疗救治组:主要负责涉政公共事件过程中所有受伤人员的救治。组长一般由地方党委、政府分管医疗卫生工作的领导担任。成员主要有卫生行政管理部门、疾病预防控制中心、职业病防治部门、辖区相关医疗机构的负责同志等等,由卫生部门的一位副职领导担任总联络协调人。具体也应该分工到每个医疗点有对口领导和相关职能部门领导，院方负责人共同组成的具体救治工作组。

4. 后勤保障组（接待组）：主要负责整个事件善后工作的相关接待服务，包括接待上级领导来检查、调查、督查，统一安排遇难者家属、亲属的食宿和交通出行，统一安排主流媒体、记者的食宿等。情况允许的条件下还要统一负责安排每位善后工作人员的加班食宿。并为善后工作提供物资后勤保障。组长一般由地方党委、政府分管接待、商贸旅游的负责同志担任，成员单位主要包括接待部门、商贸旅游部门、各县、区、乡政府。

5. 事件调查组：主要负责涉政公共事件发生原因的调查、责任的认定和问题、教训、经验的总结。组长一般由地方党委、政府分管纪检、监察工作的领导担任。成员单位包括纪委、监察、审计、政府法制、公安、检察、法院、质检、安监等等相关部门。

6. 综合信息宣传组：主要负责善后工作中各类信息的收集、整理、上报，各类文字、文件的起草、把关、对外宣传等等。组长一般由分管宣传、意识形态工作的领导担任。具体成员单位主要包括党委办、政府办、宣传部、党报党刊、广播电视部门、广播电视台等。

7. 秩序维护组（也可叫稳定组）：主要负责善后工作各个环节治安秩序、社会秩序、现场秩序的维护，确保善后工作平安、稳定、有序进行。组长一般由地方党委、政府分管政法、公安的领导担任，也可以直接由政法委书记、公安局长担任。成员单位主要包括党委政法部门、公安、司法、信访、法院、检察院、交通、城管、交警、消防、武警、驻军等部门和单位。

8. 重建恢复组：主要负责恶性涉政公共事件造成的重大公共设施损害的重建、修复等，负责制订重建修复规划、选址、筹资和项目工程的组织实施。组长一般由地方党委、政府分管建设或财政的领导担任，成员单位主要包括：建设、规划、发改、财政、房产、国土、交通以及重建修复项目主管部门等。

此外对有些影响面广、参与者众、群众情绪激烈的群体性涉政公共事件还要组建相当规模的政治思想工作组，组织抽调干部进村入户、深入基层、深入群众，听取诉求，了解要求，沟通感情。面对面向群众讲清事件真相、理顺情绪、解决问题、化解矛盾。做好面上的群众工作。

组织指挥机构明确以后，各工作组必须按照指挥部的分工和决策分头落实任务责任到成员单位、到参与工作的每位个人。各成员单位还应迅速组建相应的工作班子,按照上级的总体要求做好自己的相关工作。指挥部和各组之间要 24 小时保持通信畅通,及时反馈问题,组织协调、调度指挥。确保整个善后工作忙而不乱。

第二是善后工作的工作方案问题。具体、细化、可行的的善后工作实施方案,是整个善后工作的核心,也是善后工作得以顺利推进的关键。一般而言,善后工作领导小组或指挥部应先期出台一个《关于涉政公共事件善后抚恤赔偿补偿和相关救助的总体方案》,这是一个善后工作管总的方案,它的内容应该包括但不限于以下几个方面:①善后的目标、任务;②善后的原则;③善后的组织指挥机构;④参与善后工作的成员单位及其职责(就是分工哪个部门做什么事)⑤善后工作具体内容;重点是遇难人员的抚恤安葬、遇难者家属(含亲属)的安抚;受伤人员的抢救治疗;房屋及个人家庭财产损失的赔偿补偿修复;涉政公共事件处置过程中征用物资的补偿;因事件造成的相关生活困难的人员的临时救助补助;社会心理干预;公共设施的恢复重建等等;⑥善后工作的大致程序和时间安排;⑦信息发布与宣传口径要求;⑧对善后工作的要求等等。

善后工作总体方案出台以后,各相关工作组要根据总体方案的要求和分工及时研究出台具体的单项工作方案和实施细则,各单项善后工作方案应该是非常具体、可操作性的方案,其中有下面几个重要的善后工作具体方案必须尽早出台。

一是遇难、死亡人员的善后抚恤方案。其内容至少应该包括①处置原则,主要是“政策统一、快速处置、属地单位负责、做好安抚工作”等。②组织领导机构。③善后处置措施,主要包括赔偿、抚恤标准及分项明细,哪些是法律、政策范围内的赔偿,哪些是商业保险理赔,哪些是政府帮扶,哪些是社会爱心捐助,哪些属丧葬费,哪些属抚慰(恤)金等等都要分清、说清。善后处置地点在哪里,是一个还是多个。善后处置费用来源及开支范围,这里面不仅包括给到个人的,还包括善后处置过程中可能发生的接待、住宿、交通等费用,有些可能需要先行垫付,由哪个部门垫付等,都必须明确。④善后处置工作程序,主要包括遇难者身份确定,已经确认的遇难者家属、亲属的接待工作。如何做好遇难者家属、亲属的安抚工作,防止发生过激行为及久拖不决。最后是赔偿、补偿到位的程序,如签订协议,款项给付方式,保证资金安全(包括是否护送遇难者家属、亲属回家等)。⑤赔偿抚恤主体,即钱最终是谁出的问题。⑥具体联络方式等等。

二是公私财产损失赔偿方案。其内容应该包括:①处置原则,主要是“依法依规、客观公正、透明平等、便捷有序”等。②组织领导机构。③损失财物赔偿的对象范围,应尽可能涵盖各类贵重物品、大宗家电、日用生活品、家具、装饰装修、机动车非机动车等等。④资产评估,包括评估机构的选择、认定、评估费用和委托手续。⑤评估原则、方法、原则上由相关人提供资料、结合现场勘察情况、在充分调查确认的情况下进行估算,估算价格的依据。⑥赔偿工作的程序,一般包括前期准备:自主选择或协商选定资产评估机构、政府可推荐也可随当事人在有资级的机构中选定;财产申报:受损居民负责;现场勘验:根据申报由第三方机构调查,评定估算定价,征求意见,就评估结果协商确定;出具报告:协商赔偿,尽可能协商一致,签署协议后到位,协商不成可通过司法渠道解决。⑦确定申报、咨询地点,联系电话热线,服务接待时间等等。

三是房屋、厂房、商铺等不动产的善后赔偿方案。具体内容也包括:①赔偿原则,一般应该是“市场价格、全额赔偿、协商落实”。②组建相关领导指挥机构。③赔偿办法,大致有三种:其一是恢复原状,帮助修复房屋。这是房屋权利人希望保留原房屋产权的,由相关责任部门或单位负责对原房屋进行修复,并赔偿相应的损失,特别是经营性房产的停工损失。其二是实物赔偿。房屋权利人将原房屋产权转移给赔付责任人,由责任人按相同地段、相同面积,以实物现房或者期房的形式给予补偿。其三是货币赔偿。房屋权利人放弃原有房屋的产权,将其转移到赔付主体(责任人),赔付责任人根据原房屋的市场价格和重新购置同类房屋的合理要求,计算出以货币方式进行全额赔偿的数额。④赔付程序,一般包括申报、选择赔付方式,协商赔付协议,执行赔付协议等几个环节。⑤确定联系、咨询地址,联系人,服务热线电话,服务接待时间等等。除了上述三个方面善后重点具体方案之外,伤残人员的赔偿抚恤、社会心理干预、公共设施重建、公共形象修复等都要有相关具体的善后解决方案。

第三是善后工作具体实施问题,就是如何落实方案的要求和任务。关键是四个到位:①工作人员到位,确保事事有人做,调集足够的人员来做善后工作。尤其是对遇难者家属、亲属的安抚工作一定要配备足够的人员,至少要做到"一对一"陪护。对救治的受伤人员也要做到一名病人、一名主管医生、一名专管护士。必要时在外面调集医学专家权威来帮助救治。其他善后工作、登记、联系、接待场所和热线电话接线员也要保证人数的充足到位,杜绝因为政府工作怠慢而引发不满甚至对立情绪。社会稳定等更要确保足够的警力到位。②思想政治工作到位。善后工作的核心就是要做通善后对象的思想工作,使他们从对立转到理解、合作。这方面首先要选准做工作的人,一定要选那些群众工作经验丰富,脾气个性好,政策水平高,群众口碑好,有耐心有办法,能被善后对象接受的人去做工作。其次要多管齐下做工作,找当事人所在单位的领导、住居地政府领导、社区、街道、农村村镇的领导一起来做工作,有条件的可请他们在党政机关的亲属、朋友、同事、师长一起来做工作。做工作的时候,一定要耐心、细致,给人家时间,多同情理解引导,少讲空话套话大话,必要时,领导甚至主要领导出面安抚做工作。③物资保障到位。对善后工作中所需要的物资先由相关部门调集,待善后工作完成后再来算账,这里包括接待遇难者家属、亲属所需的日常生活用品、接待房间、饮食安排和交通工具。救治伤员所需要的设施、设备,如果本地缺少又是救治所需,价格不昂贵的就添置,比较昂贵的就请相关单位支援。此外还要做好接待场所的相关物资准备等。④资金筹措调拨到位。善后工作处处需要用钱,必须在达成有关善后协议的时候及时兑现。这里必须明确的是,先无论事件责任主体是谁,政府应该先行垫付调拨资金,如遇难人员的赔偿、抚恤、安葬等费用,可先由民政部门垫付,对家庭确实十分困难的善后对象,民政低保、工会帮扶等机构可先行支付一定的救助、救济资金。其他善后工作所需费用,可先由责任单位垫付,最后再算账安排结算,必要时,地方财政要作为最后兜底保障。

第四是善后工作环境营造问题。做好善后工作必须有一个好的环境,不然,就会在各种舆论、压力作用下导致善后工作进展缓慢,还会影响善后工作决策。重点是减少三种压力:①强化信息的管控,降低谣言的压力。善后工作最怕谣言,尤其是善后政策的谣言和事件真相的谣言,谣言越多、越乱、越玄,就越会让善后对象感受无所适从,感到难以抉择,担心会吃亏,也会让善后工作人员增加工作量,不得不花大量时间去解释,去安抚,去表态。因此,涉政公共事件平息之后,一定要加强对信息的管理和控制。一方面,尽力营造透明的公正的信息环境,把大的政策、举措措施都通过新闻发布会或其他形式向社会公开，明确政策面前一视同仁，打消善后对象怕不公正对待的担心；另一方面，加大对互联网、手机短信等信息传播手段的监控，发现谣言及时采取措施处置，多用公开的正面信息去回击谣言，个别影响范围大、持续时间长，造成后果严重的涉政公共事件，为了保证善后工作不受干扰，可以经请示上级同意后，对互联网、手机短信功能采取临时关闭、屏蔽措施，防止虚假信息甚至网络暴力的蔓延。②加强媒体、网络的引导，减轻舆论压力。舆论压力虽然无形，但对善后工作影响很大。一些记者和个人为了追求时效性，为了吸引眼球，为了增大点击率，可能对正在研究的善后政策抢先发布，并可能想当然地发布评论；也可能不讲前提，断章取义炒作；还可能发布并非领导决策研究的虚假信息等等。这些回过头来又影响社会公众的判断与情绪，最终影响善后对象的思想与情绪，加大善后工作的难度。因此，当涉政公共事件初步平息、工作进行到善后环节以后，综合信息宣传组要及时将舆情引向正面宣传的轨道，引导到其他更重要的工作和事情上去，对善后工作的报道实施严格控制和把关，对网络上有关善后工作的信息要及时分析引导，营造一个良好的善后舆论环境。③注意工作场所的组织管理，解决人多嘴杂的压力。有些人喜欢看热闹，爱扎推，很多问题与矛盾就是因为人多嘴杂误会激起来的。涉政公共事件善后对象大多情绪不稳，如果在协商工作场所聚集的人员过多，无关人员随意插嘴参与，就会使正常的协商程序打乱，无助于形成共识、统一思想。因此，在做具体善后工作对象的工作时，最好是选定一个比较安静的场所，尽可能在不受外界干扰的情况下，进行“一对一”的单独协商和谈判。只有这样，双方才能在理智的环境下冷静思考，相互沟通，有效协调。总之，善后工作落实到位涉及方方面面，不仅要原则把握好，还要工作方法得当，也要工作细致负责和环境合适。

四、善后反思利用

涉政公共事件平息之后，地方政府还有一项重要的工作就是善后反思总结利用，千方百计转危为机，重拾民众的信心，重塑政府的形象，重建和谐的党群、干群关系。这方面的工作做好了，涉政公共事件造成的负面影响、带来的官民裂痕就会尽快化解、弥合；如果做得不好，同样的事件或许还会重复发生，那么下一次发生的时候，给地方政府带来的影响、危害就会更大，处置成本就会更高。因此,必须把总结反思改进当做善后工作的重要组成部分,当做涉政公共事件处理的重要环节来对待。

(一)总结

总结是对涉政公共事件产生原因、发展过程、处置措施、社会影响、善后效果进行全面调查分析、归纳经验教训、提出改进意见、增强应对处置能力的过程。总结过程是涉政公共事件处理的反思过程,它可以帮助政府机关及其工作人员对整个事件酝酿、爆发、处置、善后各个环节、各个细节中的成功与问题进行全面系统的分析评估,了解到忽视萌芽状态的原因,没有化解的问题在哪里,造成事件酿大的"燃点"、信息报告处理中的问题在哪里,事件处理过程是否可以更加优化,事件处理的效果、效率如何,相关策略是否得当,还有没有更好的方法,沟通中是否存在问题,信息与舆情管理引导效果如何,善后工作是否完全到位,事件处理结果的社会评价、影响如何,事件对地方经济、社会发展、干群、党群关系的影响如何,同样问题在辖区内、系统内是否还存在,整个事件处置过程中有什么成功的经验、有哪些值得改进的问题,防止类似事件产生要采取哪些相关措施等等。总结过程还是改进行政工作、提升行政能力的过程,它可以通过总结对行政流程进行再造,也可以通过总结提高国家机关工作人员的应急处置能力,还可以通过总结推进政府改革。

为了使涉政公共事件的善后总结工作更加客观、公正和有效,在具体总结过程中要突出以下方法:

1. 尽可能进行独立的第三方调查总结。由于涉政公共事件涉及政府本身,虽然我们有批评与自我批评的勇气,但从理性、人性、科学性和权威性四个方面看,内部自身的调查总结很难避免强调客观原因多、强调他人的因素多、强调已经努力尽责的多,尽可能减轻责任,尽可能隐瞒真相,尽可能掩盖问题等现象。而且中国人情社会、关系文化的影响根深蒂固,同级调查也好,上级主管部门调查也好,也难避免人民群众所说的"官官相护"情况。要解决这些问题,最好是在涉政公共事件的善后工作中,建立相对独立的、带第三方性质的独立调查制度。这种独立调查,主要是回避利益关系机构和关系人,回避利益关联机构和关联人,具体在调查人员选定的时候,注意回避与涉政公共事件相关联的机构与人员,如执法中的涉政公共事件,调查原则上不能委托执法人员的上级机构或者有利害关系的机构与人员，这里不能采取“谁主管谁负责”的模式，而尽可能以第三方为主，如纪检、监察、政府法制、信访等部门，最后邀请独立的、与事件无关的相关专家、律师、媒体工作者、网民代表或者人大代表、政协委员参加，这样就可以确保事件调查评估的客观性、公正性、权威性。

2. 要用对照、对比的方法总结。涉政公共事件处置整个过程是成功还是存在问题，通过对比、对照就可以得出科学的结论。①对照涉政公共事件应急处置预案进行分析总结。根据《国家突发事件应对法》的要求，各地都制定了突发事件应急预案，那么要总结分析实际操作过程中，哪些是按预案要求做的，哪些没有按预案做，为什么；这些不一致的原因是预案不科学，还是预案本身没有落实，或者是条件情况发生变化，必须改变预案进行操作；实际操作中的变化成功的地方在哪里，不足的地方又在哪里；对今后的预案完善有哪些启示等等。②对照不同地方的同类涉政公共事件案例进行总结。比如，陕西华南虎事件后，湖南也曾出现了华南虎事件的视频，但如本书前面的分析可见，湖南省林业厅等有关部门很快查证发现是用马戏团的老虎在炒作，随即采取果断措施处分当事人，并向社会公布了真相，得到各方面的好评。湖南“吴老虎”事件与陕西“周老虎”事件处置结果表明，出现涉政公共事件并不可怕，可怕的是不能正确对待、正确处理，结果效果就大相径庭。陕西“周老虎”事件损害了政府的公信力与形象，湖南“吴老虎”事件的正确处理提升了政府的公信力与形象。③对照同一个地方的同类涉政公共事件案例来进行分析总结。如 2008 年 6 月，几乎与贵州瓮安“6·28”事件差不多同时的贵州德江县中学生自缢事件就因为处置得当，效果明显不同。据《贵州都市报》报道，2008 年 6 月 15 日早上 6 时，德江县一中高三学生魏文杰被发现在城郊灌木林中自缢身亡。在征得其亲属同意后，公安部门将尸体移至县医院太平间进行了尸检，确认死者是自缢身亡。次日，其亲属将尸体运回家安葬。6 月 18 日德江县公安局作出了不予立案的决定，死者母亲张明秀签字认可。事后，死者母亲受人唆使煽动，于 6 月 25 日到街上喊冤，引来上千群众围观。德江县公安局领导迅速带领 70 多位民警赶赴现场宣传疏散群众，并将死者母亲劝至公安局解释疏导，然后召开新闻发布会进行详细解释和说明，事件因此得到有效控制。同样是中学生意外死亡，同样在贵州，同样引起了大量群众围观，为什么在瓮安发展为一起恶性群体性公共事件,而德江得以成功化解,没有成为群体性公共事件?两个事件从时间、地点上看,包括内容都比较类似,为什么会有不同的结果呢?正如当时的贵州省委书记石宗源同志的批示所言:“德江、瓮安几乎在相同的时间段发生类似案例,由于处理问题的思路和方法不一样,处理结果更不一样,说到底,是责任心问题,是工作水平和工作能力问题,是对人民群众的态度问题。”德江县的工作之所以成功,根本的原因就在于德江县政府处理问题迅速及时、公开透明,展现了真相,引导了舆论,赢得了理解信任和支持。① 显然,通过对比、对照就可以发现问题,总结出经验,有助于提升处置能力。

3. 关注媒体的评论分析作总结参考。许多事情是“当局者迷,旁观者清”。在涉政公共事件的处置过程中,许多地方和国家工作人员可能比较讨厌、心烦媒体的炒作。但事实上,在互联网时代,就是传统媒体不参与,任何涉政公共事件也逃不脱在网上被全方位审视、用显微镜审视、用放大镜审视的命运。正确的应对方式应该是“以我为主,重视舆情,引导舆情”。尤其是在善后总结过程中充分采用媒体舆情评论中合理的分析、观点,为改进工作提供思路。例如 2009 年 8 月 26 日,云南曲靖市陆良县活水乡石槽河村的陆良源丰矿业有限公司工地因与村民的经济补偿纠纷发生了“陆良事件”,事件发生后,当地党委、政府深入群众,了解村民与矿企矛盾根源所在,及时协调解决问题,平息了事态,该县在此事件的宣传报道中坚持“既不封闭信息,也不放任自流”的原则,在舆论引导上不缺位、不失语,为处置工作营造了良好的环境。“8·26 陆良事件”发生后,云南省委宣传部高度重视新闻舆论的引导,当他们发现在整个事件报道中,个别媒体记者仍按惯性思维在稿件中称“不明真相的群众在一小撮别有用心的农村恶势力煽动下,围攻煤矿施工人员和公安民警”;“村民阻挠施工影响工程进度”等等的时候,不仅提请有关媒体予以纠正,还专门下发云宣通(2009)50 号文件《关于在突发公共事件新闻报道中有关注意事项的通知》,要求各新闻单位在突发公共事件的报道中“摒弃给群众乱扣帽子、乱贴标签的话语方式”,“要快报事实,慎报原因”,“依法采访,杜绝虚假信息”,“不能一味指责群众,甚

① 转引自龙力莉编著:《突发公共事件中媒体运用和舆论应对案例与启示》,人民出版社 2010 年版,第 182～183 页。

至给群众扣帽子”，“要禁用、慎用‘刁民’、‘恶势力’、‘不明真相人员（群众）’、‘别有用心’、‘一小撮’等容易激化矛盾、群众反感的用语”等等。①云南省委宣传部这一举措立即引来了各路媒体如潮的好评，人民网舆情监测室还将此事与“重庆打黑风暴”一起评为2009年第三季度地方应对网络舆情能力总体较为得体的仅有两家。许多报刊和专家认为，语态的改变，变“敌情”为“民情”，可能会成为我国处理突发公共事件的一个“拐点”。② 显然，从媒体网络评论可以总结出这个措施是一个成功的经验，那么在今后类似工作中就应该坚持推广，一般情况下，不要随便给群众乱扣帽子、贴标签。

除了以上三种重要的总结方法之外，还可以请专家来评价分析，对原始资料进行清理分析等等。总之，要通过总结分析将涉政公共事件产生的原因、条件找准，把涉政公共事件的责任划清，把涉政公共事件处置过程中的经验与教训找到，把涉政公共事件暴露出来的政府管治问题说白，为下一步改进政府工作创造条件。

（二）追责

善后利用的一个重要任务就是分责、追责。一般而言，总结阶段应该将涉政公共事件的责任查清、分清，接下来的事情就应该是依规依章依法追究责任。

责任追究，是指国家机关工作人员，在执行公务过程中故意或存在重大过失，以及在日常生活中言行失当，导致国家、集体和人民群众利益遭受损失，给党群、干群关系带来严重负面影响的，有关方面按照党纪、政纪和法律追究其责任，给予处分的行为。2001年4月21日，《国务院关于特大安全事故行政责任追究的规定》正式出台并实施，2003年非典时期，卫生部长、北京市长一大批高层级官员因处置不力被追责，2008年河北石家庄三鹿奶粉事件，从石家庄市长、市委书记一直追责到国家质量监督检验检疫总局局长。随着官员问责不断进入公众视线。2009年7月，中共中央办公厅、国

---

① 参见于建嵘、钟新、李元起等：《变话：引导舆论新方式》，世界图书出版公司北京公司2010年版，第3页，第12～13页。

② 参见于建嵘、钟新、李元起等：《变话：引导舆论新方式》，世界图书出版公司北京公司2010年版，第55～60页。

务院办公厅正式印发了《关于实行党政领导干部问责的暂行规定》,明确规定出现“在行政活动中滥用职权,强令、授意实施违法行政行为,或者不作为,引发群体性事件或者其他重大事件的”、“对群体性、突发性事件处置失当,导致事态恶化,造成恶劣影响的”等七个方面的情形,要对党政领导干部实施问责。显然,对涉政公共事件中有责的领导干部实施追责是党纪、政纪的题中之议。

事实上,在涉政公共事件处置的善后利用阶段进行责任追究意义重大。首先,它体现了权责一致的现代行政准则。国家机关各级工作人员或多或少掌握着一定权力,这些权力的使用就直接影响着人民群众的权力与利益,为了确保他们的权力只能用来服务人民群众、服务公共事务,而不是乱用、滥用甚至谋私,就必须建立起与权力相对应的责任。这样,有权必有责,用权必担责,滥用就会受到追究,可以从源头上杜绝涉政公共事件的产生。其次,它是防止类似事件重复发生的关键。一段时期以来,类似强拆、城管野蛮执法、官员牛人牛语现象层出不穷,一个重要的原因就是没有追责。地方政府的政绩冲动掩盖了对执政党执政合法性的伤害,掩盖了干群、党群关系紧张的矛盾。如果不能及时给予追责处分,其他官员、其他地方就会模仿学习效法,最终带来的是执政危机。因此,只有认真追责,才能真正唤醒地方官员特别是主要领导的民主执政、科学执政、依法执政意识,确保同样、类似的涉政公共事件不重复出现,为建立和谐的党群、干群关系,巩固执政基础创造条件。再次,它有助于理顺权力关系,规范行政行为。追责的核心在于明确分清责任,一项行政行为,是谁作出的决策决定,是谁负责执政,是谁负责监督,是谁分管这项工作,必须非常明晰清楚,不存在模糊地带,更不能有成绩时大家争、有问题时大家推,找不着责任人。如果对领导干部的决策失误、工作失职、监督失位、滥用职权、违法行政等行为可能引发的公共事件要追责,对公共事件、突发性事件处置不当、不力要追究,大家就会事先分清权力、责任,把住自己分管的关口,即使万一出了问题,也好有申辩的理由。

当然,要在涉政公共事件的善后处理中实行领导干部的问责制,首先有必要分清相关领导干部在事件中的责任和作用,是直接责任、间接责任还是领导责任;酿成有影响的事件,是客观原因造成的,还是历史原因形成,抑或是工作不负责、处置不力、不当造成的;是领导干部个人的问题,还是领导班子集体决策中的问题;要追究的是政治责任、行政责任、法律责任、经济责任或者是道德伦理责任等等。其次，要按照干部管理权限和程序进行问责，尤其在确认问责的过程中必须充分听取被问责当事人的陈述与申辩；坚持问责制度面前人人平等、事事一样；不能群众、社会舆情压力大就问责，甚至完全是为了应付、为了“平民愤”而去问责；必须严格按制度办事，减少人为影响。考虑我国现行政治、行政体制的特点，地方许多工作的决策权、决定权事实上集中在各级党政一把手手中，许多副职与下级都是执行者，因此，对于类似涉政公共事件这样影响大的事件必须对事发地党政一把手实施同等问责，按照“谁决策、谁主管、谁负责”的原则执行。为了体现公正性和公信力，对领导干部的问责决定一般都应向社会公开，并对实施引咎辞职、责令辞职、免职的党政领导干部复出建立规范的制度机制。

（三）改进

涉政公共事件善后利用的落着点就在于改进工作，重塑政府形象，完善制度，避免类似事件和悲剧重演。一是改进政府工作流程。涉政公共事件的产生，源于权力使用流程上出现问题，要么决策不当，要么执行不对，要么监督不力，要么公职人员自身素质品行出现问题。那么，可以通过涉政公共事件的善后总结，找出、发现问题的症结所在。同时，也可以利用涉政公共事件的强大冲击力，检验、发现、反思整个公权力系统运转中的缺陷与薄弱环节。然后再有针对性地进行改进、完善，在决策机制、执行机制、监督机制和干部选拔任用机制上进行改革，使行政流程更加规范、科学、合理、有效。二是重塑政府形象。涉政公共事件，大多是负面事件，无论是事件本身，还是在处置过程中的不当行为，都会严重损害组织的形象，更直白而言，都会给党和政府的形象带来影响。但动态去看，坏事处理得好可以变成好事，危机危机，危中有机。因为一旦发生涉政公共事件，社会关注度会急剧上升，事发当地的政府、部门和领导会成为媒体、网络、民众关注的热点和焦点，组织和个人的知名度也会由此大幅度提升。这样，涉政公共事件应对得当，处理得好，就可以迅速树立良好形象，提高组织和个人的美誉度，减轻涉政公共事件的负面影响。组织形象是社会公众对于组织的总印象和总评价，涉政公共事件因为官民矛盾，天然使社会公众站在民众一边而对组织态度比较激进，也非理性。这个时候若属于事件的处置阶段，做一个认真的倾听者、安抚者可能比驳斥效果更好。但如果责任确定在政府（组织），及时主动承担责任,向有关受影响的公众群体道歉,并表明补救解决措施,可能会控制或减轻组织形象损害。进入善后阶段以后,必须在对涉政公共事件处置的总结中理性评估政府形象的受损程度、原因,再有针对性采取修复措施。这方面的策略包括:①适当进行战略性自责,通过道歉、忏悔和寻求公众宽恕等公开检讨方式来打造勇于担责的形象。②抓住社会关注焦点,做好受害者及其亲属的善后、安抚工作,打造以人为本的形象。③重视公众诉求,改进行政行为,打造回应型政府形象。④强化政府公关,通过媒体、会议、领导人、具体工作来展现政府勇于担责,勇于纠错,及时改进的为民政府形象,进而争取大多数民众支持,赢回公众对政府的信心。重塑政府形象的主要方法包括:心理控制法,利用群众的从众心理,以“冷”对“热”、以“静”制“动”,通过舆论正面宣传、引导议题议程设置,逐步转移群众的注意力;釜底抽薪法,通过主动接触对话,揭示事件真相,公开信息消除谣言传播,团结大多数,孤立过分闹事的极小数;组织控制法,通过组织系统各单位的迅速正面教育,澄清事实,形成共识,转化社会公众对组织的看法。重塑政府形象的具体途径有:反角色思考,站在老百姓、社会公众的角度去琢磨怎么做才能增加信任感和美誉度;反条件思考,从引发涉政公共事件的条件相反的角度去分析,跳出原有的框框来思考问题的症结,进而进行改进;反因果思考,从社会公众不信任政府的源头出发,消除导致涉政公共事件的原因,改进影响政府形象的工作方法,既从根本上化解危机,又改善政府形象;反流程思考,对涉政公共事件的发展流程进行分析,调整甚至颠倒流程节点,重新排序过程,可能会收到意相不到的效果;反目标思考,如果引发涉政公共事件的导火索是目标不正确,那么重新调整目标,也可能收到好的效果。① 三是推进组织创新。涉政公共事件对政府而言,不仅考验应急处置能力,也提供了发现政府运行工作中问题的契机,更是激化政府进行组织变革、制度创新的外部动力。在善后总结中,如果有关部门能够客观、真实、及时对涉政公共事件产生的原因、处置过程所遇到的难题、社会公众在这方面诉求等等进行认真细致的分析,发掘政府管理体制和运行过程中的矛盾与问题,主动适应新形势、新环境的变化,在管理体制、组织机构、行政程序流程、制度规章、自身建设等方面进行不断变革与创新。不仅能最大限度地杜

---

① 参见秦启文等:《突发事件的预防与应对》,新华出版社 2008 年版,第 181～187 页。

绝和减少类似事件的再次发生，还能优化组织结构，完善制度运行体系，增强政府机构的活力与生命力，打造和谐的党群、干群关系。

五、善后工作中的救济与心理干预

救济的本义是指使用金钱或物资去帮助生活困难的人。随着社会的发展，救济的内涵已经不单单是生活救济，还包括权利救济、司法救济等多个方面。在涉政公共事件的善后工作中，救济、救助也是一个重要的工作环节。首先，涉政公共事件的产生可能源于官民之间的行政纠纷，主要是政府在守法，对人身、财产和人格尊重方面出现了问题。如果政府行政不合法、不合理、不承担责任，或者是行政过程中没有保障和尊重人身权、财产权和人格权，势必就引发行政复议和行政诉讼等行政救济行为。其次，涉政公共事件可能对社会公民生产、生活带来严重影响，爰牵连的单位和个人可能在财产、人身诸多方面都会遭受损失，他们的生产、生活可能因此发生困难，需要国家或有关部门给予赔偿救济。再次，涉政公共事件可能带来人员伤亡，在善后工作中这些伤亡人员需要赔偿、抚恤、救济、救助。不然，完全按政策计算的话，工作非常难做，只有多方面形成合力，才能尽快做好善后工作。最后，如果涉政公共事件在善后工作中有些问题不能达成一致，行政协调无效，就只能走司法救济的渠道。

实际工作中，为了涉政公共事件处理方便和体现依法依规依政策的原则，大量的救济体现在善后抚恤、生活困难救助、生产恢复帮扶上面。具体而言，涉政公共事件善后救济体系必须明确以下几个问题：

第一，救济主体，即谁来牵头组织救济救助的问题。现时的救济基本属于多头体制，政府有民政救济，社会有慈善捐助，很多时候要转嫁到救济对象工作单位救助，还有工会帮扶、爱心人士捐款、社会各单位捐赠、商业保险、国际机构捐助等等。考虑到涉政公共事件的特殊性，地方政府应该成为救济义务责任的最主要承担者，也就是说，在所有外面的救济、救助不能到位甚至没有的状况下，政府都必须保证事件相关人员、特别是受害者最基本的生存权、生活条件、救治恢复条件、生产恢复条件等等。换句话说，在涉政公共事件的救济体系中，地方政府是最终的兜底者。这种兜底责任，体现了地方政府作为涉政公共事件第一救济主体角色的责任，它不仅事关公共财政、政府保障的给付,还包含综合协调各种救济、救助资源,公平救助每一位受害对象,进而解决经常出现的向受害人所在单位转嫁、向医院等救助机构转嫁、向参与处置各单位转嫁、向金融机构和受害人及其家属、亲属转嫁的问题。

第二,救济对象,即哪些人需要享受救济的问题。简单来看,涉政公共事件善后救济的对象应该满足下述几个条件:①生活上受到严重影响,导致比事发前困难。②这种影响和困难是因为涉政公共事件引起的,包括直接引起、间接引起。③这些开支是必需的,而且又是迫切需要的。④其他法律政策渠道不能获得这笔资金。由于涉政公共事件影响的不确定性和危害的复杂性,很难完全用同一标准来衡量(如用人均生活水平)。参照上述四项条件,救济对象主要包括:第一种,因涉政公共事件直接导致生活出现问题的人群。如因伤、病、亡丧失收入来源,房屋、财产损坏毁灭、学习工厂场所歇业等等,必须保证这部分人的基本生活。第二种,因涉政公共事件影响生活的人群。他们虽然生命、财产等没有受到直接损害,但因为涉政公共事件影响自身无法获取生活资料等的,需临时救济。第三种,因涉政公共事件殃及、导致生产经营遭受重大损失的对象。他们重新恢复生产经营既需要大笔资金又需要时间,在赔偿恢复重建没有到位以前,必须给予救济。第四种,特殊情况下,涉政公共事件责任人的救济。有些涉政公共事件虽然由行政过程不当行政行为引起,但当事人反应激烈,用极端方式点燃事件的,当事人或许在事件过程中受伤死亡,其本人、家庭经济生活条件又确实困难,政府按照社会基本保障权、生存权的要求,应该在救治和生活等方面给予救济。

第三,救济方式、内容,即在哪些方面给予救济的问题。我们常见常用的救济方式主要是发钱发物发放生活必需品,这主要是生活救济。生活救济又分临时性生活救济和特殊生活救济。临时性生活救济,凡是受到涉政公共事件影响生活的人员都应该享受;特殊性生活救济,主要是对那些在事件中影响大、对未来个人家庭生活质量影响大的少数人群,通过一次性补贴,确保他们未来生活不受大的影响。在善后工作中,还有重要的一块是抚恤救济,即对涉政公共事件中无辜死亡的人员除了按政策给予正常的赔偿之外,还通过救济的渠道给予家属适当的救助,以减轻他们的对立、不满情绪,也改善他们的生活条件。事实上,与涉政公共事件相关的还有行政救济、司法救济、社会救济等多方面内容与方式，只有多种救济形式互动，从各方面化解社会民众的困难与困惑，涉政公共事件才真正善后到位。

第四，善后救济制度，即如何建立健全与涉政公共事件等突发事件善后处理相关的救济制度与体系问题。我国现行救济制度对涉政公共事件等突发事件中的善后救济研究不多，规范不明，既没有确立明晰的法律依据，也没有科学的运作程序，还没有精细可操作的救济标准体系，必须逐步在实践中加以完善。首先，要把涉政公共事件等突发事件的救济依据纳入有关法律、法规体系。其次，要明确救济对象、救济范围、救济条件、救济标准，提升救济规范化水平。第三，要拓宽救济资金来源和救济渠道，在经济生活救济方面，要充分发挥商业保险、社会慈善、社会捐助等多方面的作用，提高救济水平。在权利救济方面，要进一步优化行政救济、司法救济的程序，确保社会公众不因为权利救济不到位而走向激进抗争的道路，降低涉政公共事件的发生概率。

涉政公共事件是官民矛盾激化的产物，其产生的后果越严重，对当事双方及其参与者的心理影响也就越大，一起影响严重的涉政公共事件，不仅给社会带来大的破坏，也会给相关人员留下大的心理创伤，因此，善后工作还必须注意心理援助与心理干预，尽快引导人们走出事件的阴影，以积极的心态面向新生活。

对突发公共事件的心理干预和心理援助体系建设，西方学术界研究比较早、比较多，在我国现也成为危机专家、心理学家和心理咨询专家共同关注的热点课题。① 虽然影响范围广、持续时间长的涉政公共事件的善后工作也涉及这方面的问题，但它与地震、洪灾、矿难等重大自然灾害和事故灾难不同，涉政公共事件善后中的心理干预更应该注重于下述四个方面：

一是化解矛盾，打开双方的心结。涉政公共事件发生后，无论是官这一方，还是民那一头，心里都会有人疙瘩，都会认为自己有理，对方不对，都会以为整个事件发展的最后责任在对方。但不管双方怎么看，事件给双方带来的压力都不会小，心情也不会愉快，心里也会放不下，担心被误解，担忧受伤害，久而久之，对身体健康、对学习工作、对人际关系、对自己所在的集体、

---

① 有兴趣的读者可以参阅王丽莉：《突发事件心理援助体系的建设》，中国社会出版社 2009 年版。

团队都会产生消极影响。必须利用涉政公共事件善后的机会,找准双方冲突的原因,分清双方的责任,化解双方的矛盾,打开双方的心结,解除由此带来的心病,放下包袱,轻装往前看。

二是善后到位,抚慰受伤的心灵。一般而言,涉政公共事件有关的主要是三个层面的人群:核心层面是直接冲突双方;中间层面的是旁观者;外层是参与事件处置人员、媒体记者,冲突双方的同事等等。具体说有直接受害者、现场目击者、间接了解事件者三类人群。[①] 在这些相关的人群中,最需要心理干预、援助的是直接冲突双方的核心成员和直接受害者。这就需要通过到位的善后工作,抚慰他们的心灵,尤其是遇难者家属与亲属。一定要通过耐心、细致、感人的思想政治工作,让他们宣泄心里的悲伤,化解心中的仇恨,走出丧失亲人的阴影。帮助他们将感情从逝者身上转移,通过其他有益的活动转移注意力,用时间去冲刷伤痕,帮助当事人在失去逝者的情况下开始新的生活。因此,在善后工作中,只要遇难者、受害人家属提出的要求不违法,能满足答应的,都要想办法给予满足,把善后工作做到当事人心底里去,使他们感受到政府的关怀和情意,进而协助政府一起将事件的影响、后遗症降到最低。

三是正确引导,培养积极心态。对涉政公共事件的责任一方,可能在事件处理中、平息后都会面临组织、领导、舆论、网络、同事、家人、朋友一系列的压力,还可能面临撤职、免职、调整、纪律处分等一系列的问责。或许,他自己还不能接受这个结果,甚至他可能认为自己主观愿望是为了发展、为了推进工作,并非刻意去制造矛盾,进而可能认为组织不公、社会不公、舆论不公,发展到极致就是悲观厌世,怨恨社会、怨恨组织、怨恨领导,心态由此变为消极、灰暗,对他的工作、生活、人际交往等都带来严重影响。这个时候,单位的领导、同事、朋友就应该多从正面、积极的方向去做工作。帮助分析事件酿大的原因,帮助找准当事人工作中的过失,帮助当事人正确看待组织的处理和问责。引导当事人坦然面对,诚恳接受,并积极改进错误,完善自我,争取积极的未来,营造一个好的心态。

四是多方协调,重建健康心理。涉政公共事件对相关人员及社会心理

---

① 王丽莉:《突发事件心理援助体系的建设》,中国社会出版社 2009 年版,第 45～48 页。

肯定会产生一定的影响。要在善后过程中通过多方努力,重建社会的健康心理。首先是政府要重视心理援助与心理干预,对特殊人群、人员采取"一对一"等有针对性措施进行心理援助。其次是单位组织要对相关人员多一份关爱,及时了解当事人心理状况,在学习、工作、业余生活等多方面营造有利于当事人心理改善的环境。再次是亲朋好友要多给予特殊的关怀,无条件地支持当事人走出事件的心理阴影,帮助当事人培养积极、健康、乐观的心情。复次是充分发挥社区、民间组织、志愿者的作用,积极为当事人的工作、生活排忧解难,为他们创造新生活提供方便。最后是建立心理健康咨询热线,发挥心理咨询师、专业人士、专业机构的作用,共同重建起健康的社会心理。

第七章　涉政公共事件的预防

隐患险于明火,防范胜于救灾。涉政公共事件的应急管理必须重点放在“防患于未然”、“未雨绸缪”上。因为,最好的危机管理就是不让危机发生、没有危机发生,也就是防范危机发生。如前所述,涉政公共事件的发生,对一个地方的政治、经济、社会、人民群众的生活、心理都会带来很大的负面影响,处置涉政公共事件不仅需要花费大把的金钱,更可能付出领导过多的精力,消耗掉一个地方政府和干部多年积累的公信力和美誉度,九件好事、实事不如一件涉政公共事件的负面影响深远、深刻,它甚至可能需要几届班子、几任领导的努力才能消弥留在人民心中的不良印迹。所以,对政府管理工作而言,必须坚持“使用小量钱预防,而不是花大量钱治疗”①。

一、涉政公共事件是可以预防的

转型时期涉政公共事件频发,不仅对地方政府的管治提出了严峻的挑战,而且还影响到社会的稳定和执政党的生死存亡。许多学者、专家与政界人士从西方转型理论和所谓的“国际经验”或“国际惯例”出发,认为在社会现代化的转型过程中产生一些社会不稳定因素是不可避免的,即“现代化过程都滋生着动乱”。② 特别是当人均 GDP 达到 1000～3000 美元时,通常对应着人口、资源、效率与公平等社会矛盾较为严重的瓶颈时期,比较容易

---

① [美]戴维·奥斯本,特德·盖布勒著:《改革政府:企业精神如何改革着公营部门》,上海译文出版社 1996 年版,第 205 页。

② [美]塞缪尔·P. 亨廷顿:《变化社会中的政治秩序》,生活·读书·新知三联书店 1988 年版,第 38 页。

造成社会失序、经济倒退、社会失衡等问题,这个国家就进入了所谓的社会矛盾凸显期。①

那么,在这种观点看来,涉政公共事件几乎是难以避免和预防的,政府的工作重点就在回应与处置上。因此,国内关于公共危机尤其是涉政公共事件预防方面的研究起步晚、成果少,大多数研究还是停留在已经出现的公共危机、涉政公共事件的反应、回应等处置管理上,缺乏前瞻的公共危机预防研究。大约在2000年前后,公共危机的预防管理才逐渐被提到议事日程。比较有代表性的观点就认为,应急管理理论的出发点就是“居安思危”。也就是说,不是等到危机发生后,再开始被动的反应,而要在危机仍然在孕育和萌芽的时期,就能够通过深入细致的观察与研究,防微杜渐,早早做好各种防范,这样才能在真正危机来临时不至于惊慌失措。② 国外也有研究表明,危机困扰的时间,平均历时8周半,没有应变计划的危机,要比有应变计划的危机长2.5倍还多,大约是21.25周。危机后遗症波及时间,平均为8周,没有应变计划的危机,也比有应变计划的危机长2.5倍,达20周,由此可见,对危机做了预防的,遭受的损失相对较少。③ 因此,应急管理最重要的工作是平时的预防,防患于未然才是应急管理最终的目标,也是最主动、最积极的危机管理态度。“面对任何危机,你首要的目标是尽快结束危机,而比这更重要的是做到防患于未然。”④

与其他公共危机事件不同,涉政公共事件自身独特的发展规律,决定了它是可以预防的。

首先,涉政公共事件大多是人为因素造成的,而不是洪水、地震那种无法控制的自然灾害。涉政公共事件的人为特性,决定了它也是可以通过有效的工作来预防和消除的。前面的分析告诉我们,转型时期大量的涉政公共事件都属官民之间的矛盾冲突,这种冲突之所以变成影响比较大的负面事件,一是政府机关及其工作人员自身有错。这种错误包括讲错话、做错

---

① 龙小农:《跨国危机管理理论、方法及案例分析》,中国传媒大学出版社2005年版,第7页。

② 郭济:《政府应急管理务实》,中共中央党校出版社2004年版,第39页。

③ 郭济:《政府应急管理务实》,中共中央党校出版社2004年版,第39页。

④ 转引自温志强:《社会转型期中国公共危机管理预防准备机制研究》,天津师范大学博士研究生学位论文,2009年3月,第26页。

事、发错文、出错了政策,它既可能是价值错误,也可能是法律适用错误,还可能是公平公正方面的错误,甚至可能是个人道德修养出问题。这些错误与问题,如果严格按照民主执政、科学执政、依法执政来做的话,可能就不会这样决策、这样行政、这样说话和做事。显然,人为做错事,是诱发涉政公共事件的重要条件。二是政府机关及其工作人员知错不改。行政过程中出现错误、失误并不一定会引发涉政公共事件。因为,如果你能认识到错误及时纠正改正就可以了,即使你一时没有发现错误,社会公众、媒体发现指出来以后,及时改正也没有多大问题,这个世界上任何人都可能犯错,何况在体制、机制、法律、程序、权利边界都不很健全清晰的中国转型社会。但如果我们的政府机关及其工作人员囿于面子、威信和权威,不认错、不改正就麻烦了,错误得不到纠正,就会变成真相不明、公正不保、利益不公,最后就会出现矛盾、纠纷、冲突,很可能"知错不改"就变成"燃点",成为涉政公共事件的激发因素、发展因素、壮大因素。三是小错不断,问题矛盾积累比较多,群众有怨气。政府机关即使工作人员平时也许没有什么大的错误,但可能对群众反映的问题、诉求没有及时回应,拖着不办,办也不认真负责,对群众与权力、资本之间的矛盾调节不及时,就是调节了也偏向于权力、资本。慢慢地,政府机关及其工作人员就在群众中丧失了公信力、号召力、凝聚力,感情不断疏远,对立逐步累积。就如将一根又一根易燃材料堆积在一起,到某个时点,遇到一个很小的事,没处理好,就变成"火星"点燃这堆干柴,涉政公共事件就酿成了。贵州瓮安事件、云南孟连事件、湖北石首事件等等,都有这方面的问题。四是政府机关及其工作人员的行为也许主观愿望是好的,也没有什么明显错误,但当事群众不理解、不支持、不配合,造成直接冲突和对立。转型社会很多政府机关及其负责人追求政绩的冲动与权利意识不断觉醒的社会公众之间的冲突越来越显性化。如拆迁中强拆所引发的涉政公共事件,国有企业改制强行推进所引发的涉政公共事件,一些推销、摊派以及把工作落实与个人私人权利受限挂钩等引起的涉政公共事件均属此类。由上可见,无论是哪种情况,都是官员与民众之间的协调、沟通、互动出现了问题。这些问题完全是由官员工作不细、不实、不依法依规依政策,特别是不以人为本、以民为本造成的。当然也有民众一方借题发挥、人为操作的问题。但无论是官还是民都完全可以采取协调、沟通乃至谈判、博弈等方式来达成共识,做到双赢。而不必走向对抗和冲突,成为影响负面的涉政公共事件。

其次,涉政公共事件大多属偶然发生的,而不是行政过程的必然现象。涉政公共事件的这种偶然性,意味着它必然依赖一定的条件或前提,如果前提与条件不成熟、不存在了,涉政公共事件也就不会发生。因此,如果地方政府各级官员在行政过程中,注意消除涉政公共事件产生的前提、条件,其产生爆发的几率就会大大降低甚至消除。那么,涉政公共事件产生一般有哪些前提呢? 其一是行政理念和行政价值违背"常识、常理、常情",引起媒体和社会公众关注。比如一些官员不信马列信风水信鬼神所引发的争论;为了掩盖真实情况而找出的借口漏洞百出所引发的质疑等等。其二是行政过程违反程序和实体规定,造成恶劣影响。如各种选择性执法、钓鱼执法和因言获罪等等。其三是行政结果显失公平,引发出各方热议。如各种不作为、乱作为行政行为。其四是行政方式粗暴、作风野蛮引出的各方愤慨。其五是行政人员及其亲属言行出格,道德素质败坏,招来围观。如各种日记门、博客门、照片门、聊天门以及最牛的官话、官二代出格言论等等。

再次,涉政公共事件形成前大多有预兆、有燃点,而不是完全不可预知和不可控制的。涉政公共事件的这种预警性、可控性,意味着它有时间、有契机、有迹象,人们可以提早介入、及时果断处置,釜底抽薪,扑灭"燃点",化解矛盾冲突,控制事件发生。这些时间、契机和迹象因素主要体现在:第一,简单问题复杂化了。有些单纯的、偶然的事故、案件被当事人和旁观者上纲上线到别的领域、别的对象,尤其是与权力、金钱、官员、富人相联系,如不及时处理,就可能成为小事酿大的契机。第二,偶然案件处理不下来了。有些偶然发生的事故意外、社会纠纷不能得到及时处理,或者政府有关部门虽然及时介入,但当事人双方或者有一方不予配合,无法及时达成处理协议。这样时间拖得越久,可能问题拖得越大,最终导致小事酿大,如贵州瓮安事件、重庆万州事件等等。第三,围观者越来越多了。有些事情、事件起初并不是什么大事,当事双方有个台阶下或许就解决了。但如果围观者一多就有问题了,这种围观既有现场围观,也有网上围观。因为围观者大多以打抱不平、管闲事的心态出现,他们无须考虑事件发生的后果,也可以不管当事双方的感受。他们更多的是发泄某种情绪,激发别人的闹事心理,给地方政府以难堪。这种围观的后果就有可能使当事双方都骑虎难下,都各不相让,小事激大。许多网络涉政公共事件、群体性涉政公共事件都有这样的过程。第四,可能导致激烈冲突甚至会引发人员伤亡了。有些行政措施、行政相对人完全不理解、不配合、不支持,而且做好了直接对抗、暴力对抗的准备,有的地方甚至有组织、有准备,如果此时强行推进,双方发生大规模冲突,后果必然严重,最后无论谁对谁错,政府都必须承担相关责任。显然在上述情况发生和出现的情况下,地方国家机关及其工作人员应该高度重视、积极对待,及时采取应对措施化解处理,灭火熄火,防止事件升级成涉政公共事件。

最后,涉政公共事件大多系权利、利益冲突,属人民内部矛盾性质,而非敌对不可调和的。涉政公共事件的这种利益冲突性、可调和性,说明它可以通过利益调整、对话、协调、沟通解决问题。首先是利益的调整问题。许多影响比较大的群体性涉政公共事件基本都发源于利益调整过程中的不公平、不平等,特别是相关弱势百姓的一方利益没有得到足够的重视、考虑、关照,进而引发他们的不满、反抗、对峙,阻止利益调节行政行为。如果政府还继续强行推进,冲突不可避免。相反,如果能够及时根据群众的诉求,将利益相关方组织起来按照公平、合理、平等的原则进行协调,重新调整利益分配关系,可能就会达成共识,消除冲突,化解矛盾。其次是权利的尊重问题。公民维护自身的权利是《宪法》和法律所赋予的。一些涉政公共事件小事酿大,群众追求的就是那个"理"字,希望从实体上、程序上各个方面都受到尊重,地方政府、各级机关及其公务员不能为所欲为。你不尊重我,不同我商量,不履行告知义务,不依法依规依政策,不公开透明操作,他就可能不支持、不配合,进而就可能与行政机关发生对立与对抗。再次是工作作风问题。国家机关工作人员作为人民的公仆,应该受到法律、纪律和社会公德、道德的约束;应该尽心尽力、全心全意为人民服务;应该视人民为父母,把百姓当家人、亲人,不能动不动就发飙,恶语相向;动不动就强制、霸蛮,强力推动。工作方法简单、作风粗暴、道德败坏成为许多网络涉政公共事件多发的领域,原因就在这里。这里实际上是个人工作作风、道德修养问题,大多是可以通过主动、主观改进能够避免的。

二、涉政公共事件是能够预防的

涉政公共事件可以预防,并不意味着它就能够预防。从涉政公共事件本身的特性可见,人为形成的事件完全有可能通过人为的努力去消除、回应、处置。只要发现得到、发现得早,有时间来采取消除措施,可能性就可以变成必然性。我们从涉政公共事件的酝酿形成机理可以发现,涉政公共事件的预防完全有空间、有时间、有机会、有条件。

首先,涉政公共事件反映的官民矛盾有一个积累过程,这种积累、酝酿期就是涉政公共事件的预防关键期。飞机涡轮机的发明者德国人帕布斯·海恩曾经在航空界提出了一个关于飞行安全的法则,即每一起严重事故的背后,必然有 29 次轻微事故和 300 起未遂先兆以及 1000 起事故隐患。后人称之为“海恩法则”。海恩法则强调两点,一是事故的发生是量的积累的结果;二是再好的技术,再完美的规律,在实际操作层面,也无法取代人自身的素质和责任心。因此,海恩法则还要求,当一件重大事故发生后,在处理事故本身的同时,还要及时对同类问题的“事故征兆”和“事故苗头”进行排查处理,以防止类似问题的重复发生,及时解决再次发生重大事故的隐患,把问题解决在萌芽状态。① 海恩法则原本多用于企业的生产管理,特别是安全生产管理中。我认为,这一法则也完全适应用涉政公共事件的应对。它说明任何一起涉政公共事件都是有原因的,并且是有征兆的,还是可以控制与避免的。关键是在酝酿积累期如何控制和发现征兆。这里如何将行政过程的每一个环节都落实到责任人,制定详尽精细的定期检查制度、信息报告制度、及时处理制度和责任追究制度非常重要。换一个角度说,按照海恩法则,涉政公共事件都是各种矛盾积累到一定程度的结果,而且事先都有端倪、征兆可查,都是经过不满、不满累积、对抗冲突萌芽、矛盾激化、事件发生这样一个过程。如果行政管理过程中能够将每次引发群众不满、干群关系紧张的隐患与苗头都得到重视,及时采取措施化解。那么每一件涉政公共事件都是可以避免的,预防也就成了完全可能的事。比如 2008 年 6 月发生的贵州瓮安事件,总体爆发历时不到 7 个小时,但事情能够发展到那样的激烈程度,完全是因为过去有长达 7 年的不满积累,有事前长达 7 天的情绪酝酿。

其次,涉政公共事件反映的机关干部不当行为有一个习惯过程,这种习

---

① 参见《管理科学著名定律连载 NO. 39 海恩法则》,《施工企业管理》2010 年第 03 期,第 70 页。

惯期就是预防涉政公共事件的重点期。许多涉政公共事件之所以酿大,很可能就在于一些国家机关工作人员习惯于强迫、压迫的老方法。在权利意识没有觉醒的时代,百姓群众还可能忍声吞气。但在权利意识不断觉醒的今天,那些习惯的老做法可能就不能适应今天的政治生活,必须改正纠正。而不能将习惯成自然,从而引发类似"温水煮青蛙"那种效应。煮蛙效应来自19世纪末美国康奈尔大学进行的一次著名的"青蛙试验":他们将一只青蛙放在煮沸的大锅里,青蛙竟触电般立即窜了出来,并安然落地。后来,人们又把它放在一个装满凉水的大锅里,任其自由游动,再用小火慢慢加热,青蛙虽然可以感觉到外界温度的变化,却因惰性而没有立即往外跳,等后来感到热度难以忍耐时已经来不及了。[①]"煮蛙效应"告诉人们,外界环境的变化改变大多是渐进式的,如果你不能敏感地感知并采取行动,你最后就像青蛙一样,被煮熟,出了问题还不知道。涉政公共事件也是如此,许多过去习以为常的行政措施、施政方法、风格以及言行,都不会引起社会多大反应,甚至涟漪都没有。但到今天这种所谓风险社会和媒介化社会就可能引发震动全国的公共事件,有点像滔天巨浪。例如,领导干部或党政机关工作人员,过去说错话,马上接着说明解释一下就可以了,而且也用不着担心,就是说错了,没有意识到也没关系,不承认就是了。一方面,那时基本没有录音录像设备;另一方面,人们对领导干部和党政机关工作人员说错几句话也根本不会留意。但当今社会就完全不同了,由于人们对媒介的高度依赖,使得真实环境和虚拟环境的界限变得模糊,加上媒介的影响力渗透到社会的方方面面,给大众媒体制造焦点事件,引起社会公众广泛关注创造了条件。这就使得媒介社会的风险转化为公共危机事件的可能性大大增强,而且速度更快。[②] 因此,我们常常看到因为官员不经意的一句话、一个动作经媒体放大就演变为网络涉政公共事件,造成当事人、当事地方部门工作非常被动。还有过去为招商引资、搞好工作,一些地方进行了可以说是突破常规、出格的另类策划,目的是为了吸引眼球,追求轰动效应。大家就是明知

---

① 参见李畅:《"煮蛙效应"——中国环境新闻报道的问题研究》,《西南民族大学学报(人文社科版)》2010年第04期,第206页。

② 参见杨魁、刘晓程:《政府、媒体、公众:突发事件信息传播应用机制研究》,中国社会科学出版社2010年版,第35~38页。

这种策划有问题,甚至是造假,也不会刨根究底。但现在不行了,你的策划必须符合逻辑、符合事实、符合法律政策,还不能违背人性。这一切又使地方政府一些不成熟的决策、政策演变为涉政公共事件。

再次,涉政公共事件反映的地方政府及其工作人员在民主执政、科学执政、依法执政等薄弱、短板方面有一个忽视过程,这个忽视期就是涉政公共事件预防的关注期。地方政府及其工作人员之所以在民主执政、科学执政、依法执政方面出现短板和薄弱环节,关键在于管理学上的"破窗效应"的影响。我们长期把体制外的敢闯、敢试、敢冒当做解放思想、推动创新和工作的重要举措,哪怕是违背现行法律、违背群众意志、激发干群矛盾也不追究处理。一个地方率先这样做不受处理,就会鼓励其他地方模仿学习,形成管理学上的"破窗效应"。"破窗效应"原本是心理学概念,用来描述环境对人们心理造成暗示性或诱导性影响的一种认识。1969 年,美国斯坦福大学心理学家菲利普·辛巴杜对此进行了一项实验,他找来两辆一模一样的汽车,把其中一辆停在加州帕洛阿尔托的中产阶级社区,而另一辆停在相对杂乱的纽约布朗克斯社区。停在布朗克斯的那辆,他把车牌摘掉,把顶棚打开,结果当天就被偷走了。而放在帕洛阿尔托的那一辆,一个星期也无人理睬。后来,辛巴杜用锤子把那辆车敲了一个大洞。结果,仅仅几个小时之后车子就不见了。以这项实验为基础,政治学家威尔逊和犯罪学家凯林提出了一个"破窗效应"理论,认为如果有人打坏了一幢建筑物的窗户玻璃,而这扇窗户又得不到及时的维修,别人就可能受到某些示范性的纵容去打烂更多的玻璃。久而久之,这些破窗户就给人一种无序的感觉,结果在这种公众麻木不仁的氛围中,犯罪就会滋生、繁荣。① 显然,这一理论告诉人们,如若不能采取措施及时修复"第一扇被打碎玻璃的窗户",就会有更多的窗户玻璃被打碎,破坏性后果随之而来。涉政公共事件与此非常类似,一个环节、一个事件如果得不到正确有效处理的话,其他环节、同类事件也就可能重复前面的错误。比如地方政府发文强制推销本地产品、强拆、跨省追捕、各种文案诗案歌案等等。从更深的层次上说,地方政府在转型期的许多举措行为,原本就可能是制造冲突、激化矛盾的措施,但因为它可能带来发展、促进投

① 参见李恭园:《政府管理中的"破窗效应"及其预防》,《福建论坛·人文社会科学版》2010 年专刊(S1 期),第 37 页。

资、营造形象、增加政绩,其上级也就睁一只眼闭一只眼,任其发展。上级的不闻不问不干预又使地方政府更加习惯于我行我素,这在民众监督缺位的体制下,弄不好就会引发恶性群体性事件、重大涉政公共事件。换句话说,错误的东西如果不能在第一次或者说开始出现的时候得到纠正,一旦习惯蔓延开来,就成为"法不责众"了。可怕的不是存在问题,而是大家都知道有问题而不去改正。最终可能是经济发展了,社会矛盾反而尖锐了,不科学的发展不仅没有解决矛盾,反而成为滋生问题与矛盾的土壤。

最后,涉政公共事件反映的社会冲突是因为不沟通、协调等误会造成的,这种误会有一个由浅入深的过程,这个误会期就是涉政公共事件预防的敏感期。与其他突发事件不同,涉政公共事件基本属于人与人的矛盾和冲突。干部与群众之间之所以会突然出现激烈冲突,就在于官民双方对同一问题有不同的理解、判断。而这个问题对双方的利益又是不同的,官这边是政绩、权威,民那边是自身权利与直接、现实的利益。官有行政强制力,老百姓这边没有,在这种不对等的利益协调中,大多数情况下,老百姓是同意也要同意,不同意也要同意。于是问题就来了,同意还好说,不同意的话,没有一个权威、有效能得到双方认可的仲裁者,很多人可能认为老百姓可以诉诸法律,但现实中许多与百姓利益直接相关的事务上级有各种"不受理、不立案"的要求,由此,在官民博弈中,政府机关就是有理、依法、依政策,老百姓也不认可。同样,对地方政府官员而言,有些完全依法依规依政策处事,工作也到位,但百姓还不理解支持,于是就可能认为百姓是在故意刁难。一幅"恶官"与"刁民"的博弈图景就展现在人们脑海中。这幅图景的来由就在于双方在工作上面的误会,缺乏坦率、直白、严肃、有效的交流沟通机制,双方看到的都是对方的表面,仅仅是他们真实想法的一部分,大多数要求、想法埋在心底,不能有效沟通,就会产生误会。误会日积月累就会越来越深。宛如西方心理学界、文学界、管理学界经常谈到的"冰山理论"所言。"冰山理论"由心理学家弗洛伊德和著名作家海明威在各自领域所提出。1895 年心理学家弗洛伊德与布罗伊尔合作发表《歇斯底里研究》一文,弗洛伊德认为,人的心理分为超我、自我、本我三部分,超我往往是由道德判断、价值观等组成。本我是人的各种欲望。自我是介于超我和本我之间,协调本我和超我,使之既不违反社会道德约束又不能太压抑。与超我、自我、本我相对应,弗洛伊德通过对人的心理结构划分,提出了人格的三我。他认为人的人格就像海面上的冰山一样，露出来的仅仅只是一部分，即有意识的层面。剩下的绝大部分是处于无意识的，而这绝大部分在某种程度上决定着人的发展和行为，包括战争、法西斯、人与人之间的恶劣争斗等等。① 无独有偶，1932 年，海明威在他的纪实性作品《午后之死》中，第一次把文学创作比做漂浮在大洋上的冰山。他说，冰山运动之所以雄伟壮观，是因为他只有八分之一在水面上。文学作品中，文字和形象是所谓的八分之一，情感和思想是所谓的八分之七。前两者是具体可见的，后两者是寓于前两者之中的。②后来，人们在研究文学作品的时候，总是首先要搞清楚水下的"八分之七"，因为这一部分是冰山的基础。涉政公共事件的处置研究也是如此，形成最后冲突的只是表象，真正起作用的是隐藏在事件背后引起官民之间误会的大部分因素。许多涉政公共事件之所以能成气候，能从小事变大、拖炸，主要还在于当地干群关系紧张、暗流涌动，如果不能及时发现表面繁荣下的涌动暗流，预防涉政公共事件就是一句空话。许多影响大的涉政公共事件最终处理效果也完全取决于冰山下面那八分之七问题的解决情况。

如果地方政府能够在矛盾的积累期、行为的习惯期、薄弱环节的忽视期、冲突之前的误会期，抓住任一机会，做好预防化解工作，就能够化解许多可能成为危机的事件，或者使得一些本来可能产生重大影响的涉政公共事件变成不会引起人们注意的小事情。预防能消弥危机，让大事化小、小事化了。世界上最成功的案例就有 2000 年电脑千年虫事件，因为有不断的预警，全世界各国政府和企业花费超过 60 亿美元来采取防范措施，而且早在 1997、1998 年就开始预防，这种预防和重视收到明显效果，当 2000 年 1 月 1 日零点到来的时候，这条人人期待的千年虫没有出来吞噬一台电脑，世界也没有如媒体过去预测的那样陷入混乱。③

---

① 参见彭端英、程郁：《冰山理论对跨文化交际能力培养的启示》，《怀化学院学报》2009 年第 10 期，第 158 页。

② 参见柳东林：《"冰山理论"与海明威的小说创作》，《东北师大学报（哲学社会科学版）》2001 年第 1 期，第 83 页。

③ 参见鲍勇剑、陈百助：《危机管理——当最坏的情况发生时》，复旦大学出版社 2003 年版，第 74 页。

三、预防涉政公共事件的重点和措施

对危机的预防是古今中外政治家们关注的重点。中国传统文化这方面的论述更是非常之多。如《左传》中就有“存而不忘亡、安而不忘危、治而不忘乱”;“思所以危则安矣,思所以乱则治矣,思所以亡则存矣”;强调“居安思危,思则有备,有备无患”。又如“长将有日思无日,莫等无时思有时”,主张“无时防有,有备无患”。还如“凡大事皆起于小事”,“听于无声,见于无形”,认为要从小危机防患大危机,未雨绸缪,预防在先。

预防,顾名思义,就是预先(事先)做好准备,防止某种事情、情况发生。涉政公共事件的预防,就是指政府主动组织相关部门和人员(一般包括所有党政群机关和全部国家公职人员),通过对可能引发涉政公共事件危机的各个环节和场景,进行预测推演,然后有针对性采取措施,化解消除这些事件隐患,避免事件发生,并对万一预防失败可能出现的涉政公共事件制定减轻损失、及时应对的各种预案、各种准备和措施等行为。预防应该包括预测、预见、预报、预防、预备、预案、预演等一系列内容,其目的就在于早觉察、早发现、早处理、早协调,尽量将涉政公共事件的发生概率和损失、负面影响程度降到最低。

做好涉政公共事件的预防工作,有几个重点环节和措施必须把握好。

(一)危机意识

防范涉政公共事件,首先必须树立危机意识。心理学家弗洛伊德的研究发现,任何个人都会对具有负面影响的事务产生抵触情绪,也就是说,任何人对外界都有某种抵御机制。① 这种损失厌恶与负面抵制,使得很多国家机关工作人员尤其领导干部,一般不会承认本组织(单位)可能会产生类似涉政公共事件这样的危机,并对自身组织在运转过程中可能存在导致出现涉政公共事件的因素很不以为然。进而不会重视涉政公共事件的预防和管理。忽视危机发生的可能性,危机意识薄弱,主要体现在四个方面:一是

---

① 参见鲍勇剑、陈百助:《危机管理——当最坏的情况发生时》,复旦大学出版社2003年版,第71页。

侥幸心理。认为涉政公共事件原本发生的几率就非常小，只要组织每个成员都认真努力，即使出现这样或那样不和谐的征兆，不见得就一定会发生在当事人手上。既然不一定会碰得到，各种预防和准备也就没有必要想得那么细，做得那么实了。其二是得不偿失理论。认为既然类似涉政公共事件这样的危机事件发生的几率非常小，那么预测预防工作可能就更难，即便预防假想出现的问题，作出充分准备，结果可能依然是收效甚微，有点小题大做，得不偿失。其三是无所谓思想。既然涉政公共事件属转型时期比较多发的公共危机事件，而且它是否发生还取决于官民双方的认知水平。它不是一个单位、一个地方所独有的东西，而是普遍的现象。它既可以出现在经济相对不发达的中西部地区，也可能发生在经济比较发达的东部沿海省份，还可能出现在民主法制工作做得非常好的地方。相互间不是有与无的关系，而是多与少的关系，最多是五十步笑一百步。谁也不敢担保辖区内不发生涉政公共事件，谁也不敢担保组织内的成员不会引发涉政公共事件。从这个意义上去分析，有不少人就认为预防不预防就是那么回事，真要发生涉政公共事件，你或许也是“防不胜防”。其四是自以为是态度。认为自己管理得好，干群关系也很融洽，偶尔说错话做错事也不会引起大的事端，就是有些反应，影响也不会很大。这些人忘记了，人治环境下失误容易放大成错误，就算当事人忍气吞声，网络社会还有其他人关注，一旦被盯上就马上演化为网络舆情事件。那种自以为没有问题的地方可能容易出大的问题。

显然，正是上述侥幸心理、得不偿失理论、无所谓思想、自以为是态度，削弱了地方政府及其工作人员的危机意识、风险意识、安全意识，在涉政公共事件上面只重应对不注重预防，更不愿意在预防方面付出人力、财力、物力、精力。危机管理的起始点应该是领导层态度的改变，只有领导层充分意识到危机预防的重要性，并愿意为此付出，危机管理才可能有效，危机产生的几率才会减少，即使危机发生，所产生的影响才会容易得到控制。①

在实际工作中，特别是对地方党政官员而言，必须明确和意识到，虽然涉政公共事件的发生是小概率事件，但如果没有预防准备措施，谁也无法担保不出现涉政公共事件，一旦出现对地方政府和国家公务员形象的打击与

---

① 参见鲍勇剑、陈百助：《危机管理——当最坏的情况发生时》，复旦大学出版社2003年版，第73页。

影响,对一个地方的政治、经济、社会发展的影响都是非常大的。因此,领导干部和国家机关工作人员必须时时刻刻都有危机意识、风险意识。在思想上、行动上、物资上做好各种应对准备,不能心存侥幸,更不能自以为是和无所谓。而要以认真细致的态度对待每一个涉政公共事件危机的先兆,建立起预防文化。

(二)信息预警

任何一起涉政公共事件发生、酿大都有一些征兆,这些征兆和表现的信息就提示人们应该注意或者高度关注事态发展,尽可能及时采取措施防止事态恶化。这些表现征兆的信息就是涉政公共事件的预警信息。预防涉政公共事件,就必须重视和关注这些信息的预警作用。

1. 涉政公共事件信息预警的表现形式。系指一些可能导致出现涉政公共事件的情况,或者说是累积群众不满的信息表现:①牢骚多。社会上、网上、手机信息等信息交流过程中经常出现对国家公权力机关和国家公职人员不满的段子、打油诗、顺口溜及各种民谣,甚至不时有对国家公权力机关和国家公职人员不满、不利、不友好的传言、谣言。②疏离感强。群众见到干部不打招呼,没有笑容,尽可能回避,更不给组织和领导提供及时有效的信息,提供交流、沟通的机会,群众抱怨干部,干部不理解群众,双方缺乏有效的互动。③冷漠心态重。想看干部的笑话,一遇到对官员不利的事,不是及时帮助处理,大部分人都站在旁边看热闹,有些心底里还希望出事。尤其在干部大交流的时代,地方党政一把手、公检法等强力机关的一把手都基本是异地出生、成长的官员,所任职的地方政府的一些工作人员尤其是有的本地领导干部,都希望这些一把手和权力人士出点事,自己可以早点起来。对组织和领导安排的任务、布置的工作不配合、不响应。④情绪化突出。在政务活动过程中行政相对人偏激、易怒,动不动就对抗,话难听、脸难看,喜欢走极端,有时可能一句话没说好,就抓住不放,特别是一些网络媒体、论坛喜欢把小事、简单的事拔高,泛政治化、复杂化。⑤集中度高。某个问题被媒体集中关注、社会大众普遍关心、网络论坛热议,成为大家相聚一起的热点谈资,成为意见分歧、争论最多的话题。如果一个地方不断出现上述情况,就要考虑容易诱发涉政公共事件了,就必须敏感地提升预防等级与力度。

2. 涉政公共事件预警信息表达的渠道。信息预警必然要通过预警的信息表达出来，这些可以成为预警的信息通常有这些渠道可以捕捉到：①网络围观。网络是涉政公共事件预警信息的主要表达渠道。一个事情要发展到涉政公共事件，一般都会在网络各种平台上有所体现。首先是有关事情的帖子变成热帖，围观的人、顶的人、评论的人越来越多，如果成为知名网站置顶或者放在首页，那就更有可能成为涉政公共事件了。其次是有关事情成为网络平台专题讨论的话题，人气不断聚集，参与者越来越多，以致于设专栏、专题讨论相关事件。②媒体热炒。媒体是涉政公共事件问题舆情的风向标，如果一件事情被媒体披露以后，引起各路媒体跟进，很多媒体云集，这就等于告诉你可能要出事情了。要迅速查找源头，及时处置问题，再通过媒体正面报道灭火。③短信传播。手机短信是现代信息传播的重要渠道。如果有关工作被短信集中负面宣传、传播，就意味着涉政公共事件的诱发因素在积累放大，有的甚至可能在组织群体性活动，必须予以高度重视。④上访抗争。如果对公权力某项政策、决策、执法行为不满，相关人员可以用阻止、据理力争、不予配合、公开对抗、逐级或越级上访等多种抗争方式应对。这里面有些抗争方式处理不当就会直接引发涉政公共事件，有些方式如上访如果不予重视，虽然短期可能无事，但久而久之，一旦当事人彻底失望、绝望，就可能干出特别激烈的大事来。如 2011 年 5 月 26 日发生在江西抚州市临川区的三起连环爆炸案，犯罪嫌疑人钱明奇，就是因为在京福高速公路拆迁补偿问题上多年上访，自认为在上访和解决问题过程中受到不公正对待，而且还在各大网站开通微博，不厌其烦向名人申诉、向媒体申诉、向官员申诉，最终在没有得到有效呼应之后绝望而走向极端，给社会、他人包括他自己都带来了悲剧。[①] ⑤串通联系。出于对国家公权力机关的某项决策、政策、行为的不满，工作、生活上毫不相关的人因为共同的利益或价值观，相互串通联系，采取相同的行为举措来抵制、反对或者示威的行为。串连的方式可以直接张贴通告，用电话、短信，还有在网上发帖、QQ 群号召乃至相互通知等等，出现这种情况就已经属涉政公共事件的萌芽了，若不迅速处置，后果就是形成涉政公共事件。2007 年 5、6 月间发生在厦门市的 PX 项目事件就是这方面的典型。5 月底，原本对厦门海沧 PX 化工项目一无所知的很多厦门市民收到了一条有关“六一”上街“散步”抗议游行的短信，然后纷纷

---

① 参见《南方人物周刊》，2011 年 5 月 30 日第 256 期。

通过各种渠道了解 PX 项目信息,最终有数千市民集体上街“散步”表达反对抗议,引发了一起影响较大的涉政公共事件。⑥人群聚集。如果在行政执法活动中,因为各种原因不能及时处置到位,引起围观、看热闹的人不断增多,这也是可能出现涉政公共事件的前兆,因为大量聚集的人群一旦疏导不当,行为失控就会引发群体性涉政公共事件。重庆万州事件、安徽池州事件都属这方面的典型。

3. 涉政公共事件预警信息的收集渠道。预警信息是涉政公共事件预防的重要因素之一,要搞好涉政公共事件预防,必须及时收集预警信息,而且要多渠道收集预警信息,具体途径主要有:①基层一线组织的信息上报。这是现有体制下地方政府收集预警信息的主要渠道。通过各级基层组织收集信息,要注重三性:一是时效性。必须是及时的信息,不能是过时、过期、过后的信息,这就要求基层组织反应要快,上报要快,不能拖,更不能瞒和骗。二是准确性。对于可能引发涉政公共事件的敏感信息,必须来自社会一线,属于第一手信息,不夸大、不缩小、不加工,更不能只报喜不报忧。三是预测性。基层上报的预警信息要对事情发展的态势、趋势作出一个基本估价,如果有发展成涉政公共事件的可能,就必须提出应对措施,包括需要上级支持的事项。②网络上的信息。互联网带来了全新的政治生态,它成为“媒介政治”的新载体、治国理政的新平台、社会监督的新渠道,通过互联网舆情可以了解社情民意。从网络上收集信息,一要利用现代信息技术,通过关键词等搜索软件,定时收集信息。要力争信息首发不久就能捕捉得到、发现得了。二要注意当地网络、论坛上的预警信息。有学者研究发现,网络热点事件的首发主体中 1/3 左右来自网民,网上发布信息主要依赖的是论坛,市级及以下论坛是网民作为首发主体的网络舆情热点事件的主要原发地,占到总体的 37.5%,[①]很多事情是网民在本地社区、论坛发布后,其他网站转载炒热的,还有的是本地网络、论坛不重视,再跑到别的论坛去发表。三要注意新华网、人民网、凤凰网、新浪网、天涯社区论坛、猫扑论坛等主流网络、论坛的首页信息、置顶信息。这些网站、论坛、博客、微博社会影响力大,围观者多,领导也关注,一不留神就可能演化成网络舆情公共事件。③传统媒体

---

① 喻国明主编:《中国社会舆情年度报告(2010)》,人民日报出版社 2010 年版,第 23 页。

聚焦的信息。媒体竞争的压力迫使许多市场化经营的报刊以挖掘负面新闻或对问题进行深度报道为创新点、切入点，而且有羊群效应，大家都追着社会热点跑。这就要求地方政府在收集涉政公共事件预警信息时关注传统报刊的动向，把他们关注的热点、重点当做预警信息收集分析的着力点。④信访调查信息。信访是反映民意的重要渠道，更是了解干群关系、官民关系的窗口。可以从信访量、重复上访人次数、越级上访人次数、同一问题上访人次数、集体上访人次数、缠访人次数等多个方面了解可能引发涉政公共事件的预警信息。此外，还有公安等各级政府部门设立的舆情信息直报点，新闻媒体提供的内参、民意调查、社会调查等等途径和渠道收集预警信息。

4. 涉政公共事件预警信息的研判。对收集到的预警信息只有通过认真细致的研判，通过“去粗取精”、“去伪存真”、“由表及里”、“找到规律”、“发现问题”等过程，才能正式确定为信息预警。这方面的研判手段包括：①矛盾纠纷的排查推断。通过分析可能出现的矛盾、纠纷、问题，对已经处理好的先排除，对没有处理到位的，特别是长期拖延累积的矛盾、问题进行认真分类，越可能引发尖锐冲突的就排在前面，然后结合预警信息判断是否可能会引发涉政公共事件。②风险评估推测。对预警信息反映比较强烈的决策、政策和执法行为，事前可以进行周密的风险评估，如果发现风险评估值偏大，预警信息又是热点，可以推断为可能引发涉政公共事件的风险决策、政策和行为。那么在决策施政中就得充分考虑调整完善措施，避免“明知不可为而为之”，造成涉政公共事件多发的悲剧。③舆情信息汇总分析。将各类舆情信息集中起来进行分析，必要时到现场调查核实。如果网络、传统媒体、社会民众都把关注点、议论点聚焦到某件事情上面，那就意味着离涉政公共事件爆发不远了。必须马上采取应对措施加以解决，防范事件扩大。④责任落实追溯。对可能引发涉政公共事件的预警信息还可以通过责任追溯看是否有人处理，如果社会民众反映强烈，而相关部门和领导不闻不问，找不到处理的地方、部门，没有人愿承担责任进行处理，那结果就可能促使民众通过“闹大”扩大影响解决问题，预防工作依然没有落到实处。

（三）制度预防

通过建立一系列能够对涉政公共事件进行预警、化解、处置、善后的制度机制，减少事件的发生，降低事件的损失。制度防范是最稳定最有效的预防,重点包括以下几个环节:一是必须建立起确保国家公权力机关及其工作人员自觉民主执政、科学执政、依法执政的法律规章体系。换句话说,就是对公权力机关及其工作人员有什么权力,权限边界在哪里;如何使用这些权力,权力行使有什么程序;乱用、滥用手中权力有什么责任;怎么追责、处分等都有明确的规定。确保公权力运行的各个环节都能做到不越权、不越位、不违背程序、不逃离监督,权责利关系清晰,责任明确细化到位。二是必须建立健全决策权、执行权、监督权既相互制约又相互协调的权力结构和运行机制。让公共权力在阳光下、受监督下运行,从而避免不受监督、制约的权力给民众带来的祸害。三是必须建立起能够有效预防和处置涉政公共事件的体制机制。包括相关法律体系的建立、管理机构的完善、支持保障体系的到位以及信息沟通机制的运作。四是必须建立起矛盾协调沟通和民怨疏导机制。任何社会、体制下都会有矛盾纠纷,关键在于一个社会必须有矛盾纠纷的排查制度、机制;有促使矛盾双方沟通协调和解的制度、机制;有解民难、疏民怨接访解决问题的制度、机制。五是必须建立起制度落实、责任分解、问题追究的制度、机制。制度不是空的,也不仅仅只是写在书上、挂在墙上,而必须实实在在的落实。这就要求制度落实有责任人,每个相关的人职责、任务要明确,发现问题、预兆如何处理、汇报、交办都必须形成程序,出了问题能追究到具体的责任人。还要经常组织相关培训,让组织内的成员了解熟悉这些规章制度,明白自己的职责,坚守自己的职责,把住预防涉政公共事件的各个关口。

(四)重点防范

转型时期公权力职能多变且不规范,容易滋生出越位、缺位等乱作为和不作为情况。特别是公民权利意识的觉醒与官员习惯于旧体制人治官本位的冲突、地方政府追求短期政绩最大化的冲动与资源紧张的矛盾、群众追求短期利益最大化与官员追求短期政绩最大化的对立、网络高曝光社会与干部随意性强之间的不适应等,都说明涉政公共事件有发展空间,预防压力很大。除了建立普遍的社会制度防范之外,还必须在重要时刻、重要事项、重点部门、重要人物等“四重”防范方面下功夫。

1. 重要时段、时间点的防范。涉政公共事件的发生、发展有其演变规律,其爆发、酿大有一个过程。如果能在其酝酿过程中、发展过程中抓住几个关键的时点，及时处置，或许就会大事变小、小事变无。①萌芽状态、征兆阶段。也就是出现有可能引发涉政公共事件苗头的时候，即发现预警信息的时候。预防就是防患于未然，因此，可以说“防范危机的关键在于将任何危机消灭在萌芽状态”①，“许多危机往往在无所谓的时候诞生，在不注意的时候开始变得严重，因此对于任何危机的先兆都不能掉以轻心，对任何细节都必须小心翼翼”②。一旦出现我们前面分析的信息预警情况，特别是在形式上、渠道上反映比较明显的时候，就意味着涉政公共事件进入了萌芽阶段、进入了先兆期，这个时期就按照“宁愿信其有”，“做最坏的准备，争取最好的结果”的原则，迅速动员各方力量进行及时快速处置，抓早、抓苗头，把事件控制、消灭在萌芽状态。②重大决策、政策和执法的启动开始阶段。任何决策、政策和行政执法都会牵涉利益调整，也考验着地方政府民主执政、科学执政、依法执政以及文明执法的能力和水平。决策是否科学、公正，政策是否公平、符合大多数民众利益，执法是否文明、适当，一般从最早的启动阶段就可以展现出来。如果社会公众认可，就会平稳推进。如果社会公众不认可，尤其是当事人不认可，就马上会招来非议、引发对抗，实施也就难以为继。笔者所在的的株洲市云龙示范区 2011 年 4 月 22 日曾发生一起强拆自焚事件。事后经国务院调查组、省政府调查组调查认定，这是一起拆迁户漫天要价，以自焚方式抗拒依法强拆的行为，而且在调查中发现有境外势力插手渲染，地方政府、法院没有任何过错和责任。此事后通过耐心细致的思想工作，拆迁户家属最后主动拆除了房屋。但我们认真分析发现，类似事件的组织工作也存在许多疏漏之处。一是现场组织不周密，既然认定需要依法进行强拆，就必须确保强拆时的双方人身安全，应该对拆迁标的物进行全面清场，不让无关人员靠近，更不能让拆迁对象上房顶自焚。如果这方面的准备工作不到位，强拆就不能强行推进。二是现场决策有瑕疵。面对拆迁户浇汽油要自焚这类丧失理智的行为，现场除了安抚其情绪之外，更要先采取缓和矛盾的措施，可以先行暂停强拆，撤出强拆队伍，待拆迁对象恢复理

---

① 鲍勇剑、陈百助：《危机管理——当最坏的情况发生时》，复旦大学出版社 2003 年版，第 77 页。

② 鲍勇剑、陈百助：《危机管理——当最坏的情况发生时》，复旦大学出版社 2003 年版，第 77 页。

智之后,再依法给予处理,重新组织强拆,那样虽然时间可能延长一些,但效果肯定好些。我们必须明白,在官民冲突中,无论官方如何有道理,只要出现人命案,失分的永远是政府,同情的永远是百姓。有些领导为了一时的面子、威信,面对被拆对象马上要自焚的情况,还依然强行推进,最终导致出现恶性涉政公共事件,把一个完全有理有据的事办成各方面都批评指责的事,实在不值,而且更影响工作,影响下一步拆迁和面上的拆迁。笔者曾身为县政府主要负责人,在处置此类事项时有一个深刻感受,就是有些工作有时表面上慢一点可能还好些,对整体工作推动还快一些。③面对媒体、面对大量社会公众的敏感时刻。一些国家机关工作人员,平时要求不严,理论、法律、政策学习不够,说话信口开河,做事率性而为。不知道越是公众人物,其言行越受法律、道德和社会公共价值的约束。结果就造成不当言行被媒体、公众质疑放大成为涉政公共舆情事件。这就是为什么这些年年年有最牛的官腔的原因。预防此类事件,关键就在于当面对媒体、面对社会公众的敏感时刻,言行举止必须依法依规依政策,尊重社会公共价值、社会公德和道德,按上级规定的口径、集体研究的口径、公平公正文明的口径说话做事。特别不能为了博出名,标新立异、哗众取宠、语不惊人死不休。更不能自以为是、拉大旗做虎皮,动不动"我是公务员"、"我是领导"、"我是局长",目中无人、自取其辱。

2. 重要事项、事件的防范。凡是引起人们利益关系调整、涉及人们法律权利、导致社会民众可能大量关注、聚集,可能带来利益冲突、观念冲突、价值冲突、行为冲突的重大事项、重大活动、重要事件都要有防范涉政公共事件的预案和准备。首先是风险评价。要分析重大事件、事项、活动中可能存在的风险,尤其是在尊重生命权、知情权、参与权、利益权等方面是否有问题和不足。活动各个环节是否体现了以人为本,方便民众,可能出现的意外有哪些,有什么防范措施。其次是问题诱因分析。在风险评估的基础上对可能出现或存在的问题进行分类,每一类问题都要找出形成的原因与节点,然而找出预防与解决的办法。再次是前瞻性预测。对即将实施的各项重大事情、重要事项和举办的重要活动进行前瞻性预测分析,估计其发展趋势方向,最好的与最坏的结局是什么。根据现有信息和条件,判断发展的趋势是趋好还是趋坏,然后找出决定事物发展结果的几个关键因素,及时在事前采取预防措施,确保好的结果。最后是进行效能比较。分析出如果发生重大恶性涉政公共事件可能带来的损失，再比较事前预防可能发生的成本，从中强化“预防为主，准备在先”的效用。

3. 重要部门、环节的防范。涉政公共事件主要源于政府行为失范，而政府行为失范能引起公众不满、社会关注的又集中在一些重要部门和环节。有研究发现，近年来网络关注度较高的政府行为失范现象，“具体包括政府公职人员腐败、政府对经济的管理不当、政府执法不当和司法公正问题，以及政府对社会的管理失当”①。中国传媒大学网络舆情（口碑）研究所通过对2009年至2010年8月的245个网络舆情热点分析发现，涉及政府机构和政府官员的网络舆情热点话题分别为32.2%、26.9%，两者之和接近60%，其分布的领域，主要在民生诉求、涉法涉警、贪污渎职三大领域，分别占18.4%、17.1%、15.9%，合计占比达51.4%。另外，科教文卫领域也成为网络舆情的常发之地，占比15.1%，信访监督领域也有7.3%。②《领导决策信息》周刊的监测中心也对2010年度的89件重点网络舆情事件进行分析发现，舆情的焦点主要集中在权、民、法的矛盾冲突，即官员的依法行政、民众的公共利益、政法机关及其司法正义三个方面。在89件舆情事件中，有29件聚焦于官员依法行政、权力滥用、政府信息公开等方面；有31件聚焦于与公众利益切身相关的征地拆迁、劳资矛盾、医改、食品安全、卫生安全等方面；有关政法机关权力滥用、司法腐败、程序公正、司法正义、暴力执法等方面的舆情事件共有18件。③ 上述研究说明，涉政公共事件已经成为网络舆情的中心和主要对象。而最易引发涉政公共事件的政府部门主要集中在城管、交通、工商、税务、劳动等行政执法部门；公安、法院、检察院、监狱等司法机关；信访、国土、规划、教育、卫生、食品药品安全、房产、环保、安全生产监督、公用事业等与民生紧密相关的部门。最易引起涉政公共事件的环节主要是城管等执法部门的执法现场，公安等司法部门的处理过程、国土、房产、规划等民生部门的具体执行环节。如果上述部门在上述工作环节中能够有效预防涉政公共事件，预防工作就基本做实做到位了。

---

① 杜骏飞等：《政府网络危机》，中国发展出版社2011年版，第21页。

② 丁俊杰、张树庭主编：《网络舆情及突发公共事件危机管理经典案例》，中共中央党校出版社2010年版，第2～3页。

③ 连玉明、武建忠主编：《中国舆情报告》，中国时代经济出版社2011年版，第81～83页。

4. 重点人物、人群的防范。由于人们的仇官、仇腐、仇不公心理,官员群体是引发涉政公共事件的直接主体。事件既可以是由官员的工作引发,也可能是因官员的个人言行品德造成。因此,预防涉政公共事件,事实上要从官员群体自身抓起,既抓民主执政、科学执政、依法执政水平的提高,又要培养起个人廉洁、文明、高尚、豁达、节俭的道德情操。这样,工作上不出事,生活中也不会出问题。根据社会的关注度、对百姓的直接影响程度以及出问题的几率,涉政公共事件预防需要重点注意的人群包括:①权力相对集中的地方政府党政一把手,尤其是县、乡两级党政一把手。②行政执法权相对集中的一线执法干部,如公安民警、城管队员、信访干部、环保监察队员、拆迁干部等等。③矛盾纠纷仲裁和涉诉涉讼部门的干部,如法院、检察院、纪委、审计、监察、公安、司法等部门的工作人员。④分管人、财、物等强势部门的工作人员,如组织、人事、财政、国资、税务、工商、国土等部门的干部。⑤直接与老百姓打交道的部门职员,如信访、基层一线干部,老百姓工作生活办证需要打交道的部门干部。⑥国有独资企业、控股企业和全额拨款事业单位的领导。如果这六个方面的干部群体都能严格要求自己,清正廉洁、公道正派、文明执法执政。涉政公共事件就可以避免。

如果地方政府各个部门、每位国家公务人员都树立了较强的危机意识,时刻关注预警信息,切实按预防的规章制度排查处置落实,注意重要时段、时间点的防范,注意重要事项、事件和重大活动的预防,注意重要部门、薄弱环节的防范,注意特殊人群的防范,涉政公共事件的预防就会落到实处。由此,我想起读中学时课本里《韩非子·喻老》中《扁鹊见齐桓公》的故事。这个故事中,扁鹊对齐桓公的病情有三次预警,齐桓公因为没有感觉而不相信,不在乎,到后面有感觉发现时,已经病入膏肓,无药可救了。显然,预警也好,制度也好,最关键的还是作为涉政公共事件处理主体的地方政府,尤其是地方政府的主要领导认识要高,危机意识要强,对各种预警信息要高度重视,及时采取措施加以处理。不然,再好的预防也是一句空话,再多的预警信息也会束之高阁。

四、应对涉政公共事件的预案与准备

《礼记·中庸》云:"凡事预则立,不预则废。事前定,则不困;行前定,则不疚。”虽然目标上要通过种种预防措施，力求避免各种涉政公共事件的产生。但正因为这些措施都是人为的，也难免会出现百密一疏的情况。这个时候，就必须做好万一发生涉政公共事件的思想准备，做好应对预案和处置保障，通过预防加预案，降低事件发生的概率和事件的损失程度。

（一）编制涉政公共事件应对预案的意义

所谓涉政公共事件应对预案，是指地方政府为了保证能够高效、有序、及时应付可能发生的涉政公共事件，事先依照有关法律、法规，针对涉政公共事件酝酿、发生、发展全过程中可能出现的各种情况与问题，制定出能切实可行、对号入座、及时动员、有效处置的工作计划或方案。重点解决事前、事中、事后做什么，由谁来做的问题。它是涉政公共事件发生后的操作指南、组织方案、行政向导。制定编制好涉政公共事件的处置应对预案，对涉政公共事件的处理有十分重要的意义。

1. 减轻时间压力，提高反应速度。许多涉政公共事件常常事发突然，发展迅速，必须在短时间内迅速处置，不然就会造成灾难性的影响和后果。因此，其处置的时间压力非常大。如果没有事先编制的预案，很可能大量的时间耗费在研究信息、分析趋势、思考对策、组织动员方面，而且还不能保证忙中不出错。如果事先有了处置预案，当涉政公共事件发生时，就可以迅速启动预案，相关部门和单位可以做到人员到岗、物资到位，从而减少决策时间，提高决策效率。正如美国一位学者所说：“如果发生某一特别重大的突发公共事件，各级政府都有应急预案并立即启动，采取应对措施，要比没有预案、预案体系不健全，等待总统下达命令再采取应对措施的效率要高出320倍。”①

2. 减轻决策压力，提高处置水平。大多数涉政公共事件的处置决策都是在时间紧迫、信息有限、矛盾复杂、资源不足的情况下进行的，而且都是非程序决策，不能拖，也不能等，还没有现成的模式可以参照，决策的结果、效果当否很快就会得到验证，这就给现场决策者带来非常大的压力。弄得不好，要么就是六神无主，要么就是忙中出错，造成决策延误或者决策失误，让已经发生的涉政公共事件酿大、恶化。而如果在事前制定预案，可以参照正

---

① 参见秦启文等：《突发事件的预防与应对》，新华出版社2008年版，第113页。

常的程序决策,对涉政公共事件可能出现的各种情况都可以进行周密考虑,对这些情况的深层次原因都可以进行全面分析,对突发涉政公共事件过程中的重点、关键环节都可以事先进行锁定。处置起来也就可以抓住主要矛盾、关键问题。由于在编制预案过程中都进行了前瞻性研究,都进行了全面、充分的分析研究,一旦涉政公共事件真正来临,只需启动预案根据实际情况相机决策就可以了,相当于打了有准备之仗,决策者不仅减轻了压力,而且提升了驾控能力。

3. 减轻心理压力,提高适应能力。涉政公共事件的处置事关干群、官民关系,事关党和政府的形象。对现场处置者而言,处理好是应该的,处理不好可能主持处置的人最后也会受到处理。而且,它的处置与自然灾害、意外事故的处置不同,涉政公共事件当事双方都是必须小心应对的,任何一方不满意都会对处置者构成极大的心理压力。如果事先没有预案,因为事发突然,信息有限,群众压力、领导压力、同僚压力都很大,唯恐处理不当会导致事态恶化、严重,这就使得参与处置的人员,对自己的应对能力缺乏信心,感到没有把握,害怕出错,进而在心理上产生紧张感和焦虑感。在制定了涉政公共事件应对预案的条件下,感觉就截然不同,因为预案对涉政公共事件可能出现的各种情境都有过充分的考虑分析,对一旦涉政公共事件爆发所带来的矛盾和问题都考虑了处理对策,而且整个方案都是按程序审批,经集体研究讨论的,按照应对预案来处置会有胸有成竹的感觉。遇到意外情况也不会慌乱,按预案程序行事即可。这样,处理起来也会得心应手,很快适应特殊的工作环境。

4. 减轻准备压力,提高保障水平。涉政公共事件的处置涉及方方面面,更需要人、财、物、通讯、医疗、交通、接待、后勤服务等多方面的保障。而涉政公共事件预案一般都会对人、财、物、事等各类保障提出具体的要求,包括数量、规格、时间要求、运输方式、路线、储备地方、供应单位、责任人等等都有具体而详细的规定。一旦发生涉政公共事件,有关工作人员只需下达指令、提出要求即可。这就比没有预案时到处联络、到处寻找、到处组织好得多。集中体现在可以减少准备时间,可以保证质量,可以节约成本,可以减少审批请求环节,可以减少协调难度,从而能有效保障涉政公共事件的处理所需。

5. 减少失误压力,提高科学应对能力。制定编制涉政公共事件应对预案，最大的意义就在于减少盲目性、提高科学性，防止打乱仗。大量案例表明，越是紧张的时候，越容易忙中出错；越是担心出问题的时候，可能就真出现失误。涉政公共事件会短时间打乱原有的社会秩序、管治秩序。甚至可能引发多重矛盾相互交织，合理诉求与不合理诉求“鱼龙混杂”，如果没有事先的预案，管理者一会感到突然，六神无主；二会感到茫然，不知所措；三会感到木然，手忙脚乱。其结果就可能耽误最佳的处理时机，影响处理成效，并可能出现很多失误。相反，如果有了涉政公共事件的应对预案，一旦出现了涉政公共事件，管理者只要按照事先预案的设计和思路，结合实际发生的情况和信息，比较从容地组织应对。特别是应对预案明确规定了处理路径、组织程序、职责分工、沟通方式、舆情引导模式、善后处理步骤等等，组织管理者处理起来就会有事半功倍的感觉，也就勿须过多担心判断不准和处理失误。

（二）涉政公共事件应对预案编制的原则与内容

预案的制定必须坚持一定的原则，这样才可以确保预案的有效性、可行性、可操作性，确保预案在涉政公共事件发生时真正能发挥作用。制定涉政公共事件的预案主要应遵循的原则包括：

一是前瞻、细致原则。预案的编制必须有科学的预测做基础，要在对各类可能出现的涉政公共事件进行前瞻分析的条件下，研究不同类型涉政公共事件的发生特点、演变规律、应对难点与重点，尽可能将不同类型涉政公共事件应对处置中的各个重点环节想到位，然后拿出有效、可行的、有针对性的应对办法和策略原则。避免预案与实际事件内容的脱节或者偏离。

二是系统、完整原则。涉政公共事件应对预案必须覆盖事件酝酿、发生、发展、控制、善后、恢复全过程的各个环节；必须对不同类型的涉政公共事件都有不同的应对预案；必须在总预案基础有各项具体工作的子方案，有专项应对预案，有责任单位的应对预案，形成横向到边、纵向到底，系统考虑涉政公共事件涉及的方方面面，全面完整设计涉政公共事件处置的各个应对措施。

三是具体、可操作性原则。涉政公共事件应对预案涉及的各方面工作都必须具体、易懂、简单，尽可能量化、程序化、针对性强、操作性强。文字不能模棱两可，内容不能含糊不清，权限、程序不能有空白地带。一个好的应对预案应该是工作内容、工作流程、工作责任、工作效果、工作措施、工作要求非常具体、非常实用,甚至能够对号入座的具体、可执行的工作方案。

四是主动、明确原则。涉政公共事件应对预案应该是积极、主动介入处置方案,而非被动防御性措施。预案原本就是为了抓早、抓苗头、抓处置主动权而编制的,它必然包括事前、事中、事后各阶段中,做什么,谁来做,怎么做,何时做,需要哪些资源来做等一系列问题,这些问题都必须明确到事件发展过程的各个时点、时间段,明确到岗到人。

五是授权、机动原则。考虑到预案毕竟是为了应付未来可能发生的事件,水平再高的专家也不可能将所有问题都想全、想彻底,必然会有预案没有预测到的场景、没有估计到的难题、没有涉及的挑战,这就需要在涉政公共事件的预案中对一些可能没有预估到的事项给予适当授权,让管理者在实际处置中能够相机抉择、灵活处理,不把预案变成生搬硬套的死框框。

至于涉政公共事件应对预案的编制内容,原则上可以参照《国家突发公共事件总体应急预案》,结合实际进行编制,主要包括总则、组织机构与职责、预测预警、应急处置、后期处置、保障措施及预案管理等七个部分。①但考虑到涉政公共事件应对处置的特殊性,在编制过程中要特别注意把握好以下几个问题:

第一,类型不同,重点不一样,预案的编制内容也要有所区别。决策、政策失误型的重点在于纠错;执行执法失当型的重点在于改进;司法调解失公型的重点在于纠偏;信息、事实失真型的重点在于认错;结果效果价值失公型的重点在于引导;如此等等,预案必须有针对性,有重点。

第二,现场控制,防止事态恶化要想得细。对于群体性涉政公共事件,在预案设计中一定要把现场控制方案做细做实,包括如何隔离险境、如何控制场面、如何全力救治生命、如何展开调查研究等等,必须有相关程序与措施。

第三,处置的领导层级要到位。由于涉政公共事件涉及公权力部门和公职人员,有的还是相当层级的领导干部,预案必须明确危机处理小组的层级。一般而言,按照干部管理权限,组织、纪检、监察等部门的领导要成为应

---

① 《国家突发公共事件总体应急预案》,可参见于建嵘、钟新、李元起等:《变话:引导舆论新方式》,世界图书出版公司北京公司 2010 年版,第 189～195 页附录。

对小组的重要成员。许多涉政公共事件出问题就在于出面协调的领导层级不够。

第四,协调沟通的渠道与策略要得当。前面分析过,许多涉政公共事件就是因为协调沟通不够,由误会而生,协调沟通在应对涉政公共事件处置中作用重大,地位特殊,必须作为预案的一个关键点加以考虑。

第五,舆情引导方案要周全。涉政公共事件很多属网络媒体所引发,或者由媒体所放大,引导好了舆情也就成功处置了一半。因此,涉政公共事件应对预案中的舆情引导和管理方案十分重要。

涉政公共事件应对预案至少要解决以下问题:

1. 应对管理的目标与任务
2. 应对管理的原则
3. 应对处理小组成员单位及职责分工
4. 涉政公共事件的风险评估
5. 分类处置备选方案
6. 具体处置程序
7. 完善的沟通计划
8. 媒体应对与舆情引导计划
9. 善后工作计划
10. 非预期情况出现后的应对方法
11. 相应的物资资源准备
12. 预案的组织实施和管理

……

一个高水平的涉政公共事件应对预案,应该组织专门的班子进行编制,它在收集信息、科学预测的基础上对不同类型的涉政公共事件进行分析总结推断,然而提出应对预案草稿,邀请有危机管理专家参加的预案审定会议,对应对预案草稿进行反复论证、讨论修改,形成正式稿,然后按程序交政府或有关部门单位会议讨论形成正式文件。

(三)涉政公共事件应对预案的培训与演练

要想让编制好的预案各部门能够充分了解和熟悉,达到在真正的涉政公共事件发生时能处变不惊、冷静应对,按预案指定的路径办事,就必须把培训与演练当做贯彻实施预案的重要内容。没有经过培训和演练的应对预案是没有效果的预案。

1. 培训与演练的意义。

所谓培训与演练,就是将与涉政公共事件应对预案相关的部门、单位与个人组织起来,学习预案内容,训练预案工作流程,模拟相关场景按预案思路演练处置过程等等。它是预防涉政公共事件的重要环节,更是地方政府工作部门和工作人员提高涉政公共事件处理能力的重要途径。其意义主要有四个方面:

①增加熟悉度,提高涉政公共事件的处置反应能力。不断的培训和演练,可以让相关部门及其工作人员熟悉涉政公共事件应对预案的内容、流程和工作重点,特别是对自己职责范围内的危机管理处置工作内容、方法、要求、步骤、程序了然于心。当事件万一真实发生的时候就可以对号入座、按图索骥、从容应对,不断提升涉政公共事件的处置反应能力。

②加大磨合度,提高涉政公共事件相关处置单位和社会公众的合作沟通能力。涉政公共事件的预防与处置不是一个单位、一个领导的事,它可能牵涉到地方政府的方方面面,还可能牵涉到社会公众。这就需要相互之间的合作、支持、沟通、协调。通过培训与演练,使大家感受到不同场景下合作、沟通的重要性,磨合摸索出不同环境下沟通、协调的路径与方法,从而提高参与各方的协调、沟通、合作能力。

③强化重视度,提高对潜在涉政公共事件的警惕性。俗话说:“生于忧患、死于安乐。”不断进行涉政公共事件预案培训与演练,必定会强化参与各方的危机意识,提升大家对防范涉政公共事件的认识高度,有助于增加对潜在问题的警惕性,增加对防范涉政公共事件的思想、精力和物资投入。

④深化理解度,增加处置应对涉政公共事件的一些经验。培训可以通过已经发生的案例来分析理解涉政公共事件应对预案中的重点环节,加深对相关问题的理解与认识。演练可以通过模拟涉政公共事件的不同场景,增加相关责任人员的感性认识,发现实际操作过程中的短板以及易发的人为错误,培养和练就处理涉政公共事件所需的知识、心理和技能。特别是经常性的反复演练可以强化相关人员在处理类似问题时的反应能力和环境适应能力,增加危机处理的各方面经验。同时,还可以通过演练检验预案的实用性、可靠性和针对性,发现涉政公共事件应对预案中存在的问题与缺陷,

及时完善和改进预防工作。

2. 培训与演练的方法。

涉政公共事件应对预案的培训与演练方式很多。一般而言，应该是先培训后演练。培训首先应该是预案条文内容的解读、学习。让大家熟悉了解涉政公共事件处置的一些基础知识、常识，知晓应对处置的流程和内容，把握处置应对的关键环节，夯实理论、知识基础。其次可以是案例教学培训。将已经发生的涉政公共事件典型案例作为学习教材，通过专业人士的解读分析，从中悟出应对处置的精髓与要点。再次就是情景模拟培训。设计一个复杂的涉政公共事件场景，让受训者自主进行处置应对，教员与旁观者可以不断加大场景的难度，考验受训者的现场应变能力，心理承受能力，驾驭局面的能力。

演练相当于军事训练中的演习。实地设计现实的涉政公共事件场景，组织相关人员进行专项或者综合演练。演练的核心是场景逼真，当事人进入角色，挑战复杂，尽可能将涉政公共事件发生后的各类预测趋势都展现出来，让受训者进行现场考验与锻炼，提升他们今后遇到类似问题的处置反应能力。事实上，对于已经制定出来的应对预案，只有经常进行演练，才不至于仅仅停留在纸上，停留在脑海中；只有经常进行演练，才知道制定的应对预案是否真正可行，是否存在问题；也只有经常的实地演练，才会在事件真的来了的时候，相关处置人员可以熟练、冷静地进入应对处置状态。1989年8月，美国联邦政府的紧急灾难小组联合加州州政府的危机管理小组在旧金山进行了一场有一千多人参加的针对地震救援的演习。非常巧合，演习之后六个星期，旧金山地区就发生了一场非常强的地震，导致了许多建筑倒塌并引发大火。正因为有前面那场演练，人们在地震发生后进行的人员撤离、医疗救援、物资运送、心理治疗等一系列救援工作方面都显得井井有条，专家估计是演练挽救了许多人的生命，避免了更大的损失。①

3. 培训与演练的总结。

为了使涉政公共事件应对预案的培训与演练达到最佳效果，必须对它们进行总结。总结过程既是对应对预案的重新梳理过程，更是对培训、演练

---

① 鲍勇剑、陈百助：《危机管理——当最坏的情况发生时》，复旦大学出版社2003年版，第85页。

过程出现问题不足的收集分析过程,还是对已制定的应对预案进行改进完善的过程。总结的重点应该是问题导向的,即通过培训与演练中发现的问题、表露出来的矛盾,进行溯源与延伸分析,探索出引发问题的根本原因和可能后果,分析其对涉政公共事件处置效果的影响程度,然后再在此基础上对已经完成的涉政公共事件应对预案进行修订、完善。如果发现问题较多,还必须对原有方案进行评价分析,肯定、保留好的、有用的方面,修订、改进不足的、不实用的方面,再在此基础上按程序重新讨论、发布修订完善的新预案。

通过培训与演练还可以发现涉政公共事件处置过程中组织、单位与个人在应对方面可能出现的问题,特别是相互间配合、理解、沟通不够可能导致的灾难,这就需要在总结过程中进行一一诊断,既在应对预案中强化有关内容,更要指导责任部门、责任单位和责任人,熟悉、理解应对预案流程,强化团结协作意识,提升处置应变应急能力。

第八章　涉政公共事件与地方政府行政能力提升

涉政公共事件，起因于地方政府行为，其发展结局也同样受地方政府行为的左右。行政能力强的，可以化“危”为“机”，把坏事变好事，通过涉政公共事件的处置，解决问题矛盾，达到新的善政、善治；行政能力弱的，可能雪上加霜，事情越弄越大、越糟，最终只能靠上级出手，领导者个人、所管治的地方，发展均受影响。因此，有学者分析后指出：“危机可以让一位政治家一蹶不振，危机也可以造就一个英雄似的政治家，更多的是，当危机在政治家身边悄悄地走过，没有留下一点痕迹，也让政治家失去一次展现领导力的机会。”①

一、涉政公共事件与地方政府行为

前面我们分析了地方政府行为是如何引发涉政公共事件的，这里我们要分析涉政公共事件发生后的地方政府行为及其影响。

地方政府的行为与其在涉政公共事件中的角色定位相关。关于在类似涉政公共事件等危机管理中的地方政府的角色问题，国内不少学者进行了分析总结。如胡雅琼认为，在公共危机事件前、事件中和事件后，地方政府应依次扮演“监管人”、“发言人”、“把关人”和“责任人”等四种角色。“监管人”——事前监测，事发管理；“发言人”——说出真相，澄清事实；“把关

① 鲍勇剑、陈百助：《危机管理——当最坏的情况发生时》，复旦大学出版社 2003 年版，第 165 页

人”——甄别真伪,稳定民心;“责任人”——承担责任,积极应对。[①] 刘惠荣认为,各级政府必须对危机管理高度重视,义不容辞地承担起防范和化解危机的主体角色,做未雨绸缪的预防员、科学决策的指挥员、防控有序的消防员、社会力量的组织员、权威信息的发布员和危机创伤的修复员,在危机管理中始终发挥积极的主导作用,从容而有效地应对与化解社会危机。[②] 左小麟则提出,公共危机管理中的政府,是科学决策者而非仓促决策者;是信息发布者而非信息封锁者;是社会力量发动者而不是忽视者;是主动作为者而不是被动应对者;是常态管理者而不是危机处置者;是系统思考者而不是思维局限者。[③]

上述学者分析指出的地方政府在危机管理中的角色定位,只是从应该的角度给地方政府提出了要求。但在现实的涉政公共事件处理中,地方政府的行为还受多种因素制约。换句话说,地方政府在涉政公共事件中无论何种定位,其行为还要受一些重要因素的影响。这包括:一是领导班子特别是主要负责人的素质品格。它包括政治敏感性、政治判断力、责任心、驾驭复杂问题的能力、心理素质、性格脾气等等。二是利益相关性。地方政府在涉政公共事件发生后也有类似经济人的动机和倾向,如果事件对地方政府的财政、对地方政府的荣誉、对地方主要官员的升迁、对地方政府的形象可能带来较大影响的话,政府行为可能更偏积极主动一些。反之则可能会消极应付,听之任之。三是信息的时效性与准确度。这是影响政府行为的重要变量,更是决定政府行为正确与否的关键因素之一。四是社会压力状况。它包括上级的行政压力、社会舆论压力和现场群众的压力。一般而言,压力越大,重视程度越高,处置的速度、效率也就越高,即所谓人们常说的“大闹大解决、小闹小解决、不闹不解决”。其间又以上级压力和社会舆论压力作用最大。五是事件的涉及对象。如果涉政公共事件直接与党政主要领导的言行决策相关,其处置行为会因为事件相关者的特殊身份和地位而受到影响,一般都会消极等待,等上级出手解决。六是事件诉求的内容。一般而言,诉求越简单单一,越合法合政策,政府行为会倾向于积极尽速解决;越复

---

① 胡雅琼:《突发公共事件中地方政府的角色研究》,《湖南公安高等专科学校学报》2009 年第 3 期,第 98～99 页。

② 刘惠荣:《危机管理中的政府角色》,《领导之友》2009 年第 4 期,第 26 页。

③ 左小麟:《公共危机管理中的政府角色》,《思想战线》2008 年第 1 期,第 121～122 页。

杂,牵涉面越广,越难得到正面主动回应等等。

正因为在涉政公共事件处置过程中,影响地方政府行为因素比较多,加上转型时期政府行政的权责利边界不清,危机管理的法律体系建设不足,面对棘手而复杂的涉政公共事件,很多党政干部会表现出懈怠、恐慌、逃避、隐瞒、急躁等不良心态。① 实际政府行为会因为地方政府尤其是其主要领导的认知、判断水平及责任心和资源状况而存在差异。一般而言,在涉政公共事件的处理中,地方政府会在主动担当处理、被动应付了事、消极拖延等待、强制打压驱散等四类行为之间进行相机抉择。

主动担当处理型。是指地方政府能从涉政公共事件出现苗头或者刚刚爆发的时候,就主动及时介入,迅速控制处理,此种地方政府行为方式主要发生在下列条件情况下:①主要领导的政治敏锐性强,危机意识强,预防意识强,维稳意识强,群众观念强,处事果断,有抱负追求。②信息准确及时。③冲突双方引发事由简单、诉求单一,责任清晰,不冲撞主要领导,不牵涉过多领域。④官民关系比较正常,没有历史积怨和现实利益冲突。⑤事件涉政一方非党政主要领导,不针对地方的重大方针、政策、措施等。⑥有前车之鉴,其他地方类似事件处置不当有被严厉追责的趋势。⑦发生在特殊时期,必须及时处理。这些时期包括换届前夕、主要领导升迁考察前夕、国家和地方重大政治、经济活动前夕及期间等。应该说,随着国家应急处理法律制度的完善,特别是责任追究制度的落实,主动担当处理型行为方式在涉政公共事件处理过程中呈上升趋势。

被动应付了事型。是指地方政府在涉政公共事件发生以后,处于职责要求、社会舆论压力而不得不出面协调处理的应急管理行为。此种行为方式为传统的公共事件处理反应模型。由于涉政公共事件有一个反应过程,在矛盾危机没有足够影响到一个地方的政治、经济、社会秩序时,考虑到涉政公共事件的风险性和不确定性,大多地方政府会选择“走一步、看一步”的行为处置方式。其目标不是解决问题,化解矛盾,而仅仅只是“息事宁人”,控制、平息事态。此种政府行为模式主要适应于下述条件:①地方政府主要领导属于保守处事风格,不会主动承担责任,只会按部就班,厌恶风

① 唐俭:《领导干部应对群体性事件的不良心态及其矫正》,《中共山西省委党校学报》2009 年第 5 期,第 65～66 页。

险。②事件影响不大、压力不大,国内相关同类事件出现比较多。③冲突双方存在协商沟通谈判达成谅解的机会。④发生在平时,没有政治等方面的压力。⑤官民关系一般,但只要不激化不会酿出大的事端。⑥事件双方不涉及主要领导和地方大的方针、政策,不影响地方总体利益格局。

消极拖延等待型。是指地方政府对已经发生的涉政公共事件不能进行有效处理,在班子内部、领导层面无法形成统一可行的处置意见和措施,谁也不愿出面牵头深入一线处置,谁也不愿主动担当表态采取应对措施,任事件发生、发展,期望上级出手解决或任其自生自灭。此种行为模式发生的条件一般是:①事件酿大难以收拾。②现场发生了群体性事件,或者网上出现有党报等主流媒体参与评论影响很大的舆情事件。③事件矛头直接涉及地方党政主要领导特别是一把手,或者是地方重要的经济、社会、民生政策、决策。④事件诉求内容不是一个地方政府能够处理或者改变的,而是涉及许多地方的重大政策调整。⑤主要领导缺乏应对突发事件的能力,胆小怕事,不敢担当。⑥当地党群、干群关系紧张,矛盾积怨较深,基层政权和党组织缺乏号召力、凝聚力、战斗力。⑦过去没有遇到过或者其他地方没有处理过的复杂、棘手案例。

强制打压驱散型。是指地方政府对已经发生的涉政公共事件采取动用警力、动用通信舆论管制、动用专政手段对涉事一方进行强压平息的行为。采取强制行为方式的条件一般是:①事件发展已经威胁了无数无辜人群的生命财产安全,若不采取强制措施有失控的危险。②事件一方纯粹是借题发挥,有政治目的,不及时处置会影响社会大局稳定。③事件发展突破了法律、政策的容忍范围,出现了打、砸、抢、烧等违法犯罪活动。④地方政府主要领导驾驭能力强,性格强悍,敢于担当不怕事。⑤群众胆小怕事,强力可以震慑得住。⑥地方有足够的理由和法律依据。⑦方案考察周全,执行到位,结果效果必须达到平息事态的而不扩大事态。

考虑到涉政公共事件中,地方政府是冲突的相关方,也是利益当事人,其行为策略也符合"理性经济人"趋利规律,采取何种行为方式也有"机会主义"倾向。[①] 在实际处理过程中,常常是多种行为方式并现。在事件发展

---

① 参见刘德海:《群体性突发事件中政府机会主义行为的演化博弈分析》,《中国管理科学》2010 年第 1 期,第 175～182 页。

的不同阶段、不同场景可能表现的行为方式也不一样。但从长远看，从涉政公共事件处置过程中的政府行为效率看，地方政府在涉政公共事件的处置过程中和行为细节上还须注意以下几点：

第一，对话才能化解对抗。许多涉政公共事件都是事出有因，普通民众参与、卷入表面上可能是一种情绪宣泄，但实际是对政府管治方式、方法、能力的不认同、不满意。如果动不动就把百姓当刁民，采取强力压服，非但解决不了问题，还会让矛盾怨气不满越积越深，让官民双方关系演变成为压制与抗争的对立关系。一旦遇到政府行政行为出现问题或失误，就会令长期积聚的矛盾和分歧表面化、尖锐化造成严重的后果，最终以班子大换血、社会大损失、党群干群关系大伤害告终。云南孟连事件就是这方面的典型。相反，如果政府不回避矛盾，不隐瞒问题，耐心倾听百姓诉求，主动与事件各方展开对话、沟通，理性对待分歧与冲突，在法律、政策框架内平衡各方利益，该认错的认错，该调整的调整，该改进的改进，该说明的说明，该处分的处分。真正使人民内部矛盾通过对话协商解决，而不是用强力逼迫对方就范或者走向对抗的道路。2008 年 11 月发生的重庆出租车罢运事件、2007 年 5 月发生的厦门 PX 事件等都是政府主动对话的结果。

第二，引导才能走向主导。涉政公共事件特别是网络舆情涉政公共事件发生以后，各种评论、观点铺天盖地，各种传言、流言、谣言任意传播。这个时候，任何指责与封杀都无济于事。唯一的有效途径就是引导，把社会大众所关注的事实真相还原给大家，把处置过程尽可能透明开放给媒体。公开是化解怀疑的最好良方。在引导舆论过程中，不仅要还原事实真相，更要尊重社会主流价值，还要引导民众为解决类似问题出主意、想办法，从批判者、评论员走向建设者、参与者。不能做社会舆论的尾巴，变成“他问你答”的跟随者，而要做舆论的主导者。把社会、民众关心的不同话题设置成不同议题，超前、主动、全方位给予报道，把舆论导向到积极、健康、向上上面来，引导到化解对立、解决问题上来。2009 年 6 月发生在湖北的石首事件，长达 80 个小时听任社会谣言传播，最终导致“石首”“失守”。

第三，及时才能赢得有时。涉政公共事件有其酝酿、产生、发展、平息的逻辑规律，政府信息把握越早，主动出击越早，就越有时间来进行对话、沟通、协商解决矛盾冲突。如果对可能发生的涉政公共事件不敏感、不重视，特别是等待拖延的话，就可能错过最佳的处理时间。因此，任何时候，地方政府在涉政公共事件的处置中都必须做到及时到位，按照第一时间的原则，及时掌握涉政公共事件发生的第一手信息；及时到达事发现场或及时应对舆情反映的问题，安抚受害者，稳定情绪，争取对话沟通时间；及时召开处置紧急会议，明确应对措施，组织对话、沟通、协调，防止事态扩大；及时上报情况和向社会公众发布信息，防止谣言传播；及时启动应急管理预案，按分工落实各方职责。只要各项措施及时到位，涉政公共事件处置就会有充分的沟通协商时间，最终效果也会好些。2007 年 1 月四川大竹事件和 2008 年 6 月的贵州瓮安事件，都是因为地方党政领导认识不足，处置不及时，最终没有时间沟通，也不能有效沟通，酿成影响全国的大事件。

第四，主动才能防止被动。涉政公共事件的处置是现代地方政府的当然职责。因此，面对即将到来或者已经到来的涉政公共事件，地方政府唯有主动担当、主动负责、主动出击、主动对话沟通协调解决问题，才能在事件处置中处于主动和有利地位。不然如果听之任之、消极应付、拖延等待，只会给处置工作带来全面的被动。2007 年底那场陕西镇坪“华南虎照”事件就是比较典型的例子。

第五，依法才能找到办法。很多涉政公共事件，矛盾错综复杂，当事双方各持立场、理由，处理起来要么得罪同僚，要么得罪群众，让人感觉找不到有两全其美、皆大欢喜的办法。这也是地方政府领导在处理相关事件时行为不积极的重要原因。有些即使是着手处理，也是方法简单、方式粗暴，纯粹靠强力压服；现场用警力驱散，网上用强力关闭，媒体找其上级发难，其结果既没有服众，也没有真正解决问题。显然，在涉政公共事件的处理过程中，隐瞒、拖延不是办法，打压、封堵也不是方法，单纯靠行政命令、长官意志更没有出路。只有严格依法行政，在法律的框架内，在政策的范围内，客观公正处理，才可能最终找到各方都满意、都认可，而且能够接受时间与历史检验的办法。

第六，公平才能实现太平。涉政公共事件影响一方的稳定。在现有体制下，对地方官员而言，发展只是快与慢的问题，改革只是深与浅的问题，唯有稳定才是成与败的问题，稳定压倒一切，稳定出问题就是一票否决。因此，防止发生涉政公共事件，尽量减少或者杜绝官民冲突，对地方政府有着十分重要的价值与份量。在预防涉政公共事件、处理涉政公共事件过程中，公平公正至关重要。其实，许多事件的源头就是社会公众觉得官员在公平、公正上出了问题，让基层百姓感觉没有尊严，只好选择为自己的权利抗争。正如前世界银行行长詹姆斯·沃尔芬森所言："他们首先要求得到的东西，并不是钱，而是恢复他们的尊严……""不公平就等于不太平。"①由于涉政公共事件与权力密切相关，权力滥用带来的不公平不公正会强化仇官、仇权、仇富心理，降低官民之间的信任，导致彼此关系恶化，形成一系列社会问题，影响社会的长治久安。因此，地方政府要把公平当做社会稳定的"天平"，通过公平、公正实现社会"太平盛世"。

第七，关心才能获得民心。涉政公共事件体现着一个地方的官民关系，反映一个地方的民心向背。地方政府行政，首先必须从人民的愿望、诉求出发，不折腾、不欺民、不捂信息，这些年发生的许多因强拆引发涉政公共事件，许多因官方封锁信息引发的公共事件，许多因政策决策不当引发的公共事件，根本原因就是执政者没有把人民群众放在心上，追求的是自己升迁、政绩形象、面子工程，而不关注民生，不关注群众疾苦。一味强调的是群众怎么支持，不注重听民声、了民意、解民愁、化民忧，给人民群众解决一个个具体的小问题。更多的是锦上添花，不注重雪中送炭。平时不重视群众，关键时候不可能得到群众的重视、支持，其工作、行为肯定举步维艰。

二、地方政府在涉政公共事件处置中存在的问题②

近些年，涉政公共事件越发越多，缘由千奇百怪，影响越来越大，一个重要的原因，是地方政府在处理此类事件时经验不足，方法不当，问题不少，集中体现在以下几个方面：

第一，重事实层面，轻价值疏导。所有涉政公共事件的诱发因素都与具体行政行为事件相关。而一般行政行为要转化为公共事件，大多是在两个方面可能出现了问题：一是重大突发事件的处置过程和结果存在瑕疵，给人感觉不真实不到位。一些重大问题特别是与百姓利益息息相关的决策处理

---

① 鲁方根摘译：《不公平等于不太平》，《国外社会科学文摘》2001 年第 1 期，第 56 页。

② 此节与下一节参考了聂方红发表在《学习与实践》2009 年第 4 期《当前地方政府在处理涉政公共事件中存在的问题与对策》一文。

过程和结果报告给人感觉有问题、不符合事实。二是行政决策和行政行为不当,社会公众感觉政府(这里指广义政府)在处理相关政务或有关不同利益矛盾的协调过程中没有遵循利益中立和便民、节约、透明的原则。前者属于事实层面,重在探求真相;后者属于价值层面,着眼于拷问公平。在实际工作中,事实层面的问题容易理清,也基本能得到各级政府的重视,许多涉政公共事件通过还原事实真相得到平息。而价值层面的情况就比较复杂,处理也比较棘手,容易被忽视和耽误。这方面,比较典型的事例有重庆"史上最牛钉子户"事件和广州许霆案。2007 年初发生在重庆九龙坡区的"最牛钉子户"事件,从拆迁政策、法律法规和道理等方面,地方政府并没有什么过错,然而事件被媒体披露后两个多月内,人民网强国论坛、新浪网论坛、天涯社区论坛等一共有 3000 多万条帖子声援钉子户、口诛笔伐当地政府。为什么地方政府在并未违背政策的情况下仍然处于被动?关键是媒体披露的现场场景太让人震撼了,直观的感受就是强势政府挤压弱势民众,民众心里自然而然就会同情被断水断电断路的钉子户,价值取向就肯定站在钉子户一边。① 如果再将此事引申到自己,知微见著、小中见大,普通民众就会觉得自己不如老板商人受政府尊重和关心,对地方政府的抵触和不信任情绪也就油然而生。这样你在事实层面怎么处理他都不会相信、都会怀疑,地方政府再有道理也变成没有道理了。发生在 2006 年 4 月的广州许霆案,此案原本犯罪情节清晰明确,之所以形成公共事件就在于民众与法院在罪与非罪、此罪与彼罪、量刑是否过重、法律适用是否准确等方面存在分歧,特别是当民众将此案与原中国银行广东省开平支行行长余振东贪污、挪用银行资产高达 4. 82 亿美元却只判有期徒刑 12 年相联系,触发了社会大众对法律是否公平、司法是否公正的怀疑。显然,事实本身在这个事件中已经不重要,重要的是价值了。二审回应民意改判五年,事件虽然得到慢慢平息,但留给人们的思考应该是很多的。

第二,重现场处置,轻媒体舆论作用。一些小的不当行政行为或者一般事故最终被酿大为涉政公共事件,不是地方政府处理不及时,也不是他们在处置中有什么重大过错,而是许多基层政府官员想当然以为把现场控制处

---

① 《"最牛钉子户"的命运与物权保护的兑现》,《新华每日电讯》2007 年 3 月 24 日第 4 版。

置好了就万事大吉了。他们没注意到在信息社会，特别是在手机短信普及、互联网反应神速的情况下，一些小事如果不及时引导梳理，特别是不在第一时间给社会一个说法，很容易被社会大众关注放大为公共事件。比如 2008 年 2 月 18 日 19 时，在京珠高速公路耒宜段湖南郴州市苏仙区境内，一辆装运危险化学物苯的罐车与另一辆客车相撞后起火爆炸。事故发生后，湖南省政府和环保部门高度重视事故处理过程中的环境处置，指派当地环保部门参与现场安全处置，要求最大限度减少安全处置过程中含苯泡沫进入水体。并组织省、市环境监测人员对沿线各饮用水源地进行连续 20 多个小时的监测，同时对沿线环保部门发出紧急通知，要求各地环保部门密切关注水质变化。从一起简单的交通事故处理来看，应该说湖南省及有关部门做得非常出色，然而，由于相关部门和处理人员没有考虑到事故发生地刚好处于湖南湘江第一大支流耒水的上游，苯又是对饮用水安全构成威胁的剧毒物质，沿江城市居民会对此非常在意，而是把精力集中在处理事故和污染监测上，没有及时将情况和进展告诉社会公众，结果造成随后几天衡阳、株洲、湘潭、长沙等沿江城市居民心里恐慌，大小商店的矿泉水、纯净水被抢购一空，一起简单的交通事故转化为涉政公共事件，①后来通过这些城市政府召开新闻发布会或者媒体公开澄清才把抢购风潮平息下来。

第三，重处理结果，轻处理过程。许多地方政府和官员一遇到涉政公共事件，第一反应就是要尽快拿出相关处理结论，以期对付上级可能跟踪而来的追究，平息日益增加的舆论压力。于是为了应付交差，常常从自身方便和有利的角度去开展事件的处理，忽视事件处置过程中的细节把握，造成事件处理越弄越糟。这方面比较典型的案例是始于 2007 年 10 月的陕西华南虎假虎照审判案，原本该事件从陕西林业厅公布照片不久，便受到了公众的质疑而引发了一场全国规模的大论争。就因为地方政府和主管部门的参与导致迟迟没有处理，给政府的诚信形象造成了极大的伤害，2008 年 9 月，假虎照事件的主角周正龙被陕西省旬阳县人民法院一审判处了有期徒刑两年六个月，并处罚金 2000 元。由于该案从侦查到审判严格保密、不透明，其间还有不少被司法界人士质疑的执法违法环节，使得原本已经逐步平息的事件

① 《"湘江遭苯污染"完全是误传株洲、湘潭紧急辟谣：湘江水可放心饮用》，《三湘都市报》2008 年 2 月 23 日第 A3 版。

又起波澜,被包括新华网在内的许多新闻媒体评为“司法虎照门”案。有媒体称“华南虎事件不判,全国人民很气愤;华南虎事件一判,全国人民更气愤”;“一起原本瞒天过海、涉及政府诚信的公众质疑,随着周正龙的判决,取而代之的是司法不公正开始粉墨登场了”;“假老虎”案演变成“假审判”案。① 一时在国内媒体和网络上掀起轩然大波,使人们从怀疑政府诚信转到质疑司法公正。这肯定是当地政府所没预见到的。

第四,重上级帮助,轻自主组织决策。由于现在许多地方政府的主要官员是从学校门到机关门,不少一把手还是大机关的“空降兵”,没有应对突发公共事件的经历,更缺乏危机管理的能力和技巧。一旦情况复杂、局面浩大的涉政公共事件降临,怕负责任、怕出错、怕处理不下来丢面子的意识就暴露出来。这突出表现在:在事件发生的初期不重视,没有及时采取有效的预防应对措施。比如2008年初的南方冰灾,起初各地都不在意,对即将到来的重大自然灾害浑然不觉。在事件发展的中期闹大了就等上级的态度和帮助,习惯于等与拖。2008年6月发生的贵州瓮安事件,从导火索一个女中学生溺水死亡到发生大规模集会和打砸抢烧骚乱,中间有七天时间;就是从群众聚集到局面失控中间也有四个多小时。恰恰在这么长的时间里,县里的主要领导没有一个人出面深入现场、协调矛盾、解决问题。而是层层上报情况,等候上级领导来决策处理,即使州里的有关领导赶到现场也只是在外围转了几圈,原本可以用来化解矛盾的宝贵时间就在领导干部的“失踪”、“失语”和“等待”中浪费掉了。② 在事件发展的后期不能收拾就心理脆弱,不敢面对。从媒体披露的案例来看,地方主要负责人在涉政公共事件闹大后根本无法做到“每遇大事有静气”。在突发涉政公共事件面前,地方领导自主组织和决策信心不足,其实质是判断能力、应急能力、政策执行能力、群众工作能力等的缺失,更是主动担当、主动化解的责任心不强的体现。

第五,重领导个体能力,轻团队作用发挥。涉政公共事件的处置因为其突发性、复杂性和紧迫性,必然要求全面系统考虑各方面的因素,更需要事件相关部门的协调配合,需要事发单位或地方整体领导团队的共同努力,才可能有效化解危机。然而在我们现实生活中,每当涉政公共事件发生时,相

① 张军昱:《周正龙案,我们都是法盲》,《长江商报》2008年9月29日第A02版。

② 吴伟:《贵州瓮安事件始末》,《新世纪周刊》2008年第20期,第50~52页。

关领导和部门负责人大多是尽可能把难题推给主要领导，原本有责任有义务协同处理的相关人员纷纷充当“看客”，个别人甚至有看别人出洋相的心态，形成少数人急得要死、忙得要死，多数人袖手旁观，有的还去变相激化矛盾的状况。2008 年初发生的辽宁西丰最牛县委书记案也是如此，事件被媒体披露后，从县到其上级市，随着事态的扩大，没有一位领导主动出面采取措施化解危机，一直拖到省委领导出面过问才平息事态。显然，在许多涉政公共事件的处理过程中，整个处置压力、责任、工作全都集中在主要领导和上级派来的指挥者身上，影响了处理的效率。

第六，重事后处理，轻事前预防。一般来说，天灾人祸本身不会招致社会大众的议论，真正进入议论视野的是导致事件产生、引起事件扩大、造成后果严重背后的人为因素。而转型时期许多涉政公共事件的产生，都是因为地方政府或者基层官员缺乏忧患意识、人本意识、法律政策意识以及相关准备所致。许多涉政公共事件如果事先有所预防、有所准备，不仅可以降低危害，而且还可能避免发生。2008 年初的南方冰灾，为什么酿大，社会公众对一些地方政府的应对为什么颇有微辞，一个重要的原因就是事前预防工作不够。先是天气预报系统不准，没有事先给社会公众和各方面一个预警提示；后是信息传递环节存在许多遗漏，比如，当意识到可能会发生冰灾时，没有把它可能造成的严重后果告诉单位和民众，使他们失去做好应对的准备；再就是长期以来我们不少地方政府在公共设施建设方面缺少危机意识和防范、应对危机的准备，南方城市的供水管网基本没有考虑零摄氏度以下的天气，供电高压线塔也没有考虑大雪冻雨冰凌可能增加的压力，南方省份的高速公路管理维护部门更没有想到配备足够的铲雪除冰设备。如江西省当时有高速公路近 2000 公里，当冰灾发生时全省只有一台铲雪车，而且还没有人可以熟练操作。如果当时我们的预测更准确些，准备更充分些，组织更早些更严密一些，损失可能就没有那么大。

第七，重一时面子，轻长期危害。一般而言，涉政公共事件对事发地和事发单位带来的大多是负面影响，因此，不少地方、部门、单位遇到公共事件时，常常是面子第一，不敢担当，不愿认错，不肯低头，将事情越弄越糟、越弄越大。个别就是最终把事情摆平了，也可能让单位、地方、领导团队的元气大伤。这方面的案例也非常多。譬如 2008 年 3 月 31 日，东方航空公司云南分公司因为内部飞行员罢工发生的集体返航事件。又如，2008 年三鹿奶粉事件,石家庄市委、市政府主要领导全遭免职,一个重要原因就是在企业8月2日向市委市政府报告的情况下,该市没有及时向省里报告和向社会公众公布。同样三鹿奶粉公司早在2007年年底就知悉公司产品三聚氰胺含量超标,并在一些地方发生引起婴幼儿不良反应的情况。但该公司为了不影响企业经营,不仅没有及时采取措施挽救改正,反而对真实情况进行掩盖,继续销售有问题的奶粉,最终导致数万婴幼儿受害。企业最终也没有逃脱高管被判刑、破产消亡的结局。

第八,重法律政策,轻情理结合。处理涉政公共事件,最大的难点就在于没有统一的模式可搬、可循。许多地方官员以为只要严格依照法律政策来处理就行了,法律政策允许的就答应,法律政策没有的就拒绝,在与当事人或与参与者的对话协调中喜欢搬条条框框来应付。可现实中很多涉政公共事件常常属于法律政策没有涉及或者没有完全涉及的灰色地带,就是有些事件在法律政策涉及的范围内,其危机根源与责任也没法完全理清。如果此时还一味只强调法律政策,硬梆梆地与当事方交锋,其结果就会谈不拢甚至可能升级矛盾。比如前文提到的广州许霆案,严格从法律角度看广州市中级人民法院并没有什么大的瑕疵,但为什么后来酿成全国关注的案件了呢?就是因为这里面缺少了人文关怀,缺少了情理因素。老百姓的道理非常简单,许霆侵占银行的钱是不对,但银行自身也有责任,如果不是自动取款机发生故障,他也就不可能犯罪,银行作为原告不能把责任全部推到当事人身上。另外,人们联系起银行内部的腐败大案,其判处的刑期与许案相比悬殊,加上人们长期对银行霸王条款的反感,使这起原本简单的案件复杂化了,且从价值层面转到人本关怀与弱势关怀和司法不公等大的问题上。同样地方政府常常遇到的拆迁特别是违章建筑的拆迁问题,如果按法律政策非常简单,但为什么经常酿出事端呢?一个重要原因就是情况复杂,比如同样是违章建筑,有的履行了报批手续,有的没有,有的是在自己原有建筑上加高加宽,有的是新建等等,如果简单处置就可能引发冲突。

第九,重外部引导,轻内部统一。处理涉政公共事件最担心的是什么?是谣言的不断扩散和传播。而对付谣言最有效的方法就是公开透明地让社会大众来参与跟踪事件的处理过程。现在许多地方和单位的领导都能感受到外面媒体的压力,明白有些"小事"可以被媒体炒成大事,所以比较注重外部的引导。但对当事地方、单位内部的统一口径、披露真相、稳定情绪有时做得不够。有些领导担心人多嘴杂,认为出了问题只要让少数相关人员知道就行了,知道的人越多,认识越难统一,处理起来就越麻烦;还有些领导认为一些事关百姓日常生活的大事,只要能尽快处置好,就不要去让百姓担心受怕,可以进行善意的隐瞒或欺骗。比如,2005 年 11 月发生的哈尔滨市停水事件。11 月 21 日和 22 日,哈尔滨市人民政府两次发布停水公告,说要从次日开始停水 4 天。第一次停水公告的原因是要进行市政供水管网设施检修,这一原因显然不能令人信服,因为对一个城市来说,水是不可缺少的,一旦停水,意味着整个城市将停止运行,是极其严重的公共事件。如果仅仅是检修,局部检修还可以接受,全部停止,而且停 4 天,则势必对整个城市运行造成破坏性冲击。这显然是难以理解的,也难以接受。这样的公告明显不利于组织单位和居民应对已经到来的危机,而且广受群众质疑和猜测。在有关人士的建议下,第二次公告则向居民通报了实情,并公布了市政府组织水源、维护群众正常生活稳定的一系列应对措施。因为公布了实情,谣言一下子就没有传播的空间,为后来的事件处置营造了好的环境。①

第十,重个人问责,轻体制机制防范。近几年对涉政公共事件的处理,我们逐渐引入问责机制,问责的力度越来越大,处分官员的层级越来越高,但并没有起到完全抑制住事件高发的作用。这里最根本的原因在于,我们大多数问责,是在民意、舆论压力下的一种交待性问责,并不是事后根据功过得失、党纪国法对他们的公正处理。而且这些问责也基本停留在政治层面,没有建立起防止类似事件再发生的体制机制。问责本身也有不少值得完善的地方。首先是在问责时机的选择上值得斟酌。上级工作组到出事地方的第一件事往往就是宣布罢免问责官员以平息民怨、平息舆论,没有考虑是否可以给他们自己以改过立功的机会,也没去想能不能等到事后再分清责任进行处理。这就可能造成两个后果,一方面可能被问责的人恰恰是最了解情况、最能以高效率处理危机的人;另一方面可能被问责的人并非事件的主要责任者,或许当事人也有难言之隐,这就给找到真正原因设置了障碍。其次是在问责对象方面存在不准确、不平衡问题。让受处分的人口服心不服,大感自己冤枉。我们现在的问责大多是行政问责,而我们的行政管理体制在地方真正处于支配地位的是党政一把手,应该按照权责对称的原

---

① 毛寿龙:《哈尔滨停水事件政府危机管理透视》,《第一财经日报》2005 年 11 月 25 日。

则来问责,而不能把长期积累的问题让新任官员去承担,有些履新不久的官员,情况还没熟悉就可能被过去某些决策造成的公共事件问责掉了,这就不能真正解决预防涉政公共事件的问题。再次是对问责官员的后续处置安排问题。必须有一个透明公开公平的复出机制,不能把问责作为应付老百姓和舆论的游戏,如果这样我们的问责就会失去意义。如 2008 年初影响全国的辽宁西丰"最牛县委书记"当年 11 月份在铁岭履新,新闻一出就成为网民议论的焦点。因为,流于形式的问责还可能带来管理学上所描绘的"破窗效应",同样的涉政公共事件仍然会一而再再而三地发生。如重庆"彭水诗案"责任人撤职后被提拔到新的岗位,接着来的就有山西"稷山文案"、河南"孟州书案"、海南"儋州歌案"等等。而 2006 年湖北汉川县政府下文摊派推销"小糊涂仙酒"事件刚刚平息,2007 年该省洪湖县政府又下文摊派推销烟。可以想象,如果我们不在体制、机制上有所建树,说不定明天就会有新的事件发生、就会摊派推销新的东西。

三、地方政府应对涉政公共事件行为的优化路径

问题的产生与解决问题的手段同时并存,地方政府要解决在处置涉政公共事件过程中存在的上述问题,不断提升应急管理能力,改善应急管理思路,除了本书前面提到的需要遵循的一些原则、方法举措之处,还要针对上面十个方面的问题,在具体工作思路和技巧方面进行改进与优化。

第一,理清矛盾的焦点,找准处置的方向。既然涉政公共事件诱发和酿大主要在于事实和价值两个层面,那么,在具体的处理过程中首先就要判断出形成事件的主要矛盾是在事实层面还是价值层面,抑或是两者的混合体。工作方向、路径和措施的重点要么有助于还原事实真相,要么有助于重建价值信任。遇到人们探求真相的涉政公共事件,最明智的处理方式就是不撒谎、不遮掩、不护短,把事实与事件的真实过程还原给公众。厘清了真相,没有悬疑的事件也就可以尽快得到平息。价值层面则复杂一些,它是人们的评价活动,是人们对某一事件特别是对涉政公共事件处置过程是非好坏对错的一种个体判断。价值判断是人们的心里活动,是人们对事件的处理是否合理合法、是否公平公正、是否尽职尽责、是否惩恶扬善、是否尊重和维护

个体权益、是否符合大多数人的判断与感觉等等。而价值问题归根结底是事件处理过程和结果是否符合社会大众期待的方向，符合就会赢得肯定、赞成、支持，事件的处置就会顺畅和到位；不符合就会招来质疑、责难、反对，使事件不断酿大甚至不可收拾。因此它比还原事实更难把握，要求更高。如果出现在事实与价值层面都有问题的涉政公共事件，则必须依照产生顺序和因果关系以及影响程度，分清轻重缓急来进行处理。

第二，加强内外舆论疏导，营造处置环境。信息社会是一个高度透明的社会，任何事情都可能被知情者披露出来，特别是与社会大众有关或者涉及社会公正的事件，瞒是瞒不住的，而且越是隐瞒越会引起公众的好奇，使他们感觉其间一定有什么难言之处，让他们更有兴趣去打听来自非正常渠道的信息，谣言和错误的信息就会快速产生和传播。因此，对涉政公共事件的处理决不能只埋头做事，不理会社会大众的感受，更不能等到水落石出、有了结果再来说明，而必须在第一时间进行内外沟通和媒体引导，与所有利益相关者保持良性互动和有效沟通，即使暂时没有结论也要给出一个态度，告知社会公众事件处理的进展和可能发展的方向。更不能把内部的干部群众当傻瓜、当旁观者，而要通过坦承事实、告知真相、统一口径，不让内部的人员去猜去打探，杜绝谣言从内部产生，引导大家一起做应对危机的主人。通过真情沟通、主动及时披露信息、主动承担责任，疏导媒体、疏导大众的情绪，营造一个良好的处置氛围。

第三，关注细节、方法，提高处置效率。细节决定成败，方法决定效率。在涉政公共事件的处置过程中，媒体与公众非常关注，当事一方更是十分在意，地方政府及其工作人员的一举一动、一言一行都被放在显微镜下审视，稍有不慎就可能激化矛盾、扩大事态，造成难以估量的后果。这就要求我们在处理这类事件时，首先必须公开透明。不能抱有侥幸心理和敷衍了事、自以为是的心态，而要以科学严谨细致的态度来处理危机。特别是对于那些影响范围广、持续时间长、民众关注度高的涉政公共事件的处理，一定要注重细节过程的把握，做到公开透明、依法依规、合情合理合法、不偏不倚但保护弱势一方，力求把它办成铁案。决不能为了结案和交待，就以为社会公众会接受处理结果，更不能以为大家忘记了此事就草率而为。其次要提高地方政府的自主决策能力。解铃还需系铃人，要把基层地方政府作为涉政公共事件的处置主体，按照谁出错谁纠正的原则，不断提高地方政府特别是主要领导应对突发事件的能力。再次是要充分发挥团队的作用。引导大家认识到涉政公共事件影响的是一个地方一个单位的整体形象,绝不仅仅只是相关责任人和一把手个人的事,只有大家团结起来,充当主人,发挥整体力量,才能共渡难关。最后是多方面拓展矛盾化解的渠道,通过沟通、协调、互相退让,找到共同点、共鸣点、共赢点,消除和化解矛盾。

第四,敢于担当负责,增强处置的合力。心理学研究发现,任何个人对事关自身产生负面影响的事物都会有抵触情绪。同样道理,每个地方政府和部门的领导对涉政公共事件这类突发危机也会在态度上产生抵御心理,进而使组织本身产生抵御机制,一旦出现有影响的公共事件,回避矛盾、隐瞒真相、推脱责任、上交压力、不肯认错就成了最可能的选择。而实际上,人们的好奇心理、恻隐心理、喜新厌旧心理告诉我们在处理涉政公共事件的时候,主动担当、敢于负责、诚实应对可能是最好的选择,也是最快平息事态的选择,还是最好对付媒体炒作的选择。一旦遇到涉政公共事件,第一必须勇敢面对。不拖不躲不推,实事求是,主动参与,及时处理。第二必须主动回应。对民众、媒体及所有利益相关者提出的问题和质疑,主动正面真诚沟通,主动披露实情,最好开放他们参与,把他们拉到事件处理者队伍中来,成为处置的主人。第三必须勇于认错和低头。对社会公众强烈关注且明显有道理而政府考虑或决策欠妥的事件,要敢于妥协退让、认错揭丑,变被动为主动。

第五,法理情结合,融洽处置气氛。涉政公共事件的处置过程,是权利关系的调整和协调过程。为了维护法律政策的权威,彰显政府的公平与公正,防止产生后遗症,依法依政策和惯例是基本原则,也是搞好处置的基础。但对涉及人民群众切身权益的事情,在依法依规的同时,也要讲情讲理。要及时根据事态形势的变化、内外部资源条件、组织自身的承受能力及连带效应,进行灵活应对。在具体处理过程中,要用好用足法律、政策,切实解决矛盾与问题。对一些于情于理有据的诉求,那怕法律政策暂时没有明确,也要尽可能从别的途径变通照顾,让当事人与社会大众感觉政府是在用心解决问题。

第六,注重预防,建立有效的防范机制。既然涉政公共事件是政务活动过程中行政行为不当的结果,那么最好的处置方式就是防范这些不当行为的产生。这方面有几个关键点,其一是要明晰政府的权力边界,防范公权侵犯私权引发事端。其二是建立健全确保各级政府科学执政、民主执政、依法执政的制度机制，防止行政不作为、乱作为等引发涉政公共事件。其三是实行阳光作业，推行政务公开，加强对行政行为的各方面监督，解决暗箱操作招来的质疑。其四是建立涉政公共事件处理的相关预案和物资、技术、人员准备，避免因准备不足、处理不及时或者处置不当而导致小的失误变成大的公共事件。其五是建立科学有效的问责机制，把责任追究到应该追究的人头上，对被问责过的官员职务调整和复出设定必要的条件及程序，确保责任人要对自己的不当行为付出必要的代价，让社会和公众感受到政府的诚信。

四、提升地方政府应对涉政公共事件的能力[①]

优化地方政府在处置涉政公共事件中的行为，确保地方政府各级领导在涉政公共事件面前能够处惊不变、临危不乱，处理有条不紊、得心应手，关键在于提升地方政府对涉政公共事件的处置能力与水平。有关地方政府领导干部提升应对和处理涉政公共事件等突发事件的能力重点，有学者认为必须着重提高 9 种能力，即高瞻远瞩的预见力、临危不乱的沉着力、准确无误的判断力、思维敏捷的应变力、有条不紊的组织力、振奋人心的鼓动力、英明果断的决策力、快捷高效的执行力、稳定大局的控制力。[②] 还有学者通过问卷调查发现，县处级干部认为应对突发事件，领导者应具备控制事态的能力排第一位，具备区分事件性质的能力排第二位，具体组织指挥的能力排第三位，具备预警能力和综合决策能力并列第四位。[③] 事实上，处理涉政公共事件的能力与水平，可以反映一个地方及其领导干部的党性修养、政策法规水平，体现他们的大局意识、判断能力、沟通协调水平、驾驭全局的能力等等，它是综合素质的全面表现。因此，提升处置能力与水平也是一个全面、长期的积累过程。但就具体应对处理涉政公共事件而言，必须切实注重下

---

① 此节参考了聂方红：《涉政公共事件的处置艺术》，《领导科学》2008 年第 21 期。

② 参见张振学：《领导者应对和处理突发事件的 9 种能力》，中国致公出版社 2009 年版。

③ 陈秀梅、甘玲、于亚博：《领导者应对突发事件的理论与实务》，人民出版社 2005 年版，第 314～315 页。

述几种能力的提升力度。

第一,讲求一个“准”字,提高对信息的预见判断力。许多涉政公共事件的产生、发展和酿大,一个非常重要的原因在于我们的信息系统出现了问题。一方面,社情民意信息反映的渠道不畅、传递环节过多、传递链条过长,使其时效性、准确性、完整性都受到影响。另一方面,对可能转化为重大公共事件的信息缺乏敏锐的分析判断能力,错失处置良机。因此,处置涉政公共事件首先要完善信息系统,提高各级领导干部对相关信息的把握判断力。首先要拓宽信息来源,提高信息的完整性。除了正常的行政、公安、信访、司法等领域外,尤其要关注媒体网络短信等方面的舆情,对网络媒体等关注的事件一定要高度重视,及时应对;其次要畅通信息渠道、减少传递环节,提高信息的时效性。要尽可能得到第一手信息、现场及时信息、最原始的信息、没有加工过的信息,防止基层为了政绩报喜不报忧、漏报、迟报和瞒报;最后,要抓早、抓苗头、抓萌芽阶段,提高信息的判断力。涉政公共事件一般有一个从酝酿、萌芽、产生、发展到酿大的过程,而处置的最佳时机在初始阶段,因此,对可能形成群体事件或公共事件的问题,一定要争取在酝酿或萌芽阶段尽早处理、及时处理,宁可把问题想得严重些复杂些困难些也不能掉以轻心,错过最佳的处置时机。

第二,突出一个“快”字,增强对事件的敏捷反应力。在涉政公共事件等突发事件的处置过程中,时间非常关键,有时间就主动,就有机会,而争取时间要靠领导干部的敏捷的反应能力。这包括:一要有“如临深渊”的责任意识,时刻关注可能出现的矛盾冲突,认真对待每一个群众,每一个单位,每一个群体反映的诉求,及时回应、及时调研、及时解决问题与矛盾。二要有“见微知著”的敏锐眼光。高度重视和警觉行政过程中发生的小错误、小问题,小摩擦,充分关注社会上的各种“风声”,信访上的各种反映,网络上的各种议论,不让积案过多,不让积怨过深,不让情绪“爆发”和“井喷”。三要有“闻风而起”的反应速度。一定要抓住涉政公共事件发起之初、酝酿阶段、苗头出现的时候,及时行动,早发现、早报告、早处置、早控制,对已经或者可能出现的涉政公共事件及时研究,迅速行动、果断处置。四要有“化繁为简”的处置智慧。涉政公共事件一定不能拖、不能等、不能复杂化,而要抓主要矛盾,抓问题焦点、重点,尽可能将复杂问题简单化,不能随便政治化、敌对化。通过解决关键问题,化解主要矛盾,尽快平息事件。

第三,围绕一个"当"字,提高对事态发展的应变力。控制事态是处置涉政公共事件的重要环节。面对复杂多变的涉政公共事件,一定要着眼于平息矛盾、减少损失、降低影响、提高效率,采取稳当的方式方法,提高事态控制的应变能力。其一,应对措施要恰当。必须始终坚持以人为本,把人的因素摆在第一位,为了人可以放弃其他、牺牲一些其他东西,要保证人的安全和基本需要,只要有百分之一的希望都要尽百分之百的努力。必须注意分类处置,分清涉政公共事件的不同类型,抓住工作重点。必须坚持以教育疏导为上,不激发矛盾,不上纲上线,不轻易动用专政手段,力求用平和的办法处理好事件,不留后患。必须坚持属地管理,确保统一指挥。其二,运用政策要适当。严格依法、依政策办事是处理涉政公共事件的前提,对事件中有关政策、利益要求方面的答复回应一定要在法律、政策允许的范围内,决不能为息事宁人擅开口子、乱开口子,到时无法落实,造成全局工作的被动。其三,善后工作要得当。对已经造成损失的事件,一定要把善后工作做好做到位。这里要查清引发事件的根源,找出直接责任人,及时安抚受害者,处理责任人,如果出现伤亡情况,必须千方百计做好家属的安抚工作,成立由有耐心、脾气好、会做工作、家属又能接受的同志组成工作组去做细致工作,让死难者及时入土为安,受伤者及时得到救治。同时要举一反三,认真总结经验教训,防止类似事件的复发。

第四,抓住一个"多"字,提升对矛盾冲突的化解力。处置涉政公共事件核心在于化解矛盾,而多方面拓宽矛盾化解的渠道就成为各级领导干部必须增强的本领。其中重点在于:切实提高对话沟通艺术。有效的沟通是解决危机的关键,沟通不只是仅仅告诉对方你的观点,而是要让对方感觉到你理解他们的感受,也站在他们的角度考虑问题。特别在面对大规模群体性事件中情绪激动的上访群众,要通过对话将对方拉到现实、拉到理智、拉到具体问题的协商上;拉到共赢点、共鸣点、共同点上,最终解决问题。具体对话沟通时要他们选好代表,不然众口难辩,说得再多也没有用;要认真倾听代表的诉求,尽可能不去打断他们的讲话,满足对方的表现欲;要仔细归纳他们的诉求重点,及时想好答复方案和解析理由;在沟通过程中还要注意表扬对方那些正确的观点,给对方戴"高帽",通过迂回诱导打开对方缺口,然后说服对方"按方抓药";最后还要想办法给对方一个台阶下,使事件及时结束。敢于妥协退让。重庆"最牛钉子户"事件中,区政府原本想强拆,后经媒体曝光,面对强大的舆论声浪,区政府理智退让,协调引导双方达成协议,跳出矛盾漩涡。厦门市 PX 项目事件,面对市民以散步方式抗议,市政府最终选择放弃退出,得到各方面的肯定认可。学会迂回,用柔性的办法解决问题。有一个粮管所自己的空地被当地农民种菜占用,上级要求所长收回,该所长采用强制办法造成了冲突。新所长上任后上级要求既要收回土地又不能与农民发生冲突,该所长想了很久以后找农民商量,要求在农民没有种菜的空地上种树,考虑土地原本是粮管所的,农民就答应了,于是该所就在菜地间种上速生树种,几年下来,树越长越大,菜越来越难种,农民不得不放弃。新所长通过这种平和的办法把土地最终收了回来,还没有发生冲突事件。这个故事告诉我们许多矛盾用柔性办法同样可以解决好。勇于认错揭丑。许多涉政公共事件发展到后面不可收拾,一个重要的原因是为政者面子观念太强,不愿认错,越弄越被动。其实,退一步海阔天空,勇敢承认错误有时还能变被动为主动。

第五,坚持一个"稳"字,扩大临场指挥的影响力。处置涉政公共事件尤其是那些突发群体性涉政事件,临场指挥非常重要。现在不少地方主要负责人特别是一把手属于"空降兵",没有经过基层锤炼,更缺乏处置复杂事件的经验,一遇到突发公共事件就可能六神无主,心理慌乱,甚至作出一些不理智的决策来,影响事件的处理。作为领导干部特别是主要负责人,应该每逢大事有静气,在应对突发涉政公共事件的临场指挥中,一定要做到"三个不":心态沉稳不急躁。主要领导是处理公共事件的主心骨,情况再复杂,困难再多,压力再大,也不能心浮气躁,更不可六神无主,而要冷静面对已经发生的事件,把情况搞清楚搞准确,把问题的关节点找到,把处置的最佳措施拿出来。万一当地的能力资源可能无法平息事态,也要尽可能先稳定局势,不让事件恶化,及时详尽向上级禀明情况,提出具体可行的要求,方便上级领导决策。主动担当不回避。公共事件大多与公共利益或公共决策相关,更与一个地方党委政府的整体形象有关,不少公共事件影响越来越大,执政团队意识和协作精神缺乏是重要原因,回避与拖延只能使矛盾更加复杂,只有大家齐心协力、主动负责、靠前指挥、共同应对,才能形成处置事件的合力,提高处理效率。慎密应对不能乱。对没有遇到过的涉政公共事件,处理时一定不能打乱仗,一定要按相关应急预案迅速有序展开工作,要建立统一权威效能的指挥系统,按专业化分工负责的思路组成具体的办事班子,依法依规,合情合理,积极稳妥地处理事件。

第六,把握一个"实"字,发挥媒体舆论的引导力。新闻媒体的信息发布,社会动员和舆论监督职能决定了地方政府在处理涉政公共事件时,必须充分发挥媒体凝聚力量,推动工作的积极作用,更要求地方政府领导必须善待媒体,善用媒体,善管媒体,努力提高与各种媒体打交道的能力。一是转变观念主动说。在涉政公共事件信息管理中坚持"疏"比"堵"好。一定要从过去传统的"灭火"、"封杀"、"控负"以及"围追堵截"中解脱出来,明白在网络等新媒体时代,那些依靠封堵的传统观念与手段已不合时宜,必须适应新形势要求,将信息发布作为政府的常态工作。与其让别人去猜、去打听、去编造、去添油加醋,不如政府主动来发布;与其等到被动时去说,去解释、说明,不如先自己主动说;与其让外行的人去说,不如请专家来分析。切实改变那种只处理不报道、先处理后报道、重事件处理轻信息披露的思维方式和工作模式,牢牢把握话语权、话语的主导权,努力抢占舆论的制高点。二是讲求时效及时说。在涉政公共事件信息发布中坚持"快"比"慢"好。在网络社会中,处理突发事件信息就如与谣言赛跑,你跑慢了,你不跑在谣言的前头,你就可能付出更多更大的代价,甚至引起整个工作的被动。对社会公众关注的重大涉政公共事件特别是因信息误导而产生的公共事件,政府要力争在第一时间发布权威正面、正确的信息,用正确的信息、主流媒体和政府的公信力、影响力去引导舆论和群众。早发布的信息哪怕可能是片面的、不完整的甚至还有不准确的地方,但它表明了政府不掩饰、不隐瞒的态度,可以有效堵塞谣言、流言的生存空间。三是讲究策略艺术说。在涉政公共事件信息处理中坚持"以我为主"比"被动跟随"好。涉政公共事件舆论引导中有一个最棘手的问题就是"被媒体网络牵着走"还是"牵着舆论走"。媒体网络写手众多,全部用显微镜、放大镜在找问题、抓疑点,你如果不回应,社会公众就会认为你心虚,他们会更相信媒体网络而不是政府;而一旦你去回应,就落入媒体的圈套,被它们牵着走,你根本无法预测它们下一个会提什么问题、难题,并且你还不能有丝毫差错。因此,最好的办法,就是根据事件处理进展、重点和社会关切的热点,以我为主进行信息发布,不随媒体、网络起舞。四是转换议题引导说。在涉政公共事件舆情应对中坚持"主动设置议题"比"学会应对技巧"好。涉政公共事件的媒体应对不是外交活动,毋须过多的外交辞令和应对技巧,重点在于把民众的关注点、舆论的兴奋点引导到改进工作、改善官民关系上去,这就要求地方政府应该主动利用主流媒体、网络平台设置议题,发动大家来参与,引导大家成为工作的改善者、社会的建议者,而不仅仅是批评者、找茬者。

第九章　涉政公共事件的治本之道

涉政公共事件表现的是官民矛盾与冲突，损害的则是党和政府的形象，除了具体处置过程中必须掌握一些技巧、方法，更为关键的是应通过深化改革、调整思路、完善政策、改进管治、提升素质，逐步减少乃至消除涉政公共事件产生的条件、土壤、体制、机制，从根本上解决转型时期地方政府涉政公共事件频发、多发、重复发的状况。

对于群体性事件的治理之道，国内研究比较多，涉政公共事件与群体性事件有交叉的地方，可以借鉴参考。这里选择两种有代表性的观点。学者于建嵘认为，宏观地调整制度以消除社会不满，主动地去预防群体性事件，将矛盾消灭在萌芽状态更为重要。为此，他建议，第一，要调整社会利益关系，让改善民生成为构建社会稳定的基础，想办法加强民众的政治认同。第二，要改变政治上的增压机制，让基层政府真正成为社会稳定的主力军。第三，要改变公民权利救济状况，让司法成为社会的稳压器。第四，要改变民意表达状况，让民意成为社会的压力表。第五，要改变社会管理方式，让民间组织成为社会稳定的维护者。① 中国行政管理学会课题组认为，有效化解群体性突发事件的总体思路有五个方面：一是加强以改善民生为重点的有效化解群体性突发事件的社会基础性工程建设。包括重视教育发展、扩大社会就业、深化分配改革、建立健全社会保险体系、实行基本医疗保障、加强社会管理等等。二是建立健全群体性突发事件的预防和处置机制。包括建立健全权力监督机制、公民合法利益的保障维护机制、社会公众减压机制、群体性突发事件的预警机制、群体性事件的信息沟通机制、利益协调对

① 于建嵘、钟新、李元起等：《变话：引导舆论新方式》，世界图书出版公司北京公司 2010 年版，第 111～113 页。

话机制、能力培训教育机制、地方领导责任机制等等。三是建立科学化民主化的决策制度,提高政策质量。主要是在公共决策中始终贯彻以人为本的理念,建立包括问题察觉机制、沟通协调机制、公众参与机制、专家咨询机制、中枢决断机制和决策监督机制在内的科学的公共决策机制。四是培育和发展公民社会,建立社会自我调控机制。五是提高各级政府应对群体性突发事件的能力等等。① 这些观点和思路,对我们治理涉政公共事件很有参考意义,但由于涉政公共事件有其特殊性和特别发展规律,其治本之策应着重于地方政府自身建设、着重于地方政府的行政思路、管理理念和管治方式的创新转变,建立起善治、善政的和谐官民关系,建立起规范化的矛盾协调化解机制。那样,才能最终减少乃至消除涉政公共事件。

一、发展转型是解决问题之基

发展模式与地方政府的行为方式密切相关,更与广大民众的权力、利益休戚相关。转型时期地方政府涉政公共事件频发,一个重要的原因,就是改革开放以来,我们经济发展走的是一条行政主导型发展之路。这种发展模式,在提升国民经济发展速度,克服经济发展中的各种困难,创新发展方式、体制,集中资源办大事方面有着其他模式难以比拟的优势,中国经济总量迅速跃居世界第二就是这种模式的功劳。然而,长期沿袭这种经济发展模式也孕育着不少矛盾和问题。

一是速度型的发展模式必然需要拼投资、拼资源、拼消耗。不计成本,不考虑投入产出的效益,其结果自然是资本的力量主导经济,劳动要素的地位相对削弱,资本利益、资源所有者利益与劳动者利益之间的冲突必然多发,从而引发劳资冲突型涉政公共事件。地方政府为了在"经济锦标赛"中取得领先优势,在自身资源有限的情况下,只有将权力与资本结合,竭诚为资本服务,屈服于资本的压力。在资本与其他生产要素发生冲突时,自然会偏袒资本一方,逐渐丧失公正的角色和地位。这就是很多地方经济发展上去了,社会矛盾、不稳定因素反而增多了的根本原因。与此同时,高速发展

① 中国行政管理学会课题组:《中国群体性突发事件成因及对策》,国家行政学院出版社 2009 年版,第 37～54 页。

还掩盖了环境、质量、安全、可持续发展、公民权益等方面的一系列问题。

二是行政主导型发展机制必然依靠行政权力推动,不规范、随意性的结果是权力所有者主导经济,市场主体地位、市场经济规律作用被相对削弱,决策政策失误型、执法失当型涉政公共事件肯定多发。地方政府原本只是市场经济的监督者,由于渐进式改革强化了地方政府的经济主体地位,使其行为出现"利益本位化、权力市场化、行为企业化、目标显性化、运作模糊化"的倾向,①其中任何一条处理不当,都可能酿成出涉政公共事件。

三是形象做秀型的发展目标追求必然导致行政强制权的滥用和行为目标的短期化,忽视民生、忽视个体利益的结果是政府发展成果离普通民众的生活越来越远,人民群众的主人翁地位相对削弱,维权型、民生权益类涉政公共事件越来越多。很多地方建大项目、搞大工程,出发点不是为了百姓,而是为了做形象大变样,取悦于上级,有助于自己升迁。不少形象工程还是建立在践踏当事人权益、压制当事人诉求基础之上的。有的反复折腾、劳民伤财;有的吃祖宗饭、断子孙粮,一个人的政绩,几代人的包袱;有的借口"违法谋发展,冒险为人民",搞乱了社会政治、经济、法制秩序,随时都可能导致涉政公共事件。

四是效率优先型发展策略必然带来分配不公、两极分化,只管做蛋糕、不管分蛋糕的结果是权力与资本主导分配,普通劳动者获得的份额相对越来越少,话语权越来越弱,改革、改制类涉政公共事件、仇官、仇富类网络舆情事件越来越多。做大蛋糕与分好蛋糕原本是一个问题的两个方面,因为效率优先的发展策略将两者对立起来,没有认识到蛋糕没分好也会挫伤劳动者的积极性,影响蛋糕做大。如果一部分人先富起来不能带来全社会的共同富裕,一旦大多数人的相对剥夺感甚至绝对剥夺感增强,弱势心态蔓延,社会就处在火山口上,稍有工作失误,涉政公共事件就有了燃点。

五是结果导向型的考核办法必然助长不讲程序、不管细节的行政运行,不重法纪、不讲规矩的结果是官员行权没有约束,法律的权威、纪律的约束力、道德的感召力被相对削弱,言行失当型、事实失真型、价值失公型涉政公共事件层出不穷。行政行为与企业和个人的行为不同,它追求的是社会公

---

① 参见聂方红:《主导与博弈:转型时期地方政府经济行为分析》,国防科技大学出版社2007年版,第70～76页。

平与秩序和谐,它是实体与程序的统一,过程与效果的统一。一味强调结果而不问过程、细节,只会在“敢闯、敢冒、敢试”的旗号下忽视个体权益、民众利益、社会诉求,忽视法律、纪律、政策约束,为一把手的形象工程和政绩工程让路、服务。于是,为了某个目标,不讲原则、不认法规、不管秩序、不计后果,将国家机关的公信力与执政合法性不断消蚀,民众唯有抗争才可能减少权益损失,各类官民矛盾冲突就容易产生。

上面仅仅是从引发涉政公共事件的角度分析行政主导型经济发展模式可能存在的问题。事实上,这种片面追求 GDP“超高速”增长的发展模式、片面追求形象面子好看“抓眼球”的工作思路,片面依靠行政强制力推动“一边倒”的运作方法,尽管可能会使 GDP 上去了,基础设施形象改善了,地方政府业绩亮丽了,但更可能是透支了未来,积累了更多的问题与矛盾,阻碍真正市场经济体制的全面建立。最终会导致经济发展不可持续,权力控制市场与资本,社会累积越来越多的风险与矛盾,群众没有幸福感、安全感,甚至生活得没有尊严与自由。这样的话,经济高速增长又有什么意义呢?因此,必须按照科学发展观的要求,对现有的发展模式、方式进行转型。

第一,在发展理念上必须从以物为本、以资本为本转到以人为本上来,注重民生改善。一般而言,发展是解决一切问题的关键,是社会和谐的基础,也是解决涉政公共事件的“总钥匙”。但发展也有一个理念问题,即发展为了谁、依靠谁、成果由谁分享的问题。这些年,我们发展的成就斐然,但矛盾问题却越来越多,一个根本的原因就是地方政府在发展理念上出了问题,出了偏差。一些地方“为发展而发展”,不顾自身条件,不管民众感受,不计发展成本,不知道“硬发展没道理”,逐步走向以物为本、以资本为本的发展之路。显然,简单地就发展谈发展、谋发展、抓发展不仅不能解决问题,甚至以物为本、以资本为本的发展还可能带来更大、更多的问题。只有按照科学发展观的要求,通过科学发展才能解决老问题、化解新矛盾。科学发展就是要求我们在发展理念上坚持以人为本,始终把实现好、维护好、发展好最广大人民群众的根本利益作为党和国家一切工作的出发点与落脚点。发展为了人民,发展依靠人民,发展成果由人民共享,发展还不能侵害公民的合法权利,不仅要发展物质财富,还要增加精神财富,更要实现人的自由和全面发展。以人为本的发展理念,突出在于改善民生,而不是官员的形象工程、政绩工程。民生就是社会的生存、国民的生计、人民的生命,要通过发展这一手段，让全体人民生活得更加舒心、安心、放心和对未来更加有信心。唯有这样，官民关系才会更加和谐，涉政公共事件才会逐步消除。

第二，在发展手段上必须从行政推动转到市场推动、创新推动上来，注重建立体制机制。行政推动的发展模式固然短期效率较高、执行力比较强，但因为行政手段在现阶段还缺乏有效的监督，也很难监督，不能解决权力的私用、滥用、越位、缺位等问题，不能解决企业、公民、市场和其他社会组织合法的自主权利和平等权利不受侵害的问题。行政手段的“人治”还会导致在具体运行过程中出现大量的“人情”、“人为”因素，这就可能使再好的决策、政策、法律在执行中走形变样，甚至成为当权者寻租、腐败、要特权的工具，更可能成为涉政公共事件的“燃点”和助燃剂。为了经济的持续健康发展，更是为了解决“人治”的问题，充分发挥市场机制的作用，必须让各级政府逐步从经济建设的主体中解脱出来，专司裁判员和公共服务者的角色。进而把经济建设中心的主体还给企业、市场和社会，使市场机制的力量、企业家创新的力量、科技进步的力量成为经济发展和制度变迁的主要推动主体。让经济增长由政府行政主导转到市场主导、创新主导，减少行政权力与市场经济主体之间的利益矛盾和冲突，减少涉政公共事件产生的由头和导火索。只有让市场机制、企业家的创新机制、科技进步机制在经济增长中发挥主导作用，国民经济的持续健康发展才会有源源不断的动力。

第三，在发展的要求上必须从单纯追求 GDP 增长转到全面、协调、可持续的科学发展上来，注重人和社会全面进步。很长一段时间以来，我们一些地方政府把发展等同于增长，把增长等同于 GDP 的增长，认为 GDP 上去了，可以“一俊遮百丑”。结果把抓发展就简化为抓 GDP。事实上，现代社会的发展是一个完整的体系，它不仅包括经济发展，还包括社会发展、人与自然关系的和谐发展，以及人自身的全面发展。它不仅要推进经济建设，还要推进政治建设、文化建设、社会建设和生态文明建设，实现各个方面全面发展。它不仅要求城乡、区域、经济社会、人与自然、国内国外统筹发展、协调发展，做到又好又快；还要求发展不能是短期行为、一锤子买卖，而要实现经济发展与人口、资源、环境相协调，人与自然相和谐，使经济和社会能够持久、连续、可再生发展，永续发展。具体而言，就是在发展中，除了关注 GDP 增长之外，更应该关注各项社会事业的发展，关注社会建设，从就业、就医、就学到社保、低保、环保；从生产发展、生活富裕、生态良好到权利诉求、权利表达、权利保障等等方面都要有全面进步、全面发展、全面提升。只有这样,才会有更多的发展成果惠及广大百姓,才会有更多的社会进步来方便百姓,才会有更多的公共服务阳光普照百姓。

第四,在发展的重心上必须从片面的速度求快转到速度、质量、结构、安全、效益的全面提升上来,注重综合实力的提升。作为一个发展中的大国,没有一定的经济增长速度,许多必须解决的经济社会问题就没有条件处理,但过分追求增长速度,片面追求增长高速度,也会给经济社会带来一系列的问题。从大的方面来看,高速度过分强调投资推动,过分依赖粗放增长,过分注重基础设施建设,过分在乎外向拉动,容易忽视经济结构,容易忽视消费内需拉动,容易忽视民生改善,容易忽视环境保护,容易忽视平衡发展。经济发展的不平衡、不协调、不可持续问题越来越突出,投入产出效益低。从小的方面看,片面追求高速度,容易导致忽视生产安全、质量安全、人身安全、社会稳定,导致经济发展中各种矛盾凸显,如各种生产安全事故频发,食品质量安全问题频现,建设工程质量低下,社会诚信问题突出,生产与生活、局部与全局、当前与长远、个体与整体的利益冲突多见等等。如果这些问题长期累积下来不去解决,高速飞奔的发展列车就可能脱轨甚至倾覆。必须在发展过程中转方式、调结构,哪怕是减慢一些增长速度,也要把经济的结构问题、增长的质量和效益问题、发展的安全问题、能耗问题、污染问题、劳动者权益维护问题、贫富差距过大问题、自主创新能力不足问题等等切实加以解决,提升发展的综合水平、效益和质量。不然,发展再快也没有价值、没有意义,如果生存受到威胁、生命没有保障、生活缺乏幸福,那样的快速发展又有什么用呢? 正如 2011 年 7 月 23 日甬温线特大铁路交通事故后网民所言:“中国,请停下你飞奔的脚步,等一等你的人民,等一等你的灵魂,等一等你的道德,等一等你的良知! 不要让列车脱轨,不要让桥梁坍塌,不要让道路成陷井,不要让房屋成危楼。慢点走,让每一个生命都有自由和尊严,每一个人都不被时代抛下,每一个人都顺利平安地抵达终点。”①

第五,在发展的保障上必须让地方政府彻底转型,注重公共服务政府、法制政府、透明规范型政府建设。发展模式转型关键在于政府转型。现阶段政府转型主要内容包括:地方政府在经济行为理念上由“行政管理型”向

① 童大焕:《中国你慢些走》,《青年时报》2011 年 7 月 25 日第 T03 版。

“公共服务型”转变；在职能定位上由“全能型”向“有限型”转变；在工作实现方式上由单一的行政手段向主要运用经济手段和法律手段转变；在权力运作上由“模糊随意型”向“透明规范型”转变；在政策引导上由“差异型”向“公正平等型”转变；在目标追求上由单纯追求经济增长向更加关注社会公平和建设社会主义和谐社会转变。① 加快实现这些转变，不仅可以为我国发展模式转型提供保障，更能为消除涉政公共事件奠定基础。

二、民主执政是化解矛盾之源

地方政府行政，原本是为百姓服务、办事的，为什么在这个过程中，老百姓不支持、不理解、不认同，甚至发生与政府的对立冲突呢？根本的原因是民主执政落实不到位，这突出表现在：

其一，执政的民本意识树立不够。很多官员不知道自己手中的权力是人民给的，只能用来为人民服务，只能按照“人民高兴不高兴、支持不支持，拥护不拥护”来判断正确与否、可行与否。他们更多的是“官本位”思想、唯上思想，一切以上级和自己的意志行事，把对上负责和对人民负责对立起来，把维护群众利益与完成工作任务对立起来。不知道执政党和政府的一切工作都是为了使人民群众生活得更加幸福和更有尊严，反而把群众当对手、当防范对象。目的与手段严重背离，在官民之间形成心理鸿沟、形成积怨，一旦爆发就成为影响巨大的涉政公共事件。其实，有些道理很简单，如果为了城市形象而伤害社会底层的生存空间甚至生命，那把城市搞得那么漂亮又有什么价值呢？同样，为了发展不惜牺牲少数人的权利和生命，这种发展肯定不是科学发展、和谐发展，其结果是得不偿失。

其二，政策、决策的民意诉求考虑不够。地方政府很多政策、决策、项目并不是老百姓的需求，更不是从民意诉求、反映中来的。政府干什么、怎么干，广大百姓基本没有发言权，也没有建议权，就是通过相关渠道反映上来了，如果不符合政绩需要，也会置之不理或一拖再拖。我国幅员辽阔，东、中、西部经济、社会发展差异很大，各地百姓诉求重点应该不同，但只要大家

① 聂方红：《主导与博弈：转型时期地方政府经济行为分析》，国防科技大学出版社 2007 年版，第 286～292 页。

看看各地每年的《政府工作报告》，除了思路反映地方党政一把手的观点之外，其他措施、重点基本大同小异。不少党政官员经常下基层调研，但这种调研多流于形式，基本了解不到真实情况，就是发现问题也无法解决，领导干部下基层逐步被老百姓视为劳民伤财、不解决问题的事。有些地方群众甚至认为，如果各级官员能把群众来信认真阅读处理，而不是层层批转，可能也比下基层调研走马观花强。一边有群众来信诉求不重视、不回应、不处理，一边又去调研、征求意见，只能理解为形式主义。由于政策、决策不能反映民众的诉求，不能体现民众的真实愿望，执行起来不被民众接受、认同、配合也就不难理解了。

其三，行政过程的公民参与力度不够。民主执政的前提是社会公众能够有效参与国家政治过程、参与行政活动。这方面，我们的地方政府还存在许多不足。首先是公民的知情权没有保障。上级的许多政策、决策根本没有传达到老百姓这个层面，地方政府的政策、决策过程、理由、效果，一般百姓根本无从知晓。其次是公民的参与权缺乏有效落实载体。尽管宪法明确规定中华人民共和国一切权力属于人民，人民可以依照法律规定，通过各种途径和形式，管理国家事务，管理经济和文化事业、管理社会事务。但因为种种原因落实不到位，许多决策、政策，对普通公民的意见、建议采纳不多，管理者依然我行我素，把程序、渠道当摆设、当形式。再次是普通民众尤其是利益相关者的利益诉求表达渠道不畅。即使有表达、有反映，但在具体决策、政策和执法、行政过程中，采纳体现考虑不够。最后是民主监督流于形式。发了很多文件，出台了很多办法，效果还是不好，而且参与监督的风险很大，如不是个人利益直接相关或者是某些官员太过分了，把人家逼急了，一般人是不会去监督举报官员的。

其四，决策过程中民主的程序运用不够。领导干部习惯于集中，个人说了算，不习惯甚至不愿意走民主决策程序。即使进行这个程序，也是论证、决策的正确、英明，很难有不同意见碰撞，因为大家都知道是一把手提出的、希望通过的。外面的专家说几句不痛不痒的话，既讨好了当事人又得到咨询费；内部班子成员，由于“一把手”处于绝对真理地位，一般听不得也听不进不同意见；谁也不会冒得罪一把手的风险去提不同意见；下级就更不敢了。于是就出现主要领导在位时没有决策不正确的，没有决策效果差的，只有等他离开、离任之后，问题才会真正暴露出来。

其五，利益矛盾冲突中的平等协商博弈不够。遇到利益矛盾和利益分歧，习惯于行政强制压服，不会运用平等协调沟通博弈的办法来形成共识。久而久之，要不东风压倒西风，行政强制产生效果，工作强行推进；要不西风压倒东风，群众抗争取得效果，上级否决或者暂停相关行政行为。最终影响事业、影响公信力，强化了对抗和冲突，增加了涉政公共事件的发生几率。

前面的大量事例和分析表明，涉政公共事件的起因大多是民意诉求没有得到回应，民生权益没有得到保障，民众关切没有得到解决，民主决策、民主管理、民主监督没有得到体现与落实。要从根本上解决这些问题，主要就是把民主执政落到实处。

第一，观念上改变，淡化官本位，强化民本位。始终把民意要求、民生需求、民众诉求摆在执政的中心环节，把民众满意、民生改善、民心支持当做决策、施政的基本出发点。“坚持问政于民，问需于民，问计于民，真诚倾听群众呼声，真实反映群众愿望，真情关心群众疾苦，依法保障人民群众经济、政治、文化、社会等各项权益。”“做到知民情、解民忧，暖民心。”“把人民放在心中最高位置，尊重人民主体地位，尊重人民首创精神，拜人民为师，把政治智慧的增长、执政本领的增强深深扎根于人民的创造性实践之中。”把“以人为本、执政为民”当做“指引、评价、检验我们党一切执政活动的最高标准”①。只有地方政府各级官员牢固树立民本意识，不在乎那些官员虚幻的面子、权威和高高在上的威严，把群众放在心上，把群众当做亲人，群众才会把官员放在心上，当做亲人，涉政公共事件也就不会爆发酿大了。

第二，机制上完善，淡化理论性，强化操作性。“人民民主是中国共产党始终高扬的光辉旗帜，没有民主就没有社会主义，就没有社会主义现代化，人民当家作主是社会主义民主政治的本质和核心。”②要保证人民的民主权利，实现民主执政，从根本上说有赖于制度和机制。要通过一系列的制度设计、制度创新和机制安排，来保证民主执政能够具体实现，而不是仅仅停留在理论上、口头上。这些制度、机制主要包括：①建立健全民主选举机

---

① 胡锦涛：《在庆祝中国共产党成立90周年大会上的讲话》，《求是》2011年第13期，第8页。

② 胡锦涛：《在庆祝中国共产党成立90周年在会上的讲话》，《求是》2011年第13期，第10页。

制，让人民用选票来决定一个官员能否留在权力岗位，彻底改变地方官员只唯上、不唯民的问题。②畅通民意表达机制，确保不同利益诉求的声音不被淹没。③完善公民政治参与机制，解决民主流于形式的问题。④健全民主决策机制，实现决策与民意需求的统一。⑤强化群众对权力运行的监督机制，促使权力在阳光下运行。⑥引入利益博弈和协商机制，减少权力对利益的干预。⑦进一步完善党的代表大会制度和全委会制度、完善人民代表大会制度、共产党领导的多党合作和政治协商制度、公民权利和党员权利保障制度，进一步发挥社会主义制度的政治优势。①

第三、实践上推进，淡化完善性，强化渐进性。发展社会主义民主政治，必须坚持党的领导、人民当家作主和依法治国的有机统一。推进民主执政，不是一朝一夕、毕其功于一役的事情，而应该从基层做起，从党内做起，从具体的工作做起，是一个渐进稳妥推进的过程。首先，扩大基层民主，逐步在基层推行官员直选，让民主成为基层的基本治理方式，夯实社会民主的基础。积极探索在基层（乡、镇、村、街道办事处、居委会、社区）依法实行民主选举、民主决策、民主管理、民主监督的各种有效形式和方法，确保人民当家作主有具体渠道和载体。其次，推进党内民主，带动人民民主。党内民主是党的生命，更是社会民主、民主执政的前提、标杆。党内民主的关键在于落实党员主体地位，坚持党的集体领导和民主集中制，切实解决个人凌驾于组织之上，“民主”被“集中”代表，“一把手”权力过大，缺乏监督、制约，滥用权力成为“一把手专政”等党内反映强烈的问题。② 再次，积极稳妥推进政治体制改革，切实解决党政不分、政企不分、政事不分、政管不分、政资不分，职能交叉重叠，权、责、利相脱节，运行机制不配套，有章不循，特权流行，规则意识缺乏等问题。最后，改革信访制度，完善人民代表大会制度、中国共产党领导的多党合作和政治协商制度、司法制度等等，不断拓宽实现社会主义民主的渠道，丰富社会主义民主的形式。

总之，要通过完善民主执政的措施，不断提高社会政治的公开程度，个

---

① 赵金鹏、张荣华、牛丽丽：《民主执政问题研究综述》，《中国特色社会主义研究》2007年第4期，第64～65页。

② 关于“一把手专政行为”，聂方红在《主导与博弈：转型时期地方政府经济行为分析》一书中有专门论述，参该书第222～223页。

体利益的表达程度，公民对政治的参与程度，行政的民主化、规范化程度，最终达到提高人民群众满意度、减少涉政事件产生几率的目标。

三、科学决策是防范冲突之首

每一桩涉政公共事件，都可以找到决策失误的影子，要么事前，要么事中，要么应对之策存在决策问题或瑕疵，从而导致事件酝酿、爆发、变大。当然，最后也要靠科学正确决策才能善后平息。

决策问题引发公共事件，主要来源于以下几个方面：

其一，目的不纯。决策的首要前提是议题的提出与生成，也就是领导决策的主意是从哪里来的问题。转型时期，地方政府已经事实上成为一个经济利益主体，加上官员的考核晋升机制以速度、形象工程以及与上级的关系为主，这就使得地方政府在发展、改革、稳定上的目标追求以上级高兴、满意和对自己有利为出发点，而不是以百姓的高兴、满意和利益为出发点。这样，很多议题、决策项目，要么是为了出政绩、出形象，要么是为了甩包袱。加上地方政府的财力有限、资源不多，要想在短时期内取得升迁需要的政绩，只有招商引资和大肆举债两条途径。招商引资是别人来建设，负债发展是自己建设，两者都希望用最小的钱获取最大的利益（一方是利润，一方是政绩），能打主意的就只有老百姓和国有资产的利益，于是资本与权力结合，牺牲百姓和国有资产的利益就成为最可能的事，如果当事人不配合，不屈服，形成抗争，就会引发涉政公共事件。

其二，信息不准。及时真实、准确的信息是科学决策的基础。信息错了，决策肯定不会正确。然而，转型时期，信息与自身的利益相关，在法律制度不规范，上级核实又成本高、难度大的情况下，信息常常被人为处理了，加上许多领导又只愿听好话，只想信息对自己有利，下级官员无论从哪个角度分析，均会发现说真话不如说假话，特别是不如按照领导意图来说话。

其三，民主不够。决策民主是科学决策的重要条件。很多决策都是领导们的闭门造车，秀才们的想当然论证，班子内部的一致拥护。开座谈会、开论证会、开听证会，书面征求意见，大多是做做样子，或者是走过场。在实际的行政运行过程中，重大事件一般由党政一把手说了算，一般小的事情由分管领导负责决定，从而使公共决策过于集中在少数人尤其是一把手身上，提议、提名权在他,论证、说明理由是他,最后定夺拍板还是他。下属群众更难有机会影响决策,许多事情开始实施了当事人才知道,有的甚至搞成了、做完了还不知道是怎么来的。这样的决策,做对了还好,做错了的话,肯定会诱发涉政公共事件。

其四,程序不规范。主要体现在①决策会议制度随意化。一些地方政府在决策会议的主体和层次的界定上还不够明确,存在临时动议性、随意性。②决策方案论证评估内部化。方案评估大多在党政部门、人大代表和政协委员之间进行,大多数利益相关者无法参与。③决策听证形式化。听证只是走过场。④决策权限程序模糊化。从决策权力范围界限到决策过程细节都没有明确的法律规范。[①] ⑤决策咨询机制不健全,公示、听证论证都变成评功、摆好、赞扬、默认、认同的过程,不能收集到真知灼见。这样的结果,就是让不同意见没有碰撞的机会,让利益相关者没有全面表达诉求的机会,让社会公众没有理性、有序参与公共决策的机会,让重大问题的决策讨论没有全方位考虑的机会。科学决策全靠一把手的能力、水平和运气。

其五,监督纠偏追责不到位。在决策问题上,地方政府及其主要官员权大责小,决策没有风险和压力。先是监督不到位。首先,权力体系内部没有监督制约机制。其次,媒体舆论监督力度较弱,了解情况的本地媒体不敢监督,有胆量可以监督的上级媒体、外地媒体又没有这么多时间、版面、精力来监督,除非事情闹大了。再次,公民监督反馈不上去。领导听不到、听不进群众的真话。复次,纠偏不及时。万一出现决策失误、决策在执行中出现问题,因为是一把手作出的决策,解铃还需系铃人,别人不愿也不会去当这个"冤大头",常常造成错过最佳的中止、纠正错误决策时机,等问题酿大了,矛盾生成了,涉政公共事件发生了,也就已经晚了。最后,决策失误很难得到追究。因为大多数重大决策都在形式上走了各种决策程序,虽然实质上不是集体决策,但又必须要集体来负责,加上集体负责又不要个人承担压力与责任,个人没有任何损失,大家也就无所谓了。这也就是为什么同样的错误一犯再犯,同样的事件一出再出的重要原因。

显然,消除涉政公共事件滋生的土壤,从决策的角度看,必须注意以下

---

① 参见顾杰、李又才、雷德明、李妙颜:《论我国地方政府民主科学决策机制的完善与创新》,《理论月刊》2009 年第 4 期,第 76～77 页。

几方面。

一是增加决策议题中的集体智慧。许多政策、决策出问题，直接引发涉政公共事件，一个重要的原因就是在议题提出环节出问题。议题的提出，是科学决策的前提和基础。一般而言，地方政府所做的事务基本都是公共事务，所做的决策基本都是公共决策。公共政策决策要得到大家的认可，肯定不能一个人说了算，更不能是主要领导一个人拍脑袋，而应拓宽渠道，广开言路。特别是在重要问题、重大事项的决策中，要从议题开始反映民意、反映大多数的愿望、反映班子成员集体的智慧和集体的看法，而不只是一把手个人想当然，为个人树形象、捞政绩的事项。特别是事关本地区本部门改革发展稳定中的重大问题，事关群众就业、生活等方面的迫切问题，事关百姓切身利益和权益的事项，以及政府自身建设等方面要解决的突出问题，其决策议题的提出原则上应从群众中来，从调查研究中来，从基层一线的干部中来，从各个层面、各方面人士共同关注的热点中来。尤其要把社会关注的热点、人民群众生活中的难点、改革发展稳定工作中的关键点，作为我们决策议题的重点。

二是增加决策信息的准确程度。科学的决策来自正确的判断，正确的判断有赖于准确的信息，只有情况明、决心大、方法对三者条件都具备，才能达到决策科学的目标。要获得及时、客观、真实、准确的信息，途径有多条：①深入实际，调查研究，掌握第一手资料和第一线情况。现场调查要注意时机、对象、地点和方法的选择，要尽量避免事先准备可能带来的信息失真的问题。②公开随机的民调。不能事先打招呼，更不能事先模拟发民调试卷。③强化统计等信息收集部门的法律责任，对虚报、瞒报、乱报的行为给予打击处分，对干扰统计工作的领导给予追责。④利用媒体网络公开讨论征集信息。⑤直接邀请决策可能涉及的利益相关者面对面交流，了解他们的想法、看法。⑥对下级上报的信息随机进行核实、核验，比较其他地区的情况进行判断。总之，只有信息准确了，决策才会正确，决策正确了，涉政公共事件才不会发生。

三是增加决策过程的民主含量。一般而言，决策越民主，科学化程度就越高。要把民主决策贯彻决策全过程，决策前要及时吸纳各方建议；决策中要善于听取各方面意见；决策后要高度关注各方面的反应。要完善民主决策机制，包括党内全委会、常委会议事程序与规则，防止“一言堂”，“一种声音"甚至"鸦雀无声"。完善人代会、人大常委会、政协会、政协常委会的议事程序和规则,防止人大、政协变成"举举手"、"鼓鼓掌"走形式的决策参与者。处理好政府行政首长负责制与重大问题讨论决策实行民主集中制的关系,发挥好行政事务决策中的集体作用。严格讨论、听证、公示程序,请真正有水平、敢讲话、说真话的专家来论证;认真按程序、随机抽出利益相关各方代表来听证,听证不能预设立场,更不能用干部、客户甚至自己人冒充民众。决策过程公开透明是确保决策民主的重要条件,通过建立完善的公示沟通机制,利用报纸、电视、网络等媒体及时公示相关决策过程与事项,广泛吸收各方面合理的建议与意见。改进决策的表决方式,对有争议的特别是争议大的决策事项最好进行无记名投票表决,对有些影响大、后果严重的决策还可以进行记名投票,并记录在案,一旦追责,支持者要承担相应责任。建立决策民主化过程的回应机制,确保公共政策关注、回应公众诉求。

四是增加论证环节的外脑力量。谋、断分离,专家智库辅助决策是现代决策科学化的一个发展趋势。为了克服决策方案论证评估的内部化倾向,解决自己说自己决策方案正确、科学难以服从的问题,地方政府在决策论证中应当加大借助外脑的力度。首先,借助外脑要有数量保证,要广泛听取本地、外地各方面专家、学者、律师、利益团体、普通市民代表的意见,不能随便找几个熟人,或者还是系统内部的专家签字画押了事。其次,要优化外脑的结构。组建起包括政治、经济、法律、科技、建设、规划、文化、艺术、环保、社会等等多方面的专家以及各个领域、各个阶层的代表组成的咨询智囊团,人员结构必须有男有女、老中青结合,自然科学社会科学专家齐备,内行外行普通百姓都有。再次,要请教高水平的外脑。外脑水平影响决策水平,一定要找高手论证,让高手建言,不能为节约费用随便找人凑数。最后,要营造好的能充分发挥外脑作用的环境。让专家学者各方人士能说真话、敢说直话、愿说不中听的话,特别鼓励不同意见的交锋碰撞,可行性与不可行性一起论证,解决"谁请就给谁说话"、"谁给咨询费就按谁的意图论证"的问题。同时,处理好外脑与决策的关系,在分工上坚持外谋内断,在人数上坚持外多内少,在程序上坚持外先内后,在思维上坚持外放内收,在责任上坚持外辅内主,在角色上坚持外下内上。①

---

① 参阅刘峰:《借助外脑做决定》第四章,《新领导力》北京大学音像出版社 2004 年版。

五是增加决策程序规范化、法制化的程度。科学决策必然是依法决策和规范化的程序决策。首先，按照“服务型政府”的构建定位，科学界定地方政府的决策职能、决策范围，明确权限。其次，精心设计和优化决策流程，按照程序明确、可操作性强的要求对决策的动议、讨论、论证、修改、公示、反馈、出台、监督、评估、完善各个环节进行规范，健全决策程序。再次，优化规范公民参与决策的机制路径，包括各种座谈会、论证会、听证会、协商沟通会必须参与的对象、选择机制、强制条件、违约责任等等。最后，规范决策过程，对地方党委、人大、政府、政协在重大决策中的分工进行明确，并对决策范围、会议决策的程序、方式进行规范，确保决策能够科学、民主、有序进行。

六是增加决策失误追责的力度。对决策失误进行责任追究，既是建设责任政府的要求，也能对决策者起到心理警戒和行为校正作用，有效避免片面追求政绩、以权谋私、胡乱决策等人为因素对决策的干扰，增强科学决策、民主决策的内在动力。因为体制与操作上的原因，我国对领导干部决策失误追责还刚刚起步，尚不系统、规范、透明。加大追责力度，必须做到：①必须逐步强化领导干部决策失误的责任意识，明确有权必有责，决策要担责，促使领导干部遵守决策程序和规范，减少独断专行和一言堂，消除“三拍（拍脑袋决策、拍胸脯表态、拍屁股走人）”现象。②必须做好决策失误责任追究的基础工作，包括什么情况下追责，这一般应是主观故意或过失导致的决策失误；追什么责，是道义责任、政治责任、行政责任、经济责任还是法律责任要细分；在领导班子中如何定责，这可能要求重大问题决策记录要详尽明确；还有追责程序如何保证客观、公正、公平、到位，不枉不纵等等。③必须明确决策失误追责的时间界限，应当是终生追究，这样才能避免主要领导在决策行为上的急功近利心理和侥幸想法。④必须出台决策失误责任追究的实施细则，逐步将这项工作规范化、法制化、透明化。总之，只有建立起真正的问责机制，决策者才会有更高的责任心和民主意识，全方位考虑、多方面征求意见，慎重作出抉择，而且还会及时跟踪决策执行情况，及时进行纠偏、完善，使决策更加符合实际，符合民心。

四、依法执政与依法行政是减少纠纷之本

法律是维持社会稳定的最后底线，是仲裁协调矛盾纠纷的最终裁判，是

公民、组织合法权益保护的最后屏障。公民守法、社会依法,首先是执政党和政府必须守法,严格依法行政、依法执政。

依法执政、依法行政是现代法治国家行使权力时普遍奉行的基本原则,更是贯彻依法治国方略、建设社会主义法治国家的必然要求和根本标志。一般而言,只要执政党依法执政,政府严格依法行政,各项工作就会有序进行,官民矛盾纠纷也就难以发生,涉政公共事件也就缺乏酝酿基础,即便偶有出现,也可以依法随时解决,更不至于酿大、扩大成为影响面宽的恶性群体性事件。为什么现实生活没有达到这种目标境界呢?主要是我们地方党委政府在依法执政与依法行政方面还存在不少问题:

第一,法律的权威不高。不管承不承认,不少地方党委政府及其官员在很大程度上是把坚持党的领导、人民当家作主与依法治国对立起来,把解放思想、加快发展与严格依法办事对立起来,形成事实上的"重权轻法"、"以权代法"、"以言代法"、"以权压法"、"权高于法",法律只"治民"不"治官"现象。加上我们一些立法质量不高,一些执法不公平,一些用法不当,一些司法腐败以及闯法律禁区的行为被当做"敢闯、敢冒、敢试"解放思想的正面形象宣传,违背宪法出台的一些地方法规政策措施不会受到"否决"或者处分,自然而然就养成了"官员不依法、群众不信法"的行为习惯,"人治"迟迟不能让位给"法治",法律的权威、宪法的权威也就难以真正树立,法治社会建设还任重道远。

第二,行政执法的规范化程度不高,透明度不高。首先是执法体制不顺。既有政企、政事、党政不分的问题,又有部门管理职能交叉、职责不清、条块分割、多头执法、重复执法、交叉执法的问题。其次是执法的目的不纯。为利执法,有利的事抢着干,无利的事相互推,"钓鱼执法"、"养鱼执法"、"选择执法"、"报复执法"案例层出不穷。再次是执法程序不规范、尺度随意。不讲程序、随意执法、滥用自由裁量权、胡乱执法。最后是执法过程不透明。不仅当事人搞不清、弄不明,有时甚至面对社会舆论质疑,执法单位答复前后矛盾、说法不一。此外,还有执法方式不科学,运动式、应付式、封杀式等形式主义执法现象时有发生,重视时"龙卷风"、"一阵风",不重视时就听之任之、"耳边风"。执法成本高,一件事设一个机构、建一支队伍。执法效率低,几个部门管不好"一条河"、"一头猪"。食品安全等许多人民群众关注的热点、难点执法惩处不到位,效果不明显,社会公众不满意。

第三，司法的公正性不够、公信力不强。司法公正是司法的基石，司法不公有时比没有司法所造成的祸害还要可怕。转型时期，涉法涉讼引起的涉政公共事件不少，一个重要原因就在于我们的司法公正性和司法公信力还存在问题。①司法独立中立的裁判原则很难坚持，司法地方化、私用化的现象还比较突出。国家推行的司法机关独立办案、独立审判的改革在一些地方并没有得到很好的贯彻。由于人、财、物、事都与地方党委、政府存在密不可分的联系，司法部门事实上成为地方的一个职能部门，于是立不立案、起不起诉、判不判决、如何判决、如何执行，司法机关还要看地方党委政府的意图、脸色行事。这就是跨省追捕、干部诽谤、任意拘传他人等涉政公共事件多发的根源所在，司法机关在有些地方已经成了个别主要领导显示权威、打击异己的私器。②司法的"定分止争"作用发挥不到位。许多时候司法机关或者司法人员应当履行职责而不履行，如转型时期在改革探索中许多涉及工人、农民甚至干部权益的案子因为种种原因法院不敢受理，或者受理了也不敢立案，导致纠纷不能及时解决，权利不能得到有效救济，让人们丧失对司法求助的信心。③有法不依，执法不严，违法不究，枉法裁判的现象还比较多。一些司法人员办案、判案不看证据，不按法律，只重关系、人情、权力，违背事实，甚至违背"常识、常理、常情"胡乱判决。近几年影响比较大、群众议论比较多的南京彭宇案、陕西西安药家鑫案、云南昭通李昌奎案，不是群众硬要致谁于死地而后快，更不是不理解支持法院创新改革，而是担心有些法律精英为了所谓的创新和"标杆"而放弃法律底线，更担心弱者会因此彻底丧失法律的庇护，让一个现代文明社会重新回到"丛林法则"时代，从这个意义上说，司法判决结果能让大多数群众狂欢总比个别精英独自狂欢要好。④司法专横，过程和程序不透明，单纯追求结果而不顾程序正义，刑讯逼供、暴力取证、违法取证，造成冤假错案。把司法独立变成司法专断，排斥社会和民众及舆论监督，动不动把民意监督当做"舆论审判"，认为会损害司法权威，不知道司法权威是建立在公正裁判之上的，公正裁判应该是经得起时间、舆论和群众监督的。⑤司法结果不公。同样的案件、同样的标的，判决结果悬殊；同样的情况，执行结果差异；同样的刑期，实际服刑又不一样，让人不明就里。要知道，一次不公正的裁判，其恶果可能比 10 次犯罪还可怕。正是上述司法过程的问题，在人民日报社政治文化部和人民网 2011 年 2 月就老百姓最关注的两会热点问题大型网络调查中，"司法公正"

成为百姓关注排在第二位的大热点，其关注度超过了“反腐败”与“个人收入”。这还是2011年10月广东佛山“小悦悦”事件中，社会再次聚焦2006年发生的南京彭宇案判决错误的根本原因。

第四，行政执法人员和司法人员素质不高，作风不好。一些执法、司法人员公正意识淡薄，特权思想严重，执法不守法，徇私枉法、办关系案、人情案、金钱案。作风粗暴、态度蛮横、方法简单、执法不文明，给社会感觉有“匪”气、有“霸”气，就是没有文明气，常常因此激化矛盾，酿成涉政公共事件。

依法执政与依法行政是既相互联系又有区别，还相互促进、相得益彰的有机统一体。依法执政主体是执政党，依法行政主体是执政党控制、领导下的政府。依法执政的实质是通过法定程序，将执政党的主张转化为国家意志、上升为法律、法规。依法行政就是政府必须运用法律手段、依照法律规定、按照法定程序，通过法定途径和方式来管理国家事务，主要是行政管理和公共服务。依法执政是依法行政的前提与基础，没有执政党率先实行依法执政，就不可能有政府的真正依法行政。依法行政又是依法执政的关键，行政机关是否依法行政，直接反映体现着党依法执政的效果、水平。显然，依法执政与依法行政是互相促进、相辅相成的。

有关依法执政、依法行政的研究文章与书籍非常多，为推进依法执政和依法行政进程，党和国家也出台了相当多的政策、措施、规定，关键在于如何落实。

其一，必须进一步强化法制意识，真正树立宪法和法律的权威。一个不尊重法律、不崇尚法律的社会，是不可能有依法执政和依法行政的。首先要树立宪法的权威。所有党政机关的决策、决定、措施、活动都必须符合宪法，在宪法规定的范围内、框架内进行。凡是与宪法原则、精神相悖的一切法律、规章、制度、政策、措施等都不能推行、生效。全国人大或最高法院应该就公民质疑的地方、部门决策、政策、行为是否违宪进行审查，凡认定为违宪的不仅要公告宣布无效，还要给制定者予以追究。从而在制度上抑制地方政府的立法、立规和政策冲动。其次要树立法律的权威。所有党政机关的政务、事务活动都必须纳入法律框架之内。重新理清法律与政策、法律与改革、法律与发展的关系，当政策、发展、改革与法律发生冲突或者相悖时，在法律没有修订以前，必须以法律为准，维护法律的尊严与权威。再也不能把闯法律禁区、违法抓发展当做解放思想、创新思路来宣传、来弘扬了，这种“敢闯、敢试、敢冒”的结果是鼓励践踏法律、鼓励不守规则，这也是当代社会不稳的乱源，是法制意识不强的问题所在。再次是官员特别是各级党、政主要领导要学法、用法、守法、护法。

其二，必须强化执行，真正做到有法可依、执法必严、违法必究。执行法律比制定法律更重要，如果法律不能被执行，等于没有法律。为此，要注重提高立法质量，坚持开门立法、民主立法，在立法上及时跟上经济社会发展和人民群众的需要，宁愿脚步慢一点，也要让大家多讨论、多参与，把立法过程当做宣传、普法过程，更视为树立法律权威的过程。要强化公正性。司法公正是执行的生命。必须通过完善制度，建立机制，确保司法机关的独立办案权。下大力气惩治司法腐败，杜绝办人情案、关系案、金钱案。注重实体与程序的统一，程序正义与结果正义的统一，主流民意与法律尊严的统一，用公正司法来重新凝聚人民对法律、对司法人员的信心和尊重。要坚持零容忍，对所有违法行为，无论涉及官还是民，无论涉及个人还是组织，无论是主观恶意还是无意失误，无论是为自己还是为集体、他人，都必须依法追究，维护法律的严肃性、平等性。

其三，必须突出依法行政，推进依法执政。依法执政、依法治国，首先是要依法规范政府行为，依法治权、依法治吏、依法治官。由于绝大部分法律法规均由行政机关去组织落实，行政机关能否严格依法行政，就成了依法执政、依法治国的关键与核心。①牢固树立权由法定的理念。依法行政必须保证在政府管理过程中主体合法、程序合法、依据合法、内容合法、决策和行为合法，不能越位、越界。②牢固树立程序正当的理念。在行政过程中，必须按规矩、程序办事，所有行政决定在方式、步骤、时限、顺序等方面都要有制度化、法制化的规范，实际执行过程中不能节省、不能颠倒、不能走过场、不能工具化、形式化，如听证程序、告知说明理由程序、送达程序、关系回避和不单独接触等等不能可有可无、随意应付。③牢固树立政务公开的理念。通过信息公开、阳光行政，提高行政透明度，扩大公民的参与程度，提高公民对政策、法规的了解熟悉程度、对执法过程的监督力度。④牢固树立服务行政的理念。从管理到服务，要求政府在行政过程中要更关注行政效率、降低行政成本，达到高效便民的目标，提高行政满意度。⑤牢固树立权责一致的理念。违法行政造成后果必须承担责任。

其四,必须建立权力的监督制约机制,提高执法、司法人员的素质。西方学者早就提出,一切有权力的人都爱滥用权力,直到有限制的地方为止。不受制约的权力会导致腐败,绝对不受制约的权力会导致绝对的腐败。只有对政府的各项行政行为、司法行为进行监督,才能确保他们不会利用手中的权力谋私腐败,或者走向专横、霸道、独裁。这些监督包括执政党的纪律监督;权力机关各级人大的法律监督、工作监督;政府系统内部的行政监督;司法机关之间的制约监督;社会各界的民主监督等等。尤其要进一步强化群众监督和舆论监督,让立法、司法、行政都在阳光下运行。从长远来看,还要建立起决策权、执行权、监督权既相互协调又相互制约的机制,不断加强司法和行政执法队伍建设,提高国家机关工作人员的素质。

五、建立健全权力制约协调机制是消除事件之重①

前面多处提到必须加强权力的监督问题,我们党对权力使用的监督一直十分重视,早在新中国成立之前,毛泽东同志针对黄炎培先生提出的执政后如何跳出历史的周期率这一疑问时就明确,中国共产党找到了一条新的办法,那就是让人民起来监督政府,政府不敢懈怠。新中国成立后多次采取群众运动的方式来解决权力监督问题。改革开放以后,我们几代中央领导集体针对群众运动方式监督产生的问题,及时提出了深化政治体制改革、用制度来管人的解决方案。这些探索都为我们今天建立健全权力制约协调机制提供了有益的借鉴,但也存在一些突出问题需要我们在下一步工作中给予解决,主要包括以下几个方面:

一是权力范围边界不清晰,模糊性严重。要对权力使用进行监督,就必须划分权力边界,确定权力范围,该做什么不该做什么,使权力代理行使者与老百姓一清二楚,没有灰色空间。但是我们现在的权力关系最严重的问题恰恰就在这里,要么没有法律的明确规定,要么有法律规定的又太笼统缺乏操作性,或者是有操作性的也缺乏法律与制度保障。我们的法律与地方

---

① 此节参考了聂方红:《建立健全权力制约协调机制之策》,《领导科学》2010 年 8 月上期。

组织法规对各种权力的划分和规定都非常原则、不具体，而且具有开放性，这就给权力膨胀和滥用留下了制度空间。其结果首先是权力无边。如某些地方党委政府除了国防外交几乎无所不能，一切都要他们说了算。其次是权力集中。所有权力几乎都集中到各级一把手身上，副职与下属的权力大小完全取决于一把手的好恶与"恩赐"，地方党政一把手容易变成地方"土皇帝"，一把手容易变成一言堂，形成家长作风。权力集中的地方变成职务犯罪高发地带，很多县委书记出问题的根子就在这里。再次是权力交织。同级之间、上下级之间、部门之间、正副职之间、以及工作人员之间的权力界线不清晰，碰到强势的一把手，其他人就成了摆设，出现能力不强的一把手，几套班子又会变成一盘散沙，党政等班子领导、正副职等班子成员不团结、扯皮、内耗严重有制度根源。此外，就是行政机关内部各部门之间权力范围也互相交错，有利有权的事大家争着干，无权无利有责的事都往外推，进而变成强势部门和强势人物权力大、弱势的权力小，揽事的权力大、不揽事的权力小。最后是权力结构单一。决策、执行、监督在同一层次，决策人既领导执行又领导监督，干什么自己定，定了以后自己找人干，干得效果如何还是自己来评价。权力部门、权力行为主体边界混沌、模糊，既有可能导致权力越界运行，诱发权力滥用与权力腐败，也有可能造成权力不作为，损害党和政府等各级权力机构的威信与威严。

二是权力运作程序不透明，随意性太大。集中体现在：长官意志突出，权力使用的正当性不够。运作弹性大，权力使用的公平性不够。政策选择与法律处罚的弹性空间很大，没有科学严密的规定，因人而异，灵活性太强，法定程序成为掩盖实体不公的工具。独立处置不到位，权力使用的公正性不够。工作回避制度成为摆设，听证论证制度变成形式，中介组织只看利益，权力的影响力无处不存、无事不在，名义上的独立、权威中介已经沦落为权力的附庸。具体工作环节不透明，权力使用的公开性不够。重大事项的决策过程、重大项目的实施过程、事关百姓利益重大政策的出台过程公开的信息很少，就是交给社会公众讨论也时间很短，走形式的居多。近些年来许多地方党委政府的决策和行政行为广受质疑原因就在于此。

三是权力调整变更不规范，人为性明显。权力边界的模糊，使得权力调整变更非常容易。其一是主要领导更迭频繁。虽然我们有领导干部任期规定，但地方党政一把手能真正干满一个任期的并不多，最典型的如河北邯郸市从1993年到2008年,15年换了9任市长,主要领导的更换不仅导致工作思路与工作重点的变化,更引起权力关系的变动。其二是干部分工调整频繁。因为班子成员变动快,必然造成相互间的分工调整多,很多人没有也无法在工作上有长期打算。其三是临时机构设置多。有些是为了体现对某项工作的重视,将法定给某一个部门的权力责任集中到一个临时的工作领导小组或者指挥部;有些是为了体现一把手的权威甚至弱化剥夺分管领导的权力,将一些工作领导管理权限集中到临时设定的领导小组或指挥部手里。这些临时机构凌驾于法定机构之上,将决策人、执行人、监督人集中在一起,虽然可能提高效率,但更可能使得权力关系混乱,责权利关系错位。其四是权力扩张动力足。有的将部门利益上升到部门法规,提高法律地位;有的通过领导高配或者进常委,提高政治地位;有的通过争取审批权限在经济上争地位;有的通过争考核一票否决或者进政绩考核指标范围树自己权威;有的通过机构升格、编制扩张和垂直管理来强化控制;主要领导特别是一把手更是想干什么就可以干,想用谁就可以用,想花钱就可以花,没有限制、没人可以限制。结果变成越是有权的部门与个人越有权、有钱、有位,各种荣誉、提拔、好处、开销都向那里集中。

四是权力滥用追责不到位,放纵性存在。公共权力是用来为广大人民群众服务的,不作为、乱作为都应受到追究,权力代行者当事人也必须为之负起政治、经济、法律等方面的责任。然而由于种种原因,我们现在除了对明显的违法犯罪和腐败渎职之外,追究机制还不健全到位。规则定得多落实少,纪检监察部门说得多行动少,很多本应追究责任的事项被"集体负责"、"交学费"、"主观愿望是好的"、"允许失误"、"工作方法问题"等等借口"大事化小、小事化了"。进而造成不少干部"带病提拔",许多同样的错误重复产生,这里犯错误还可以"异地为官"。问责时机、对象、范围、方式、力度以及问责官员的复出机制都存在问题,使问责追究基本流于形式。

五是权力监督机制不健全,缺陷性突出。我们国家对权力的使用在党内有纪律监督,在政府有行政监察,加上人大的法律监督、政协的民主监督、新闻舆论监督以及人民群众的监督,不能说不全。但由于这些监督基本上都是体制内的自我监督,不可避免地时间一长就会变成人们常说的"上级监督太远,同级监督太软,群众监督太难",让监督流于形式。自我监督机制本身也存在体制缺陷,它没有形成相互制约循环的完整封闭环节。在人财物事常常受制于被监督对象的情况下，监督能否到位没有硬性约束和保障，尤其是对一把手的监督基本变成空白，各种制度在一把手面前就显得苍白无力，任何规章制度、程序，他都可以“飞过海”、“走过场”。一旦各级大大小小的一把手游离于监督之外，其他副职与官员通过学习模仿，使整个监督体系变为摆设，违纪违规腐败就会变为防不胜防的现象。

形成上述现象的原因比较复杂，比如几千年“人治”特权思想对官场的影响，长期计划经济事无巨细“管理”方式的惯性，对公共管理领域政治人物“经济人”行为倾向的漠视，民主政治发展的滞后，法治国家建设的不到位，以及一党执政环境下领导方式改革探索的不足等等。为此，党的十七大报告与十七届四中全会决定都明确要求“建立健全决策权、执行权、监督权既相互制约又相互协调的权力结构与运行机制”，从制度、体制、机制层面为我们政治体制改革中的权力关系调整完善指明了方向。这里的核心就是建立健全决策权、执行权、监督权三权相互制约的权力结构机制，形成类似“剪刀、锤子、布”那样封闭循环的制约监督体系。具体而言，要通过引进决策权的集体票决制、执行权的程序规范制、监督权的开放法律保障制，来实现以职权法定控制权力范围、以程序正当控制权力运作、以法律责任控制权力滥用、以开放透明保障权力监督。并采取下述措施予以落实：

第一，要确权、限权。公权与私权、公共领域与私人领域对权利和义务关系的界定原则不同。私权具有开放性，即对百姓、企业和其他社会组织而言，法律无禁止即自由；而公权具有有限性，不能随意扩张，法律没有授权的就是禁止的，即使是好事也不能随便做，不然会失去公正性和公信力。因此，建立健全权力制约监督机制，首先必须明确各种权力的运用范围，让权力运行有清晰的边界。这包括既要明确党委、人大、政府、政协之间的权力边界，又要明确上下级之间的权力边界，还要明确界定各权力部门、各级权力行为主体的职权范围与行权边界，使权力在清晰既定的范围内行使，把权力关在笼子里，越权滥用权力和权力不作为都很容易发现。其次必须进行合理、适度的分权，防止权力过分集中与一权独大。重点就是解决当前决策权、执行权、监督权主体结构单一与同一的问题，真正在事实与实体层面实现分权，并在机构、人事与职务任免上实现分开分设，执行权对决策权负责，决策权、执行权必须无条件接受监督权的监督。同时，要在一把手与副职之间，上下级之间，部门之间以及工作人员之间进行权力分工，防止出现权力过于集中在一把手、上级,而副手、下级处于权力“真空地带”的状况。此外,还要进一步促进党政分开、政企分开、政资分开、政事分开、政府与市场中介组织分开,适度控制权力,缩小权力运行的空间,减少权力市场寻租的机会。再次必须进行限权,防止权力过度膨胀。把公共权力限定在市场机制失效的领域,限定在公共产品和公共服务上,限定在制度、规则和公正的仲裁层面,限定在维护社会公平、搞好市场监管、建立社会秩序、调节分配不公、优化发展环境、维护社会稳定、促进社会和谐上等等。

第二,要定规、定责。在法治社会里,程序与实体有着同等重要的地位。公共权力行为扭曲,忽视程序是一个比较普遍的现象,而且越到基层,随意性行为就越为突出。规范权力行为,在程序上必须遵循民主执政、科学执政、依法执政的要求,进行有效的程序设计,只有按正当的程序行使的权力行为,才是受到有效约束的权力,公民、企业、社会组织才会接受,否则不仅公民等可以拒绝执行,还要追究权力行使者的法律责任。在决策权的行使程序上,要科学规范提议(名)程序、论证(讨论)程序、决策(投票)程序、公示(公告)程序、生(失)效程序。这里的核心在于决策过程是否让社会各界特别是利益相关者广泛参与,真正发挥人民群众参与公共事务管理的积极性和智慧,尤其要畅通不同利益群体的表达机制,让不同意见有表达的机会。各种论证听证会,不能事先预设立场,不能打击不同意见,不能指定或操纵与会人员,使论证、听证过程变成附和上级意图的评价肯定过程,导致论证、听证结果与社会实际的要求形成强烈反差。在执行权的行使程序上,要按照合法行政、合理行政、程序正当、高效便民、诚实守信、权责统一的原则来规范执行过程,建立规范的文件登记制度、公布制度、有效期制度、检查查询制度、审查制度和行政执法告知制度、回避制度、回应反馈制度和第三方评价制度以及办事公开制度、政策普惠制度、优惠公平制度等等,让公权力执行全过程都要有一套合理、合法、可操作的规范化程序。在监督权的行使程序上,要按照预防为主、制度健全、权责相称、公开透明、保障有力的原则进行规范设计,关键是要形成有效的申诉申告、办案独立、权力行使者举证、非恶意免责、腐败“零容忍”、惩治到位等一系列制度,让监督者能监督、敢监督、可以监督到位。同时,把权力当责任,在分解权力边界的同时,明确权力行使者的政治、经济、法律和道德责任,严格实施相关责任追究制,对滥用权力者必须给予及时有效的惩罚。特别要引入主动辞职、经济赔偿等凸显政治人物主动担当的新制度，让权力行使者慎权、慎行。

第三，要民主、民决。民主政治是对权力的最好监督，离开了民主就谈不上民主执政、科学执政和依法执政，人民当家作主是社会主义民主政治的本质和核心。要健全民主制度，丰富民主形式，拓宽民主渠道，依法实行民主选举、民主决策、民主管理、民主监督，保障人民的知情权、参与权、表达权、监督权。通过民主机制解决官员产生的途径问题、法律政策的来源问题、公共权力的服务方向问题、行政绩效的评价问题以及权力退出机制问题。当前要积极总结基层正在探索的"公推直选"、"党代会常任制"、"党代会任期制"等一系列民主选举、民主决策的新制度，把握好民主选举和民主决策这两个民主政治的关键环节，以党内民主带动人民民主，以基层民主促进社会民主。在民主选举方面看，任何权力都需要人来实施，选什么人用什么人就成为一个要害环节，当前权力运行中的绝大部分问题都与此相关，这样用什么方式选择高素质、好品德的官员就显得十分重要。素质好的官员在制度不完善时还可以自我约束，而制度再好也会被贪欲成性的官员挖掘出漏洞。民主选举制度可以较好地解决官员选优的问题，更可以解决跑官要官、买官卖官问题。科学的民主选举制度必须解决初始提名、候选人信息公开、施政观点辩论、选举人权利保障、竞选规则、任期约束、质询罢免等一系列制度体系的建设，确保选举不被操纵。在民主决策方面看，现在许多政策决策之所以执行难、落实不到位，关键是缺乏民意基础，更多还是为了主要领导的政绩和形象需要，而一旦这项工作出了问题又找不到担责对象，集体负责变成集体都不负责。解决这些问题除了在制度上保证广大群众特别是利益相关者的广泛参与以外，根本的还在于恢复民主决策的实质，用表决实名制、责任追究制来约束随大流、不负责的官员，促使他们平常多深入群众、深入基层了解民情，决策时主动反映民意。真正让人民群众的意愿意志决定公共权力行驶的方向。

第四，要公开、透明。政务公开、行政透明，是对权力最直接、最有效的制约与监督。大量事实表明，越是公开的事情、工作争议就越少，支持就越多；越是不敢公开的事情、工作，即使符合法律、政策、程序，原本可能很公正，怀疑的人也会很多。权力只有在阳光下运行才会体现出它的公信力。为此，要进一步树立"公开行政、透明用权"的理念，始终按照"公开是原则，不公开是例外"的要求展开阳光行政，从决策、执行到监督实行全过程动态公开。要特别突出重点,把事关人民群众切身权利的事情、人民群众关注的重大事项、与人财物相关的事情、体制利益政策法律决策调整的事项以及反映官员廉洁的个人财产状况等等作为公开的重点。要建立公民自由参与、旁听各级权力机构决策和实施全过程的办法、制度,加快电子政务建设,方便民众的参与。要从法律上明确各级权力机构信息公开的范围,并对信息提供的真实性、可靠性、透明度设定法律责任,确保公众能够方便、及时、便宜地得到各类政务信息,真正让公民的知情权落到实处,为人民监督权力运行营造好的条件与环境。

第五,要法制、法治。法律是肯定的、明确的、普遍的规范。公共权力行为不规范,根本原因在于转型时期各级权力机构仍未摆脱旧体制"人治"的特征。事实上,法治的实质是依法对各种公共权力进行治理即依法治权,党委、人大、政府、政协等所有权力机关、部门以及官员都是法治的客体,而公民和社会才是法治的主体。依法治权,首先必须树立和维护宪法的最高权威,充分发挥宪法在限制政府权力、保障公民权利方面的绝对约束地位。要进一步完善我们的宪法,强化对国家机关及其工作人员的权力范围、使用程序、监督制衡机制的明确界定,增加禁止出台任何剥夺或变相损害公民权利的法律,增加违宪审查条款,提高宪法的修订门槛,确保宪法的连续稳定。国家要设立宪法法院,对政府机关的所有立法、行政、司法行为,公民和社会其他组织有权申请违宪审查。其次突出可操作性,加快修订完善地方组织法、编制法、行政程序法、阳光行政法、监督法等规范公权力行为的法律体系,对各级各部门及其各职位的权力责任范围进行明晰的界定,让权力运作有章可循。最后,严格行政执法,建立健全全面的司法审查制度。权力机构及其工作人员要从习惯于行政管理转到用法律规范和调节上来,充分发挥司法机关的作用,减少政府与群众之间的矛盾冲突。按照"法律面前人人平等"的理念,确定法律特别是宪法至高无上的权威,政府逐步从裁判身份中退出来,让法律去充当最终的裁判,公民与公民之间,公民与法人之间,法人与法人之间,公民、法人与政府之间,都由法律关系进行调节。特别是对各种可能的滥权行为,包括具体行政行为和抽象行政行为,都有相关法律和机构进行及时查处、纠正,促使各级权力机构及其工作人员时刻牢记"设权由法定、有权必有责、用权受监督、侵权须赔偿"。

六、提高领导和队伍素质是降低摩擦之法

这些年,因为官员“雷人”的语言、“另类”的行为和“出格”的私人生活引发的涉政舆情公共事件层层不穷,官员言行举止不当,小事、个人私事成为网络热议的对象,从根本上看是修养不够、修为不到家,个人素质存在问题。因此,提高领导干部和公务员队伍综合素质是消除涉政公共事件的一个重要措施。

政策需要人去执行,工作需要人去推动,法律更需要全体公民去遵循。但是,同样的政策、法律、工作,不同的干部落实执行的效果可能就会出现很大的差异,所以,我们党历来就非常重视高素质干部队伍的建设。早在1938年10月,毛泽东同志就在《中国共产党在民族战争中的地位》一文中指出:“政治路线确定之后,干部就是决定的因素。”①1992年初,邓小平同志在南方谈话中也明确告诫人们:“中国的事情能不能办好,社会主义和改革开放能不能坚持,经济能不能快一点发展起来,国家能不能长治久安,从一定意义上说,关键在人。”②江泽民同志在党的十五大上强调:“建设一支适应社会主义现代化建设需要的高素质干部队伍,是我们的事业不断取得成功的关键。”③胡锦涛同志在庆祝中国共产党成立九十周年大会上更加明确指出:“中国特色社会主义道路能不能越走越宽广,中华民族能不能实现伟大复兴,要看能不能不断培养造就大批优秀人才,更要看能不能让各方面优秀人才脱颖而出,施展才华。”④

提高干部素质,建设高素质干部队伍,首先必须明确其基本要求和主要内容。干部素质与人的素质一样是一个内容广泛的范畴,理论界与实践中的界定分析比较多。从大的方面来看,主要应该包括政治素质、文化素质、

---

① 《毛泽东选集》第二卷,人民出版社1991年版,第526页。

② 《邓小平文选》第三卷,人民出版社1993年版,第380页。

③ 江泽民:《高举邓小平的理论伟大旗帜,把建设有中国特色社会主义事业全面推向二十一世纪——在中国共产党第十五次全国代表大会上的报告》,《求是》1997年第18期,第22页。

④ 胡锦涛:《在庆祝中国共产党成立90周年大会上的讲话》,《求是》2011年第13期,第7页。

能力素质、法律素质、道德修养、身体和心理素质等方面,具体的事项可能更多,有几十甚至上百项,这不是本书研究的重点。我们需要把握的是,作为优秀领导干部所必须具备的素质,这方面的文献和研究也比较多。概括而言,一个高素质的干部应该是一个"德才兼备"、"又红又专"的干部。因此,优秀高素质的第一个标准是"德才"标准,要求"德才兼备",并把德放在首位,这是毛泽东同志在党的六届六中全会上就指出来的,也符合我国传统的选人标准。改革开放以后,邓小平同志在1980年8月18日中央政治局扩大会议上又提出了干部"四化"方针,即要按照"革命化、年轻化、知识化、专业化"的标准,选拔德才兼备的人进班子,这可以说是高素质优秀干部的第二个标准。党的十六届四中全会通过的《中共中央关于加强党的执政能力建设的决定》又提出"建设一支善于治国理政的高素质干部队伍……把那些政治上靠得住、工作上有本事、作风上过得硬的干部选拔到各级领导岗位上来",因此,"政治上靠得住、工作上有本事、作风上过得硬"又成为新时期高素质干部的三条基本标准,这可以说是高素质优秀干部的第三个标准。在新的历史条件下,为提高党建科学化水平,中央更加明确干部选拔必须坚持德才兼备、以德为先的用人标准,具体就是要"坚持把干部的德放在首要位置,选拔任用那些政治坚定、有真才实学、实绩突出,群众公认的干部"①,因此,"政治坚定、有真才实学、实绩突出,群众公认"应该是新历史条件下高素质优秀干部的最新标准,也是第四个标准。这四个标准的内容是一脉相承、不断丰富和发展的,它们都是提高干部素质、建设高素质干部队伍必须坚守的标准和践行的内容,是每个干部和国家公职人员必须不断加强修养、努力的方向。

站在消除和减少涉政公共事件的角度,领导干部和国家公职人员除了按上述标准提高素质之外,还要在下列方面加强修为,提升能力和水平,塑造好的优秀国家公职人员形象。

第一,政治上成熟不信口开河。言为心声,个人的政治倾向、政治立场、政治观点、政治情感会在不同场合通过语言、行为再现出来。一个不讲政治的人,对组织对人民不忠诚的人,对领导对工作有二心的人,不可能在复杂

---

① 胡锦涛:《在庆祝中国共产党成立90周年大会上的讲话》,《求是》2011年第13期,第7页。

局面下，在紧急环境中，还能把群众的利益、组织的要求、法律的约束摆在首位。他就是本事再大，能力再强，也不可能很好地为党为人民做好工作。在实际工作中，就会把对党负责与对人民负责对立起来，把加快发展、推进改革、维护稳定与解放思想、遵纪守法对立起来。稍不留神，雷人的话语就会脱口而出，不仅影响个人，更会损害单位、组织和党的执政形象。显然，良好的政治品质是做好工作的基础。作为一个政治上成熟的领导干部和国家工作人员，在政治上至少应具备以下素质：一是政治方向把得准，坚持建设有中国特色社会主义道路不动摇，坚持四项基本原则和改革开放不动摇，坚定共产主义信念不动摇。无论环境、条件如何变化，情况如何复杂，信仰、方向不会迷失。二是政治立场站得稳。始终站在人民的立场上，代表最广大人民群众的利益和意志去处理问题、解决问题，改革、发展、稳定等所有工作都依靠群众去做，与群众一起商量研究解决问题的办法，让群众在工作中受益得实惠。三是政治观点守得正。能始终运用和坚持辩证唯物主义和历史唯物主义的观点来观察、分析和判断事物，坚持用毛泽东思想特别是中国特色社会主义理论体系来指导工作实践。四是政治纪律管得住。坚决执行党的路线、方针、政策，始终与党中央保持高度一致，保证令行禁止、政令畅通，坚决维护上级和党中央的权威。五是政治鉴别力和政治敏锐性提得高。在大是大非面前、原则面前旗帜鲜明、思想坚定、判断准确，不发表任何与党的路线方针政策相抵触的言论，做政治上的明白人。

第二，行为上文明不率性而为。许多涉政公共事件源于地方政府公职人员队伍法制意识与行政伦理道德淡薄，在公务活动中为所欲为，简单粗暴、蛮横无礼。如不少地方城管执法的粗暴行政、征地拆迁中的强拆蛮拆、其他执法中的滥用强力等等，进而使得文明施政或者说行政文明问题成为加强政府自身建设、推进政治文明一个十分重要且亟须解决的难题。文明行政首先必须有文明的施政理念。现代政府施政坚持以人为本，坚守行政伦理底线，即任何行政行为都不能伤害每一个行政相对人的人格尊严，只有在尊重和维护每个人的人格尊严条件下的行政行为，才谈得上是文明行为，是文明行政。因此，慎用、少用最好不用强制手段，禁止使用非法或非正常手段行政，应该是地方各级政府行为文明的基本底线要求。其次必须有文明规范的行政规则。按章办事，按法律行政才会有真正的行政文明。必须对政府行为和政府工作人员行为准则有一套规范的程序规则。这些规则、规范和程序可以约束党政机关及其工作人员公正处事、文明处事。如果不这样做,就将承担并接受处罚。再次,必须有文明行政的操作范式。对党政机关及其工作人员在协调矛盾、管理社会、执行法律等行政行为过程中的步骤、要求、程序、细节进行全面的行为规范,按章行政、依规办事。最后,按照社会主义政治文明的要求进一步优化地方政府理政的方式,为文明行政奠定制度基础,主要包括依法行政、科学理政、民主施政、廉洁从政。[1] 逐步实现行政民主化、行政科学化、行政法治化、行政高效化、行政公开化、行政清廉化。[2]

第三,工作上细致不粗心大意。细心的工作是减少失误、消弥分歧的重要途径,也是减少涉政舆情公共事件的一个重要举措。具体包括:①文字工作细。不出低级错误、不出笑话、不出侮辱他人和带歧视观点的文字,不出政治、法律上的错误。②程序上细。不遗漏任何工作环节,不为了省事、图快走捷径而忽略法律、规章要求的时限、步骤。③沟通协调上细。多听、多分析、多了解实情,不放过每一个细节,不漏掉任何一个信号,把思想政治工作做实做细做到当事人的心坎上,用情、用理、用法,把协调做到最大"公约数"上。④工作谋划上细。对于重大政策、重要工作举措和重点项目必须吃透"上情",摸透"下情",科学研究、周密安排,在出台推进前的筹划工作中要考虑周全到每一个细节、每一个环节、每一个难点、每一个对象,力求做到环环相扣、节节相连、步步到位、不出空档、不留纰漏。⑤行为细节上细。国家公职人员在行政工作时,不仅要把握大的政策、政治,也不能忘记细节、忽视细微之处,凡是与社会公共价值、主流价值相冲突,体现官本位、权力本位、特权、不文明、不民主的所有行为均需尽可能杜绝,偶尔无意为之(如下属打伞、提包)一旦发现也要及时改进。总之,在工作中要时时处处做"有心人",善于从细节处发现问题,通过严谨细致的工作,改进政府形象。

第四,处事上稳重不浮躁张扬。有些涉政公共事件完全是急躁张扬造成的,只要当事人处事沉稳、性格内敛就不会出事。因此,国家公职人员在

---

① 许金柜:《政治文明视野下的行政文明建设》,《福建政法管理干部学院学报》2005 年第 4 期,第 20 页。

② 肖陆军:《论行政文明》,《西南民族大学学报 · 人文社科版》2004 年第 1 期,第 385～386 页。

处事时，一必须有好的心态，做到“每逢大事有静气”。无论遇到什么复杂的情况、紧急的时刻，都要心态平衡、冷静观察、镇定自若，做到从容不迫，应对自如，而不能主观臆断、盲目草率，或者急于求成、心态浮躁。二必须有大的气度，养成“泰山崩于前而色不变”。对官民矛盾冲突，对涉政公共事件尤其是大规模的群体事件，要稳得住神、沉得住气，能从容淡定，处惊不变，越是难事越要积极稳妥，越是急速越要冷静处理。三必须有宽的胸襟，实现“宰相肚里能撑船”。在处置涉政公共事件的过程中，有些群众可能为了维护自己的权益不择言辞、不问手段，作为国家公职人员、人民公仆不能去计较、更不能去较劲、打击报复，而应该养成“豁达、包容、宽厚、仁慈、开明”的胸怀，能够容人容事容错，特别是对普通老百姓的“过头话”、“过激言行”不能较真、计较，造成针锋相对，激化矛盾，扩大事态。四必须有高的境界，“宠辱不惊，看庭前花开花落；去留无意，望天空云卷云舒”。有些涉政公共事件，完全是干部把自身去留得失看得太重造成的，一气之下，制造矛盾，给人给己都带来许多麻烦。这就要求广大干部看淡名利得失，把心思用到工作上，用到为人民群众谋福祉、做好事上，而对事对物、于名于利，要做到得之不喜、失之不忧，宠辱不惊，去留无意，心境平和、淡泊自然。内心和谐了，在外面也能与各式各样的人物和谐相处。

第五，情感上爱民不欺压百姓。官民冲突多发，一个根本的原因是一些官员心里没有百姓，情感上与百姓疏远，进而在工作各个方面都把百姓当做管治、欺压、盘剥的对象。感情决定态度、影响行为、关乎成败。没有对人民群众的真实感情，就谈不上“权为民所用”、“利为民所谋”。一个合格的共产党员，一个优秀的人民公仆，首先应该是一个对人民群众有真情实感的人。要培养对人民群众的感情，做到“情为民所系”，按照2010年11月22日至23日中共中央政治局常委、中央政法委书记周永康同志在全国用群众工作统揽信访工作经验交流会上的讲话所言，就是要真正“把群众当家人，把群众来信当家书，把群众反映的事当家事，把群众工作当家业”①。四个“家”字，暖人心窝，更是每个干部的行动指南。首先，把群众当家人，就必

① 《周永康在全国用群众工作统揽信访工作经验交流会上强调：贯彻胡锦涛总书记关于群众工作重要讲话精神，使信访工作在更好地服务群众中发挥更大作用》，《人民日报》2010年11月24日第1版。

须心里有群众。家人是一种血肉亲情，这里没有特权，没有官阶，没有忌讳，应该什么话都可以说，什么要求都可以提，不能欺骗，更不能动粗；家要靠感情去维持，要靠责任去支撑，任何时候都必须牵挂他们的喜怒哀乐、生活的酸甜苦辣，还要常回家看看，尽忠尽孝尽义务。显然，把群众当家人说起来容易做到位不容易。其次，把群众来信当家书，就必须认真对待处理。家书抵万金，群众来信反映的情况、信息，要认真阅读、仔细了解，尽可能解决。很多小事酿大，一个重要的原因是一些干部对群众来信不重视，看都没看懂就一批了事，层层批转，最后转到写信人所在地或单位，矛盾问题回到原点。如果每级都把群众来信反映问题解决好了，比走马观花下基层调研了解情况管用得多。再次，把群众反映的事当家事，就必须尽职尽责解决。群众关心的事、反映的事，大多与衣食住行生活有关，与就医、就业、就学、住房、养老等生存压力有关，与人格尊严、正当权利的维护有关，这些事情对政府可能不算大事，而且还繁杂费劲，但对老百姓就是大事；解决这些事情可能没有形象，甚至看不到明显的政绩，但能温暖群众的心田。因此，只有像尽家庭责任、担亲人义务那样去关心、帮助百姓排忧解难，把群众的问题记在心上，抓在手上，落实到行动上，老百姓的难题才可能真正解决。最后，把群众工作当家业，就必须用心呵护，不能折腾。创业难，守业更难，把群众工作当家业，关键在于不折腾。明朝吏部尚书孙丕扬曾经说过："做官无大难事，只莫作怪！"①翻译成现代白话，就是做官不是什么很难的工作，只要不折腾百姓就行了。真正把群众工作当家业，就应该把人民群众的利益、诉求、想法、建议、办法放在首位，建立健全群众权益的维护保障机制、群众利益的协调机制、群众诉求的表达机制、矛盾纠纷的公平调处机制，想群众之所想，急群众之所急，办群众之所需，把群众的事当自己的事，营造一个自由生活、自主发展、自我管理的好环境。

第六，人格上高尚不低俗。人格是一个人性格、气质、情趣、素质和能力等方面特征的总和。领导干部的个人修养和人格魅力是化解矛盾、增强威信、凝聚人心的重要力量。培养高尚的人格，一要做到知识渊博有才气。通过不断学习，更新知识，深入实践，提高综合素质，提高专业能力，能够用知

---

① 转引自胡卫红编著：《听南怀瑾大师讲经 · 感悟篇》，新华出版社 2005 年版，第 98 页。

识、才学征服他人、群众。二要做到办事公道有正气。凡事出以“公心”，坚持原则，秉公用权，依法办事。说公道话，办实在事，做正直人。不为利所缚，不为欲所惑，不为色所诱。不媚俗，敢负责，拒腐蚀，思想防线把得住，生活行为细节守得牢。神正、心正、身正，自然正气凛然，群众拥护。三要做到工作创新有锐气。遇到复杂情况，思想解放，敢于创新，大胆探索，有韧劲和意志力。能够根据新情况，按照新要求，采取新方法，解决新问题，取得新成果。四要做到为人谦和有人气。具备良好的处世能力，人际关系协调能力，为人低调大气，待人真诚守信，严于律己，宽以待人。不仅在工作上能做好领导，而且在生活中能做好朋友。能够得到各个方面的广泛认可和支持、拥护，具备攻坚克难所需的凝聚力、号召力和影响力。五要做到情趣高雅有朝气。管得住自己，不该说的不说，不该吃的不吃，不该去的地方不去，不该拿的东西不拿，不该做的事情不做，爱好简单，情趣高雅。不违禁，不缺德，不奢侈，不放纵。能够明是非，知廉耻，辨善恶，守法纪，合情理。八小时之内严格要求自己，八小时之外健康积极向上。能自重、自省、自警、自励，生活上廉洁不消极腐败，作风上务实不图虚名，始终有奋发有为的朝气。

总的来说，提高领导干部和公务员队伍素质，是一个长期的渐进过程。它需要学习的自觉，培养教育的强化和实践的锻炼；还需要群众的监督、社会的约束。它不仅体现在工作中，也体现在生活的各个方面，需要每个人时时刻刻处处地重视注意，任何人都没有骄傲的本钱，只有整体队伍素质水平上去了，人为型的涉政公共事件才可能逐步减少乃至消除。

上述分析说明，建立化解涉政公共事件的长效机制，牵涉方方面面，事关体制、机制和每个国家公职人员，此外，社会、公民自身也有责任，培养理性公民也是治理涉政公共事件不可或缺的途径，在此基础上逐步构建起我国社会矛盾的自我调节机制，主要包括如何培育非政府组织、非正式机制等第三方力量，使之成为社会矛盾的自我调节主体，也包括如何发挥现有各种社会团体、民间协会、中介组织、人大代表、政协委员、群团组织、基层自治组织、民族宗教团体、学校、单位、家庭以及一些权威知名人士的作用等等。重点发挥沟通对话、利益表达、关系协调、情绪疏导宣泄和舆论引导、说服劝说等等方面的作用，弥补政府处理方面的不足。具体包括建立健全社会基层议事制度，充分发挥人大和政协的利益表达功能，充分发挥工会、妇联、共青团以及各种社会群众团体的桥梁纽带作用，充分发挥大众传媒的舆论引导功能,完善以职工代表大会为基本形式的企事业单位职工民主管理制度、建立劳动关系仲裁调节机制,发挥地方知名人士、民间权威人士的作用等等。[①] 如此,通过政府自身努力、社会自我调节、官员自我控制、法律制度多方约束、公民理性表达,涉政公共事件必将会迎来基本得到消除的光明前景。

---

① 参见中国行政管理学会课题组:《中国群体性突发事件成因及对策》,国家行政学院出版社2009年版,第113~115页。

参考文献

（一）著作类

1.《毛泽东选集》第二卷，人民出版社 1991 年版。

2.《邓小平文选》第二、三卷，人民出版社 1994、1993 年版。

3. 杜骏飞等著：《政府网络危机》，中国发展出版社 2011 年版。

4. 于建嵘著：《抗争性政治：中国政治社会学基本问题》，人民出版社 2010 年版。

5. 卢梭著：《社会契约论》，何兆武译，商务印书馆 1980 年版。

6. 喻国明著：《中国社会舆情报告（2010）》，人民日报出版社 2010 年版。

7. 汝信、陆学艺、李培林著：《2005 年中国社会形势分析与预测》，社会科学文献出版社 2004 年版。

8. 鲍勇剑、陈百助著：《危机管理——当最坏的情况发生时》，复旦大学出版社 2003 年版。

9. 刘峰著：《新领导力》，北京大学音像出版社 2004 年版。

10. 万鹏飞主编：《美国、加拿大和英国突发事件应急管理法选编》，北京大学出版社 2006 年版。

11. 聂方红著：《主导与博弈——转型时期地方政府经济行为分析》，国防科技大学出版社 2007 年版。

12. 秦启文等著：《突发事件的预防与应对》，新华出版社 2008 年版。

13. 江川编著：《突发事件应急管理案例与启示》，人民出版社 2010 年版。

14. 全国干部培训教材编审指导委员会组织编写：《公共危机管理》，人民出版社 2006 年版。

15. 菅强主编:《中国突发事件报告》,中国时代经济出版社 2009 年版。

16. 王学辉等著:《群发性事件防范机制研究》,北京科学出版社 2010 年版。

17. 何显明著:《群体性事件的发生机理及其应急处理——基于典型案例的分析研究》,上海学林出版社 2010 年版。

18. 于建嵘、钟新、李元超等著:《变话:引导舆论新方式》,世界图书出版公司北京分公司 2010 年版。

19. 董传仪著:《危机管理学》,中国传媒大学出版社 2007 年版。

20. 中国行政管理学会课题组:《中国群体性突发事件成因与对策》,国家行政学院出版社 2009 年版。

21. 连玉明、武建忠主编:《中国舆情报告》,中国时代经济出版社 2011 年版。

22. 陈秀梅、甘玲、于亚博著:《领导者应对突发事件的理论与实务》,人民出版社 2005 年版。

23. 张振学著:《领导者应对和处理突发事件的 9 种能力》,中国致公出版社 2009 年版。

24. 贺文发、李烨辉著:《突发事件与信息公开——危机传播中的政府、媒体与公众》,中国传媒大学出版社 2010 年版。

25. 张连波、任晓东著:《地方政府的应急管理》,大连理工大学出版社 2009 年版。

26. 吴群红、郝艳华、赵忠厚主编:《与危机共舞——突发公共卫生事件管理方略》,科学出版社 2010 年版。

27. 史安斌著:《危机传播与新闻发布》,南方时报出版社 2004 年版。

28. 唐钧著:《政府形象与民意思维——政府直面群众与群众博弈政府》,中国传媒大学出版社 2009 年版。

29. 邹建华著:《突发事件舆论引导策略》,中共中央党校出版社 2009 年版。

30. 叶皓等著:《正确应对网络事件》,江苏人民出版社 2009 年版。

31. [美]阿瑟·亨德森·史密斯著:《中国人的人性》,姚锦镕译,中国和平出版社 2006 年版。

32. [美]加尔布里埃尔·A. 阿尔蒙德、小 G. 宾厄姆·鲍威尔著:《比较政治学——体系、过程和政策》,曹沛霖等译,东方出版社 2007 年版。

33. 丁俊杰、张树庭主编:《网络舆情及突发公共事件危机管理经典案例》,中共中央党校出版社 2010 年版。

34. 周光凡主编:《公共危机管理典型案例 2009》,人民出版社 2010 年版。

35. 王敬波主编:《公共危机管理案例》,北京研究出版社 2009 年版。

36. 胡百精主编:《中国危机管理报告 2008—2009》,中国人民大学出版社 2009 年版。

37. 孙多勇著:《突发事件与行为决策》,社会科学文献出版社 2007 年版。

38. 胡卫红编著:《听南怀瑾大师讲经感悟篇》,新华出版社 2005 年版。

39. 刘刚著:《危机管理》,中国经济出版社 2004 年版。

40. [美]格伦·布鲁姆、艾伦·森特、斯科特·卡特里普著:《有效的公共关系》,明安香译,华夏出版社 2002 年版。

41. 杨魁、刘晓程著:《政府·媒体·公众:突发事件信息传播应急机制研究》,中国社会科学出版社 2010 年版。

42. 曾庆香、李蔚著:《群体性事件:信息传播与政府应对》,中国书籍出版社 2010 年版。

43. 洪向华主编:《媒体领导力——领导干部如何与媒体打交道》,中共党史出版社 2009 年版。

44. 王丽莉著:《突发事件心理援助体系的建设》,中国社会出版社 2009 年版。

45. 龙力莉编著:《突发公共事件中媒体运用和舆论应对案例与启示》,人民出版社 2010 年版。

46. [美]戴维·奥斯本、特德·盖布勒著:《改革政府:企业精神如何改革着公营部门》,上海市政协编译组、东方编译所编译,上海译文出版社 1996 年版。

47. [美]塞缪尔·P. 亨廷顿著:《变化社会中的政治秩序》,王冠华、刘为等译,三联书店 1989 年版。

48. 龙小农著:《跨国危机管理理论、方法及案例分析》,中国传媒大学出版社 2005 年版。

49. 郭济著:《政府应急管理务实》,中共中央党校出版社 2004 年版。

50. 高新民、吴桂韩编著:《领导干部群体性事件案例选评》,中共中央党校出版社 2011 年版。

51. 张淑华著:《网络民主与公共决策:权利和权力的对话》,复旦大学出版社 2010 年版。

52. [美]吴量福著:《动作、决策、信息与应急管理:美国地方政府管理实例研究》,天津人民出版社 2004 年版。

53. 朱力、韩勇、乔晓征等著:《我国重大突发事件解析》,南京大学出版社 2009 年版。

54. 刘星著:《突发事件应对的财力保障机制:治理视角分析》,中国社会出版社 2009 年版。

55. 唐钧著:《公共部门的危机公共与管理——政府与事业单位的危机公共关系解决方案》,中国人民大学出版社 2007 年版。

56. 胡百精主编:《中国危机管理报告 2006》,中国人民大学出版社 2007 年版。

57. 戚建刚、杨小敏编著:《从灾难中学习:突发事件应对案例详析》,中国法制出版社 2007 年版。

(二)论文类

58. 张君:《村姑潜伏官场十余年》,《吉林人大》,2010,(7)。

59. 陈潭、黄金:《群体性事件多种原因的理论阐释》,《政治学研究》,2009,(6)。

60. 吴佩芬、王国明:《近几年学术界关于群体性事件的研究综述》,《云南行政学院学报》,2009,(9)。

61. 李卉:《浅析我国群体性事件的成因与应对》,《党史文苑》,2009,(5)下。

62. 邵东:《群体性事件的偶发与非偶发》,《吉林公安高等专科学校学报》,2008,(3)。

63.《广东东莞禁止养猪引发公共政策争论》,《决策》,2008,(2)。

64. 秦海霞:《信用小康三状一喜》,《小康》,2006,(10)。

65.《小康》研究中心:《信用最差和最好的时代 2008—2009 中国信用

小康指数61.1》,《小康》,2009,(8)。

66.《小康》研究中心:《官员信用敲响政务信用警钟》,《小康》,2007,(8)。

67. 王秋红:《地方政府公信力危机的政府行为因素》,《中共桂林市委党校学报》,2010,(4)。

68. 杜凤娇、王慧:《"弱势"缘何成了普遍心态——不同群体"弱势"感受对比分析报告》,《人民论坛》,2010,(34)。

69. 黄学利:《浅析弱势群体公共利益表达机制构建》,《地方财政研究》,2009,(5)。

70. 吴佩芬:《群体性事件与制度化利益表达机制的构建》,《思想战线》,2010,(4)。

71. 刘凤琴:《和谐社会视野下完善利益表达机制问题探析》,《理论导刊》,2009,(2)。

72. 高娟娟:《浅析强势集团和弱势群体政治参与的差异》,《北京城市学院学报》,2008,(6)。

73. 刘凤琴:《和谐视野下完善利益表达机制问题探析》,《理论导刊》,2009,(2)。

74. 于建嵘:《中国信访制度批判》,《中国改革》,2005,(2)。

75. 朱水成:《我国公民参与政策制定问题研究概述》,《理论导刊》,2008,(2)。

76. 唐丽萍、叶磊:《我国信访制度的功能错位和制度困境分析》,《上海海关学院学报》,2009,(4)。

77. 录人言:《"截访"手段种种》,《乡镇论坛》,2007,(10)。

78. 王晓艳、王静:《正义之冲突与平衡—透过许霆案对司法公正的理性思考》,《法学杂志》,2010,(1)。

79. 安宇宏:《公地悲剧》,《宏观经济管理》,2009,(12)。

80. 人民论坛"千人问卷"调查组:《关于"靠什么支撑基层政权"的调查》,《人民论坛》,2010,(1)。

81. 陈力丹、董晨宇:《从个人事件到公共事件——以"杭州飙车案"为例》,《民主与法治》,2009,(4)。

82. 朱力:《中国社会风险解析——群体性事件的社会冲突性质》,《学海》,2009,(1)。

83. 王婷婷:《第三方调查制度》,《魅力中国》,2010,(6)。

84. 钟其、吴新慧:《当前干群关系调查报告——基于浙江省的研究》,《宁波大学学报(教育科学版)》,2010,(5)。

85. 龚维斌:《我国当前干群关系的现状、特点与原因》,《北京行政学院学报》,2005,(4)。

86. 刘如坤、刘利才:《"仇官"现象的当代解读》,《决策咨询通讯》,2007,(3)。

87. 胡海涵:《网络视阈下我国政府公信力的现状及提升途径》,《领导科学》,2009,(7)。

88. 王秋红:《地方政府公信力危机的政府行为因素》,《中共桂林市委党校学报》,2010,(4)。

89. 马利:《对互联网与执政党建设的思考——网络给执政党建设带来的挑战机与机遇》,《新闻战线》,2009,(9)。

90. 王向民:《群体性事件中的信息传播与管理》,《探索与争鸣》,2009,(3)。

91. 王敏、喻发胜:《浅析近年来群体性事件中信息的传播》,《华中师范大学研究生学报》,2009,(2)。

92. 曹英:《群体性事件中的信息传播流程、节点与心理接受机制》,《河南社会科学》,2009,(1)。

93. 谭和平:《群体性事件诱因及其消解——基于信息公开视角》,《中共杭州市委党校学报》,2007,(1)。

94. 喻国民:《媒体变革:从"全景监狱"到"共景监狱"》,《人民论坛》,2009,(16)。

95. 廖为建、李莉:《美国现代危机传播研究及其借鉴意义》,《广州大学学报》,2004,第3卷,(8)。

96. 温志强:《社会转型期中国公共危机管理预防准备机制研究》,天津师范大学博士论文,2009。

97.《管理科学著名定律连载 · NO. 39 海恩法则》,《施工企业管理》,2010,(3)。

98. 李畅:《"煮蛙效应"——中国环境新闻报道的问题研究》,《西南民族大学学报(人文社科版)》,2010,(4)。

99. 李恭园:《政府管理中的“破窗效应”及其预防》,《福建论坛·人文社会科学版》,2010,(S1)。

100. 彭端英、程郁:《冰山理论对跨文化交际能力培养的启示》,《怀化学院学报》,2009,(10)。

101. 柳东林:《“冰山理论”与海明威的小说创作》,《东北师大学报(哲学社会科学版)》,2001,(1)。

102. 胡雅琼:《突发公共事件中地方政府的角色研究》,《湖南公安高等专科学校学报》,2009,(3)。

103. 刘惠荣:《危机管理中的政府角色》,《领导之友》,2009,(4)。

104. 左小麟:《公共危机管理中的政府角色》,《思想战线》,2008,(1)。

105. 唐俭:《领导干部应对群体性事件的不良心态及其矫正》,《中共山西省委党校学报》,2009,(5)。

106. 刘德海:《群体性突发事件中政府机会主义行为的演化博弈分析》,《中国管理科学》,2010,(1)。

107. 鲁方根摘译:《不公平等于不太平》,《国外社会科学文摘》,2001,(1)。

108. 聂方红:《当前地方政府在处理涉政公共事件中存在的问题与对策》,《学习与实践》,2009,(4)。

109. 聂方红:《涉政公共事件的处置艺术》,《领导科学》,2008,(21)。

110. 赵金鹏、张荣华、牛丽丽:《民主执政问题研究综述》,《中国特色社会主义研究》,2007,(4)。

111. 顾杰、李又才、雷德明、李妙颜:《论我国地方政府民主科学决策机制的完善与创新》,《理论月刊》,2009,(4)。

112. 江泽民:《高举邓小平的理论伟大旗帜,把建设有中国特色社会主义事业全面推向二十一世纪——在中国共产党第十五次全国代表大会上的报告》,《求是》,1997,(18)。

113. 许金柜:《政治文明视野下的行政文明建设》,《福建政法管理干部学院学报》,2005,(4)。

114. 肖陆军:《论行政文明》,《西南民族大学学报·人文社科版》,2004,(1)。

115. 陶德强、王宏:《群体行为之从众心理作用与危害摭谈》,《社科纵横(新政治版)》,2009,(2)。

116. 刘杰、梁荣、张砥:《网络诱致突发事件:概念、特征和处置》,《中国行政管理》,2010,(2)。

117. 贵静:《浅谈"第三方调查"》,《法制与社会》,2010,(3)。

118. 强江海、一雨:《清华博士"杀人事件"调查》,《法律与生活》,2005,(10)。

119. 吴伟:《贵州瓮安事件始末》,《新世纪周刊》,2008,(20)。

120. 王庆五、张桂珍、陈曙红:《当前我国思想领域多元多样多变的规律和对策研究》,《唯实》,2009,(10)。

121. 张健:《合法性内涵及政府合法性问题》,《理论现代化》,2008,(1)。

122. 徐宇琼:《现代政府的合法性危机》,《行政论坛》,2005,(6)。

(三)报刊及网络

《人民日报》、《中国青年报》、《新京报》、《南方周末》、《南方都市报》、《新华每日电讯》、新华网、人民网、凤凰网、联合早报网、新浪网、天涯社区、凯迪社区等。

后　记

选择涉政公共事件进行研究，大约可以追溯到10年前，我作为当时湖南省最年轻的县长去位于井冈山边的一个革命老区县政府主持工作。记得自己到那里不到10天，还刚刚被任命为代县长，就被县里一个不愿改制的国有企业几百名职工围堵在县政府。因为是刚去，对职工提出的问题与要求不敢贸然做答，决定第二天去工厂详细听意见。县委书记对我这个新来的年轻县长很关心，第二天也放下手头其他工作与我一道到企业与班子成员和职工面对面对话。坦白地说，对话非常艰难，职工对改制的政策不理解、对操作程序有意见。进了厂区以后，他们就把门都堵了，黑压压的一片。从早上8点到下午5点，我们没吃没喝，熬了近九个小时，也没有达成一致。为了不激发矛盾，又为了双方的面子，我这个新人勇敢地决定暂缓推进改制，重新征求职工意见、完善改革方案、细化改制程序，最终得到了职工的理解与认可。三个月后改制顺利铺开，职工没有再上访。现在回想起来，觉得非常幸运，当时网络还不发达，没有人把现场情况发到网上，也就没有上级和舆论的压力，班子成员对于我改变前面的决策也持包容宽待的态度，从而为平稳化解冲突奠定了好的基础。

然而，随着改革开放的不断深化和网络技术的发展与进步，社会进入了透明、公开的信息时代，我们的执政环境发生了重大变化，地方政府及其工作人员如果继续沿袭过去的施政方式开展工作就会遇到许多新的挑战，导致与政务活动、领导干部相关的公共事件越来越多，影响范围越来越广，对抗的程度越来越激烈。表面上看可能仍然是工作方式方法问题，深层次琢磨就会发现是现有的行政管理方式方法不适应的问题。因此，把涉政公共事件独立出来进行研究就很有必要也很有意义。2009年我将此课题申报为湖南省哲学社会科学基金资助课题，得到了批准和立项。因为国内学界这方面的直接研究并不多,为了做好这项研究,我坚持每天收集新华网、人民网、凤凰网等主流网站公布的案例,并将课题结项时间推迟了一年,最终形成了摆在读者面前的这部书稿。

选择涉政公共事件这类现实问题进行研究,对我这样的"局中人"而言也是一种煎熬。因为我长期在地方政府一线工作,现在的单位也是参照公务员管理单位,校长还属于官员行列。而作为教授又必须把自己视为学者,必须有自己的理性思考。特别是自己出身于社会底层,我的父母兄弟亲戚至今还在农村过着平凡甚至没有尊严的生活,他们也偶尔抱怨我作为家族所谓有出息的厅官没有带来一丁点实惠。因此常常在官员的无奈、学者的批判、百姓的叹息中彷徨。不过,有一点却是毋庸置疑的,官再大也没有百姓大,百姓再错也没有官员犯错造成的危害大。所以,在全书中,我始终把分析的重点聚焦在官民冲突的官员一方,或许有些官员看了不很高兴、甚至可能认为是书生意气。但我相信,一个真正的好官,不会为了自己的乌纱、为了自己所谓政绩、为了自己的利益而去伤害百姓的利益、尊严和感情,也不会随意利用"多数人的暴政"去伤害少数人的尊严。一个真正被老百姓认可拥护的好官,应该能够经得起时间、实践、群众和历史的检验。在这个意义上说,那些被老百姓称颂而没有提拔的干部,远比那些靠投机取巧、折腾百姓而身居高位的官员要高尚得多、伟大得多、受人尊敬得多!对任何一个执政党、执政者而言,老百姓就是天、就是地、就是山、就是海、就是执政的基础、生命的源泉、永远的牵挂和服务的上帝!离开了老百姓、得罪了老百姓,你再有理、再有功、再有能力,也没有存在的价值。

在写作本书的过程中,女儿精心喂养的一只兔子因为我们的疏忽而出现了意外,小朋友伤心不已,由此想起涉政公共事件的预防应对也一样不是一件容易的事。本书的作用在于为地方政府各级官员提供一些案例与分析,帮助大家在工作中尽可能避免人为的失误、在出现问题时及时灭火处理、提升应对处置能力与水平,从根本上减少甚至杜绝官民冲突。书稿的写作借鉴了不少学者的成果特别是案例分析,我尽可能在书中一一注明,在此表示感谢。书稿每一个字都是我自己独立完成,但将我那潦草的手稿变成电子文档,得感谢谢建文、刘伟、刘文芳、何柳、谭旖旎、刘露、刘子惠等几位同事。我的师兄中国人民大学的张宇教授为我联系出版社提供了帮助,人民出版社的编辑田园先生为本书的出版付出了辛勤的劳动,在此一并表示感谢。

涉政公共事件的预防、应对、处置、善后，必须依法、依规、依政策，必须用心、用情、用制度，而不能完全靠方法、技巧甚至侥幸。对书中不妥甚至错误的地方，欢迎学者、官员、读者提出批评、指正，以期推动进一步的研究。我的联系邮箱是 niefanghong@ hotmail. com。

聂方红

2011 年 10 月

责任编辑:田　园
封面设计:何　杰
版式设计:东昌文化

图书在版编目(CIP)数据

涉政公共事件:地方政府行为新挑战/聂方红 著.
-北京:人民出版社,2012.3
ISBN 978-7-01-010725-7

Ⅰ.①涉…　Ⅱ.①聂…　Ⅲ.①地方-紧急事件-公共管理-中国-干部教育-教材　Ⅳ.①D625

中国版本图书馆 CIP 数据核字(2012)第 034054 号

涉政公共事件:地方政府行为新挑战

SHEZHENG GONGGONG SHIJIAN:DIFANG ZHENGFU XINGWEI XINTIAOZHAN

聂方红　著

人民出版社 出版发行
(100706　北京朝阳门内大街 166 号)

北京集惠印刷有限责任公司印刷　新华书店经销

2012 年 3 月第 1 版　2012 年 3 月北京第 1 次印刷
开本:710 毫米×1000 毫米 1/16　印张:19
字数:355 千字

ISBN 978-7-01-010725-7　定价:39.00 元

邮购地址 100706　北京朝阳门内大街 166 号
人民东方图书销售中心　电话 (010)65250042　65289539